50 grandes estrategistas de administração

Morgen Witzel

50 grandes estrategistas de administração

Editora Contexto

Tradução Paulo Cezar Castanheira
Montagem de capa Gustavo S. Vilas Boas
Diagramação Antonio Kehl
Projeto gráfico Carla Castilho
Preparação de textos Max Altman
Revisão Dida Bessana

Dados Internacionais de Catalogação na Publicação (CIP)
(Câmara Brasileira do Livro, SP, Brasil)

Witzel, Morgen
50 grandes estrategistas de administração / Morgen Witzel. – São Paulo : Contexto, 2005.

Título original : Fifty key figures in management.
Bibliografia.
ISBN 85-7244-299-5

1. Administração 2. Administração - Estudo e ensino 3. Administradores - Biografia 4. Executivos - Biografia 5. Sucesso profissional I. Título.

05-5485 CDD-658.0092

Índices para catálogo sistemático:
1. Administradores : Biografia 658.0092

EDITORA CONTEXTO
Diretor editorial: *Jaime Pinsky*

Rua Acopiara, 199 – Alto da Lapa
05083-110 – São Paulo – SP
PABX: (11) 3832 5838
contexto@editoracontexto.com.br
www.editoracontexto.com.br

2005

SUMÁRIO

Prefácio

O título deste livro, *50 grandes estrategistas de administração*, sugere imediatamente duas perguntas: o que é "administração" e o que é um "estrategista".

Administração é um dos fenômenos mais importantes da civilização moderna. Andrew Thompson e Roger Young, ao escreverem o prefácio do primeiro volume de *The Evolution of Modern Management* (2002), obra monumental de Edward Brech sobre a história da administração na Grã-Bretanha, formularam a seguinte definição: "Administração é o meio pelo qual as organizações definem e atingem seus objetivos; sem ela, não existiriam a civilização moderna nem os processos de criação de riquezas."[1] Ainda assim, apesar de toda a sua importância e onipresença, definições absolutas do que seja "administração" são difíceis de encontrar. Muitas das personalidades citadas neste livro têm uma idéia muito firme do que seja administração, mas as definições nem sempre coincidem: consideremos, por exemplo, os distintos conceitos de administração que aparecem nas obras de F. W. Taylor, Peter Drucker e Tom Peters.

Um método útil de abordar o conceito é considerar as origens do termo. "Administração", bem como os termos associados, "administrador", "administrar" etc., surgiram no inglês no final do século XVI, na época de Shakespeare. São derivadas da palavra latina *manus*,* que significa literalmente "mão", mas tem também conotações de "poder" e "jurisdição". Na Idade Média vemos a palavra italiana *maneggiare* gradualmente substituir a anterior *factore*, usada para se referir ao funcionário responsável por uma empresa industrial ou comercial (a palavra inglesa *factory [fábrica]*, que originalmente era usada para indicar um local de comércio bem como um local de produção, tem essa raiz). A palavra francesa *manegerie* começa também a surgir no século XVI. Em inglês, durante muito tempo o termo *management* se referia de modo geral ao controle ou a direção dos negócios, fossem eles próprios ou de terceiros, e a partir do século XVII publicaram-se literalmente centenas de livros tendo no título a palavra *management*, referindo-se a tudo, desde agricultura e manejo de florestas até assistência médica, educação infantil e prisões. E já em meados do século XVII a palavra era aplicada a questões empresariais e financeiras de modo geral.

Administração em seu sentido original significava então "fazer" e, o que ainda era mais importante, "fazer fazer". Quando se examina a administração

* N. T.: No original, o autor refere-se ao termo "management".

de hoje em dia e as atividades que se associam a ela – orientar, liderar, planejar, controlar, dirigir e coordenar, entre outras – pode se ver que essa idéia continua de modo geral sendo válida. As obras de todas as personalidades deste volume, e na verdade dos autores mais respeitados da área de administração, baseiam-se na premissa implícita de que administração trata de orientar/dirigir/coordenar o trabalho de outras pessoas com os recursos necessários.

Um "estrategista" é geralmente aquele que sabe aplicar e explorar com eficácia os recursos de que dispõe, suas ações são planejadas de acordo com objetivos determinados. Os cinqüenta estrategistas[2] que incluímos neste livro são pessoas que, por meio de suas idéias ou pela prática e exemplo, deram uma contribuição significativa para a forma como se entende e pratica a administração. Não são de maneira alguma as pessoas mais importantes de sua área de atuação, nem os que venderam mais livros. Ao lado de nomes importantes como Peter Drucker, Charles Handy, Henry Mintzberg, Bill Gates e Jack Welch, incluímos figuras menos conhecidas, como Charles Babbage, Mary Parker Follett, Jay Wright Forrester, Matsushita Konosuke e Herbert Simon. A inclusão de alguns, como Marshall McLuhan, Andrew Grove e Lao Tse poderá ser vista como uma surpresa. Mas este livro não se propõe a ser um catálogo dos maiores e melhores: é uma coleção de pessoas que, como indivíduos, mudaram nossa percepção da administração e ajudaram, ainda que de formas sutis, a aprimorar a prática administrativa em todo o mundo.

Suas histórias de vida são muito diferentes. Hoje nos acostumamos a ver administração como uma disciplina autônoma, que há em seu próprio nicho. Mas nem sempre foi assim. Há um século, quando se construíam as primeiras teorias completas de administração em seguida à revolução científica da era vitoriana, administradores e estudiosos da administração foram se municiar nos lugares mais variados, na engenharia e nas ciências naturais, na ciência militar, política, direito, economia, sociologia, psicologia e até mesmo na literatura e nas belas artes. Harrington Emerson, o primeiro guru da eficiência, afirmou certa vez que suas idéias sobre administração foram extraídas do estudo de três elementos: a regência de orquestras sinfônicas, a criação de cavalos de corridas e as tabelas de horários de trens.

Quando deitamos os olhos nas pessoas que realizaram e continuam a realizar os grandes saltos na educação e na prática da administração, vemos que elas geralmente foram expostas a uma grande variedade de influências. A idéia de administração expressa nestas páginas foi retirada de muitas fontes diferentes: antropologia e eletrônica, psicologia e política, filosofia e crenças religiosas pessoais, experiências de guerra e de trabalho manual. Antes de se iniciar na administração, Herbert Casson foi agitador socialista; Richard Arkwright foi barbeiro e fabricante de perucas; Lyndall Urwick serviu no exército britânico. Outros tiveram uma história acadêmica e empresarial mais tradicional, mas nenhum deles pode ser considerado um pensador convencional. Estudaram a administração tal como era então praticada, questionaram suas premissas aceitas e procuraram princípios fundamentais que levassem a seu aperfeiçoamento.

É importante observar que não estamos nos limitando ao exame da administração de nossos dias. Muita gente cai na armadilha de pensar que a administração não tem passado, ou pelo menos que não se pode aprender nada sobre a administração moderna pelo estudo do passado. Enquanto cientistas, advogados, filósofos, artistas líderes políticos e muitos outros profissionais vêem-se como parte de uma longa tradição e fazem muitas referências ao passado, os administradores perversamente se recusam a reconhecer seu próprio legado. Ao fazê-lo, perdem as origens de sua disciplina e a rica diversidade de influências que ajudou a fazer da administração o que ela é hoje. F. W. Taylor, Harrington Emerson, Frank e Lillian Gilbreth, Henri Fayol e outros iguais a eles desenvolveram as idéias seminais que ainda hoje constituem o núcleo do pensamento e da prática da administração. Queiramos ou não, devemos pelo menos parte do conhecimento atual a esses pioneiros do passado. Parece justo, ao se levar em consideração as grandes figuras da administração, voltar ao passado e examinar as pessoas que definiram os paradigmas com os quais continuamos a trabalhar ainda hoje.

Cabe ainda uma terceira pergunta: por que apenas cinqüenta estrategistas? Por que não quinhentos ou cinco mil? Admitimos que o número cinqüenta foi escolhido arbitrariamente; poderíamos ter quarenta e nove ou até cinqüenta e um grandes figuras da administração. Mas nosso objetivo é apenas apresentar uma seleção das mais importantes personalidades da administração, não apresentar todas aquelas dignas de menção. Um número final teria de ser determinado, e um número redondo, cinqüenta, tinha muitas vantagens: suficientemente grande para oferecer uma cobertura ampla do assunto, sem deixar de incluir alguns nomes menores porém ainda assim importantes, mas um número suficientemente baixo para nos forçar a ser rigorosos na consideração de quem seria um "administrador" e quem não era.

A escolha final das cinqüenta figuras fundamentais foi necessariamente uma escolha subjetiva, influenciada por minha própria visão do que é administração, de como ela se desenvolveu e da direção que vai tomar no futuro.

Administração é – ou pelo menos deveria ser – uma disciplina holística; os administradores deveriam buscar inspiração e idéias em uma ampla variedade de fontes, do passado e do presente, e de fora do campo da administração, tanto quanto de dentro dele. Portanto, estrategistas essenciais são aqueles que influenciaram o desenvolvimento da administração *como um todo*, e não apenas algumas funções ou aspectos dela. Por isso, os leitores podem até se surpreender tanto com algumas das omissões deste livro quanto com algumas das figuras incluídas. Não há lugar, por exemplo, para Ted Levitt, Chester Barnard ou H. Igor Ansoff, personalidades que geralmente são relacionadas nas coleções de grandes pensadores da administração devido às suas importantes contribuições em seus campos específicos. Outros normalmente considerados especialistas em suas disciplinas foram incluídos, como Henry Mintzberg (estratégia) e Philip Kotler (marketing), mas são pessoas cuja importância é tão grande que transcenderam sua própria disciplina e influenciaram todo o corpo de pensamento sobre a natureza e os objetivos da administração.

Admito ter um viés particular. Do meu ponto de vista, o conhecimento é *o* ingrediente mais importante da administração bem-sucedida, e os novos escritores que tratam do papel do conhecimento na organização e na gerência estão abrindo portas para uma nova abordagem holística, e não funcional, da administração que trata o conhecimento como a maior fonte de capital da organização. Ao fazê-lo, esses autores tornam explícitos conceitos que já há muito tempo fazem parte do conceito de administração mas até agora eram mal compreendidos. A inclusão de Chris Argyris, Max Boisot, Arie De Geus e Nonaka Ikujuro justifica-se pelo fato de suas obras estarem mudando a forma como pensamos e fazemos administração, no momento mesmo em que este livro está sendo escrito.

Essa é minha própria interpretação. Com efeito, todo leitor deste livro deve ser capaz de se lembrar de pessoas que considera "personalidades essenciais" que não foram incluídas nesta obra. Isso está correto e é bom. Se se sentirem incentivados a se sentar e desenvolver suas próprias "personalidades essenciais" e a razão porque o são, os leitores aprenderão muito sobre administração, inclusive sobre a razão de sua importância e sobre suas funções e objetivos. Este livro não se propõe a ser didático; não ofereço esses cinqüenta exemplos com a idéia de que os leitores aprenderão com eles, copiando e imitando seus esforços. Pelo contrário, minha esperança é que a consideração de suas idéias e obras haverá de mostrar que há muitas formas diferentes de pensar e estudar administração, todas válidas e todas levando ao conhecimento.

O desafio do sucesso na administração no ambiente agitado dos negócios de nossos dias é imenso. Espero que este livro ajude os estudantes de administração e outros a ampliar seus horizontes e a pensar mais profundamente sobre o que é a administração, de onde veio e para onde vai.

Minhas idéias sobre este assunto se desenvolveram e ganharam considerável refinamento durante os dois anos em que fui editor do *Biographical Dictionary of Management*, publicado em 2001. Sou devedor de meus colegas do corpo editorial e de outros autores que participaram do projeto, principalmente Karl Moore, David Lewis, Daniel Wren, Sasaki Tsuneo e Sawai

Minoru. Não posso também deixar de registrar meus agradecimentos a Malcolm Warner, com quem trabalhei na *International Encyclopedia of Business and Management*, e desde então tem sido um bom colega e amigo. O esforço heróico de Edward Brech para promover o estudo da história da administração foi uma fonte de inspiração. Gay Haskins me apresentou os trabalhos de Max Boisot; Peter Starbuck, uma das maiores autoridades mundiais em Drucker, sempre foi extremamente generoso com suas idéias; e praticamente tudo o que sei sobre Tomás Bat'a vem de Milan Zeleny.

Devo um agradecimento particular a Roger Thorp, ex-Routledge, que apoiou e incentivou este projeto desde o início. Sua sucessora, Rosie Waters, com quem foi um prazer trabalhar, também me ofereceu apoio caloroso. Milon Nagi, sempre cortês e confiável, tratou dos detalhes do projeto na ponta da edição e facilitou muito meu trabalho. A eles, e a muitos outros da profissão de administrador com quem trabalhei ao longo dos anos e ajudaram a formar meu pensamento, envio meus agradecimentos. Muito obrigado também a Vanessa Winch e a Matt Beard por produzirem e editarem o texto final com tanto cuidado e eficiência.

Morgen Witzel

Notas

[1] A. Thomson e R. Young, "Preface", de E. F. L. Brech, *The Evolution of Modern Management*, Bristol: Thoemmes Press, 2002, vol. 1, p. xiii.

[2] Na verdade são cinqüenta e um estrategistas, já que as contribuições de Frank e Lillian Gilbreth são discutidas em conjunto.

Temas de administração

O quadro a seguir mostra alguns dos temas ou idéias mais importantes debatidos entre administradores que foram abarcados neste livro e indicados em cada verbete desses referidos assuntos. Este quadro representa apenas um guia geral e não tem intenção de abranger a totalidade. Ele pode ser usado para localizar verbetes que possibilitarão a discussão de temas específicos. Há, ainda, referências cruzadas para pesquisa de outros assuntos de interesse.

	Fundamentos e administração de sistemas	Cultura administrativa e nacional	Globalização	Estrutura e organização	Marketing e mercado	Planejamento e estratégia	Ética e governança coorporativa	Conhecimento e educação	Inovação e tecnolog
Chris Argyris		X		X				X	
Richard Arkwright			X	X	X				X
Charles Babbage			X		X			X	X
Tomás Bat´a	X	X		X	X		X		X
Max Boisot		X	X					X	
James Burnham		X	X				X		
Edward Cadbury	X			X	X		X	X	
Herbert N. Casson	X			X				X	X
Alfred D. Chandler			X	X		X			
Arie de Geus			X		X			X	X
W. Edwards Deming			X		X			X	X
Peter Drucker	X			X	X	X		X	
Pierre du Pont				X		X			
Harrington Emerson	X	X						X	X
Henri Fayol	X	X		X					
Mary Parker Follett	X	X		X				X	
Henry Ford			X	X	X	X			X
Jay Wright Forrester						X		X	X
Fukuzawa Yukichi		X	X					X	

	Fundamentos e administração de sistemas	Cultura administrativa e nacional	Globalização	Estrutura e organização	Marketing e mercado	Planejamento e estratégia	Ética e governança coorporativa	Conhecimento e educação	Inovação e tecnologia
tes			X	X	X				X
Gay			X					X	
Bunker ch e Gilbreth				X					X
w Grove		X		X		X		X	
s Handy	X	X	X	X			X	X	
J. Heinz				X	X	X	X		
Hofstede		X	X						
Masaru			X			X		X	X
Kotler					X	X			
(Lao Tsé)		X	X						
n Lever					X	X	X		
avel olò avelli)	X	X				X	X		
all an	X	X		X					
am v	X		X	X					
shita uke	X		X	X	X	X			X
o di i			X	X		X			
Mintzberg		X		X		X			
D. ey	X			X		X	X		
Morgan	X	X						X	
rgan			X				X		
a Ikujiro		X		X		X			X
e Kenichi		X	X			X			X
t Owen				X			X	X	
eters	X	X		X		X	X		
el Porter			X			X			
rt Simon				X		X		X	
(Sun Tzu)		X				X			
erick ow Taylor	X			X			X	X	
la Kiichiro		X						X	X
ll Fownes ck	X			X	X				
Velch	X			X				X	

Chris Argyris (1923-)

Chris Argyris é mais conhecido pelo trabalho, com a colaboração de seu colega Donald Schön, no desenvolvimento da teoria da "ciência da ação" e sua aplicação às situações empresariais. A ciência da ação é um método de pesquisa e análise científica intimamente associado ao processo que estuda e realimenta continuamente o conhecimento a esse processo, em vez de tentar manter a imparcialidade e a objetividade da ciência "normal". O reconhecimento do papel do conhecimento na derrubada de obstáculos e no desenvolvimento da mudança e inovação organizacionais está no âmago das teorias de organização posteriores de Argyris. Sua obra dos anos 1970 sobre a ciência da ação lançou os alicerces de muitas teorias de "gerência do conhecimento" que surgiram durante a década de 1990.

Filho de um emigrante grego, Argyris nasceu em Newark, Nova Jersey em 16 de julho de 1923. Parte de sua primeira infância foi passada na Grécia. Quando começou a freqüentar a escola, tinha ainda pouco domínio da língua inglesa. Isso, e o fato de pertencer a um grupo minoritário, levou-o a se isolar das outras crianças e instilou nele a tendência à reflexão e à introspecção.[1] Durante a Segunda Guerra Mundial serviu como oficial do Exército dos Estados Unidos no Corpo de Sinaleiros, passando a freqüentar a universidade depois da guerra. Completou em 1951 o doutorado na Escola de Relações Industriais e Trabalhistas da Universidade Cornell. Seu primeiro cargo acadêmico foi na Universidade de Yale, como diretor de pesquisa das relações trabalhistas. Em 1960, como professor de administração de empresas já era uma das estrelas em ascensão no ensino da administração. Em 1971, mudou-se para Harvard, onde assumiu a cadeira Professor James Bryant Conant de Educação e Comportamento Organizacionais, posto que mantém até hoje.

Os textos de Argyris podem ser divididos em três estágios, embora haja considerável superposição e os livros dos estágios posteriores sempre se refiram insistentemente aos anteriores. No primeiro estágio, final dos anos 1950 e início dos 1960, Argyris trata dos problemas de organização e do "ajuste" entre as necessidades das organizações e as dos indivíduos. No segundo estágio ele examina os problemas da mudança organizacional e o uso da ciência da ação como instrumento de mudança. No terceiro vai além dos problemas específicos da mudança para levar em conta com maior abrangência o papel do conhecimento organizacional. Ao fazê-lo, ajudou a abrir caminhos no campo da administração do conhecimento.

Reflexivo por natureza, a atividade de Argyris durante a guerra e a subseqüente carreira acadêmica desenvolveram nele a capacidade de analisar problemas e procurar soluções de longo prazo. Seu primeiro interesse foi o que ele denominou de falta de congruência entre, de um lado, as necessidades e os objetivos da organização e, de outro, as necessidades e os objetivos das pessoas que fazem parte dela.[2] Em particular, criticou a "burocracia mecânica" que caracterizava (e ainda caracteriza) tantas organizações empresariais. Hierárquicas e rigidamente estruturadas, as burocracias mecânicas são geridas de cima para baixo: a comunicação é quase sempre dos níveis superiores para os inferiores da hierarquia, e quando a comunicação flui para cima é geralmente no momento e no formato especificados pela alta gerência. A necessidade de controle gerencial leva a alta administração a impor limitações às ações de seus subordinados: enquanto, de um lado, a alta administração especifica os papéis e os deveres dos níveis mais baixos da administração e dos trabalhadores, tende também, ainda que apenas implicitamente, a proibir ou no mínimo a desencorajar atividades que *não* estejam relacionadas entre esses deveres. A cada um é dada uma especificação de trabalho: os elementos dessa especificação são necessários para ajudar a atingir os objetivos da organização, ao passo que toda atividade não especificamente mencionada é considerada uma distração desse objetivo e, portanto, deveria ser proibida.

Em outras palavras, gerentes gerem controlando e limitando os esforços dos que estão abaixo deles. Essa visão da administração tem dois problemas. Primeiro, não leva em conta os objetivos próprios dos indivíduos, que podem não ser os mesmos da organização. Se não participam dos objetivos da organização, os empregados deixarão de ter motivos para persegui-los: ineficiência, desarmonia e conflito serão o resultado. Ainda mais grave, não leva em consideração a capacidade das pessoas de crescer e mudar com a experiência. Empregados não são engrenagens mecânicas, são entidades independentes e autoconscientes. À medida que amadurecem e ganham experiência, se tornam mais independentes e ativos. Por conseguinte, para mantê-los "na linha" e concentrados nos objetivos da organização, as limitações e os controles sobre eles terão de ser proporcionalmente maiores. Para dar um exemplo simples, um profissional em princípio de carreira que assume um cargo administrativo de nível inferior terá muito a aprender e provavelmente ficará satisfeito com as responsabilidades que lhe são impostas. No entanto, um gerente de quarenta anos na mesma posição verá um potencial muito maior de crescimento e de mudança e provavelmente se sentirá frustrado pelas restrições impostas à sua atividade.

As empresas tentam contornar o problema promovendo pessoas de maior potencial a posições de maior responsabilidade e aumentando a liberdade pessoal. Entretanto, ao deixar de entender o ajuste entre organizações e pessoas, criam problemas de um tipo diferente. No final da década de 1960, o psicólogo canadense Laurence Peter desenvolveu o Princípio de Peter, que geralmente é assim expresso: "em uma hierarquia, todo empregado tende a ascender até o nível da sua incompetência".[3] De acordo com Peter, embora as organizações promovam seus empregados a cargos da alta administração com base no mérito, tendem a fazer isso com base na qualidade da execução de sua atividade atual. Menos importante, ainda que se leve isso em consideração, é saber se o empregado terá condições de executar o trabalho para o qual está sendo promovido. Em outras palavras, a promoção é uma recompensa pelo sucesso passado e tem pouca ou nenhuma relação com as necessidades futuras da organização, ou até mesmo do empregado. Isso se torna problemático quando, como geralmente acontece, empregados e gerentes são promovidos a cargos para os quais não se ajustam. Nesse ponto se chega ao "nível de incompetência". O empregado não é capaz de executar a função à qual foi promovido e deixa de ter sucesso. Barram-se as futuras promoções e a organização passa a ter o problema de um empregado insatisfeito e incapaz de cumprir bem sua missão.

As organizações limitam a ação de seus membros e isso leva à resistência por parte destes. Às vezes isso conduz a conflitos, a obstruções ou a simulações para esquivar-se de serviços (aparência de eficiência com pouco ou nenhum resultado), ou mesmo ao comportamento criminoso, como o roubo no emprego. Às vezes, os empregados insatisfeitos apenas se demitem. Mas o mais comum é optarem por uma vida fácil, executando suas funções com mínimo envolvimento e tentando ao máximo evitar que a organização interfira em sua vida. Para estes, qualquer mudança na organização é vista como uma ameaça. Para evitar a mudança, os empregados adotam o que Argyris descreve como "rotinas defensivas", ações que inibem ou retardam a mudança, ou até mesmo a bloqueiam completamente. Alguns empregados usam as rotinas defensivas por razões negativas, apenas por não desejarem alterar o *status quo*. Os mais perigosos, diz Argyris, são os que tentam bloquear a mudança por razões que consideram positivas: ou tentando proteger um colega que se sente ameaçado pela mudança, ou por acreditarem realmente que as mudanças propostas estão erradas e prejudicarão a organização.[4] Muitas dessas rotinas defensivas se arraigam de tal forma na cultura da organização que até mesmo os novos empregados contratados para promover a mudança se "infectam" e passam a fazer parte do problema.

Na fase seguinte de seu trabalho, Argyris começou a estudar como superar o problema da resistência à mudança. Nos anos 1970, depois de duas décadas de prosperidade, as empresas americanas começaram a sentir as pressões: os choques do petróleo, o fim dos acordos monetários internacionais e a ameaça dos produtos importados, sobretudo do Japão, começavam a se fazer sentir. Consultores e outros observadores propunham uma mudança radical na forma como eram administradas as empresas americanas. Em 1982, Tom **Peters** e Robert Waterman publicaram seu manifesto pela mudança radical, *In Search of Excellence*, baseado em suas experiências na empresa McKinsey & Co. durante a década de 1970 e em suas observações sobre o melhor e o pior da empresa americana. A necessidade de mudança representou um desafio para Argyris: como derrotar as rotinas defensivas e fazer da mudança da própria gerência parte integral da organização.

Isso levou ao mesmo tempo a uma mudança da própria visão metodológica de Argyris. Até então, tal como a maioria dos cientistas sociais, ele realizava suas pesquisas pela observação do comportamento das pessoas em grupos. Agora, em parceria com o sociólogo Donald Schön, desviou sua atenção do comportamento em si para o estudo das razões por detrás dele. O que faz organizações e pessoas se comportarem como se comportam? Para ter a resposta a essa pergunta, Argyris percebeu que era necessário afastar-se do modelo padrão de pesquisa científica em que pessoas e grupos são observados objetivamente por observadores neutros. Apesar de todas as precauções, esse tipo de pesquisa levava inevitavelmente a uma certa tendência. O fenômeno já havia sido observado nas décadas de 1920 e 1930 durante uma pesquisa conduzida na fábrica Hawthorne da Western Electric, perto de Chicago, quando uma equipe de pesquisadores da Universidade Harvard liderada por Fritz Roethlisberger e Elton Mayo ficou intrigada pelo fato de os empregados observados e os entrevistados apresentarem uma produção consistentemente superior à média geral da companhia. Depois de vários experimentos com o ambiente, iluminação, entre outros, os pesquisadores chegaram à conclusão surpreendente de que o grupo em estudo produzia melhor por *estarem sendo estudados*. A presença dos pesquisadores e a atenção dada a seu próprio trabalho davam aos operários da amostragem um sentido maior de valor e os motivava a trabalhar melhor.[5]

Para Argyris e Schön já era tempo da pesquisa científica descer de sua torre de marfim e se integrar à organização. O termo "pesquisa da ação" procurou indicar um novo tipo de investigação, conduzida de forma contínua pelos próprios gerentes e trabalhadores e constantemente realimentando seu trabalho.[6] O objetivo da pesquisa da ação era criar um "conhecimento ativo", o "conhecimento que as pessoas usam para criar o mundo",[7] e não o conhecimento irrelevante para o uso diário, não importando a qualidade dos métodos usados para adquiri-lo. Para Argyris, no mundo ideal as empresas não convocam especialistas de fora para observar e fazer recomendações. Fazem sua própria pesquisa científica, no trabalho, à medida que avançam e fazem da coleta e do uso do conhecimento parte da tarefa diária da gerência.

O método de integrar o conhecimento na organização é chamado por Argyris de "aprendizagem em duas etapas". A aprendizagem em uma etapa é um processo simples pelo qual o *feedback* de ações passadas é usado para alterar ações futuras. Isso pode ser eficaz em determinadas circunstâncias, mas coloca a gerência em uma situação fortemente reativa. A aprendizagem em duas etapas, por outro lado, usa o *feedback* de ações passadas para questionar não só a natureza das ações futuras, mas todas as premissas subjacentes com base nas quais serão tomadas as decisões futuras. Ao analisar o *feedback*, os gerentes devem se perguntar não apenas, "o que devemos fazer agora?", mas também, "por que fazê-lo?", e, o que é ainda mais importante, "que outras coisas deveríamos fazer?". Somente formulando essas perguntas o aprendizado organizacional será capaz de se enraizar e se tornar realmente eficaz.

Mais uma vez, haverá na organização resistência ao aprendizado em duas etapas, já que envolve necessariamente o questionamento das premissas existentes e, em conseqüência, o abandono de algumas dessas premissas, caso se prove que elas não são mais válidas. A resposta ao novo conhecimento, especial se esse conhecimento é ameaçador, pode ser: "Não quero saber disso". Esse fenômeno já foi relatado em outras obras: nos primeiros anos do século, Herbert **Casson** observara com irritação a pouca disposição de aprender de muitos gerentes. Contudo, Argyris argumenta que o conhecimento gerado pelo aprendizado em duas etapas é tão poderoso e persuasivo que é capaz de quebrar até mesmo as mais fortes rotinas defensivas. A ciência da ação não é de forma alguma uma panacéia: superar as rotinas defensivas também exige paciência e persuasão. Entretanto, ao longo prazo, convencer pessoas compartilhando com elas o conhecimento deverá ser sempre mais eficaz do que emitir diretivas e ordens que serão ignoradas ou contornadas.

A ciência da ação e o aprendizado em duas etapas resultam na geração contínua de conhecimento e também sua difusão por toda a empresa. Em suas obras posteriores, Argyris se interessou pela maneira como as empresas adquirem e usam o conhecimento. *Knowledge for Action* (1993) leva em conta como os gerentes deveriam empregar o conhecimento no trabalho, ao passo que *Flawed Advice and Management Trap* (2000) sugere os meios pelos quais os gerentes terão condições de avaliar se os conselhos que recebem de "especialistas independentes" terão ou não valor prático para eles. Em seu último livro percebem-se ecos de Mary Parker **Follett** a se perguntar se os especialistas são os depositários da verdade. Ambos concordam que o conhecimento adquirido por si próprio é superior ao que se recebe em segunda mão de outrem. Especialistas e consultores independentes têm um papel a desempenhar, porém suas idéias não deveriam ser necessariamente aceitas sem crítica. No final das contas nada substitui o conhecimento gerado internamente na, e específico da, organização. A necessidade de criar conhecimento, e como fazê-lo, é uma das questões centrais das atuais teorias da gerência do conhecimento.

Os livros de Argyris não são fáceis de ler. Os recém-iniciados nesse campo da administração, particularmente do comportamento da organização, provavelmente julgarão suas obras pouco claras e as idéias principais ali expressas nem sempre fáceis de entender. Uma crítica que se fez a ele, com certa justiça, é que, ironicamente, ele se interessa tanto pelo conceito de ciência da ação mas não foi capaz de explicar como colocá-la em prática (alguns de seus livros mais recentes tentam remediar esse problema). Contra essa crítica, Argyris tenta mostrar como o conhecimento pode ser usado para derrubar as estruturas monolíticas das organizações e torná-las mais fluidas, adaptáveis e, ao mesmo tempo, mais felizes e melhores locais de trabalho. Sendo menos abertamente revolucionário que Tom Peters, menos prescritivo que **Porter** e **Deming**, os equivalentes mais próximos a Argyris são provavelmente Charles **Handy** e Henry **Mintzberg**, que, de pontos de vista muito diferentes, acreditam existir poucas verdades claras e evidentes em uma atividade que trata em última análise da ação humana, assim como que é o conhecimento e como dele fazemos uso que, em essência, determina o sucesso ou fracasso em administração.

Notas

[1] É esta a conclusão de um importante biógrafo; ver C. Lundberg, "Argyris, Chris", em M. Warner (ed.), *International Encyclopedia of Business and Management*, Londres: International Thompson Business Press, 1998, vol. 1, p. 18.

[2] C. Argyris, *Personality and Organization*, Nova York: Harper, 1957.

[3] L. J. Peters, *The Peter Principle*, Londres: Pan, 1969.

[4] Para uma descrição mais detalhada do conceito de "rotinas defensivas", ver especialmente C. Argyris, *Management and Organizational Development*, Nova York: McGraw-Hill, 1971.

[5] Ver R. Roethlisberger e W. J. Dickson, *Management and the Worker*, Cambridge: Harvard University Press, 1939.

[6] Argyris e Schön criaram o termo "pesquisa de ação" para indicar o contraste com a "pesquisa normal", o objetivo padrão, métodos rigorosos de pesquisa usados pelos cientistas sociais. "Pesquisa normal" é o termo usado, de forma ligeiramente pejorativa, por T. S. Kuhn para indicar o paradigma científico padrão de uma época. "Ciência da ação" é um termo mais amplo que inclui a pesquisa da ação e a análise e aplicação associadas.

[7] C. Argyris, *Knowledge for Action*, San Francisco: Jossey-Bass, 1993, p. 1.

Veja também

Boisot, De Geus, Follett, Forrester, Handy, Maslow, Morgan, Nonaka, Simon.

Para ler Chris Argyris

Em inglês

Personality and Organization, Nova York: Harper, 1957.

Integrating the Individual and the Organization, Nova York: Wiley, 1964.

Organization and Innovation, Chicago: Wiley, 1965.

Intervention Theory and Method, Reading: Addison-Wesley, 1970.

Management and Organizational Development, Nova York: McGraw-Hill, 1971.

(com D. Schön) *Theory in Practice*, San Francisco: Jossey-Bass, 1974.

Increasing Leadership Effectiveness, Nova York: Wiley, 1976.

(com D. Schön) *Organizational Learning*, Reading: Addison-Wesley, 1978.

Inner Contradictions of Rigorous Research, Nova York: Academic Press, 1980.

Reasoning, Learning and Action, San Francisco: Jossey-Bass, 1982.

On Organizational Learning, Oxford: Blackwell, 1993.

Knowledge for Action: A Guide to Overcoming Barriers to Organizational Change, San Francisco: Jossey-Bass, 1993.

Flawed Advice and Management Trap: How Managers Can Know When They're Getting Good Advice and When They're Not, Oxford: Oxford University Press, 2000.

Em português

Enfrentando defesas empresariais, facilitando o aprendizado organizacional. São Paulo: Campus, 1992.

Comunicação eficaz na empresa: como melhorar o fluxo de informações para tomar decisões. São Paulo: Campus, 1999. (Coleção Harvard Business Review).

(com Cary L. Cooper). *Dicionário enciclopédico de administração.* São Paulo: Atlas, 2003.

Maus conselhos, uma armadilha gerencial: como distinguir os conselhos eficazes. Porto Alegre: Bookman, 2004.

Para saber mais

Depois de estudar as teorias de Argyris, seria útil compará-las com outras teorias de aprendizagem organizacional. Recomendamos as seguintes:

Em inglês

Buzan, T., *Use Your Head,* Londres: BBC Books, 1974.

De Geus, A., *The Living Company: Habits for Survival in a Turbulent Environment*, 1997.

Follett, M. P., *Creative Experience*, Nova York: Longmans Green, 1924.

Hickman, J. R. (ed.), *Leading Organizations: Perspectives for a New Era*, Thousand Oaks: Sage, 1998.

Nonaka, I. e Takeuchi, H., *The Knowledge-Creating Company*, Oxford: Oxford University Press, 1995.

Schön, D., *The Reflective Practitioner*, Nova York: Basic Books, 1983.

Senge, P. M., *The Fifth Discipline: The Art and Practice of the Learning Organization*, Nova York: Doubleday, 1990.

Em português

Buzan, Tony. *Saber pensar*. Barcarena: Presença, 1996.

De Geus, Arie. *A empresa viva*. São Paulo: Campus, 1998.

Nonaka, Ikujiro; Takeuchi, Hirotaka. *Criação de conhecimento na empresa*: como as empresas japonesas geram a dinâmica. São Paulo: Campus, 1997.

Richard Arkwright (1732-92)

Richard Arkwright é uma das principais expressões da Revolução Industrial, e a ele se credita a criação do sistema de fábricas. Personalidade controvertida em seu próprio tempo, Arkwright é lembrado em geral por suas realizações como engenheiro de produção. Mas foi também um gênio empreendedor de primeira ordem, que teve um papel importante na difusão das novas tecnologias de fabricação. Ao desenvolver os métodos de produção mecanizada em grande escala, Arkwright lançou as bases da produção em massa e de seu correspondente necessário, o mercado de massa.

Arkwright nasceu em 23 de dezembro de 1732, em Preston, Lancashire, o décimo terceiro filho de um alfaiate. Cresceu em uma família que vivia permanentemente no limite da pobreza. Embora tenha mais tarde se tornado um dos homens mais ricos da Grã-Bretanha, nunca esqueceu sua infância humilde e gostava de dizer que a história de sua família remontava a "Noé, o primeiro ark wright*". Aprendeu a ler e a escrever em casa e foi aprendiz do barbeiro local. Os barbeiros no início do século XVIII ainda trabalhavam como cirurgiões também, e foi nessa época que Arkwright recebeu seus primeiros, ainda que rudimentares, conhecimentos de ciência.

Ao completar sua formação aos dezoito anos, Arkwright se mudou para a cidade vizinha de Bolton e montou sua própria barbearia. A atividade ia bem, e Arkwright conseguiu economizar o capital necessário para diversificar, tentando primeiro a fabricação de perucas e, mais tarde, o negócio de hospedarias, embora nesta última atividade aparentemente não tenha tido o mesmo sucesso. No início da década de 1760, já era um homem de negócios moderadamente próspero e certamente já havia superado todas as expectativas da família. O iluminismo do século XVIII na Grã-Bretanha foi uma época não

* N.T.: *Ark wright*, carpinteiro construtor de arca. Em inglês, *Ark* é a arca bíblica, de Noé, e *wright*, artífice, artesão.

apenas de grandes avanços científicos, mas também de enorme interesse popular no assunto. A maioria das cidades, de todos os tamanhos, tinha uma "sociedade filosófica" ou corpo semelhante que se reunia com freqüência e dava aos cientistas amadores uma oportunidade de brincar com ciência e mecânica e comparar o resultado de seu trabalho com o de outras pessoas com os mesmos interesses. Uma pletora de jornais, em geral de circulação muito restrita, oferecia aos cientistas aspirantes e inventores a oportunidade de colocar no papel suas idéias e teorias. Na segunda metade do século, a maioria das pessoas educadas tinha no mínimo um interesse superficial por ciência, e por todo o país havia literalmente milhares de pessoas em porões e pequenas oficinas brincando com novas idéias e novos aparelhos.

Uma área que desde cedo atraiu atenção foi a produção mecânica de tecidos. Alguns avanços haviam sido realizados; em 1725, por exemplo, os irmãos Thomas e Joseph Lombe desenvolveram um sistema de fiação de seda e fundaram uma pequena fábrica em Derby.[1] Contudo, foi a fiação de algodão que recebeu mais atenção, pois a impressão geral era que o mercado de têxteis de algodão deveria ser muito maior. A maior parte dos tecidos de algodão, em geral muito caros, era então importada da Índia. Arkwright, procedente de uma região onde a produção têxtil se constituía em parte importante da economia, conhecia as dificuldades técnicas e o potencial de mercado caso esses problemas pudessem ser resolvidos. Em meados dos anos 1760, já havia criado um anteprojeto de estrutura rudimentar de fiação, uma máquina acionada mecanicamente, capaz de transformar o algodão em fio usando uma série de rolos. No entanto, não tinha capacidade técnica para colocar o projeto em prática.

O momento decisivo veio em 1767, quando Arkwright conheceu John Kay, um relojoeiro de Bury, em Lancashire, e com ele registrou uma sociedade. Kay também era inventor, e tinha de fato registrado várias patentes. O papel dos relojoeiros na Revolução Industrial é habitualmente desprezado. Para entender esse papel, temos de voltar ao final do século XVII quando a Marinha Real lançou o desafio da fabricação de um cronômetro marítimo confiável. Essa busca levou um século e, embora tivesse culminado no trabalho, hoje famoso, de John Harrison, relojoeiros de todo o país se envolveram na produção de engrenagens de precisão para os mecanismos. Por volta da década de 1760, a Grã-Bretanha era líder mundial nesse ramo específico da engenharia. A produção de fábricas da Revolução Industrial exigia engrenagens para a transmissão de força, bem como outros componentes de precisão como roletes e mesas deslizantes, e os relojoeiros eram as únicas pessoas com capacidade de produzi-las. Por volta da década de 1780, quando as novas fábricas vinham sendo construídas em rápida progressão, os londrinos ricos se queixavam de que era impossível consertar seus relógios porque todos os relojoeiros da capital tinham ido para o norte construir tecelagens de algodão.

A sociedade com Kay também lançou Arkwright em sua primeira controvérsia. Antes de se associar a Arkwright, Kay trabalhara com outro inventor de Lancashire, Thomas Highs. Parece ter havido uma desavença entre os dois, provavelmente em torno da propriedade das idéias em que tinham trabalhado, e quando Arkwright se associou a Kay, este levou vários projetos produzidos na sociedade anterior. Kay e Arkwright alegavam que eram o resultado do trabalho de Kay, Highs afirmava que eram resultantes de seu trabalho, e que Kay e Arkwright os tinham roubado dele. A acusação de Highs nunca foi comprovada, mas as acusações de roubo de propriedade intelectual acompanharam Arkwright pelo resto de sua carreira.[2]

Por volta de 1768, Arkwright, com a assistência de Kay, concluiu o projeto de um mecanismo de fiação. Os estágios finais do trabalho foram executados sob grande segredo em uma sala no andar de cima da hospedaria de Arkwright, onde, para desviar a atenção de seu objetivo real, divulgaram que estavam planejando uma campanha para a eleição local. Arkwright levou então seu projeto e pequenas reservas de capital para Nottingham, importante centro de produção têxtil. Lá encontrou aqueles que seriam seus sócios, John Smalley e David Thornley, e juntos fundaram uma pequena fiação acionada por cavalos. Foi um estágio importante para produzir um protótipo. Fizeram-se vários ajustes para aumentar a eficiência, e Arkwright se convenceu também de que cavalos não eram uma fonte suficiente de energia. Voltou-se então para o uso da energia hidráulica. À época, vários empresários de Nottingham já se mostravam interessados e dois deles, Jedediah Strutt e Samuel Need, ofereceram apoio a Arkwright na construção de uma grande indústria de fiação com acionamento hidráulico. Estavam interessados em garantir a produção de fio de algodão barato para ser usado em seu próprio negócio, a produção de malharia. Encontraram um lugar adequado em Cromford, em Derbyshire, e a máquina de fiar, que passou a ser conhecida como fiação hidráulica devido às adaptações para o uso de energia hidráulica, entrou em operação plena.

Durante a primeira metade da década de 1770, Arkwright dedicou-se a ampliar e a aperfeiçoar a fábrica de Cromford. Com Need e Strutt, envolveu-se na tarefa de convencer o governo a eliminar os direitos alfandegários sobre importações de algodão bruto indiano, um passo necessário para a redução de custos e o aumento do mercado. Todavia, passava a maior parte do tempo na fábrica. Antes da fiação do algodão eram necessários vários processos preparatórios, cardagem, penteadura, torcedura, e a idéia de Arkwright era também mecanizá-los. Lamentavelmente, não nos deixou nenhum relato escrito de como isso foi feito. Ao que parece, tinha os projetos na cabeça e os desenhos que porventura tenham existido foram destruídos. Como antes, recrutou relojoeiros e outros com competência técnica para colocar em prática suas idéias e, como antes, surgiram de todos os cantos furiosas acusações de roubo de propriedade intelectual. Não é possível determinar quanto do resultado se deveu à própria engenhosidade de Arkwright e quanto foi "emprestado" de outros. Entretanto, por volta de 1775 Arkwright já montara uma linha completa de produção cobrindo todos os estágios da fabricação de fio a partir do algodão bruto. Foi esse o verdadeiro cerne do sistema de fábricas: um único processo mecanizado, capaz de manter uma produção contínua em múltiplos estágios de vida do produto, acionado por uma fonte permanente de energia e capaz de ser operado em turnos.

Em 1775, Arkwright patenteou seu sistema e passou a explorá-lo. Já um homem rico, serviu-se de seu próprio capital para financiar novas fábricas, como a de Chorley, em Lancashire. Porém, logo percebeu que o verdadeiro potencial do novo sistema estava em sua difusão. Com o fio de algodão, começou a vender a tecnologia para produzi-lo. Vendeu licenças a outros empresários que queriam empregar sua tecnologia, às vezes investindo diretamente nos novos empreendimentos. Chegou mesmo a oferecer consultoria, por exemplo, a David Dale quando este estava montando sua fábrica em New Lanark, na Escócia. Em meados de 1780, já estavam em operação quinze fábricas que utilizavam as patentes de Arkwright, empregando cerca de 5 mil pessoas.

Por essa ocasião, passou a enfrentar o problema que sempre se apresenta aos donos de propriedade intelectual: como controlar a pirataria. Desde que se encontrassem operários qualificados, o sistema de Arkwright era fácil de copiar, e fábricas usando versões não licenciadas da tecnologia pipocavam por todo o norte da Inglaterra. Em 1781, levou vários agentes da pirataria aos tribunais e foi derrotado. Sua patente não era muito forte e provou-se que, como alguns dos componentes do sistema não eram patentes do próprio Arkwright, ele não poderia reivindicar direitos de patente sobre o sistema como um todo. A patente foi declarada nula e sem valor, e a tecnologia de fabricação de Arkwright foi efetivamente colocada em domínio público.

Sua resposta foi, como de hábito, vigorosa. Os seis anos entre 1775 e 1781 lhe tinham dado enorme vantagem competitiva, colocando-o muito à frente de seus concorrentes tanto em termos de desenvolvimento tecnológico quanto de trabalho qualificado. Estava consciente de que o mercado era grande demais para ser dominado por uma pessoa ou empresa. À medida que novas fábricas eram fundadas em velocidade crescente, Arkwright começou a vender os componentes do sistema, como o bastidor hidráulico, em lugar das licenças para utilizá-lo. Por volta de 1784, só as vendas de equipamentos lhe garantiam uma renda anual de 60 mil libras, sem contar os lucros gerados em suas fábricas.[3]

Arkwright continuou a apoiar os novos empresários, oferecendo aporte financeiro a Samuel Oldknow no início de sua meteórica carreira. Seus interesses empresariais em meados de 1790 eram uma teia complicada de investimentos, tanto aplicações como receitas. Arkwright usou suas parcerias empresariais para criar redes de relacionamento com fornecedores e clientes. Embora já fosse, segundo algumas estimativas, um dos cinco homens mais ricos da Grã-Bretanha, a quem não faltava capital, sempre convidava seus principais clientes a participar de novos negócios, como forma de construir e manter boas relações. Arkwright nunca relutou em enriquecer os outros, desde que no processo também ficasse mais rico.

Prosseguiu no aperfeiçoamento de sua tecnologia de fabricação, e se interessou particularmente pela geração de energia. No final da década de 1780, começou a fazer experiências com máquinas a vapor e isso atraiu a atenção de James Watt e Mathew Boulton, então em processo de aperfeiçoar a máquina a vapor original, criada décadas antes por Thomas Newcomen. Seguiu-se uma longa correspondência, e Arkwright ainda estava trabalhando nos métodos de emprego da energia do vapor quando sobreveio daquele.

Arkwright foi sagrado cavaleiro em 1786, e pouco depois começou a construir uma grande mansão perto de Cromford. Trabalhador compulsivo, trabalhava todos os dias das cinco da manhã às nove da noite. Como era de se esperar, esse ritmo começou a se fazer sentir, passando a sofrer problemas cardíacos. Faleceu em Cromford no dia 3 de agosto de 1792.

É difícil avaliar o impacto de Arkwright sobre a moderna administração em um espaço tão curto. Em primeiro lugar, há seu trabalho de engenheiro de produção. Richard Fitton, autor de uma das poucas biografias confiáveis de Arkwright,[4] considera-o o fundador do moderno sistema de fábricas, e a maioria dos comentadores parece concordar. Embora seja importante lembrar que os protótipos de fábricas já existissem fazia algum tempo, foi Arkwright quem primeiro transformou seu método de produção em um *sistema*: ou seja, uma organização capaz de ser copiada e amplamente difundida independentemente de local ou produto. Os teares mecânicos foram introduzidos para mecanizar a produção de tecidos nos primeiros anos do século XIX. Pouco tempo depois o sistema começou a ser aplicado a outros têxteis, como a lã. Na década de 1840, Titus Salt fez fortuna em Bedford ao projetar fábricas para produzir alpaca. O século XIX assistiu ao sistema de fábricas se espalhar gradualmente para a produção de artigos de metal e máquinas, em especial armas e, ao final, a mais conhecida, a fabricação de automóveis.

A produção em massa implicava naturalmente mercados de massa. Arkwright nunca chegou a articular claramente essa idéia (não da forma como o fez Henry **Ford**, por exemplo, no caso da produção de carros baratos, abrindo um fabuloso mercado de automóveis para a classe média americana), mas parece tê-la compreendido e seu princípio estava na base dos esforços para eliminar as tarifas alfandegárias impostas ao algodão bruto. Algodão mais barato significava menores custos de produção, isso, por sua vez, significava a oportunidade de reduzir o preço dos produtos finais, o que atraía mais consumidores. Reduzir o preço implicava a redução do lucro unitário, mas esse efeito era mais que compensado pelo aumento do volume de vendas. E o mercado de massa foi fundado não só na Grã-Bretanha, mas também no exterior. As exportações britânicas de tecidos contribuíram imensamente para o saldo comercial por todo o século seguinte.

Importância vital teve também a difusão de tecnologia e de qualificação que resultou das empresas de Arkwright. Para ser bem-sucedida, a Revolução Industrial carecia da tecnologia necessária e uma oferta de mão-de-obra qualificada. Como já foi dito, o próprio Arkwright era um grande difusor da tecnologia de produção, primeiro por meio do licenciamento, e mais tarde pela venda de equipamentos. Houve também grande demanda para a sua equipe técnica e administrativa, e aqueles homens geralmente passaram de emprego para emprego sempre atraídos por melhor remuneração e condições de trabalho, de forma semelhante aos grandes banqueiros e consultores de hoje. Ao fazê-lo, transferiam suas próprias especializações e conhecimentos para outros estabelecimentos. O mais famoso desses gerentes ambulantes talvez tenha sido Thomas Marshall, ex-superintendente de Arkwright, que emigrou para os Estados Unidos em 1791 e fundou a indústria têxtil americana na Nova Inglaterra.

O impacto econômico do sistema de fábricas continua sendo tema de muito debate. Karl Marx e Friedrich Engels (ele próprio dono de fábrica) acreditavam que o sistema de fábricas foi um meio de concentrar capital: seu impacto final foi alterar o equilíbrio entre capital e trabalho em favor do primeiro, possibilitando o aumento da exploração do segundo. E, evidentemente, isso ocorreu: o sistema de fábricas assistiu ao aumento quase imediato do nível de conflito e da agitação trabalhista. Ainda nos primórdios, o próprio Arkwright parece ter aprendido uma lição quanto a esse tema, quando operários revoltados incendiaram sua fábrica de Chorley em 1779. Reconheceu que para ser bem-sucedido o sistema mecânico exigia a cooperação dos operários. Para tanto, pagava bem, melhor que muitos de seus competidores, e oferecia bonificações e diversão grátis para seus empregados. Em alguns casos, oferecia inclusive prêmios para os empregados mais produtivos.[5] No entanto, o sistema de fábricas criou uma nova dinâmica no campo das relações entre capital e trabalho, que teria duradouras conseqüências.

Mais interessante é a análise do sistema de fábricas pelos teóricos dos custos de transação. Na opinião deles, o sistema de fábricas introduziu maior eficiência econômica ao reduzir os custos de transação: enquanto no período anterior a fiação, por exemplo, consistira de vários estágios separados, executados por diferentes estabelecimentos, na fase posterior todos os estágios ficaram reduzidos a um único processo. Isso barateou os custos de coordenação e também permitiu o controle da qualidade. Um analista recente acredita que a verdadeira revolução do sistema de fábricas estava na mudança da ênfase do produto para o processo. Nos sistemas de contratação ou de aquisição externa, o método mais comum de manufatura anterior à Revolução Industrial, o empresário só podia controlar a qualidade do produto final aceitando ou rejeitando os produtos entregues conforme estes atendessem aos padrões de qualidade. Não havia controle sobre o processo. Ao colocar o processo de produção sob o controle direto da administração, Arkwright e seus sucessores puderam se concentrar na engenharia do processo de forma a produzir artigos de melhor qualidade a menores custos.[6]

A rotinização da produção levou, por um lado, à divisão do trabalho e, por outro, à produção em massa de muitos artigos. As conseqüências sociais das duas foram enormes, e uma das mais duradouras conseqüências das inovações de Arkwright foi a renovação e a intensificação do exame do papel das empresas e da gerência na sociedade. O sistema de fábricas levou diretamente ao aumento da força e da concentração do capital, que, por sua vez, colocou em cena os aspectos éticos da empresa. Práticas empresariais que antes pareciam normais, como o trabalho infantil (Arkwright empregava até crianças de oito anos nas suas fábricas, embora seu filho tenha dado fim a essa prática), foram reconsideradas. A idéia de que aumentar o poder do empregador deveria ser acompanhado do aumento da responsabilidade para com os empregados foi articulada com muita clareza pelo proprietário de fábrica Robert **Owen** no século seguinte. Arkwright defendia a reforma das leis trabalhistas e a oferta pelos patrões de educação, assistência médica, moradia e outros benefícios. As discussões relativas à natureza e à extensão da dimensão ética da administração, que começou no final do século XVIII, continuam a fazer parte do debate de nossos dias.

Notas

1 Como se observou no prefácio, a palavra "factory" [fábrica] podia nessa altura significar qualquer posto comercial ou instalação de produção. Os postos de comércio de peles da Companhia da Bahia de Hudson, no norte do Canadá, por exemplo, também eram conhecidas como "factories".

2 Para um resumo, ver a demanda de High em R. Guest, *A Compendious History of the Cotton Manufacture*, Manchester: Joseph Pratt, 1823.

3 R. S. Fitton, *The Arkwrights: Spinners of Fortune*, Manchester: Manchester University Press, 1989, p. 91.

4 *Ibid.*

5 Sydney Pollard, *The Genesis of Modern Management*, Harmondsworth: Penguin, 1965, p. 225.

6 R. N. Langlois, "The Coevolution of Technology and Organisation in the Transition to the Factory System", em P. L. Robertson (ed.), *Authority and Control in Modern Industry*, Londres: Routledge, 1999, pp. 36-55.

VEJA TAMBÉM

Babbage, Cadbury, Ford, Lever, Owen.

PARA LER RICHARD ARKWRIGHT

Arkwright não deixou obra escrita além de escassa correspondência. Ver a bibliografia em Fitton, *The Arkwrights: Spinners of Fortune* (a seguir) para mais detalhes.

PARA SABER MAIS

Nas décadas de 1820 e 1830, foram publicados vários livros sobre a história da indústria do algodão que forneceram detalhes da carreira de Arkwright extraídos de entrevistas com pessoas que o conheceram: entretanto, muitas dessas fontes não são confiáveis. William Radcliffe, ele próprio industrial que teve papel importante na introdução do tear mecânico, foi um dos melhores escritores de tais obras e vale a pena ser lido. Nos nossos dias, dada a importância de Arkwright, há um número surpreendentemente pequeno de boas obras sobre ele: recomenda-se a biografia de Richard Fitton, que é erudita e de leitura agradável.

BERG. M., *The Age of Manufactures: Industry, Innovation and Work in Britain, 1720-1800*, Oxford: Berg, 1985.

CHAPMAN, S., *Merchant Enterprise in Britain*, Cambridge: Cambridge University Press, 1992.

FITTON, R. S., *The Arkwrights: Spinners of Fortune*, Manchester: Manchester University Press, 1989.

__________. e WADSWORTH, A. K., *The Strutts and the Arkwrights 1758-1830: A Study of the Early Factory System*, Manchester: Manchester University Press, 1958.

POLLARD. S., *The Genesis of Modern Management*, Harmondsworth: Penguin, 1965.

RADCLIFFE, William, *Origin of the New System of Manufacture*, Manchester, 1928.

UNWIN, G., *Samuel Oldknow and the Arkwrights*, Manchester: Manchester University Press, 1968.

CHARLES BABBAGE (1792-1871)

Matemático, cientista e economista, Charles Babbage é aclamado como o inventor do computador moderno. Apenas isso já lhe garantiria um lugar no panteão da fama da administração. Muito do que hoje entendemos sobre administração depende tão completamente de sua invenção que, a rigor, não conseguimos nos lembrar de como as coisas eram feitas na era pré-computador.

Além disso, muito adiante de seu tempo, Babbage afirmava que os negócios deveriam ser conduzidos de acordo com princípios de base científica, bem como que a ciência desempenhava um papel importante na administração de empresas. Desse modo, os historiadores da administração o consideram um pioneiro do movimento pela administração científica, que teve início nos Estados Unidos duas décadas após a morte de Babbage.

Babbage nasceu no dia 26 de dezembro de 1792. Há alguma controvérsia quanto ao local de nascimento, sendo mais citada a cidadezinha de Teignmouth, em Devon, embora Totnes, uma cidade próxima, seja às vezes mencionada e Walworth, um subúrbio de Londres, também seja citado por algumas fontes. Seu pai era um banqueiro proeminente que mantinha residência em Londres e em Devon (para completar a confusão, a sua data de nascimento às vezes é dada como 1791). O próprio Babbage foi educado em escolas de Devon e mais tarde em Londres. Tinha facilidade natural para a matemática, e se diz que aprendeu álgebra sozinho, ainda menino. Em 1811, ingressou na Universidade de Cambridge, onde se destacou na matemática a ponto de ter esgotado o conhecimento de seus orientadores já no fim do primeiro ano, continuando então suas pesquisas.

Formado pelo Peterhouse College em 1814, Babbage mudou-se para Londres onde se tornou figura importante nos círculos científicos. Foi eleito membro da Real Sociedade em 1816 e em 1820, com um amigo da universidade, John Herschel, fundou a Sociedade Astronômica. Atuou como diretor da sociedade durante alguns anos. Participou inclusive da fundação da Sociedade Estatística de Londres, uma das mais importantes associações de cientistas e economistas políticos do início do século XIX, e é provável que seu interesse pela economia tenha tido origem nesse momento. Em 1828, Babbage assumiu a cátedra Lucasiana de Matemática em Cambridge, indicação altamente prestigiosa entre cujos titulares anteriores fuguravam Isaac Newton e o cego Nicholas Saunderson quem, por coincidência, também levou a cabo experiências com máquinas de calcular. Babbage exerceu o cargo durante onze anos, apesar de não se saber se chegou efetivamente a dar aulas em Cambridge.

O interesse de Babbage pelas máquinas de calcular começou quando ainda freqüentava a universidade. A idéia dessas máquinas não era nova. No século XVI, o filósofo francês Blaise Pascal projetou uma, e outras versões foram desenvolvidas, chegando mesmo a serem comercializadas mais tarde. Babbage estudou os modelos anteriores, comparativamente simples – pouco mais avançadas que um ábaco – e se convenceu de seu potencial. Inicialmente via utilização para elas na astronomia e na navegação, e parece que levou em consideração a idéia de máquinas de calcular que pudessem ser instaladas em navios. No entanto, com a passagem do tempo percebeu as que implicações eram muito mais amplas. Sua idéia era um mecanismo de cálculo mais rápido e mais preciso que os cálculos humanos, com aplicações não só na navegação, mas de modo mais amplo no comércio, na indústria e no governo.

Em 1820, Babbage começou a trabalhar em um protótipo a que deu o nome de "máquina diferencial" (o nome deriva do princípio fundamental de cálculo usado, o método das diferenças finitas). A máquina diferencial era basicamente um avanço, ainda que um avanço importante, sobre as máquinas de calcular anteriores e deveria oferecer cálculos precisos e rápidos para diversas aplicações. O protótipo foi concluído em 1822, e teve enorme sucesso, levando Babbage a continuar com a construção de outro modelo muito maior e complexo. Recebeu o apoio financeiro do governo e também de vários indivíduos privados.

A segunda máquina diferencial jamais ficou pronta. Então com pouco mais de trinta anos, Babbage começava a mostrar os sinais da irritabilidade e mau humor que seriam sua característica mais marcante nos anos de maturidade. É possível que a enorme tensão do empreendimento já estivesse gerando conseqüências. Sem a competência técnica necessária para construir a máquina maior, convidou para a sociedade o engenheiro Joseph Clement, que passou a corrigir os desenhos de Babbage e a fabricar as peças da máquina. De início a relação foi amistosa, mas o distinto temperamento dos dois logo entrou em choque e o trabalho às vezes era interrompido por longos períodos enquanto Babbage e Clement tentavam contornar as diferenças. Em 1828, tiveram a última desavença, e dessa vez Clement rompeu a sociedade, levando consigo todas as peças e os desenhos da máquina. Embora nunca mais tenha voltado a trabalhar no desenvolvimento da máquina, Clement se recusou a devolver os desenhos a Babbage.

Por essa ocasião, Babbage já estava pensando em uma invenção muito mais radical, a que deu o nome de "máquina analítica". Ao contrário da máquina diferencial, cujo objetivo principal era fazer cálculos e lançar os resultados em tabelas, a máquina analítica era uma calculadora programável capaz de receber instruções e executar várias funções diferentes. Instruções e dados seriam fornecidos por meio de cartões perfurados, criados originalmente para os teares Jacquard (deve-se notar que até hoje, bem mais de cem anos depois, os cartões perfurados são usados pela IBM e por outros fabricantes de computadores). Os cálculos seriam então impressos de várias formas. Acima de tudo, a máquina deveria ser capaz de guardar dados na memória.

Quando Babbage propôs a idéia pela primeira vez e começou a angariar fundos, ficou perplexo ao se ver objeto de críticas e zombarias generalizadas. Outros cientistas, especialmente os seus adversários, alegavam que o projeto era impossível. O governo, escaldado com o dinheiro perdido no desenvolvimento da segunda máquina diferencial, recusou apoio. Algumas pessoas ofereceram apoio – entre eles o duque de Wellington, que forneceu 5 mil libras –, mas os recursos nunca foram suficientes para completar o projeto. Babbage também carecia de competência técnica, apesar de contar com a ajuda inestimável de Ada, condessa de Lovelace, filha de Lord Byron e matemática cujo gênio superava até mesmo o de Babbage. A condessa corrigiu vários dos cálculos, e por volta de 1840 os dois conseguiram construir parte da máquina analítica, quando os recursos se esgotaram.

Babbage e a condessa imaginaram então uma forma de ganhar grandes somas de dinheiro apostando nas corridas de cavalos usando cálculos matemáticos de probabilidades. O esquema fracassou e isso custou ainda mais dinheiro. Ada Lovelace morreu em 1852, o que o aborreceu ainda mais, tendo em seus últimos anos devotado grande parte de sua energia a uma campanha para retirar das ruas de Londres os tocadores de realejo e outros músicos que, segundo ele, estavam arruinando a sua saúde. Morreu em 1871, amargurado e só.

Em 1872, uma comissão da Real Sociedade Astronômica examinou o projeto da máquina analítica tendo chegado à conclusão de que, se tivesse sido construída, o resultado poderia ter sido o início de uma nova era na matemática, na astronomia e na ciência em geral, tão grandes eram suas possibilidades. Entretanto, não se encontrou ninguém disposto a aportar dinheiro para executar o projeto. No final, foi necessária uma guerra para realizar o sonho de Babbage. Na década de 1940, o cientista britânico Alan Turing e seus colegas, envolvidos no desenvolvimento de computadores para quebrar os códigos de rádio alemães, perceberam que Babbage tinha efetivamente inventado o computador programável ao consultar suas notas e desenhos. A segunda metade do século XX assistiu a uma grande explosão de interesse sobre a obra de Babbage, hoje considerado o "pai do computador".

Prolífico, Babbage escreveu mais de oitenta livros e opúsculos. A maioria tratava de temas científicos e técnicos, porém muitos versavam sobre economia e negócios. *The Exposition of 1851*, por exemplo, discute as ligações entre o progresso científico e técnico, de um lado, e, de outro, a prosperidade econômica. Todavia, o mais famoso é *The Economy of Machinery and Manufactures*, hoje considerado não só uma obra clássica da economia política, mas também um dos textos fundamentais da moderna administração.

Babbage afirmou que as empresas podiam e deviam ser geridas de acordo com princípios científicos. Identificava racionalismo com prosperidade e ordem, não somente na macroeconomia, mas também nos interesses empresariais individuais. Adepto convicto de uma sociedade racional, Babbage sentia que as ligações entre negócios e sociedade eram muito fortes, bem como que as empresas também deveriam se conduzir de forma racional. Ciência, significando não apenas emprego da tecnologia, mas aplicação de métodos científicos de estudo, era a chave do estabelecimento desse racionalismo. Apesar de não chegar a formular claramente os princípios da administração científica, é evidente que Babbage acreditava na existência desses princípios.

A tecnologia, dizia Babbage, tinha o poder de revolucionar a produção. Isso já acontecera no século anterior, quando Richard Arkwright liderara o desenvolvimento do sistema de fábricas para a produção de têxteis, porém Babbage acreditava que essa revolução era apenas o primeiro passo. A tecnologia podia e devia se espalhar por todos os ramos da indústria. Era nesse processo que via seus computadores, especialmente a máquina analítica, desempenhando um papel valioso. Ao aumentar a velocidade do processo e a precisão dos cálculos, as empresas e seus proprietários e gerentes teriam à disposição mais e melhores informações e seriam capazes de tomar decisões precisas baseadas na consideração racional de todos os fatos.

Da mesma forma, a tecnologia podia ser usada para melhorar a sorte dos operários reduzindo a quantidade de trabalho manual necessário, além de torná-lo menos exaustivo. A exemplo dos primeiros autores que trataram da administração científica, como Taylor e Emerson, acreditava que a mecanização podia melhorar as condições de trabalho. Entretanto, reconhecia também que a mecanização criaria problemas nas relações de trabalho, em especial se os salários dos trabalhadores não conseguissem acompanhar os lucros dos proprietários do capital. Babbage acreditava que uma sociedade racional seria também justa e eqüitativa, em que as pessoas teriam o direito de tirar proveito de seu próprio trabalho. Propunha a divisão dos lucros, para que os operários, assim como os capitalistas, também se beneficiassem.

> Seria muito importante que, em todo grande estabelecimento, o modo de pagamento pudesse ser definido de tal forma que toda pessoa empregada auferisse vantagens com o sucesso do conjunto e que os ganhos de cada indivíduo, à medida que a fábrica gerasse lucro [aumentasse], sem a necessidade de fazer qualquer alteração nos salários.[1]

Seriam quatro os benefícios da participação nos lucros:

- toda pessoa empregada [na fábrica] teria interesse direto em sua prosperidade;
- toda pessoa relacionada com a fábrica teria um interesse imediato em evitar desperdícios ou má gerência em todos os departamentos;
- os talentos de todos os associados a ela teriam uma ligação forte com o seu aperfeiçoamento em todos os departamentos; e
- ninguém que não os operários de melhor caráter e qualificações poderia ser admitido nesse estabelecimento.[2]

Sistemas de participação nos lucros foram amplamente adotados no final do século XIX e início do XX, e alguns desses sistemas, sobretudo o do varejista britânico John Lewis, ainda são praticados. O próprio John Lewis, escrevendo 120 anos depois de Babbage, defendeu a divisão dos lucros e a participação dos trabalhadores na gerência por muitas das razões invocadas por Babbage: a participação do trabalhador, dizia Lewis, dava aos empregados acesso ao conhecimento e a um maior grau de controle sobre sua própria vida, aumentando assim a felicidade pessoal, bem como o interesse na prosperidade da empresa.[3]

Uma vez mais muito adiante do seu tempo, Babbage foi além das questões associadas à produção e ao consumo propriamente ditos para discutir marketing e vendas. Outro benefício da introdução da tecnologia, acreditava ele, era a melhoria da qualidade dos produtos vendidos aos consumidores. Em dois capítulos de *The Economy of Machinery and Manufactures* (1835) – "On the Influence of Verifiction on Price" e "On the Influence of Durability on Price" – Babbage mostrava como a qualidade do produto afeta o preço deste no mercado. Isso significa não só a qualidade real do produto, mas também a *percepção* dessa qualidade pelos consumidores. Babbage argumentava que este pode, ao avaliar a qualidade do produto antes da compra, incorrer em *custos* em termos de tempo e às vezes até de dinheiro. O nível desse custo varia de acordo com o produto. A qualidade do açúcar em cubos, por exemplo, pode ser verificada rapidamente, geralmente pelo exame visual. A verificação da qualidade do chá é mais demorada e requer o consumo de certa quantidade do produto. Os fabricantes podem ajudar a superar esse problema enviando ao consumidor sinais de qualidade, sendo o mais comum a marca do fabricante. Se essa marca for sustentada pela qualidade consistente do produto, o fabricante poderá pedir um adicional de preço e assim aumentar seus lucros – ou, no mínimo, manter sua lucratividade diante do aumento da concorrência. Babbage foi destarte o primeiro autor a tornar explícitas as ligações entre qualidade, preço e lucro, e foi também quem começou a explorar as questões de marca e lealdade do consumidor. Foi exatamente essa ligação entre qualidade, marca e lealdade do consumidor que levou os primeiros grandes marqueteiros da marca da era moderna, William **Lever** e Henry **Heinz**, a evidenciá-la.

Hoje em dia, a influência de Babbage reside precipuamente no campo técnico e científico, e sua obra sobre economia e negócios está praticamente esquecida. É raramente citado nas modernas bibliografias de administração. Ainda assim, sua influência foi imensa. John Stuart Mill e Karl Marx leram-no e o citaram com aprovação em sua obra da maturidade. Herbert **Casson** e Lyndall **Urwick** observaram que Babbage antecipou grande parte do pensamento associado ao movimento da administração científica, e Urwick e Edward Brech acreditam ser ele um dos mais importantes pensadores sobre administração de todos os tempos. Como a tecnologia com que sonhou se torna cada vez mais fundamental para o trabalho diário de gerência, já é tempo de reavaliar a contribuição e as idéias de Babbage, e ver quais de suas outras teorias praticamente esquecidas poderiam ser aplicadas na atualidade.

NOTAS

[1] C. Babbage, *The Economy of Machinery and Manufactures*, Londres: Charles Knight, 1835, p. 251.

[2] *Ibid.*, p. 257.

[3] J. S. Lewis, *Fairer Shares*, Londres: Staples Press, 1954.

VEJA TAMBÉM

Arkwright, Emerson, Gates, Ibuka, Taylor, Urwick.

PARA LER BABBAGE

Além de suas obras sobre computação e outros assuntos, Babbage escreveu os seguintes livros que continuam a ser relevantes para a administração.

Reflections on the Decline of Science in England and Some of its Causes, Londres: B. Fellowes, 1830.

The Economy of Machinery and Manufacture, Londres: Charles Knight, 1835.

The Exposition of 1851, Londres: John Murray, 1852.

PARA SABER MAIS

A maioria dos livros sobre Babbage focalizam sua obra sobre o computador e é rara a discussão de suas idéias sobre economia e administração. Já é tempo de se fazer uma boa biografia e uma avaliação de sua carreira. Entre as poucas obras que tratam desse aspecto de sua vida estão:

KYMAN, A., *Charles Babbage: Pioneer of the Computer*, Oxford: Oxford University Press, 1985.

MORRISON, A. e MORRISON, P., (eds.), *Charles Babbage and His Calculating Engines*, Nova York: Dover, 1961.

MOSLEY, M., *Irascible Genius: A Life of Charles Babbage, Inventor*, Londres: Hutchinson, 1964.

URWICK, L. F. e BRECH, E. F. L., *The Making of Scientific Management*, vol. 1, *Thirteen Pioneers*, Londres: Management Publications Trust, 1947; reimp. Bristol Thoemmes Press, 1994.

TOMÁS BAT'A (1876-1932)

Ao longo da década de 1920, Tomás Bat'a construiu uma grande empresa internacional usando uma combinação única de técnicas de administração científica com políticas inovadoras de recursos humanos. Seus métodos gerenciais se tornaram conhecidos como o "sistema Bat'a de gerência" e são objeto de crescente interesse acadêmico. Bat'a antecipou muitos dos movimentos modernos de administração, como autonomia do local de trabalho, descentralização, processos flexíveis de fabricação e democracia industrial. Seu slogan, "Todo trabalhador um capitalista!", que expressava sua visão da participação dos empregados e do direito à participação nos lucros lhe granjeou a admiração de muitos e o ódio de muitos outros.

Bat'a nasceu no dia 3 de março de 1876 na cidade de Zlín, na Morávia, então província do Império Austro-húngaro. Sua família era constituída de sapateiros havia muitas gerações, e Bat'a foi aprendiz dessa profissão. Em 1891, mudou-se para Viena a fim de fundar seu próprio negócio, que não demorou para quebrar. Sem desanimar, retornou a Zlín e fundou, em 1894, outro negócio em sociedade com o irmão e uma irmã. Essa firma também enfrentou dificuldades e os sócios se viram diante da ameaça de falência. Mais tarde, Bat'a afirmou que o acontecimento mudou o rumo de sua vida.[1] Dedicou-se ao trabalho, introduziu alguns produtos inovadores e liquidou todas as dívidas da empresa. Por volta de 1900, já acumulara capital suficiente para passar à produção em grande escala, tendo fundado sua primeira fábrica em Zlín com cinqüenta empregados. Entretanto, sua empresa ainda era relativamente pequena e quando, com a deflagração da Primeira Guerra Mundial, conseguiu uma encomenda de 50 mil pares de botas para o exército, não dispunha da capacidade de produção suficiente. Fundou então uma cooperativa com outros sapateiros da cidade e o pedido foi atendido a tempo.

A empresa cresceu rapidamente, e no final da guerra a companhia de Bat'a já empregava 5 mil pessoas. Os problemas surgiram na recessão do pós-guerra que atingiu com especial dureza a economia da nova Tchecoslováquia. Em 1922, reuniu-se com seus empregados e conseguiu a concordância deles para um corte de salários que permitisse a redução dos preços e a conquista de novos pedidos, em especial nos mercados de exportação. Bat'a, por sua vez, compensou uma parte dos cortes oferecendo serviços, como moradia e armazéns subsidiados. A tática funcionou, e já em 1923 a companhia era novamente próspera e conseguiu repor os salários ao nível anterior.

Durante a década de 1920, como a companhia continuou a crescer, Bat'a introduziu muitas das reformas organizacionais que passariam a fazer parte do sistema Bat'a. A empresa também continuou a se expandir internacionalmente. Quando as exportações para os Estados Unidos se reduziram por causa da imposição de tarifas alfandegárias em seguida ao *crash* de 1929, Bat'a voltou a atenção para outros mercados. Em meados de 1930, já tinha negócios na China e na Índia, bem como em vários países europeus, tendo começado simultaneamente a abrir suas próprias lojas de varejo. As fábricas já produziam cem mil pares de calçados por dia, e, em 1932, mais de 650 lojas de varejo vendiam os calçados Bat'a em 37 países.[2]

Em julho de 1932, durante uma viagem de negócios à Suíça, Bat'a morreu quando seu avião caiu pouco depois de decolar do aeroporto de Zlín. Tinha 56 anos, e é interessante imaginar o que ele ainda poderia ter conquistado se tivesse sobrevivido. Seu meio-irmão, Jan Bat'a, assumiu o cargo de diretor-gerente. Sendo ele próprio um administrador talentoso, comandou a dramática expansão mundial da empresa nos anos trinta. Em 1937, a companhia produzia perto de 60 milhões de pares de calçados por ano e tinha 65 mil empregados em 63 países.[3]

Em 1939, a Tchecoslováquia foi anexada à Alemanha nazista. Jan Bat'a tentou sem sucesso evitar que a companhia fosse tomada pelo exército alemão, e em seguida se exilou nos Estados Unidos. Como havia negociado com os nazistas para salvar sua empresa, foi colocado na lista negra pelas potências aliadas e em 1941 partiu para o Brasil, onde voltou a ser empresário. Outro membro da família, Tomik Bat'a, transferiu-se para o Canadá em 1939 tendo instalado a empresa em Ontário, e esse rebento se desenvolveu para se tornar a moderna Bata Corporation. Entretanto, para a sede em Zlín o pior ainda estava por acontecer. Bombardeada e muito danificada pela Força Aérea americana em 1941, caiu sob o controle do Exército Vermelho em 1945 e foi nacionalizada pelo governo comunista tcheco em 1946. O sistema Bat'a de administração foi progressivamente desmontado, primeiro pelos nazistas e depois pelos comunistas, e o legado de Bat'a foi esquecido. Desde o colapso do regime comunista tcheco e o começo da liberalização em 1989, ressurgiu o interesse por Bat'a tanto na República Tcheca quanto no exterior. Em maio de 2001, realizou-se em Zlín o primeiro congresso acadêmico sobre o sistema Bat'a.

Para entender o que havia de tão especial em Bat'a, e para entender como ele foi capaz de construir um empreendimento tão bem-sucedido em um período tão curto, é necessário entender o sistema Bat'a de administração, que se baseava, antes de mais nada, na capacidade de analisar, entender e aprender. Sob esse aspecto, o próprio Bat'a determinou o ritmo. Reconhecendo que os Estados Unidos estavam rapidamente se tornando líderes mundiais em tecnologia e métodos administrativos, visitou esse país três vezes: a primeira vez em 1904, depois em 1911 para estudar os métodos de produção de máquinas e aprender a respeito de produção em massa, e uma terceira vez em 1919 para examinar os métodos usados pelos fabricantes americanos de calçados. Nesse ano, esteve inclusive em Detroit, onde visitou a mais moderna fábrica da época, em Highland Park, onde se montavam os Modelo T, e encontrou Henry **Ford**. Bat'a era um grande admirador de Ford, e sua filosofia administrativa, expressa em livros como *Today and Tomorrow*, teve repercussões no pensamento e na prática de Bat'a.

No nível mais básico, Bat'a se apoiava na utilização da melhor e da mais moderna tecnologia a fim de garantir a produção em grande escala de artigos de alta qualidade. Milan Zeleny, uma das maiores autoridades mundiais em

Bat'a, observa que ele "nunca hesitou em substituir uma máquina boa por outra melhor, mesmo que a primeira ainda estivesse em boas condições de uso".[4] Tal como muitos grandes empreendedores, estava sempre tentando melhorar a tecnologia existente. Se ainda não houvesse máquinas que se ajustassem a seu projeto, ele próprio as construía. Por volta de 1926, todas as operações em Zlín usavam equipamentos elétricos para produção em linha, aparelhos a que Bat'a se referia como "robôs elétricos". Também sempre buscou máxima eficiência técnica, insistindo em empregar máquinas que usassem componentes padronizados e intercambiáveis para apressar a manutenção. Em uma inovação radical, abandonou o tradicional sistema de transmissão por correia, usado na maioria das linhas de montagem (nos sistemas de transmissão por correia, todas as máquinas eram acionadas por uma única fonte), e em seu lugar colocou cada máquina em uma plataforma independente alimentada por seu próprio motor elétrico. Isso permitiu que a fábrica pudesse ser reconfigurada com maior rapidez para fabricar novos produtos e reduziu drasticamente os custos de instalação e ajuste. Zeleny comenta que Bat'a nunca se importou em patentear a maioria de suas invenções, certo de que os concorrentes nunca seriam capazes de acompanhar o seu ritmo.[5] Muitas das tecnologias desenvolvidas por ele durante a década de 1920 só passaram a ser de uso geral em outros lugares três ou quatro décadas depois.

Tanto quanto a eficiência técnica, Bat'a buscava inclusive a máxima eficiência organizacional. Seu principal método para chegar a esse objetivo foi a descentralização radical, em que cada unidade de negócios recebia autonomia quase total, tinha autorização para definir suas próprias metas e era responsável por atingi-las. Cada fábrica e cada departamento passaram a ser uma unidade contábil independente. As relações entre eles eram controladas por uma série de contratos, funcionando na verdade como um mercado interno, em que as unidades "vendiam" umas às outras "produtos" durante as várias fases de produção. Os preços dessas transferências eram centralmente definidos em uma base semestral para regular o fluxo da produção; no entanto, cabia às próprias unidades de negócio estipular os prazos de entrega, quantidade e qualidade.

Esse sistema fortemente descentralizado mantinha sua coesão por meio de vários artifícios. Primeiro, havia o departamento central de análise, que tinha vários papéis críticos. Cabia a ele acompanhar as condições do mercado externo, e assegurar que todas as unidades de negócio estavam bem informadas sobre elas. Monitorava também os contratos internos e fazia a contabilidade interdepartamental, apresentando relatórios semestrais e outras estatísticas para a alta administração. O departamento de análises reportava-se diretamente ao CEO [Chief Executive Officer – superientendente].

Segundo, todo empregado sênior da fábrica de Zlín tinha um *pager* e seu próprio sinal no código Morse. Quando a administração central desejava fazer contato com algum empregado ou alguém de seu departamento, o sinal do empregado era transmitido pelo sistema de *pager* e este então telefonava para a administração central tão logo quanto possível. Isso permitia a comunicação direta e rápida entre todos os departamentos e a administração central.

Por fim, o próprio Bat'a acreditava firmemente na administração por contato direto com a força de trabalho e na liderança pelo exemplo. Um exemplo bem conhecido: em 1931, mandou construir um novo edifício em Zlín e instalou seu escritório em um elevador. Quando alguém precisava se reunir com o CEO, não tinha de se deslocar até seu escritório: ele ia com seu escritório até o interessado.

Bat'a acreditava em uma administração eficiente, mas para ele era artigo de fé que o sucesso de sua companhia exigia o esforço de todos os seus empregados, não apenas de alguns. Em 1924, ao apresentar o primeiro sistema de participação nos lucros da companhia, disse aos trabalhadores:

> Estamos oferecendo a vocês uma parcela dos lucros, não por sentirmos a necessidade de dar dinheiro às pessoas por termos um bom coração. Não. Ao darmos este passo, estamos tentando reduzir ainda mais os nossos custos. Queremos chegar à situação em que os calçados serão mais baratos e os trabalhadores ganhem ainda mais. Achamos que nossos produtos ainda são caros e os salários dos trabalhadores baixos demais.[6]

Sistemas de participação nos lucros já tinham uma longa história na Europa antes de Bat'a. No século XIX, Ernst Abbé, presidente da indústria de produtos óticos Carl Zeiss, em Jena, Alemanha, havia introduzido um esquema bem-sucedido e muito imitado de participação nos lucros, e nos anos 1920 muitas empresas alemãs e de outros países da Europa Central estavam adotando tais esquemas. Alguns industriais e gerentes acreditavam que a participação nos lucros teria condições de se contrapor ao poder crescente dos sindicatos e da esquerda. Outros eram filantropos autênticos que queriam ajudar seus trabalhadores. Bat'a não pertencia a nenhum dos dois grupos. Como no discurso, deixava claro que não estava *dando* nada a seus trabalhadores. Pelo contrário, estava oferecendo uma oportunidade para eles *auferirem* seus lucros, se assim o decidissem, pelo trabalho duro e pela promoção dos objetivos da companhia. Isso não quer dizer que não fosse generoso: pelo contrário, oferecia também moradia subsidiada e assistência médica, entre muitos outros benefícios. Contudo, era suficientemente pragmático para perceber o que muitos outros que adotaram esquemas de divisão dos lucros não perceberam: que a caridade, ou mesmo a aparência dela, não motivava os trabalhadores, enquanto a crença de que estão ganhando mais por seus próprios esforços é motivadora.

Os componentes do sistema de Bat'a eram então a ênfase na tecnologia e na conquista da organização necessária para criar ao mesmo tempo eficiência e inovação, e motivar os trabalhadores. Aliado a isso, havia um forte sentido de responsabilidade moral e social. Em 1923, candidatou-se à prefeitura de Zlín, tendo trabalhado muito para modernizar a cidade e oferecer novos serviços. Apesar de aí haver um traço de paternalismo, parece claro que Bat'a tinha um forte sentido de obrigação com a cidade onde havia crescido. Acreditava também na necessidade de a Tchecoslováquia, na verdade de toda a Europa, ser economicamente forte para afastar as ameaças impostas pelas políticas extremistas tanto da direita quanto da esquerda. Alertava insistentemente para os perigos do comunismo e do fascismo, o que o levou a ser perseguido pelas duas facções: a direita política o odiava por abalar o *status quo*, ao passo que a esquerda acreditava que suas políticas trabalhistas progressistas desviavam os trabalhadores do verdadeiro objetivo da revolução socialista.

Seja qual for o aspecto que se examine do caso, Bat'a dá origem a uma pergunta importante. Se a experiência foi tão bem-sucedida, por que os gerentes de outras empresas não a acompanharam? Que barreiras impediram gerentes e organizações de adotar os novos sistemas que se mostraram tão bem-sucedidos? Por que, ao contrário, eles preferiram se agarrar a organizações e sistemas velhos e ultrapassados? Nesses casos, é comum defender-se o *status quo,* afirmando que Bat'a e poucos outros são casos especiais: só conseguiram vencer em virtude de circunstâncias particulares de sua própria época e lugar, ou que seu sucesso se deveu sobretudo às qualidades pessoais de liderança que não sobreviveriam a eles.

O segundo argumento é fácil de refutar. Embora a liderança carismática fosse certamente uma das razões de seu sucesso, o sistema Bat'a sobreviveu e foi adotado com grande sucesso pelo novo diretor, Jan Bat'a. Se ele teria continuado a existir sem a intervenção da ocupação nazista e da Segunda Guerra Mundial, nunca se saberá. Existem, porém, muitos outros exemplos de experiências radicais de sistemas administrativos que tiveram duração considerável. Por exemplo, no estado de Nova York, em 1880, um grupo quase religioso, a comunidade de Oneida, dissolveu sua organização social após desavenças entre os presbíteros e o fundador do grupo, John Humphrey Noyes, mas decidiu manter a propriedade das bem-sucedidas atividades empresariais da comunidade, criando uma empresa e entregando ações a todos os membros da antiga comunidade. Pierrepoint Noyes, filho do fundador, assumiu o cargo de gerente-geral de Oneida em 1894 e reformou sua administração, deixando intacta a estrutura de propriedade. Introduziu, ademais, vários serviços, entre outros, os de assistência social para os empregados. Oneida cresceu e se tornou uma companhia próspera e lucrativa por décadas. Na Grã-Bretanha, o sistema de oferecer a propriedade da empresa aos empregados adotado por John Lewis, proprietário de uma loja de departamentos, foi ridicularizado quando de sua criação, em 1928, mas continua em operação até hoje e tem dezenas de milhares de empregados-proprietários.

O exemplo mais dramático talvez seja a MCC (Corporação de Cooperativas Mondragón), que teve origem em uma cooperativa de produção fundada em 1956 na aldeia de Mondragón, no região basca da Espanha. Seu fundador foi um pároco de aldeia, padre José Maria Arizmendiarrieta, cuja motivação inicial era criar uma empresa capaz de oferecer empregos e qualificação para a população local. A cooperativa inicial dividiu-se em diversas outras empresas, que por sua vez, se multiplicaram até se tornar o maior empregador da região. Em 2001, a MCC controlava 120 cooperativas com operações em 23 países e uma renda anual aproximada de 6 bilhões de dólares, e era a oitava maior entidade empresarial da Espanha. Durante toda a história do grupo, uma única cooperativa faliu.[7]

Desse modo, formas radicais de administração podem ter sucesso duradouro. Mas será que Bat'a, bem como Noyes, Lewis, Arizmendiarrieta, só se tornou vitorioso por ser a pessoa certa no lugar certo e na hora certa? Isso talvez seja uma parte da resposta (mas também se pode argumentar que uma das qualidades de *todo* administrador de sucesso é a capacidade de reconhecer as oportunidades quando estas surgem e saber aproveitá-las). Todavia, deve-se notar que Bat'a foi muitas vezes bem-sucedido em circunstâncias difíceis: durante a recessão do início dos anos 20 e a depressão da década de 1930, continuou a crescer e expandiu seu negócio. A resiliência do sistema sugere ter ele sido mais do que apenas o subproduto de seu meio.

A pesquisa sobre Bat'a prossegue, e mais estudos tchecos sobre o assunto estão sendo traduzidos e amplamente disponíveis. Pelo que sabemos, podemos deduzir duas importantes implicações da carreira de Bat'a para a administração: primeiro, inovação não se aplica apenas à tecnologia, mas deve ser aplicada também a sistemas e a organizações; segundo, a coragem de inovar é capaz de produzir resultados notáveis. Bat'a é uma figura fundamental porque mostra o que pode acontecer, ou o que ele pode fazer acontecer, quando o administrador se livra das restrições e começa a pensar além dos limites.

Notas

1 Detalhes biográficos deste artigo foram extraídos da obra do próprio Bat'a, *Knowledge in Action: The Bata System of Management*, tradução reimpressa em 1992 pela IOS Press, e também de duas fontes secundárias: A. Cekota, *Entrepreneur Extraordinary: The Biography of Tomas Bata*, Roma: Edizioni Internazionali Soziali, 1968, e M. Zeleny, "Bat'a, Tomás", em M. Witzel (ed.), *Biographical Dictionary of Management*, Bristol: Thoemmes Press, 2001, vol. 1, pp. 56-63.

2 Zeleny, "Bat'a, Tomás", p. 57.

3 *Ibid.*, p. 58.

4 *Ibid.*, p. 61.

5 *Idem.*

[6] T. Bat'a, *op. cit.*,p. 181.

[7] MCC, "The Mondragón Experience", disponível em http//www.mondragon.mcc.es/inglês/experiencia.htm, acessado em 18 de fevereiro de 2002.

Veja também

Cadbury, Drucker, Ford.

Para ler Bat'a

A maioria das obras de Bat'a só foi publicada em tcheco, e muitos de seus artigos continuam inéditos. *Knowledge in Action* (1992), tradução para o inglês de uma coleção de artigos e discursos de Bat'a, é muito valioso.

Knowledge in Action: The Bat'a System of Management, Amsterdam: IOS Press, 1992.

Para saber mais

Milan Zeleny, que ministra aulas nos Estados Unidos e na República Tcheca, é a principal autoridade nos textos de Bat'a em inglês. A biografia escrita por Cekota é valiosa, ainda que um pouco hagiográfica.

CEKOTA, A., *Entrepreneur Extraordinary: The Biography of Tomas Bata*, Roma: Edizioni Internazionali Soziali, 1968.

ZELENY, M., "Bat'a System of Management: Managerial Excellence Found", *Human Systems Management*, n. 7, v. 3, 1998, pp. 213-19.

______."Bat'a, Tomás", em M. WITZEL (ed.) *Biographical Dictionary of Management*, Bristol: Thoemmes Press, 2001, vol. 1, pp. 56-63.

Max Boisot (1943-)

O nome de Max Boisot é pouco conhecido fora dos círculos acadêmicos da administração e sua inclusão como uma figura fundamental pode parecer surpreendente. Ainda assim, suas teorias sobre informação e organização são muito originais e inovadoras e tiveram impacto considerável na forma atual de pensar a administração. Sua visão do papel da informação na organização é única por levar em conta as diferentes culturas organizacionais. Administração transcultural é mais um de seus interesses. Além do mais desempenhou um papel importante na década de 1980 ao levar para a China o ensino ocidental da administração.

Boisot nasceu em 1943. Formou-se inicialmente em arquitetura, e teve uma bela carreira de arquiteto e planejador antes de passar aos estudos de administração. Estudou arquitetura na Universidade de Cambridge, e depois no Instituto de Tecnologia de Massachussetts, onde também obteve um diploma de planejamento urbano: mais tarde ainda iria obter o doutorado do Imperial College de Londres. Depois de um período como administrador da construtora Trafalgar House em Londres, Boisot ajudou a fundar naquela cidade, em 1972, a sociedade Boisot Waters Cohen, dedicada à arquitetura e planejamento. Entre 1975 e 1978 exerceu a consultoria de projetos de construção na França e no Oriente Médio.

Em 1979, Boisot passou a se dedicar aos estudos de administração, permanecendo dois anos no Euro-Asia Centre, em Insead, e mais cinco anos como professor associado da École Supèriêure de Commerce de Paris. Aí levou adiante seu interesse por administração de empresas internacionais e administração transcultural. Foi um dos primeiros entusiastas do Programa de Administração China-CE, o primeiro programa de mestrado em administração oferecido na República Popular da China, e em 1984-9 ocupou o cargo de reitor e diretor do programa em Pequim. O programa transformou-se na Escola Sino-européia de Administração e Negócios Internacionais (Ceibs) em Xangai, onde Boisot ainda é professor visitante. Em 1994, fundou a Escola de Administração Euro-árabe em Granada, na Espanha, para a Comissão Européia. É atualmente professor de administração estratégica da Esade em Barcelona.

Este breve sumário de carreira mostra as muitas diferentes influências e idéias, todas elas refletidas em sua obra sobre organizações. Boa arquitetura leva em conta as estruturas físicas e as necessidades e atividades dos seres humanos que as habitam, e a ligação entre comportamento e estruturas é evidente. Evidente também é a influência que culturas diferentes têm sobre estruturas *e* comportamentos, a ponto de Boisot ser às vezes descrito como antropólogo da administração. Finalmente, a dimensão internacional de sua obra e carreira permite-lhe usar livremente conceitos originados em muitas culturas diferentes. Ao contrário de grande parte do moderno pensamento administrativo, profundamente arraigado na cultura ocidental, em especial a americana, Boisot é um internacionalista no sentido pleno da palavra e sua obra se refere com naturalidade a problemas administrativos dentro de, e entre, culturas distintas.

Muitas das primeiras discussões sobre cultura organizacional tenderam a encarar cultura como característica ou atributo das organizações. Ocorreu com freqüência a pressuposição implícita de que todas as organizações empresariais são basicamente as mesmas, assim como que culturas diferentes geram respostas adaptativas que são por sua vez as responsáveis pela diversidade entre as organizações. No entanto, Boisot argumenta que cultura não é apenas um conjunto superficial de características e atributos, como está no núcleo de toda organização e influencia a forma pela qual as organizações operam nos seus níveis mais elementares. Valendo-se das técnicas da antropologia e sua própria experiência como arquiteto, além de sua experiência em negócios internacionais, Boisot desenvolveu o que chama de teoria do "espaço cultural" ou do "C-espaço", uma dimensão organizacional na qual ocorrem a comunicação e a circulação do conhecimento.

Para entender plenamente a visão de Boisot acerca da administração, é preliminarmente necessário ver como encara o conhecimento, um dos componentes críticos de qualquer organização e, por conseguinte, necessário à sua gerência. Boisot adota a hierarquia padrão dados-informação-conhecimento comum na filosofia ocidental e tem raízes em Platão, apesar de parecer aceitar que as escolas orientais de pensamento vejam o assunto de uma perspectiva um tanto diferente. Começando pela base, *dados*, diz ele, são "uma discriminação entre estados físicos".[1] Os dados existem independentemente do processo de pensamento da pessoa que os percebe, em geral por um processo sensorial (visão, tato, audição etc). Dados podem ou não transmitir *informação* à pessoa que os percebe, dependendo do estoque anterior de *conhecimento* dessa pessoa. Boisot dá o exemplo de um conjunto de semáforos que passa do verde ao vermelho. Ele produz dados sensoriais, que transmitem a informação à pessoa que os vê ("pare o carro"), mas só se a pessoa tem um conhecimento anterior (sabe que é perigoso e ilegal desobedecer a um sinal vermelho). O mesmo dado não traria nenhuma informação para um nativo kung habitante do deserto de Kalahari. Em compensação, é capaz de ver marcas na areia (apreender dados) e concluir que leões passaram por aquela área (informação) porque ele conhece o aspecto dos rastros de leão (conhecimento).

Isso parece simples, mas na verdade as implicações são profundas. Primeiro, é necessário ter em mente a distinção entre os três níveis da hierarquia. Muita gente confunde dados com informação e informação com conhecimento (há alguns anos um importante livro tratando de gerência do conhecimento apresentou essa indicação em seu índice: "Conhecimento: *ver* informação"!). Segundo, a necessidade de conhecimento anterior para entender e interpretar os dados tem importância fundamental. Sem o conhecimento anterior, a assimilação da informação se torna um ato de fé: temos de aceitar em confiança o que ouvimos e vemos. Essa questão foi abordada há alguns anos por Michael Polanyi ao discutir a forma pela qual as pessoas aprendem. Tomando o exemplo de um estudante de medicina que aprende a interpretar uma chapa de raios-X, Polanyi mostra que ao ver pela primeira vez uma chapa, o estudante não tem idéia do que está vendo e tem de aceitar como verdade a informação do instrutor de que é um retrato real de uma parte do corpo. Mas com a experiência e o conhecimento pessoais, o estudante aprende a interpretar por si só a chapa.[2] (Isso ocorre evidentemente com os estudantes de administração.)

É por isso que as organizações dão tanto valor ao conhecimento, pois sem o estoque de conhecimento anterior, os novos dados não poderiam ser corretamente interpretados. O conhecimento circula em uma dimensão organizacional a que Boisot dá o nome de C-espaço, mas a forma e a intensidade com que circula dependem do tipo de conhecimento. Boisot classifica o conhecimento segundo suas duas dimensões: codificação e difusão. Na primeira dimensão, o conhecimento *codificado* é aquele que pode facilmente ser descrito e transmitido, ao passo que o *não-codificado* é mais implícito e difícil de transmitir. Na segunda dimensão, o conhecimento *difuso* é aquele que é imediata e facilmente compartilhado, enquanto o *não-difuso* não é imediatamente compartilhado. A partir daí, Boisot define uma tipologia do conhecimento com quatro tópicos:

- Conhecimento patenteado: codificado mas não-difuso (fácil de transmitir mas pouco compartilhado).
- Conhecimento pessoal: não-codificado e não-difuso (difícil de transmitir e compartilhar).
- Conhecimento público: codificado e difuso (fácil de transmitir e amplamente compartilhado).
- Senso comum: não-codificado e difuso (difícil de transmitir, ainda assim amplamente compartilhado).

Conhecimento patenteado é geralmente associado a coisas ou artefatos pertencentes a uma pessoa ou organização e, portanto, tem um proprietário identificável. Pode ser descrito ou apresentado com clareza, mas seus donos geralmente têm interesse em não compartilhá-lo, para proteger sua própria posição, poder, vantagem competitiva etc. Conhecimento pessoal, por sua vez, está em geral guardado em nossa mente e raramente é codificado. Isso torna difícil seu compartilhamento com outras pessoas, mesmo que tenhamos essa intenção; é necessária uma boa capacidade de comunicação (e evidentemente um bom motivo para querer compartilhá-lo).

O conhecimento público é a forma de conhecimento que se adquire mais facilmente, pois é altamente codificável e amplamente disseminável em livros, jornais, pela internet ou, se os proprietários se sentem pró-ativos e prontos a compartilhá-lo, por meio de circulares, congressos e outros instrumentos de comunicação do conhecimento.

O senso comum é talvez a área do conhecimento mais difícil de tratar: consiste em uma série de conjuntos de conhecimento e crenças sobre certos assuntos, amplamente compartilhados e pouco codificados. Sabemos que é tolice pôr a mão no fogo, e mesmo assim nos locais onde há fogo geralmente não há um grande sinal dizendo: "Não tocar" (embora muitos encarregados da segurança ou da saúde talvez preferissem que houvesse).

Depois de definir conhecimento, Boisot volta à cultura. A cultura da organização define seu espaço cultural e a forma do C-espaço, por sua vez, torna dominantes algumas formas de conhecimento. Boisot diz que os tipos diferentes de conhecimentos são análogos às diferentes formas de cultura organizacional, cada uma das quais privilegia um tipo de conhecimento. Confere a essas quatro formas os nomes de *mercados*, *burocracias*, *feudos* e *clãs*:

- *Mercados* são culturas em que predomina o conhecimento público. O conhecimento tem os mesmos atributos de uma mercadoria: é bem definido e em geral facilmente compartilhado.
- *Burocracias* são culturas em que predomina o conhecimento patenteado. O conhecimento é codificado, mas os responsáveis geralmente adotam uma atitude de proteção a ele, encarando seu papel como o de tutores e não de transmissores de conhecimento. Nessas organizações o conhecimento é identificado com poder.
- *Feudos* são culturas em que predomina o conhecimento pessoal. Aqui também os guardiães do conhecimento tendem a mantê-lo para si e dificilmente o compartilham. Além disso, o conhecimento tende a não ser codificado. Podem ser classificadas nessa categoria as organizações dirigidas por fortes líderes carismáticos que não delegam e tendem a dar ordens em vez de explicar.
- *Clãs* são culturas em que predomina o senso comum. O conhecimento geralmente não é registrado nem transmitido formalmente, apesar de todos terem acesso ao mesmo conhecimento, e dele fazerem uso, servindo-se de canais informais.

Desses quatro tipos, burocracias e feudos são evidentemente os mais comuns nas empresas, bem como na maioria dos campos de organização humana. As burocracias são dominadas pelos níveis superiores da gerência, os feudos, por uns poucos líderes fortes, mas nos dois casos conhecimento e poder se concentram na alta direção. O caminho mais óbvio para se afastar desse modelo é o modelo de mercado. Tomás **Bat'a** foi o primeiro no período moderno a adotar esse caminho, com sua organização radicalmente descentralizada, interligada por um mercado interno que incentivava o compartilhamento da informação e do conhecimento. Daí em diante, outros tentaram o mesmo caminho, mas a idéia não chegou realmente a se arraigar. Desenvolver um modelo de mercado de organização exige dos que estão no topo a capacidade de abrir mão da tutela sobre o conhecimento, e isso significa abrir mão de poder.

Um modelo alternativo que já foi tentado é o clã. As tentativas de criar um clã exigem a evolução do modelo de feudo. Ainda há o líder forte, mas este se comporta como um orientador e *paterfamilias* e não como um autocrata. A experiência mais radical com organizações tipo clã no Ocidente talvez seja a Semco, no Brasil, cujo presidente e proprietário, Ricardo Semler, aboliu efetivamente grande parte da hierarquia organizacional da empresa ao longo de vários anos.[3] Em todo o mundo, diferentes culturas parecem dar preferência a distintas culturas organizacionais. Feudos e burocracias são mais comuns no mundo anglo-saxão. O Extremo Oriente favorece os clãs, de que é exemplo a "empresa familiar confuciana", embora a burocracia também tenha ali grande tradição. Feudos e clãs são comuns no mundo árabe, bem como na América Latina. Essa idéia de cultura organizacional baseada no conhecimento apresenta um contraste interessante com outros modelos, que tendem a adotar valores sociais e atributos psicológicos como base de comparação, como se vê sobretudo na obra de Geert **Hofstede** e na de Charles Hampden-Turner e Fons Trompenaars.

Portanto, foi dupla a contibuição de Boisot. Primeiro proporcionou-nos uma nova maneira de ver a cultura como variável organizacional, mostrando como aquela dá forma a um dos ativos mais importantes das organizações, o conhecimento. Em segundo lugar, na outra face da moeda, apresentou uma classificação dos diferentes tipos de conhecimento e mostrou que assim como o próprio conhecimento não é unitário por natureza, também não há um caminho único que leve à gerência do conhecimento. Conhecimento, cultura e organização valem-se uns dos outros e dão forma uns aos outros, e o resultado é uma série de combinações, cada uma das quais é tão singular e complexa como a própria natureza humana.

Notas

[1] M. Boisot, *Knowledge Assets*, Oxford: Oxford University Press, 1998, p. 12.

[2] M. Polanyi, *Personal Knowledge*, Chicago: Chicago University Press, 1962.

[3] E. Semler, *Maverick!*, Londres: Arrow, 1993.

Veja também

Argyris, De Geus, Drucker, Hofstede, Simon.

Para ler Max Boisot

Information and Organizations: The Manager as Anthropologist, Londres: Fontana, 1987.

(ed.) *East-West Business Collaboration: The Challenge of Governance in Post-Socialist Enterprises*, Londres: Routledge, 1994.

Information Space: A Framework for Learning in Organizations, Institutions and Culture, Londres: Routledge, 1995.

Knowledge Assets: Securing Competitive Advantage in the Information Economy, Oxford: Oxford University Press, 1998.

Para saber mais

Para colocar a obra de Boisot em perspectiva, compare-a com algumas outras obras importantes que tratam do conhecimento organizacional e também do papel da cultura.

Em inglês

Albert, S. e Bradley, K., *Managing Knowledge: Experts, Agencies and Organizations*, Cambridge: Cambridge University Press, 1997.

Cortada, J.W. (ed.) *The Rise of the Knowledge Worker*, Oxford: Butterworth-Heinemann, 1998.

Cutcher-Gershenfeld, J. *Knowledge Driven Work*, Oxford: Oxford University Press, 1998.

De Geus, A., *The Living Company: Habits for Survival in a Turbulent Environment*, 1997.

Drucker, P., *The New Realities*, Oxford: Heinemann, 1989.

Hampden-Turner, C. e Trompenaars, F., *The Seven Cultures of Capitalism*, Garden City: Doubleday, 1993.

Hofstede, G., *Cultures and Organizations: Software of the Mind*, Londres: McGraw-Hill.

Nonaka, I. e Takeuchi, H., *The Knowledge-Creating Company*, Oxford: Oxford University Press, 1995.

Semler, R., *Maverick! The Success Story behind the World's Most Unusual Workplace*, Londres: Arrow, 1993.

Senge, P. M., *The Fifth Discipline: The Art and Practice of the Learning Organisation*, Nova York: Doubleday, 1990.

Venzin, M., *Crafting the Future: Strategic Conversations in Knowledge Economy*, St. Gallen: Universidade de St. Gall, Institute of Management.

Em português

De Geus, Arie. *A empresa viva*. São Paulo: Campus, 1998.

Nonaka, Ikujiro; Takeuchi, Hirotaka. *Criação de conhecimento na empresa*: como as empresas japonesas geram a dinâmica. São Paulo: Campus, 1997.

James Burnham (1905-87)

James Burnham foi um filósofo de direita que dedicou a maior parte de sua carreira a alertar para os perigos do controle totalitário. Em sua obra mais famosa, *The Managerial Revolution* (1941), sustentava que duas tendências, a crescente profissionalização da administração e a separação de propriedade e controle, estavam criando uma situação em que uma "classe" administradora profissional ameaçava dominar a sociedade. O medo de uma "ditadura de gerentes" não se confirmou, mas a obra de Burnham tem importantes implicações não apenas para o papel da administração na sociedade, mas também para o equilíbrio de poder e responsabilidade na administração de organizações muito grandes. O colapso da gigante da energia Enron, no final de 2001, colocou em relevo muitas das questões sobre as quais Burnham escreveu.

Burnham nasceu em Chicago em 22 de novembro de 1905. Seu pai era vice-presidente da Burlington Railroad, e Burnham foi criado em uma família de posses. Freqüentou a Universidade de Princeton, onde concluiu o bacharelado em filosofia, e depois estudou no Balliol College, em Oxford (que, coincidentemente, foi palco de uma importante série de conferências dedicadas ao estudo e à prática da administração, as Conferências Rowntree, levadas a efeito a cada dois anos). Em 1930, foi nomeado professor do departamento de filosofia da Universidade de Nova York, e lá permaneceu durante 23 anos.

A exemplo de muitos jovens de classe média dos anos 30, Burnham foi atraído para a política de esquerda. Em 1935, filiou-se à Quarta Internacional, fundada por Leon Trotsky e tornou-se rapidamente uma figura central da política trotsquista americana, publicando artigos em jornais como o *Partisan Review* e *New International*. Mantinha correspondência com Trotsky, então no exílio no México e, de modo geral, apoiava a União Soviética.

Burnham desencantou-se, assim como muitos outros, quando em 1939 a União Soviética se aliou à Alemanha nazista às vésperas da Segunda Guerra Mundial. Desiludido, ele questionou publicamente a condição de estado socialista da União Soviética. Isso levou ao rompimento com Trotsky, que, apesar do ódio a Joseph Stalin, continuava a apoiar o ideal soviético. Em março de 1940, Burnham se desligou da Quarta Internacional, mas persistiu nos ataques a Trotsky até o assassinato deste por agentes de Stalin alguns meses depois.

Burnham rejeitou o comunismo como ideologia política, mas continuou fortemente influenciado pelas idéias marxistas, particularmente pelo conceito de dialética como força histórica. Rejeitado o comunismo, passou a uma posição de rejeição de todo e qualquer autoritarismo, categoria em que ele incluía não só o stalinismo e o fascismo, mas até formas modestas de intervenção estatal como o New Deal de Roosevelt nos Estados Unidos, o programa de intervenção do Estado para oferecer assistência à pobreza e estimular a recuperação econômica durante a Grande Depressão da década de 1930.

Dessa posição, Burnham migrou quase inevitavelmente para o liberalismo. Retirando-se da universidade, assumiu um posto de editor-chefe da publicação americana de direita *The National Review* e trabalhou próximo ao fundador e co-proprietário, William F. Bucley Jr. Ao longo da Guerra Fria foi um opositor implacável da União Soviética e se opôs veementemente a toda e qualquer forma de compromisso com o comunismo. Em um notável trabalho da maturidade,

Suicide of the West (1964), atacou as potências coloniais européias por se retirarem das colônias e abrir à influência soviética os novos Estados independentes. Com a eleição de Ronald Reagan em 1980, o tipo de oposição intransigente à União Soviética praticado por Burnham passou a dominar a vida política americana. Suas idéias eram agora amplamente aceitas, e em 1983 ele recebeu a Medalha Presidencial da Liberdade. Em 1987, sofreu um derrame que lhe obrigou à aposentadoria. Morreu em casa, em Connecticut, em julho daquele ano.

Em *The Managerial Revolution* (1941) e *The Machiavellians* (1943), Burnham usou a dialética marxista para formular sua própria visão do conflito social. Em toda sociedade, dizia, há duas elites: os que têm poder e os que tentam tomá-lo dos primeiros. Mas esses grupos são de fato minorias, e nenhum deles representa a classe trabalhadora nem se preocupa com seus interesses. *The Machiavellians* é uma tentativa de fundamentar essa visão da sociedade na obra de antigos escritores e pensadores, principalmente **Maquiavel**, a quem Burnham elogia por estar preparado para revelar a verdade sobre como o poder é conquistado e usado, além de figuras posteriores como Vilifredo Pareto, Roberto Michels e Georges Sorel.

Na década de 1940, Burnham acreditava que a luta era entre os proprietários do capital – os "capitalistas" clássicos – e os controladores do capital – os administradores. Examinava a noção de separação entre propriedade e controle e com ela a profissionalização da administração. A idéia da separação de propriedade e controle vem de 1917 e dos escritos do político e empresário alemão Walter Rathenau, e foi discutida nos Estados Unidos por William Zebina Ripley, o inflamado professor de Harvard que criticou severamente o sistema financeiro americano em livros como *Main Street and Wall Street* (1927). Um dos alunos de doutorado de Ripley foi Adolph Berle, que, com Gardiner Means escreveu o clássico *The Modern Corporation and Private Property* (1932), a primeira exposição completa da idéia. De acordo com Berle e Means, o tamanho e a complexidade crescentes das corporações estava levando à despersonalização da propriedade: em vez de um punhado de proprietários intimamente ligados ao negócio e envolvidos em sua administração, as empresas agora tinham muitos milhares de acionistas que ficavam distantes delas. O controle operacional dessas corporações havia passado para as mãos de administradores profissionais, que por sua vez não eram em geral acionistas nem tinham participação no controle da companhia.

Ainda não terminou o debate sobre se a separação de propriedade e controle foi a melhor solução. Alguns autores, como Alfred **Chandler**, respondem afirmativamente: em *The Visible Hand* (1997), Chandler atribui grande parte do sucesso das empresas americanas no século XX à ascensão da administração profissional e ao afastamento dos proprietários das posições de controle. Chandler acreditava que os administradores profissionais eram capazes de administrar de uma forma desinteressada, colocando os objetivos da empresa e dos acionistas acima dos seus próprios. Tendiam a ser mais bem treinados e a ter uma abordagem mais disciplinada que os proprietários-gerentes "amadores". Essa visão tem prevalecido no mundo dos negócios até nossos dias. No início de 2002, por exemplo, o *Financial Times* escreveu, com desaprovação, sobre a demissão do "profissional" Jac Nasser do cargo de superintendente da Ford e a retomada do controle por Bill Ford, membro da família fundadora e grande acionista. Outros, sobretudo Ripley, desaprovaram a separação de propriedade e de controle argumentando que os proprietários estavam abrindo mão de seus direitos em favor dos administradores, principalmente do direito de decidir ou examinar como seus ativos estavam sendo administrados.

Burnham, entretanto, acreditava que a separação da propriedade e do controle não passava de mais um estágio do processo de transferência de poder da velha elite, os capitalistas, para a nova, a dos administradores de classe média. Afirmou que a conclusão lógica do processo descrito por Berle e Means era que os administradores, uma vez assumido o controle, passariam a assumir também a propriedade. Dizia: "Propriedade *significa* controle; se não há controle, então não existe propriedade. [...] Se propriedade e controle forem realmente separados, então a propriedade mudou de mãos, para as do controle, e a propriedade separada é uma ficção sem sentido".[1] E cita o exemplo dos reis merovíngios da França nos séculos VII e VIII, que transferiram o controle para os funcionários, os prefeitos do palácio: no fim os reis se tornaram meras figuras de fachada, e os prefeitos os removeram facilmente e se tornaram reis em seu lugar.

Essa tendência tem mais um elemento: Burnham acreditava que os administradores eram motivados a tomar o controle não pelo bem das companhias que administravam, e sim para garantir sua própria posição. Como não têm o controle, podem ser admitidos e demitidos pelos proprietários capitalistas como qualquer outro empregado. Têm necessidade do controle para consolidar sua própria posição de poder e garantir a própria segurança. Buscar a propriedade é apenas mais um passo dessa consolidação do poder. Essa premissa do controle pela elite administrativa é o que Burnham chama de "revolução administrativa". Na década de 1940, avaliou essa revolução em termos de luta global pelo poder. O mundo estava em um processo de transição de uma sociedade burguesa capitalista para uma sociedade de administradores. As primeiras manifestações dessa transição via sob a forma do fascismo e comunismo em que, nos dois casos, acreditava que as elites tecnocráticas tinham seqüestrado o que havia começado como movimento popular, e logo no primeiro estágio tomaram o controle do aparelho de poder do estado. O que se seguiu foi planejamento centralizado, expropriações e nacionalização, reunindo a propriedade e o controle nas mãos da elite. Essa questão o levou ao rompimento com os comunistas, que acreditavam ser ainda possível uma democracia controlada pelos trabalhadores. Para Burnham os trabalhadores eram irrelevantes, peões na luta global entre capitalismo e administrativismo.

Evidentemente, essa argumentação tinha falhas. Primeiro, é muito discutível que os tecnocratas da União Soviética ou da Alemanha nazista possam ser comparados com os administradores profissionais das economias livres do Ocidente. Possuem em comum o profissionalismo e a disciplina de enfoque, e pouco mais, e não poderia haver diferença maior que a existente entre as ideologias desses dois lados.

Em segundo lugar, embora Burnham acreditasse que os gerentes evoluiriam para a formação de uma classe semelhante às dos capitalistas e às dos trabalhadores, são poucos os sinais de que isso esteja acontecendo. Os gerentes têm sido lentos na criação de uma identidade administrativa. Ademais, diferentes culturas trataram de forma diferente essa questão. No Japão do pós-Segunda Guerra Mundial, por exemplo, os gerentes conseguiram chegar mais próximo da criação de uma identidade de classe, mas essa identidade foi fortemente condicionada, e até mesmo contida, pela lealdade às suas companhias. Mais que em qualquer outro país, os gerentes japoneses tenderam a se considerar antes servos que senhores de suas empresas. Na Grã-Bretanha houve uma resistência obstinada à própria idéia de profissionalização, e Sir Charles Renold, presidente do Instituto Britânico de Administração chegou, em 1940, a renunciar ao cargo em protesto contra uma proposta do instituto de reconhecer a administração como uma profissão. Nos Estados Unidos, os gerentes ainda tendiam a se identificar com os empresários. John Galt, o herói individualista do romance *The Fountainhead* (1971) de Ayn Rand, é o tipo clássico do administrador americano, que rejeita o controle do Estado e o corporativismo em favor do mercado livre e da competição. Em geral, os gerentes sempre tiveram atitudes tribais, leais às suas companhias e às pessoas de seu ambiente, ao contrário de outros gerentes em outros lugares.

Ainda assim, percebem-se sinais crescentes de que Burnham talvez tenha tocado em algo significativo. Os administradores não se transformaram em uma classe ditatorial, mas à medida que o tempo passa, a linha entre propriedade e controle está perdendo nitidez. Nos anos 1980 e 90, os planos de oferta de ações aos executivos (Esop, em inglês) e instrumentos semelhantes permitiram aos administradores adquirir números crescentes de ações nas empresas em que trabalhavam como parte de seu pacote de remunerações. Não é incomum os diretores serem milionários ou multimilionários, pelo menos no papel, graças à propriedade de ações da empresa em que trabalham. Estão se transformando em proprietários, e mesmo que ainda sejam minoritários, seu acesso a posições de poder dentro e fora da sala da diretoria significa que a governança corporativa reflete cada vez mais seus interesses de proprietários.

Essa tendência foi uma das lições mais importantes a serem aprendidas do desastre da Enron. A Enron, que chegou a ser uma das maiores empresas do mundo, entrou em colapso no final de 2001 em meio a alegações de irregularidades financeiras e de falta de transparência. No momento em que escrevo, as causas da falência da Enron ainda não são conhecidas, entretanto o que já se sabe é que o presidente e vários diretores tinham grandes carteiras de ações da Enron, bem como que pelo menos algumas das decisões da companhia nos meses anteriores ao colapso se destinaram a proteger aqueles investimentos, ou, pelo menos, a permitir aos diretores vender suas ações antes do colapso. Isso não é gerência responsável, e transforma em uma brincadeira a tese de Chandler de que a separação entre propriedade e controle conduz à melhor governança. Felizmente, incidentes como o colapso da Enron têm sido comparativamente raros, mas à medida que os administradores se transformam em capitalistas, há o perigo de que voltem a acontecer.[2]

A se acreditar no livro, *The Managerial Revolution* (1941) prevê uma espécie de distopia orwelliana que hoje sabemos não ter ocorrido. Lido com mais atenção, tem poderosas implicações para a ética empresarial, governança corporativa e a distribuição do poder na sociedade. Burnham, como Ripley antes dele, mas de uma perspectiva diferente, nos avisa dos perigos de proprietários e acionistas se tornarem complacentes e deixarem de avaliar as ações dos administradores que administram seus ativos. Alerta-nos também que os gerentes, ao ver o lucro dos proprietários do capital, desejarão inevitavelmente buscar sua parte, e o fato de terem acesso aos mecanismos do poder lhes permite tomar essa parte. O que evita que isso se transforme em uma luta aberta pelo poder e em uma justificativa de pura ganância? A regulamentação governamental tem seu papel, mas em geral somos tolhidos por nosso senso de ética, de justiça e moral, da noção básica do que é certo e errado, formando todos a estrutura que orienta nossas ações. Quando uma empresa como a Enron sai dessa estrutura, o resultado é o caos. Burnham separa as sutilezas e as convenções e nos mostra o pior que poderia acontecer, uma história acauteladora que nos ajuda a entender a razão por que agir eticamente atende de fato aos melhores interesses de todos.

Notas

[1] J. Burnham, *The Managerial Revolution*, Nova York: Putnam, 1941, pp. 87-8.

[2] E realmente voltaram a ocorrer: desde quando o primeiro manuscrito deste livro foi escrito, descobriu-se que pelo menos três outras companhias – Global Crossing, Tyco e WorldCom – estavam usando práticas antiéticas semelhantes.

Veja também

Chandler, Drucker, Fukuzawa, Handy, Maquiavel.

Para ler James Burnham

Burnham foi um escritor prolífico. *The Managerial Revolution* é sua obra maior sobre o tema da administração, mas as outras obras listadas a seguir são uma leitura complementar de grande utilidade.

The Management Revolution: Or, What is Happening in the World Now, NovaYork: Putnam, 1941.

The Machiavellians: Defenders of Freedom, Nova York: Putnam, 1943.

The Struggle for the World, Londres: Jonathan Cape, 1947.

Suicide of the West: An Essay on the Meaning and Destiny of Liberalism, Londres: Jonathan Cape, 1964.

Para saber mais

A melhor biografia é a de Francis, escrita à luz do renascimento do interesse por Burnham durante a era Reagan. A crítica de George Orwell é uma leitura fascinante, brilhante como se poderia esperar.

Berle, A. A. e Means, G. C., *The Modern Corporation and Private Property*, NovaYork: Macmillan, 1932.

Francis, S. T., *Power and History: The Political Thought of James Burnham*, Nova York: University Press of America, 1984.

Orwell, G., *James Burnham and the Managerial Revolution*, Londres: Socialist Book Centre, 1946.

Rand, A., *The Fountainhead*, Nova York: New American Library, 1971.

Ripley, W. Z., *Main Street and Wall Street*, Nova York: Brentano, 1927.

Witzel, M., "Burnham, James", M. Witzel (ed.), *Biographical Dictionary of Management*, Bristol: Thoemmes Press, vol. 1, pp. 109-13.

Edward Cadbury (1873-1948)

Edward Cadbury era filho de George Cadbury (1839-1922), fabricante de chocolates e reformador social. Juntou-se à empresa da família ao completar os estudos, e em 1900 era diretor responsável pelo planejamento e pelas vendas no exterior. O período entre 1900 e 1920 viu a Cadbury Brothers passar de uma bem-sucedida empresa com faturamento anual de um milhão de libras para a condição de maior fabricante mundial de chocolate com faturamento de oito milhões de libras. Cadbury trabalhou muito próximo ao pai e compartilhava de suas opiniões sobre administração de pessoal, responsabilidade social e ética nos negócios. Mas enquanto o pai era um administrador paternalista da velha escola, cuja ambição não ultrapassava o Reino Unido, o filho era um administrador profissional no sentido moderno, cujo sucesso lançou os alicerces da moderna empresa multinacional Cadbury Schweppes. A carreira de Edward Cadbury mostra como as virtudes da empresa socialmente responsável se combinam com as disciplinas da administração moderna para chegar a uma companhia harmoniosa e ao sucesso comercial mundial.

A exemplo dos fabricantes rivais de chocolate, a família Rowntree, de York, a família Cadbury era quacre fervorosa. Durante toda a sua vida, George Cadbury foi abstêmio de álcool, fumo, café ou chá, e em todos os fins de semana, durante mais de vinte anos, deu aulas na escola dominical da companhia. Com pouco mais de vinte anos, ele e o irmão Richard herdaram do pai, John Cadbury, uma claudicante fábrica de chocolate. Revertendo a situação, transformaram-na em um dos maiores fabricantes de chocolate do país, rivalizando com os líderes estabelecidos, a de Rowntree e a da empresa familiar de Fry, também propriedade de quacres. Em meados da década de 1870, a empresa já havia ultrapassado suas instalações no centro de Birmingham. Para expandir, George Cadbury construiu uma nova fábrica em uma campina, na aldeia de Bourneville, perto de Birmingham. Com a fábrica, erigiu casas e equipamentos públicos para seus empregados, tomando emprestado as idéias de esquemas anteriores, como New Lanark, de Robert **Owen** e Saltaire, de Titus Salt, construído nas vizinhanças de Bradford.

Bourneville tornou-se um dos mais famosos "experimentos sociais" vitorianos, combinando administração industrial com reforma social: Port Sunlight, de William **Lever** e o enorme complexo de moradia e equipamentos sociais construído por Alfred Krupp para os empregados de sua siderúrgica em Essen, na Alemanha, são outros exemplos notáveis. George Cadbury acreditava que sua responsabilidade pelas pessoas que trabalhavam para ele ia muito além da simples relação entre capital e trabalho: era também responsável por sua saúde espiritual e física. Os trabalhadores de Bourneville recebiam com a moradia, educação para si e para os filhos (inclusive a escola dominical já mencionada), assistência médica, instalações para exercícios e lojas para venda de alimentos e roupas a preços subsidiados.

Para os observadores do século XXI isso pode parecer paternalismo, e talvez fosse; mas é importante não esquecer o ambiente em que Cadbury operava. A Inglaterra vitoriana sofria de todos os conhecidos problemas da rápida industrialização, inclusive a precariedade das moradias, da saúde (foi uma epidemia de tifo nos cortiços de Bradford que levou Titus Salt a levar seus trabalhadores para sua cidade planejada de Saltaire), a carência ou a total falta de escolas e a crescente criminalidade urbana. Homens como Cadbury não poderiam resolver todos os problemas sociais, mas podiam tentar, e de fato o fizeram, cuidar de seus próprios operários.

Mas Bourneville não era apenas um exercício de filantropia pura. Na linguagem de hoje, diríamos que Cadbury acreditava estar investindo em sua força de trabalho. Um operário mais bem-alimentado, mais saudável, mais feliz, mais bem-educado era mais produtivo e um recurso mais valioso para a empresa. O que era bom para a comunidade era bom para a companhia, e vice-versa. George Cadbury ficava muito feliz quando podia introduzir medidas que ajudassem igualmente seus empregados e a companhia. Por exemplo, construiu piscinas de natação perto da fábrica e incentivou os operários a usá-las: o resultado foi a melhoria da saúde e da capacidade física dos operários e da higiene na fábrica.[1] As políticas de pessoal da empresa mostravam a mesma visão de interesse esclarecido. Na década de 1880, a família reduziu as horas de trabalho, não só para benefício dos operários, mas também porque uma pesquisa havia demonstrado que trabalhadores em turnos de oito horas produziam mais que outros em turnos de dez horas.

Contudo, foi nos experimentos com a democracia industrial que a família Cadbury mostrou seu pioneirismo. Nessa área, George Cadbury e seu filho Edward trabalharam juntos, e os resultados foram descritos em detalhes por Edward Cadbury em seu livro *Experiments in Industrial Organization* (1912). O sistema Cadbury tinha três elementos principais: 1) a oferta de segurança e assistência aos empregados, como já foi discutido, com o objetivo de melhorar a saúde física e moral dos operários; 2) uma política mista de salários que incluía bonificações por produtividade e por produção; e 3) um sistema de participação dos empregados por meio de um sistema de sugestões e comissões de trabalho.

A década de 1880 foi um período de ampla discussão sobre o melhor meio de remunerar os empregados para incentivar a produtividade, tanto na Grã-Bretanha quanto nos Estados Unidos. Havia basicamente três escolas de pensamento:

1. Pagar salários altos a todas as categorias para atrair os melhores trabalhadores. Esse foi o sistema adotado inicialmente por Henry **Ford** em Highland Park com grande sucesso.
2. Pagar por produção, em que os trabalhadores recebiam mais por maior esforço, o sistema proposto por F. W. **Taylor** e por muitos dos pioneiros da administração científica.
3. Pagar bonificações pela produtividade global, incentivando os trabalhadores a atingir certas metas, o que era visto como mais barato e mais fácil de implementar do que os salários por produção.

Entendia-se que os três sistemas tinham problemas. Salários altos para todas as categorias significava custos mais altos, e não havia a garantia de que se pudesse manter altos níveis de produtividade. Salários por produção pareciam ser uma opção atraente, mas na prática os empregadores tendiam a cortar a remuneração quando a meta era atingida, o que significava que os empregados acabavam tendo de trabalhar mais pelo mesmo pagamento. Bonificações por produtividade sofriam do mesmo problema; além disso, os operários americanos resistiam a elas por considerar que o operário mais trabalhador ganhava o mesmo que outro que pouco ou nada produzia.

A Cadbury resolveu o problema adotando um sistema misto com elementos dos três. Pagavam um bom salário diário, o suficiente para manter o trabalhador e sua família. Bonificações por produção eram então pagas além dessa primeira parcela para os trabalhadores que excedessem sua cota pessoal. Além disso, pagava-se uma bonificação extra quando a companhia excedia suas metas financeiras e de qualidade. Embora de aplicação complexa, o sistema assegurava que os empregados ganhavam mais tanto por seus esforços individuais quanto pela prosperidade geral da companhia.

O sistema de participação dos empregados estava bem adiante de seu tempo, e Edward Cadbury desempenhou papel fundamental. Como descreve em *Experiments in Industrial Organization* (1912), todos os empregados eram incentivados a apresentar sugestões diretas de melhoria: novos produtos, novos métodos de produção, novos procedimentos administrativos ou "qualquer sugestão sobre qualquer assunto, desde que se relacionasse de alguma forma com a fábrica de Bourneville".[2] As melhores sugestões mereciam prêmios, independentemente de serem ou não implantadas, porém grande parte delas o era. Edward Cadbury acompanhou o número de sugestões adotadas, e descobriu que em média 20% das sugestões eram aceitas e 5 a 10% eram colocadas em prática.

A exemplo do sistema de sugestões, os empregados também tinham voz por meio de duas comissões de fábrica (havia comissões separadas para homens e mulheres). Essas comissões não eram de fachada: tinham voz forte na operação da companhia, funcionando às vezes como diretorias auxiliares. Cada comissão era formada por pessoas indicadas pelos diretores, contramestres e chefes de seção, e por pessoas indicadas pelos operários do chão-de-fábrica. Cada uma era presidida por um diretor: o próprio Cadbury presidiu por muitos anos a Comissão de Mulheres (o único homem a participar), e demonstrou grande interesse pelos problemas e desafios enfrentados pelas mulheres no local de trabalho. Essas comissões constituíam-se no canal para encaminhar as opiniões dos empregados sobre praticamente todos os aspectos da empresa. Tinham o poder de examinar os planos de novos equipamentos, edifícios e outras instalações, saúde e segurança, queixas dos empregados, casos de insatisfação dos empregados e muitas outras questões. A comissão das mulheres tinha os mesmos poderes que a dos homens, o que era notável para a época.

Portanto, Cadbury pode ser vista, por um lado, como um exemplo clássico do paternalismo industrial vitoriano, ainda que levado mais adiante que o de outras companhias de sua época. Por outro, o sistema Cadbury resultou em uma organização muito forte e altamente flexível que, graças aos altos níveis de participação e comprometimento dos empregados, pôde se valer de um grande banco de experiência e inteligência para resolver problemas e realizar o equivalente ao aperfeiçoamento contínuo. O sistema de participação, em particular, assegurou para a Cadbury a constante melhoria de seus processos e produtos. Herbert **Casson** considerava a Cadbury na década de 1920 uma das companhias mais bem administradas da Grã-Bretanha, se não do mundo, e resumiu sucintamente a chave de seu sucesso: "Na Cadbury todos pensam".[3]

Essa força permitiu à Cadbury Brothers desafiar a liderança de mercado da Rowntree, e crescer rapidamente para se tornar uma empresa internacional. A rivalidade com Rowntree só poderia ter um final. Joseph Rowntree era um administrador talentoso, mas conservador. Acreditava que o fator fundamental do sucesso da companhia era a qualidade do produto e nunca economizou medidas que pudessem aprimorar a qualidade e a pureza de seu chocolate. Contudo, detestava propaganda, que considerava desonesta, e acreditava que se um produto tivesse qualidade suficiente seria capaz de se vender sozinho: as características do produto conformavam uma suficiente publicidade. Só na década de 1890 começou relutantemente a fazer propaganda, quando a Cadbury lhe estava tomando parcela de mercado. A Cadbury, por sua vez, valorizava o poder da propaganda para reforçar uma marca. O filho de Joseph Rowntree, Benjamin Seebohm Rowntree, tentou recuperar o campo perdido nos anos 1920 tornando-se mais eficiente e introduzindo técnicas americanas de administração científica, mas no final da década estava disposto a jogar a toalha e ofereceu fusão à Cadbury. O habitualmente astuto Edward Cadbury cometeu então um de seus poucos erros: recusou a oferta, achando que a Rowntree quebraria e poderia então comprá-la por um preço menor. Ofendido, Rowntree retirou a oferta e passou a revolucionar sua própria visão de mercado: em meados da década de 1930 já se havia recuperado e competia de igual para igual com a Cadbury.

Outra realização notável de Edward Cadbury foi a internacionalização da companhia. Com pouco mais de vinte anos, assumiu o posto de gerente de exportações e supervisionou o grande salto exportador da década anterior à Primeira Guerra Mundial que levou à quintuplicação do lucro da Cadbury em dez anos. Após a guerra, o aumento das tarifas de importação começou a prejudicar as exportações, e desse modo Cadbury mudou de estratégia e passou a fundar subsidiárias locais, primeiro no Canadá e na Austrália, depois na Europa continental e na Ásia. Atualmente, a Cadbury Schweppes é uma das maiores corporações globais no setor de alimentos e bebidas. Um novo membro da família, Adrian Cadbury, foi presidente entre 1975 e 1989 passando depois a presidir a Comissão Cadbury sobre os Aspectos Financeiros do Desempenho Corporativo no período 1991-92. Suas recomendações, reunidas em seu livro *The Company Chairman* (1995), são um marco no pensamento inglês sobre a governança corporativa.

NOTAS

[1] A oferta de instalações para exercício aos empregados já não é comum, mas já foi uma característica comum de benefícios oferecidos pelo empregador. Essa inovação se espalhou pelo mundo: nos anos 40, Abul Hassan Ebtehaj, governador do Banco Melli, no Irã, construiu um ginásio e salas de levantamento de peso para todos os empregados, de uso compulsório pelos reconhecidamente flácidos guardas de segurança do banco.

[2] E. Cadbury, *Experiments in Industrial Organization*, Londres: Longmans, Green & Co., 1912, p. 212.

[3] H. N. Casson, *Creative Thinkers: The Efficient Few Who Cause Progress and Prosperity*, Londres: Efficiency Magazine, 1928, p. 165.

VEJA TAMBÉM

Bat'a, Casson, Lever, Taylor, Urwick.

PARA LER EDWARD CADBURY

Os escritos de Cadbury estão restritos ao início de sua carreira. *Experiments in Industrial Organization* é sua obra mais significativa, descrevendo a reforma da democracia industrial realizada por seu pai e por ele. As duas obras anteriores são um ataque à exploração do trabalho, argumentando que menos horas de trabalho levavam, na verdade, à maior produtividade, e uma discussão sobre as mulheres no local de trabalho, tema que interessou Cadbury durante grande parte de sua carreira.

(com G. Shann) *Women's Work and Wages*, Londres: T. Fisher Unwin, 1906.

(com G. Shann) *Sweating*, Londres: Headley Brothers, 1908.

Experiments in Industrial Organization, Londres: Longmans, Green & Co., 1912.

PARA SABER MAIS

Gardiner é uma biografia um tanto hagiográfica de George Cadbury. Não há nenhuma longa biografia de seu filho. Wagner é um estudo recomendado sobre a filosofia de administração quacre, não somente na Cadbury, mas também na Rowntree e Fry.

CADBURY, A., *The Company Chairman*, 2. ed. Hemel Hempstead: Director Books, 1995.

FITZGERALD, R., *Rowntree and the Marketing Revolution, 1862-1969*, Cambridge: Cambridge University Press, 1995.

GARDINER, A. G., *Life of George Cadbury*, Londres: Cassell, 1923.

WAGNER, G., *The Chocolate Conscience*, Londres: Chatto and Windus, 1987.

WILLIAMS, I. A., *The Firm of Cadbury, 1831-1931*, Londres: Constable, 1931.

HERBERT N. CASSON (1869-1951)

Herbert Casson foi um escritor altamente prolífico sobre administração, com uma carreira de cerca de quarenta anos como guru dos administradores. Competente escritor e empresário bem-sucedido, valeu-se de sua própria experiência e de suas agudas observações do mundo à sua volta para desenvolver uma filosofia de administração baseada no conceito de "eficiência". Publicou mais de setenta livros, que à época de sua morte haviam vendido acima de meio milhão de exemplares em todo o mundo. Um não-conformista, jamais foi inteiramente aceito pela comunidade acadêmica de negócios da Grã-Bretanha nem dos Estados Unidos. Seus livros eram populares e populistas, muito agradáveis de se ler e cheios de idéias percucientes.

Casson nasceu em Odessa, Ontário, no dia 23 de setembro de 1869, filho de um missionário metodista. Durante sua juventude a família viveu em várias aldeias remotas do norte de Ontário, já que seu pai era usualmente designado para uma nova paróquia a cada três anos. Durante os três anos entre 1877-80, a família Casson morou na província fronteiriça a Manitoba, cuja população era constituída principalmente de índios plains, nômades, e métis (mestiços). Anos depois, Casson se lembraria de ver cavaleiros métis entrando armados no posto de trocas onde ficava a igreja de seu pai. Contava que, na infância, teve pouca educação formal, porém aqueles anos passados nas regiões desertas lhe ensinaram a ser independente e lhe deram a capacidade de usar as mãos para fazer o que fosse necessário. Quando entrou na adolescência, adquiriu uma sede de qualquer tipo de conhecimento que iria acompanhá-lo pelo restante da vida.

Em 1890, Casson ingressou no Victoria College, em Toronto, com uma bolsa para estudar teologia. Formou-se em teologia e filosofia em 1892, tendo dobrado a carga de estudos para receber os dois títulos de uma só vez. Foi-lhe então oferecido um emprego na Igreja Metodista como ministro na pequena cidade de Owen Sound. Lá permaneceu menos de um ano. Em sua autobiografia, Casson forneceu poucos detalhes, dizendo apenas que os homens corriam para assistir a seus sermões, mas as mulheres fugiam em bandos. Em 1893 foi processado por heresia pelo conselho da igreja metodista e, ao ser considerado culpado, desligou-se da igreja e emigrou para os Estados Unidos.

Em Boston, Casson encontrou trabalho em uma editora e durante algum tempo foi editor-assistente da *Encyclopedia of Social Reform*, editada pelo socialista cristão William Bliss. Suas visitas aos cortiços miseráveis da zona sul de Boston o chocaram, e ele se converteu, praticamente do dia para a noite, do metodismo para o socialismo. Seu socialismo era mais radical que o de Bliss, embora não chegasse a ser comunista. Orador e escritor muito eficaz, em poucos meses Casson se tornou um dos principais agitadores "vermelhos" dos Estados Unidos, atraindo platéias de milhares para suas conferências e comícios. Entre os amigos que fez durante esse período, dos quais falaria com afeto até quarenta anos mais tarde, constavam o socialista britânico Keir Hardie e o líder sindical americano Samuel Gompers. Visitou a Grã-Bretanha na companhia de Hardie, e concebeu a idéia de um dia retornar para lá viver.

Em 1898, o conflito com a Espanha tendo por motivo Cuba trouxe a febre da guerra para os Estados Unidos. Casson opunha-se à guerra e tentou organizar um movimento pacifista. Para seu desencanto, seus amigos socialistas o abandonaram em massa, clamando todos pela guerra contra a Espanha. Muitos anos depois, o tom de Casson em sua autobiografia ainda trairia sua amargura: "Tudo que eu tinha construído em seis anos foi destruído em uma semana".[1]

Para fugir de tudo aquilo e pensar em seu próximo movimento, Casson se juntou à Colônia Ruskin, uma comuna socialista fundada no Tennessee no ano anterior. Partiu para Ruskin esperando encontrar consolo para os desapontamentos que encontrou entre almas iguais, mas encontrou lutas de facções, comida ruim e sujeira. Suportou durante seis meses, até decidir que se aquilo era o melhor que o socialismo tinha a oferecer, melhor rejeitá-lo. Como escreveu mais tarde:

> Essa estranha aventura me curou de toda simpatia pelo socialismo ou comunismo. Varreu da minha mente todas as teorias plausíveis de democracia social. Abriu meus olhos para o fato de não existir tirano pior que a massa – que a coisa mais eficiente em qualquer nação é a liderança dos "Poucos Eficientes". [...] Assim que deixei a Colônia Ruskin, tornei-me um defensor da civilização.[2]

Rejeitando o socialismo, Casson decidiu ver o que o capitalismo tinha a oferecer. Ouvira falar da reputação de John Patterson, proprietário e presidente da National Cash Register Company, e foi para o norte, para Dayton, em Ohio, a fim de visitar a companhia e conhecer seu líder. Patterson era um dos grandes empreendedores dos Estados Unidos no final do século XIX. Tendo quase falido quando quebrou sua empresa de equipamentos para mineração, Patterson deparou com uma das primeiras caixas registradoras, patenteada alguns anos antes por James Ritty. Convencido do potencial da máquina, Patterson comprou a companhia agonizante de Ritty e a transformou em um enorme sucesso, vendendo em todos os Estados Unidos e em todo o mundo. Excêntrico hipocondríaco que vivia em dietas de água quente e batatas assadas (e às vezes forçava seus infelizes diretores a também segui-las), Patterson era um competidor impiedoso que usava qualquer tática existente para afastar a concorrência: alguns anos depois, ele e seu diretor de vendas, Thomas Watson (que no futuro fundaria a IBM), foram indiciados por acusações de violação da lei antitruste. No entanto, era também um conhecedor brilhante do mercado, que criou uma força de vendas altamente treinada e profissional, e um soberbo gerente de pessoas. Sua fábrica em Dayton era um modelo de limpeza e eficiência; pagava bem seus empregados e lhes oferecia uma ampla gama de benefícios.[3]

Casson encontrou-se com Patterson, e mais uma vez converteu-se da noite para o dia, dessa vez para o capitalismo. Mudando-se para Nova York, deu início a uma nova carreira, dessa vez a de jornalista. Em 1900, era colunista regular do *New York World*, de Joseph Pulitzer, e se tornou editor da página Fórum do jornal, especializando-se em entrevistas com os ricos e poderosos. Começando com políticos e acadêmicos, Casson passou depois a entrevistar os cientistas mais importantes, entre eles, Marconi, Tesla, Einstein e Alexander Graham Bell, e em seguida os líderes empresariais. Entre seus grandes furos constava a primeira entrevista com os irmãos Wright pouco depois de eles terem feito seu primeiro vôo motorizado em Kitty Hawk, Carolina do Norte, em 1903.

Em 1905, Casson transferiu-se para o *Munsey's Magazine*, cujo proprietário e editor, Frank Munsey, lhe pediu para escrever um série de entrevistas e perfis dos barões do aço, que foram mais tarde coletados e publicados no livro *The Romance of Steel: The Story of a Thousand Millionaires* (1907), um dos melhores livros de Casson. Seus vívidos retratos das grandes figuras da indústria do aço, baseados no conhecimento pessoal, oferecem uma visão genuína desses homens e de como sua mente trabalhava. Andrew Carnegie foi descrito como "um dos homens mais sagazes que já conheci"; Henry Clay Frick, como "um homem de aço: afiado, duro e competente"; Charles M. Schwab estava sempre "pouco à vontade em meio à sua grandeza".[4] Continuou a entrevistar e trabalhar com outros gigantes da indústria americana, tornando-se amigo dos Rockefeller e aconselhando-os na questão da publicidade negativa que se seguiu à publicação do livro de Ida Tarbell, *The History of Standard Oil Company* em 1904 e à ação antitruste contra a Standard.[5]

Em 1908, Casson conheceu o engenheiro e especialista em eficiência Harrington **Emerson**, tendo sido convidado a se associar à sua empresa de consultoria. Foi uma experiência que mudou a vida de Casson, ao descobrir na filosofia da eficiência de Emerson que "ele sabia claramente o que eu havia descoberto vagamente sozinho".[6] Os dois homens trabalharam juntos por apenas um ano, mas isso foi suficiente para Casson incorporar os princípios de Emerson e fazer deles a base de suas próprias teorias sobre administração. Passou então a se interessar pela aplicação dos princípios da eficiência à propaganda e ao marketing. Ao descobrir que Emerson não tinha interesse nesse campo, Casson passou a trabalhar sozinho, pesquisando e escrevendo um de seus livros mais famosos, *Ads and Sales* (1911), que segundo ele era a primeira tentativa de aplicar princípios científicos ao marketing e à venda de produtos.[7]

Em 1911, ele teve a oportunidade de colocar em prática seus princípios quando se associou ao velho amigo H. K. McCann, ex-gerente de propaganda da Standard Oil, e fundaram uma sociedade que mais tarde seria conhecida como McCann-Erickson. A empresa foi um sucesso estrondoso, e Casson vendeu sua participação em 1914. Já um homem rico, realizou o velho sonho de emigrar para a Grã-Bretanha e lá se estabeleceu com a intenção de aí se aposentar.

A Primeira Guerra Mundial irrompeu pouco depois da chegada de Casson, e a indústria britânica passou a produzir para a guerra. A busca de maior eficiência industrial se tornou uma necessidade nacional urgente. Cheio do desejo patriótico de fazer alguma coisa por sua pátria de adoção, Casson descobriu que as teorias da administração científica, em particular os princípios de eficiência de Emerson, eram muito pouco conhecidos na Grã-Bretanha. Fez da cura desse defeito sua missão. Começou com uma série de conferências para os gerentes das empresas britânicas, e depois retomou a pena e começou novamente a escrever, não só livros, mas também uma revista, *Efficiency*, que editava e em parte escrevia. A editora, também chamada Efficiency, publicou suas próprias obras e as de outros interessados na administração científica. Seu estilo populista e acessível tornou-o enormemente popular como consultor, mas ao mesmo tempo tornou difícil para ele ser aceito pelo *establishment* britânico. Embora tenha pronunciado uma palestra nos Congressos Rowntree em Oxford, não participou de nenhuma das comissões e instituições criadas para apoiar o movimento de administração que brotou na Grã-Bretanha durante e após a guerra. É difícil determinar por que seguiu um caminho solo: parte do problema talvez tenha sido o desprezo do *establishment* britânico por qualquer pessoa vinda de fora; todavia, deve-se honestamente acrescentar que Casson era um indivíduo irritante, muito inteligente, mas também muito arrogante: dizer que não tinha paciência com idiotas é uma forma delicada de expressar essa característica.

Embora as conferências e os livros o tenham enriquecido ainda mais, Casson continuou sua carreira com a avidez de alguém que descobriu a vocação. Jamais diminuiu o ritmo de trabalho, escrevendo dois ou três livros por ano, editando sua revista, viajando incansavelmente e proferindo conferências. Em 1950, já com 71 anos, embarcou em uma viagem de dez meses para conferências na Austrália, Nova Zelândia e Fiji. Morreu em casa, em Londres, no dia 4 de setembro de 1951, pouco depois de regressar.

Resumir a amplitude das idéias de Casson não é tarefa fácil. O tema da eficiência – pessoal e organizacional – é uma constante, presente em quase todos os seus textos. Iniciava em geral seus livros discutindo as falhas de gerência e como estas podem ser sanadas pela aplicação da eficiência. Uma das falhas mais comuns dos administradores, segundo ele, era que realizavam coisas não porque tivessem raciocinado e descoberto que aquela era a forma correta de atacar o problema, mas porque era assim que as coisas sempre foram feitas. A tradição, e não a razão, dominava a cultura da maioria das organizações. Em seu estilo característico fez observações a respeito do que usualmente encontrava:

> Os administradores nunca estudaram administração. Empregadores nunca estudaram sua condição de empregadores. Gerentes de vendas nunca estudaram a arte de influenciar a opinião pública. Existem até mesmo financistas que nunca estudaram finanças. Por todo lado encontrei gente tateando e dilapidando. [...] Uma massa de operações incorretas era padronizada em rotina. Foguistas que não sabiam atiçar o fogo, operários que não sabiam operar suas máquinas, contramestres que não sabiam tratar seus homens. Diretores administrativos que não conheciam [...] os princípios da organização. Muito poucos haviam APRENDIDO como fazer o que faziam.[8]

O resultado, diz ele, é confusão, erro e mitos:

> Existem quase tantos mitos e ilusões em administração quanto os há nas antigas filosofias e religiões. Já vi muitos processos industriais tão absurdos quanto uma cerimônia num templo no Tibete.[9]

Para serem eficazes, diz Casson, os administradores devem primeiro querer aprender. Aprender pode – e deve – vir de uma variedade de fontes, e isso inclui a disposição de engolir o próprio orgulho e chamar consultores externos. Os administradores deveriam cultivar uma atitude mental que questiona constantemente as certezas aceitas e procura formas novas e melhores de fazer as coisas. Princípio científico, para Casson, queria dizer não tanto a pesquisa e a aplicação de padrões científicos (embora isso fosse importante), mas também a busca do conhecimento novo, da exploração e da descoberta que caracterizou as grandes figuras da ciência, como Einstein e Marconi.

Tal como Peter **Drucker** duas décadas depois, Casson acreditava que administração é ação objetiva. É tarefa do administrador fazer as coisas acontecerem, liderar o progresso da empresa. Começava pela definição de ação como "a criação de causas que têm certa probabilidade de produzir certos efeitos desejáveis"; a tarefa do administrador é "primeiro estudar a natureza do efeito desejado e então criar as causas que têm maior probabilidade de produzi-los".[10] Classificava as ações em dois tipos: *rotineiras*, ou fazer o que sempre se fez, e *criativas*, ou seja, fazer algo novo. Aceitava a necessidade da ação rotineira no dia-a-dia da administração, mas insistia em que a ação criativa é essencial para o progresso da companhia. Em um trecho que tem ecos de Tom **Peters** e até mesmo de Chris **Argyris**, Casson convocava os administradores a desenvolver o "hábito mental da ação", em que o pensamento criativo é fundamental e a busca de melhorias é constante.[11]

Essa ligação entre ação e administração é o segundo tema constante da obra de Casson. O pior pecado que um administrador pode cometer é tornar-se complacente e não fazer nada: como dizia com sua natural rispidez, "Seria muito mais seguro, sensato e proveitoso despedir um diretor que não faz nada e colocar um saco de areia no seu lugar".[12] Sobre a liderança, por exemplo, afirmava que os administradores devem liderar tanto pelo exemplo quanto pelo comando, bem como que a verdadeira autoridade no local de trabalho resulta do respeito e não de títulos e posições. Tinha também uma visão dinâmica de como operam as empresas, e defendia o planejamento e a engenharia de processos: "O trabalho viaja. Todo emprego exige uma viagem por toda a fábrica, e ela não deveria começar enquanto a viagem não estiver planejada e pronta".[13] Adotava o conceito de Emerson, derivado da ciência militar, do princípio da linha e assessoria na organização: a linha representa os aspectos funcionais da empresa que produzem e vendem produtos, ao passo que a assessoria é o núcleo criativo que gera novos conhecimentos e procura melhoramentos em todos os campos. As duas não são separadas, mas, pelo contrário, mantêm intercâmbio constante de idéias e informações.

Casson tinha um ponto de vista fortemente autoritário, e sempre advogou o desenvolvimento dos "Poucos Eficientes" encarregados de oferecer prosperidade e liderança para os muitos, mas também se interessava muito pela natureza humana e seu impacto na empresa e na administração. Tal como Emerson, preferia um modelo orgânico de organização ao modelo mecanicista usado por **Taylor** e por outros do movimento da administração científica. A exemplo de Emerson e de outro escritor pioneiro sobre o tema da organização, Charles Knoeppel, Casson usava com freqüência o corpo humano como metáfora para a organização, observando que todas as suas partes têm suas funções separadas, e ainda assim trabalham em harmonia, todo o sistema se regulando e se corrigindo sem comando ativo. Interessou-se também pela psicologia e tentou aplicar a teoria motivacional e a análise das necessidades humanas para entender o comportamento tanto no mercado quanto no local de trabalho. Em marketing, por exemplo, sustentava que saber se um produto vai satisfazer uma necessidade é muito mais importante como ponto-de-venda do que o preço: o preço não tem tanta importância quanto a natureza da proposta.

> Vi uma vez um milionário de Pittsburgh comprar o quadro de uma vaca por 11 mil libras. Poderia ter comprado a própria vaca por 15 libras. Mas a pintura era famosa. Era a única de sua espécie. Todos a queriam. E o homem de Pittsburgh a queria mais que às 11 mil libras.[14]

Casson foi uma das principais forças na introdução das técnicas americanas de administração científica na Grã-Bretanha após a Primeira Guerra Mundial. Ele mesmo afirmava que não havia nada distintamente "americano" nesses métodos, assim como não havia nada de "americano" na eletricidade ou nos princípios da astronomia. É difícil avaliar seu impacto sobre a administração, mas parece evidente que sua influência não sobreviveu a ele por muito tempo: é raramente citado na literatura de administração após 1950. Como já observado, o tom popular e populista de seu texto significava que às vezes tinha-se dificuldade em levá-lo a sério. Entretanto, Casson teve uma visão poderosa do que deveria ser a administração, e isso inclui vários conceitos surpreendentemente modernos, como a organização dinâmica e a necessidade de aprendizagem contínua. Recentemente houve um renascimento do interesse por sua obra, e ele está sendo reconhecido como um dos grandes pensadores e escritores de administração do século XX.

Notas

[1] H. N. Casson, *The Story of My Life*, Londres: Efficiency Magazine, 1931, p. 57.

[2] *Ibid.*, pp. 60-1.

[3] Inicialmente, Patterson começou a oferecer refeições gratuitas na cantina da fábrica e ficou perplexo quando os empregados se recusaram a comer ali. Percebendo que não concordavam em ser tratados como casos de caridade, passou a oferecer refeições por dez centavos, abaixo do custo, mas o suficiente para seus empregados sentirem que estavam pagando por aquilo. Só então a cantina ficou cheia.

[4] H. N. Casson, *op. cit.*, pp. 107-8.

[5] Tarbell participou do grupo de jornalistas conhecidos como "escavadores de esterco" que fez campanha contra os abusos e a corrupção nos negócios e na política. Seu livro sobre a Standard Oil resultou na acusação à companhia por violações da legislação antitruste e finalmente à sua divisão. Tarbell tornou-se mais tarde uma escritora respeitada em questões de negócios, inclusive o papel das mulheres no local de trabalho.

[6] H. N. Casson, *op. cit.*, p. 152.

[7] Isso não é inteiramente verdadeiro: houve tentativas anteriores de Walter Scott e Arch Shaw nos Estados Unidos, e a proposta de conduzir a propaganda segundo linhas científicas havia sido feita pelo britânico Donald Nicoll em 1878 em seu livro *Publicity*. É mais justo dizer que *Ads and Sales* foi a primeira aplicação formal da administração científica às vendas.

[8] H. N. Casson, *op. cit.*, pp. 222-3.

[9] *Ibid.*, p. 227.

[10] H. N. Casson, *How to Get Things Done*, Londres: Efficiency Magazine, 1935, p. 13.

[11] H. N. Casson, *Creative Thinkers: The Efficient Few Who Cause Prosperity and Progress*, Londres: Efficiency Magazine, 1928, p. 149.

[12] W. Melluish (ed.), *Efficiency for All*, Kingswood: The World's Work Ldt., 1948, p. 134.

[13] *How to Get Things Done*, p. 25.

[14] H. N. Casson, *Axioms of Business*, Londres: Efficiency Magazine, 1915, p. 65.

Veja também

Drucker, Emerson, Mooney, Morgan, Taylor, Urwick.

Para ler Herbert N. Casson

Como já foi observado, Casson escreveu mais de setenta livros. Alguns são anteriores requentados; outros são manuais comparativamente simples ou de auto-ajuda. *Ads and Sales* tornou-se um clássico sobre propaganda e marketing. *Lectures on Efficiency* é considerado uma de suas melhores obras, uma coleção de seis palestras apresentadas a gerentes da empresa de engenharia Mather & Platt, de Manchester. *Creative Thinkers* é uma importante obra que trata de aprendizagem e de conhecimento.

The Romance of Steel: The Story of a Thousand Millionaires, Nova York: A. S. Barnes, 1907.

Cyrus Hall McCormick: His Life and Work, Chicago: A. C. McClurg and Co., 1909.

Ads and Sales, Nova York, 1911.

The Axioms of Business, Londres: Efficiency Exchange, 1915.

Lectures on Efficiency, Manchester: Mather & Platt, 1917.

Human Nature, Londres: Efficiency Magazine, 1918.

Men at the Top: Twelve Tips on Leadership, Londres: Efficiency Magazine, 1927.

Creative Thinkers: The Efficient Few Who Cause Progress and Prosperity, Londres: Efficiency Magazine, 1928.

The Story of My Life, Londres: Efficiency Magazine, 1931.

How to Get Things Done, Londres: Efficiency Magazine, 1935.

What Makes Value?, Londres: Efficiency Magazine, 1937.

Para saber mais

A biografia escrita por Ernest Casson é uma continuação da autobiografia, apresentando os anos da vida de seu pai após 1931. Melluish é a única avaliação em livro da obra de Casson.

Casson, E. F., *The Life and Thoughts of Herbert N. Casson*, Londres: Efficiency Magazine, 1952.

Melluish, W. (ed.), *Efficiency For All*, Kingswood: The World's Work Ltd., 1948.

Alfred D. Chandler (1918-)

Alfred Dupont Chandler é historiador da administração e negócios da Harvard Business School. Sua obra teve profunda importância em dois campos: história da administração e negócios, em que ele é uma das figuras de maior autoridade, e estratégia de negócios, disciplina cuja invenção por vezes lhe é creditada. Parte de sua obra madura, em que compara o desenvolvimento histórico da administração nos Estados Unidos com o da Grã-Bretanha e da Europa, é considerada controversa. Sua contribuição mais duradoura foi a demonstração de que o estudo pelos administradores do passado, do que foi *feito*, pode oferecer novas idéias sobre a natureza e a prática da administração hoje.

Chandler nasceu em Guyencourt, em Delaware, no dia 15 de setembro de 1918. Durante várias gerações, sua família teve proeminência no ambiente de negócios dos Estados Unidos. Seu bisavô foi Henry Varnum Poor, um dos fundadores da Standard and Poors. Havia também, como sugere seu nome intermediário, uma ligação com a família du Pont, emigrada da França, que fundou uma empresa de sucesso no setor de explosivos, tendo sido encampada por Pierre **du Pont**, que transformou a empresa familiar em um dos maiores fabricantes mundiais de pólvora e explosivos. Logo depois da Primeira Guerra Mundial, du Pont adquiriu o controle acionário da General Motors e montou a equipe administrativa e a organização que levaram a GM a tomar da Ford o título de maior fabricante de automóveis do mundo. Portanto, se não estavam propriamente no sangue de Chandler, os negócios tinham por certo um lugar importante em seu ambiente.

Chandler freqüentou a Universidade Harvard, formando-se em história. Um de seus colegas de turma, e também membro do Harvard Sailing Club, era o futuro presidente dos Estados Unidos, John F. Kennedy. Durante a guerra, alistou-se na marinha americana, chegando ao posto de capitão-de-corveta. Desmobilizado em 1945, retomou o estudo de história, completando o doutorado em Harvard com uma tese sobre Henry Varnum Poor (publicada em forma de livro em 1956). Entre 1950 e 1963, deu aulas de história no Instituto de Tecnologia de Massachussetts, e de 1963 a 1971 na Universidade Johns Hopkins, em Baltimore. Em 1971, foi indicado para o posto de professor de história da administração na Harvard Business School (hoje ele é *professor emeritus*). Harvard é quase única entre as grandes escolas de administração e negócios pela forte concentração em história dos negócios e administração, refletindo a influência de seu fundador e primeiro diretor, o historiador econômico Edwin Gay, tendo sido dada continuidade com historiadores proeminentes como N. S. B. Gras e Henrietta Larson. Entretanto, com Chandler a história dos negócios consolidou seu lugar no núcleo do currículo da Harvard Business School, e ele teve influência (geralmente indireta) no desenvolvimento do ensino da história dos negócios em outras escolas.

Porém, foi em seus escritos que Chandler expressou com maior clareza e de forma mais influente suas idéias. Ao lado do estudo de Henry Poor, Chandler escreveu mais três obras importantes: *Strategy and Structure* (1962), *The Visible Hand* (1977) e *Scale and Scope* (1990). As três obras foram sucessos de vendas e todas elas premiadas: *The Visible Hand* foi o primeiro livro de administração a ganhar o Prêmio Pulitzer. Embora haja temas comuns aos três livros, eles examinam de forma diferente a administração. *Strategy and Structure* é essencialmente um exame das respostas corporativas aos desafios do crescimento e da diversificação, e mostra como os administradores responderam aos imperativos estratégicos que tiveram de enfrentar desenvolvendo novas formas de organização. *The Visible Hand* afirma que essas novas formas foram acompanhadas do desenvolvimento da administração como profissão, e em parte, o tornaram possível. Finalmente, *Scale and Scope* tenta explicar o sucesso comparativo das grandes empresas americanas em relação às suas correspondentes inglesas e alemãs, sugerindo que a incapacidade dos dois países de, até recentemente, desenvolver uma administração profissional foi o responsável pelo atraso em relação às americanas (quem estiver interessado em começar a ler a obra de Chandler deverá ler os três livros em ordem, já que os dois últimos são em parte condicionados por conclusões do primeiro).

Strategy and Structure (1962) foi elaborado em torno de quatro detalhados estudos de caso da história dos negócios: Du Pont, General Motors, Standard Oil (New Jersey) e Sears Roebuck. As quatro tiveram grande sucesso, dominando seus respectivos setores a partir da década de 1920. Chandler argumenta que esse sucesso se baseou em parte na adoção desde o início de uma nova forma de organização, a forma multidivisional, ou Forma-M, que lhes permitiu crescer e se diversificar. A diversificação desenvolveu-se valendo-se do estabelecimento de várias divisões operacionais semi-independentes, concentradas geograficamente ou com base em um grupo determinado de produtos. Todas as divisões eram submetidas à supervisão da sede, mas só se exigia delas que se ajustassem a um plano estratégico global. A responsabilidade operacional era transferida às divisões. Indo além, Chandler argumentava que praticamente todas as empresas de sucesso nos Estados Unidos entre 1920 e 1960 adotaram essa forma de organização, que desempenhou um papel central no rápido crescimento das empresas americanas durante aquele período.

Isso não significa que a Forma-M seja um modelo rígido. Era possível adaptá-la a formas distintas, e das quatro empresas estudadas por Chandler em detalhe, cada uma o fez de uma maneira que se ajustasse às suas próprias necessidades. Com isso Chandler chega à sua conclusão mais importante, a saber: que a "estrutura segue a estratégia". Para ele, a escolha de uma estrutura organizacional deve sempre ser contingente à estratégia adotada: "A tese [...] é que a estrutura segue a estratégia e o tipo mais complexo de estrutura é o resultado da concatenação de várias estratégias básicas."[1] Em cada um dos quatro casos que descreve, as empresas em questão tiveram primeiro de enfrentar a necessidade de fazer uma mudança fundamental em sua estratégia em virtude de mudanças tecnológicas e em seus principais mercados. A resposta estratégica, em cada um dos casos, foi a diversificação. A forma-M foi então adotada como meio de executar essa estratégia.

Ao atribuir à forma-M a maior parte da responsabilidade pelo sucesso das empresas americanas, Chandler talvez seja acoimado de simplificação excessiva: por mais poderosa que tenha sido, a forma-M não foi, de forma nenhuma, a única resposta à mudança estratégica. Houve outros elementos na composição. Em cada um dos casos discutidos por Chandler, a reorganização que levou à adoção da forma-M teve um defensor: Pierre du Pont na Du Pont e depois na General Motors, Alfred Sloan na General Motors, Robert Wood na Sears Roebuck e Walter Teagle na Standard Oil. Foram as relações entre esses homens e seus executivos e empregados que em geral determinaram a natureza e o sucesso da reorganização. Um aspecto que geralmente passa despercebido em *Strategy and Structure* é a forma como o livro acentua as ligações entre liderança e reorganização e rejuvenescimento corporativos.

Para ter sucesso, a forma-M exigia a existência de uma hierarquia administrativa forte e profissional. A nova organização descentralizada exigia uma administração forte, tanto na sede quanto nas divisões. Em sua subseqüente obra de peso, *The Visible Hand: The Managerial Revolution in American Business* (1977), Chandler examina como a ascensão das empresas de grande porte nos Estados Unidos foi acompanhada pelo crescimento de uma classe de administradores profissionais e pela separação entre propriedade e controle. Curiosamente, quase não menciona a obra anterior de Adolph Berle e Gardiner Means sobre o tema, *The Modern Corporation and Private Property* (1932). Apesar do subtítulo de seu próprio livro, Chandler só mencionou *The Managerial Revolution* (1941), de James **Burnham**, em uma única nota de rodapé. A razão talvez seja sua própria posição: enquanto Berle, Means e Burnham eram céticos, ou absolutamente contra, quanto à separação entre controle e propriedade, Chandler aprova-a com entusiasmo.

Ele parte de um cenário da empresa americana antes da Guerra Civil: de pequena escala, localizada, geralmente de propriedade e administração familiar. As empresas maiores começaram a surgir "quando a coordenação administrativa tornou possível maior produtividade, menores custos e lucros mais elevados".[2] O fator-chave nesse caso foi que algumas atividades que existiam *entre* empresas podiam ser internalizadas e executadas *dentro* das próprias empresas, desde que tivessem os recursos administrativos para tanto. Mais gerência torna possível maior internalização, com maior controle e maiores economias de escala. Daí o título do livro, *The Visible Hand* [A mão visível], uma referência direta à "mão invisível" das forças do mercado que orienta e regula a economia, como propôs Adam Smith. Pelo menos em parte, Chandler substitui as forças de mercado pela ação humana. A mão visível é a da administração profissional, que orienta e controla o destino da empresa.

Desse modo, a introdução da administração profissional acompanha simultaneamente o crescimento e é pré-requisito dele. À medida que a empresa cresce, os administradores assalariados dos níveis mais altos se tornam mais competentes e seu trabalho, mais complexo e técnico. Com a continuação desse processo de crescimento em tamanho e em complexidade, os proprietários da empresa descobrem que já não são mais capazes de controlá-la diretamente e passam a delegar esse controle aos administradores, levando à já mencionada separação entre propriedade e controle. Isso, por sua vez, conduz à mudança da ênfase estratégica: os administradores profissionais, diz Chandler, tendem a dar prioridade ao crescimento de longo prazo e à estabilidade preferivelmente aos lucros de curto prazo. Por fim, o tamanho, o poder econômico e a orientação estratégica dessas grandes unidades empresariais mudam e alteram a própria economia, especialmente os setores industriais em que operam. O quadro final é uma transição para o que Chandler chama de "capitalismo administrativo", em que as principais decisões que determinam o presente e a trajetória futura da empresa são tomadas por administradores profissionais.

As primeiras indústrias a adotar a administração profissional em grande escala, segundo Chandler, foram as ferrovias e as empresas telegráficas, em que eram particularmente agudos os problemas de administração em longas distâncias:

> A coordenação administrativa do movimento dos trens e do fluxo de tráfego era essencial para a segurança dos passageiros e a movimentação eficiente de uma grande variedade de cargas pelos trilhos da nação. Essa coordenação era também necessária para a transmissão de milhares de mensagens pelos fios do telégrafo. Em outras formas de transporte e comunicação, em que o volume de tráfego era variado e se deslocava a velocidades menores, a coordenação não era tão necessária.[3]

Quando outras indústrias começaram a crescer, as companhias que nelas operavam adotaram as técnicas já desenvolvidas por ferrovias e telégrafos.

Com efeito, pode-se observar que muitos dos mais importantes administradores de empresas do final do século XIX tinham pelo menos uma passagem por uma ou outra dessas indústrias. Portanto, as ferrovias e o telégrafo tiveram dupla função: desenvolveram técnicas para a administração coordenada de grandes organizações espalhadas por grandes áreas geográficas, e ofereceram oportunidades de marketing e distribuição que tornaram possível o crescimento físico. Chandler cita o exemplo da indústria frigorífica, em que as ferrovias tornaram possível à Armour e à Swift criar grandes organizações verticalmente integradas baseadas na criação de gado em larga escala no Oeste e Meio-Oeste, e na venda de carne nos grandes centros urbanos do Leste. Outras indústrias, como as de aço, carvão e petróleo, também puderam crescer dessa forma. E à medida que cresciam, empresas e setores desenvolviam novas hierarquias administrativas e passavam por transformações estratégicas, cada uma por sua vez, criando assim a revolução administrativa.

Chandler argumentava então em favor da hierarquia administrativa. Ela é essencial para a continuidade do crescimento, e uma vez firmemente estabelecida pode se tornar a grande fonte de poder de uma organização. Nas décadas de 1920 e 1930, os Estados Unidos lideraram o mundo no desenvolvimento das hierarquias administrativas profissionais, e foi, por sua vez, esse desenvolvimento que tornou possível o crescimento da forma-M e a ascensão da economia americana à hegemonia mundial. Para Chandler, não há dúvida de que o capitalismo administrativo é superior a outras formas.

Para afirmar isso, ele se valeu, em seu terceiro livro mais importante, *Scale and Scope* (1990), da comparação das organizações empresariais americanas com as de dois de seus maiores competidores, o Reino Unido e a Alemanha. A Alemanha, segundo Chandler, foi dominada pelo que ele chama de "capitalismo administrativo cooperativo". As empresas alemãs tenderam a adotar um modelo de empresa muito parecido com o dos Estados Unidos, caracterizado por hierarquias de administradores profissionais, mas, por uma série de razões culturais e sociais, preferiram criar uma rede de alianças interempresariais, em vez de se engajar na competição aberta. Esse profissionalismo, em sua opinião, foi importante para explicar o renascimento alemão após a Segunda Guerra Mundial. A economia britânica, por sua vez, merece uma crítica severa. O Reino Unido prendeu-se durante muito tempo, na opinião de Chandler, a um modelo que ele descreve como "capitalismo pessoal", em que os proprietários das empresas continuaram a exercer controle e não conseguiram transferi-lo aos administradores profissionais. Essa falta de evolução e a incapacidade de separar propriedade e controle sufocaram o crescimento e a competitividade da indústria britânica e foram um fator significativo de seu declínio no pós-guerra.

Scale and Scope foi pesadamente criticado, especialmente fora dos Estados Unidos. Das grandes obras de Chandler, essa talvez seja a de menor sucesso, uma vez que não chega a completar a demonstração de sua tese: que a transição para o "capitalismo administrativo competitivo" permitiu aos Estados Unidos atingir poder econômico acima do de seus principais rivais. Em muitos níveis, pode-se oferecer argumentos contra essa tese. Não é evidente que a dominação econômica americana se deve *somente* a uma forma ou a uma estrutura administrativa particular. Chandler também pode ser condenado por ter selecionado dados que se ajustassem à sua tese: nem o Extremo Oriente, nem a Europa Meridional, em especial a Itália, onde existiram e continuam a existir muitos exemplos de empresas de sucesso baseados em modelos pessoais ou familiares de capitalismo, estão representados em sua análise. Suas explicações do caso britânico também têm defeitos: a administração profissional avançou na Grã-Bretanha bem mais do que ele admite, e há uma tendência a desvalorizar as empresas britânicas de sucesso que foram administradas pessoalmente por seus proprietários, como a Imperial Chemical Industries, a British Petroleum ou a Cadbury, todas líderes mundiais na década de 1930 e depois na de 1950. Não há dúvida de que houve forte resistência à profissionalização da administração na Grã-Bretanha, mas por trás de seu declínio comparativo há muitos outros fatores institucionais e econômicos.

Uma crítica mais grave, manifestada em particular por David Teece, é que apesar de a forma-M e a hierarquia administrativa profissional terem sido talvez responsáveis pela predominância americana, aparentam ser crescentemente incapazes de sustentá-la. Mesmo antes da publicação de *Scale and Scope*, outros gurus americanos da administração, como Tom **Peters** e Rosabeth Moss Kanter, já atacavam a idéia da hierarquia, identificando-a com burocracia e inflexibilidade. Economias de escala e redução de custos não se comparavam com as estratégias flexíveis que permitiram a vantagem do movimento pioneiro e o rápido desenvolvimento e aperfeiçoamento de novos produtos. Teece observa que muitas atividades internalizadas estão voltando ao mercado, à medida que as empresas abandonam ou contratam fora as atividades periféricas para se concentrar no núcleo de suas capacidades: custos mais altos de transação são um preço que vale a pena pagar para ganhar maior flexibilidade e velocidade de resposta.

Apesar dessas críticas, a obra de Chandler tem valor duradouro e mudou a forma pela qual percebemos e fazemos administração. Mostra como as mudanças em um setor, como o transporte, podem gerar efeitos em cascata em muitos outros setores. Uma revolução em empresa de determinado setor industrial pode levar a uma mudança muito mais generalizada, como vemos atualmente com os avanços na tecnologia da informação. Sua obra sobre a relação entre estratégia e estrutura continua a ter importância fundamental para o moderno pensamento estratégico. Finalmente, Chandler criou a consciência de que administração é um conceito histórico, que se desenvolveu ao longo do tempo e deverá continuar a se desenvolver. Seu estilo de análise histórica, ainda que não necessariamente as conclusões, oferece significativa plataforma para a consideração de tendências futuras e enfatiza o papel da compreensão histórica no pensamento da administração.

Notas

[1] A. D. Chandler, *Strategy and Structure*, Cambridge: MIT Press, 1962, p. 14.

[2] A. D. Chandler, *The Visible Hand*, Cambridge: Harvard University Press, 1977, p. 6.

[3] *Ibid.*, p. 485.

Veja também

Burnham, Du Pont, Gay, Medici, Mintzberg, Mooney, Ohmae, Porter.

Para ler Alfred D. Chandler

São poucas as grandes obras de Chandler. Todas, de fácil leitura, demonstram bem e com clareza suas teses. *Strategy and Structure* contém uma riqueza de dados históricos em quatro estudos de caso, além de algumas análises excelentes. As duas obras posteriores tendem a ampliar mais o foco e apresentam menos estudos detalhados de casos.

Henry Varnum Poor: Business Editor, Analyst and Reformer, Cambridge: Harvard University Press, 1956.

Strategy and Structure: Chapters in the History of American Industrial Enterprise, Cambridge: MIT Press, 1962.

The Visible Hand: The Managerial Revolution in American Business, Cambridge: Harvard University Press, 1977.

Scale and Scope: The Dynamics of Industrial Capitalism, Cambridge: Harvard University Press, 1990.

Para saber mais

Berle, A. A. e Means, G. C., *The Modern Corporation and Private Property*, Nova York: Macmillan, 1932.

McGraw, T. K., *The Eternal Alfred Chandler: Essays Towards a Historical Theory of Big Business*, Boston: Harvard Business School Press, 1998.

Teece, D. J., "The Dynamics of Industrial Capitalism: Perspectives on Alfred Chandler's *Scale and Scoope*", *Journal of Economic Literature*, n. 31, 1993, pp. 199-225.

Arie de Geus (1930-)

Arie de Geus é um ex-executivo da Royal Dutch/Shell responsável, em parceria com Peter M. Senge, pelo desenvolvimento do conceito de "organização que aprende". No início dos anos 1990, foi Senge, com o grande sucesso editorial *The Fifth Discipline* (1990), quem mais contribuiu para disseminar e popularizar o conceito. Mais recentemente, entretanto, De Geus produziu, ele próprio, um importante conjunto de textos, com destaque para *The Living Company* (1997), em que adota uma visão orgânica e holística das organizações e associa estritamente sua capacidade de aprender com o grau de integração ao ambiente. Embora essa obra não tenha sido recebida com as fanfarras que cercaram *The Fifith Discipline*, De Geus oferece um importante modelo organizacional para o futuro, que enfatiza as ligações entre organização e conhecimento, entre estratégia e meio.

De Geus nasceu em Roterdã no dia 11 de agosto de 1930. Depois de estudar economia na Universidade Erasmus, foi admitido no grupo Royal Dutch/Shell em 1951, trabalhando ali até sua aposentadoria em 1989. Em sua carreira, ocupou postos no exterior, na Turquia e no Brasil. Seus últimos dez anos foram passados no Reino Unido, e a partir de 1981 tornou-se coordenador de planejamento do grupo Royal Dutch/Shell. Foi também presidente da Câmara de Comércio Holanda-Grã-Bretanha, e desde sua aposentadoria é professor visitante da London School of Business, tendo trabalhado com Peter Senge no Instituto de Tecnologia de Massachusetts.

As carreiras de Senge e De Geus cruzaram-se em vários pontos. Nascido em 1947, Senge estudou engenharia na Universidade de Stanford e mais tarde dinâmica de sistemas no Instituto de Tecnologia de Massachusetts, onde completou o doutorado em 1978. Senge foi fortemente influenciado por Jay Wright **Forrester**, o grande pioneiro da dinâmica de sistemas do MIT, e na década de 1980 começou um programa de pesquisa aplicando os conceitos de Forrester aos sistemas mentais, principalmente a aprendizagem humana. Isso o colocou em contato com De Geus, então ainda na Shell, cuja equipe de pesquisa já estudava métodos de aprendizagem, concentrando-se na idéia de aprendizagem contínua. O agora famoso conceito de que a capacidade de aprender continuamente talvez seja a única fonte de vantagem competitiva de uma companhia foi atribuído a Senge e a De Geus. O ponto de vista já aparecia em seu artigo seminal na *Harvard Business Review* de 1988, "Planning as Learning", e na própria introdução a *The Fifith Discipline*, o sucesso internacional de vendas que popularizou a idéia da "organização que aprende" no início da década de 1990, em que Senge atribui a idéia a De Geus. Porém, o mais provável é que ela se tenha originado do trabalho dos dois no MIT e na Shell na segunda metade da década de 1980.

De Geus e Senge também receberam o crédito pela invenção do conceito de "organização que aprende", mas a expressão tem origem mais antiga: surgiu, por exemplo, em *In Search of Excellence* (1982), de **Peters** e Waterman. Entretanto, já em seu trabalho na Shell e posteriormente, De Geus desenvolveu com riqueza de minúcias a idéia da organização que aprende. Para ele, uma organização que aprende não é apenas uma organização que adquire conhecimentos: ela sabe inclusive como usar e administrar eficazmente esse conhecimento para criar vantagem competitiva, e o faz continuamente. Usando conceitos associados à pesquisa da ação de Chris **Argyris**, as idéias de Peter Senger sobre sistemas mentais e até as idéias de Max **Boisot** sobre a relação entre comunicação e cultura, De Geus imagina a organização que aprende dotada de natureza orgânica, e não mecanicista. Retomando a metáfora usada pela primeira vez por Harrington **Emerson** e Herbert **Casson** no início do século XX, De Geus compara a organização que aprende a um organismo vivo. Internamente, consiste de vários sistemas auto-reguladores por meio dos quais acontece a aprendizagem, não como resultado de comando ou controle, e sim como parte natural da atividade da empresa. Ele argumenta que as organizações que aprendem realmente aprendem como entidade, bem como que a resultante do conhecimento adquirido é maior que o conjunto dos conhecimentos dos indivíduos que compõem a organização.

O que distingue então uma "organização que aprende" de seu contrário? Na verdade, é possível que inexistam "organizações que não aprendem", assim como "organização que aprende" completa talvez seja uma impossibilidade. Aqui não há preto e branco, mas tons de cinza: as companhias deveriam ser avaliadas, e se auto-avaliarem, consoante uma escala contínua de eficácia de aprendizagem. Definições de uma organização que aprende são deliberadamente vagas. De Geus e Senge ofereceram os seguintes requisitos para a criação de uma organização que aprende:

- "domínio pessoal", ou a aquisição de habilidades e conhecimentos pessoais que permitam a aprendizagem pelos indivíduos;
- o desenvolvimento de uma visão comum ou "modelo mental" da organização, seus objetivos e interesses, uma visão de que participem todos os membros da organização; e
- a capacidade de pensar em conjunto e de aprender em conjunto, associada a uma capacidade de ver e entender a interdependência entre a companhia e seu ambiente.

O tipo mais importante de conhecimento não é o "instantâneo " de situações individuais, mas o conhecimento que ajuda na compreensão de ciclos e causas, que nos permite não só entender o que agora se passa à nossa volta, mas entender também o que pode vir a acontecer no futuro.

"Organizações que aprendem" aprendem, pelo menos em parte, com seu ambiente. Aqui há também um paralelo evidente com os organismos vivos, que adquirem de seu ambiente formação e alimentação (alimento, água, oxigênio etc.): companhias que aprendem usam seu ambiente para adquirir conhecimento. Em *The Living Company* (1997), De Geus desenvolve seu modelo original da organização que aprende enfatizando as ligações entre companhias e sociedade. Sustenta que as companhias deveriam tentar desenvolver laços fortes com todos os interessados – clientes, fornecedores, acionistas etc. – e desenvolver com eles uma "harmonia de valores". Essas relações fortes tornam possível uma grande profundidade na aprendizagem, que pode ser de vital relevância para as necessidades e os interesses da companhia.

Segundo essa visão, a "organização que aprende" transforma-se na "companhia viva" em que a aprendizagem é um sistema integral que permite a ela crescer organicamente e tornar-se autoconsciente. As companhias não existem, nem podem existir, no isolamento. Sua relação com os interessados não é apenas de responsabilidade social ou de ética nos negócios. Domagoj Racic, em seu perfil de De Geus para o *Biographical Dictionary of Management* (2001), sugere que sua maior contribuição talvez seja essa fusão de questões éticas, organizacionais e de conhecimento em um conceito único. Forrester, e depois dele Senge, descobriu a importância do pensamento e dos sistemas; Boisot mostrou as ligações entre conhecimento, comunicação e cultura; e Charles **Handy** mostrou como as corporações respondem às questões éticas humanas. Com a idéia de companhia viva, De Geus oferece um modelo que inclui todos esses conceitos. Como diz Racic, ainda é muito cedo para avaliar a influência desse modelo sobre o pensamento e a prática empresarial. É certamente o modelo de empresa mais original e inovador surgido na segunda metade do século XX, e até agora o único a oferecer uma visão de sucesso sustentável no ambiente de incerteza do século XXI.

Veja também

Argyris, Boisot, Drucker, Follett, Forrester, Handy, Nonaka.

Para ler Arie de Geus

Em inglês

Entre os textos de De Geus há dois importantes artigos em revista e um grande livro.

"Planning as Learning", *Harvard Business Review*, march-april 1988, pp. 70-4.

"The Living Company", *Harvard Business Review*, march-april 1997, pp. 51-9.

The Living Company: Habits for Survival in a Turbulent Environment, Londres: Nicholas Brealey, 1997.

Em português

De Geus, Arie. *A empresa viva*. São Paulo: Campus, 1998.

Para saber mais

Em inglês

Nonaka, I. e Takeuchi, H., *The Knowledge-Creating Company*, Nova York: Oxford University Press, 1995.

Racic, D., "De Geus, Arie", em M. Witzel (ed.), *Biographical Dictionary of Management*, Bristol: Thoemmes Press, 2001, vol. 1, pp. 217-8.

Senge, P. M., *The Fifth Discipline: The Art and Practice of the Living Organization*, Nova York: Doubleday, 1990.

Em português

Nonaka, Ikujiro; Takeuchi, Hirotaka. *Criação de conhecimento na empresa*: como as empresas japonesas geram a dinâmica. São Paulo: Campus, 1997.

W. Edwards Deming (1900-93)

William Edwards Deming era uma das principais figuras do movimento pela qualidade no período que vai dos anos 1950 aos 1970. Seus primeiros trabalhos se relacionaram com o desenvolvimento do controle estatístico da qualidade (SQC, em inglês) nas linhas de produção. Seu trabalho foi em grande medida ignorado nos Estados Unidos; contudo, no início da década de 1950, durante o período de reconstrução do pós-guerra, Deming e outro especialista em controle de qualidade, Joseph Juran, foram convidados pelo Japão para demonstrar seus métodos de controle de qualidade. SQC tornou-se peça-chave do movimento pela qualidade no Japão, sobretudo no Sistema de Produção da Toyota. No final dos anos 1970, quando as empresas americanas viram-se crescentemente pressionadas pela feroz concorrência das japonesas que produziam bens de alta qualidade e baixo preço, Deming e Juran foram redescobertos, e os problemas de qualidade passaram a se integrar ao pensamento e à prática da administração ocidental. Hoje, podem-se ver práticas inspiradas em Deming em empresas de todos os tamanhos em todo o mundo, e seu nome está para sempre associado ao conceito de gerência total da qualidade (TQM, em inglês).

Nascido em Sioux City, em Iowa, no dia 14 de outubro de 1900, Deming cresceu na fazenda da família no Wyoming. Após concluir os estudos secundários, ingressou na faculdade de engenharia na Universidade do Wyoming e de matemática na Universidade do Colorado, antes de fazer o doutorado em física matemática na Universidade de Yale. Estando em Yale, passou os verões trabalhando na linha de montagem de telefones da Western Electric em Hawthorne, perto de Chicago. Durante a estada em Hawthorne, a companhia estava sendo exaustivamente estudada em uma das pesquisas mais famosas jamais conduzidas, as chamadas investigações de Hawthorne comandadas por Elton Mayo e Fritz Roethlisberger da Universidade Harvard. Esse estudo teve como foco os efeitos das condições ambientais sobre a produtividade (ver o artigo sobre **Argyris** neste livro). Deming, segundo a biografia de Andrea Gabor, afirmou não ter tomado conhecimento da pesquisa (se for verdade, deve ter sido a única pessoa na fábrica a desconhecê-la), mas o período passado em Hawthorne lhe ensinou muitas coisas acerca de gerência de fábrica e dos erros cometidos em termos de eficiência do maquinário e humana.

O trabalho também mudou a direção de sua carreira. A Western Electric era uma subsidiária da American Telephone and Telegraph (AT&T), e enquanto esteve em Hawthorne, Deming travou conhecimento com o trabalho pioneiro de controle estatístico da qualidade então desenvolvido por Walter Shewhart para a AT&T. O SQC tinha suas origens na pesquisa sobre produtividade agrícola feita na Grã-Bretanha: a contribuição de Shewhart foi o desenvolvimento de métodos de amostragem capazes de identificar defeitos ou variações de qualidade durante o processo de produção.

Foi um importante passo à frente. O sistema de produção mecanizada criado por Richard Arkwright e pelos que o sucederam na Revolução Industrial proporcionou uma promessa da "inserção da qualidade" valendo-se da especificação e de projeto corretos das máquinas e dos processos de produção. Na prática, isso raramente acontecia: alguns problemas eram causados por especificações erradas, e outros por defeitos do maquinário e erros humanos. Uma das forças por trás do desenvolvimento da administração científica foi a necessidade de reduzir os custos de produção. Frederick **Taylor** e Harrington **Emerson** insistiram na importância das especificações corretas e de investimentos em treinamento e manutenção para se ter garantia da qualidade. Entretanto, a única forma de determinar a qualidade dos produtos era a inspeção final à saída da linha de produção. Shewhart achava que as causas dos defeitos tinham de ser encontradas o mais cedo possível, bem como que então essas causas deveriam ser eliminadas.

Inspirado no que havia aprendido, Deming conheceu Shewhart e aprendeu mais sobre SQC diretamente com ele. Mais tarde, enquanto trabalhava no Departamento do Censo, em Washington, Deming tirou uma licença de um ano em

Londres, onde trabalhou com Sir Ronald Fleming, o estatístico britânico que criou o conceito original do SQC. Ele se tornou uma autoridade nas técnicas de controle estatístico de qualidade, e durante a Segunda Guerra Mundial se dedicou ao ensino dessas técnicas a engenheiros e gerentes de fábrica. No entanto, depois da guerra o interesse pelo assunto se esvaiu. Deming, que então dava aulas na Universidade de Nova York, via desaparecer a grande oportunidade de melhorar a qualidade e os métodos de produção. Apesar de escrever *a posteriori*, observou em seu livro *Out of the Crisis*, de 1986, que mesmo no final dos anos 1940 já percebia que a indústria americana estava ameaçada de perder sua vantagem competitiva.

Com a perda de interesse das empresas americanas, Deming começou a executar trabalhos de consultoria para governos estrangeiros interessados no uso do SQC. Em 1947, aceitou um convite do Japão, passando ali alguns meses viajando por todo o país, ajudando a fundar os sistemas do censo populacional nacional. Lá descobriu que, ao contrário dos Estados Unidos, os principais industriais conheciam o SQC e o trabalho dele e de Shewhart. Além do mais, já estavam começando a aplicá-lo. A União Japonesa de Cientistas e Engenheiros (Juse), fundada em 1946 para colaborar na reconstrução do Japão pós-guerra, já estava estudando as técnicas, e o talentoso matemático Ishikawa Kaoru começava a oferecer aos homens da indústria seminários sobre o tema. Durante sua estada, Deming teve muitos contatos com pessoas da Juse, e em 1950 foi convidado a retornar ao Japão para dar uma série de conferências sobre o SQC. Voltou para dar aulas em 1951 e 1952, e desde então foi um visitante constante do país. Em 1951 foi criado em sua homenagem o Prêmio Deming para a pesquisa sobre gerência da qualidade, e em 1960 ele recebeu a Ordem do Sagrado Tesouro das mãos do imperador Hiroíto.

Deming poderia ter permanecido para sempre no ostracismo em seu próprio país, se não tivesse feito um trabalho tão bom no Japão. Antes associada a bens de consumo baratos e de baixa qualidade, já na década de 1960 a indústria japonesa estava produzindo ampla variedade de bens de alta qualidade e baixo preço que começaram a inundar os mercados mundiais. As empresas americanas, em particular, não haviam avaliado corretamente a importância da qualidade, imaginando-se invulneráveis à concorrência estrangeira. Por volta da década de 1970 os fabricantes americanos de automóveis e produtos eletro-eletrônicos estavam sob ameaça particularmente grave. Liderando o ataque no Japão, estava a Toyota, sob o comando de **Toyoda** Kiichiro, que tinha a seu serviço dois talentosos engenheiros de produção, Ohno Taiichi e Shingo Shigeo, que juntos criaram o famoso sistema de produção Toyota, com elementos como o *poka-yoke* (defeito zero), *kaizen* (melhoramento contínuo) e gerência total da qualidade. Graças aos esforços de Ishikawa e seus colegas da Juse, técnicas semelhantes foram desenvolvidas em outras empresas.

Em 1980, quando a investida japonesa aos mercados domésticos americanos atingira o pico, a televisão NBC transmitiu nos Estados Unidos um documentário intitulado *If Japan Can, Why Can't We?* [Se o Japão pode, por que não nós?] Os espectadores ficaram chocados ao saber que as técnicas de controle de qualidade que tinham tornado tão forte a indústria japonesa haviam sido inventadas nos Estados Unidos – assim dizia o filme – e levadas para o Japão por Deming e seu colega, Joseph Juran. Admitiu-se imediatamente que, tendo sido inventadas nos Estados Unidos, as técnicas de controle de qualidade poderiam ser facilmente aprendidas pelas empresas americanas. Mas, como observou o próprio Deming, o resultado foi uma obsessão instantânea com o controle estatístico, que deixava completamente de lado a filosofia de controle de qualidade que os japoneses haviam adotado e desenvolvido tão bem. Uma história bem conhecida dessa época tratava de um fabricante de computadores americano em processo de compra de microchips do Japão, tendo definido um padrão de uma peça defeituosa em 10 mil componentes, o que em um pedido de cem mil componentes só seriam tolerados dez defeituosos. Quando chegou a encomenda, além dos cem mil chips, veio uma caixinha contendo mais dez. Quando lhe perguntaram o que significavam aqueles chips separados, o fornecedor japonês respondeu solenemente que eram "os dez defeituosos que os senhores pediram".

Durante a década de 1980, Deming se tornou o mais conhecido guru da administração no mundo. Sua filosofia madura de gerência da qualidade total foi nessa ocasião desenvolvida. Para Deming, qualidade era mais que apenas um conjunto de técnicas de controle de qualidade e padronização. Qualidade tinha de se tornar um estado de espírito, abraçado por toda a companhia. *Out of the Crisis* (1986), seu livro mais famoso, descreve como se pode introduzir um sistema de qualidade, enquanto seu último livro, *The New Economics for Industry, Government, Education* (1993), publicado no ano de sua morte, insiste na importância de se pensar a qualidade para a competitividade e a prosperidade nacionais. Morreu em casa, em Washington, no dia 20 de dezembro de 1993.

Como foi sugerido, a carreira de Deming tem duas fases. Primeiro, o trabalho em controle estatístico de qualidade, de que foi indiscutivelmente pioneiro e líder, desenvolvendo as idéias de Shewhart e Fleming. No núcleo do SQC está a medida das variações ou dos desvios em relação ao padrão estabelecido. Essas variações são medidas pela amostragem em vários estágios do processo de produção. Uma vez encontradas as variações, procuram-se as causas. Deming classificou em dois tipos as causas de variação: "comuns" e "especiais" (Shewhart, e também Juran, deram a elas os nomes de "aleatórias" e "atribuíveis"). As causas especiais são o resultado de incidentes específicos, e geralmente são atribuídas a ações individuais do empregado. As causas comuns estão embutidas no processo de produção, estando acima do controle individual do empregado: são portanto responsabilidade da administração. Deming afirmou que 94% de todas as variações se deviam a essas causas comuns, e uma das tarefas mais importantes da administração era a identificação e a prevenção delas na fonte com o fim de remover a causa. Vale a pena enfatizar que Deming considerava que a responsabilidade primária pela qualidade estava na administração: sempre se opôs inflexivelmente à cultura de colocar a "culpa nos operários". Julgava serem os problemas de qualidade resultado da pouca qualificação e baixo desempenho dos empregados. De Shewhart, também, Deming adotou o ciclo "planejar, fazer, verificar, agir" em que ações e ocorrências são constantemente acompanhadas, e os defeitos e os problemas rapidamente descobertos e erradicados. Esse ciclo ficou famoso no Japão como o "ciclo de Deming".

Em que medida Deming influenciou o Japão, e quanto o Japão influenciou Deming? As afirmações de seguidores de Deming – embora não do próprio Deming – de que ensinou o controle de qualidade aos japoneses são exageradas. Como já foi dito, o SQC já era conhecido no Japão, e várias organizações, entre elas a Juse, já estavam ativamente envolvidas em seu desenvolvimento e implementação. Não se pode duvidar de que Deming colaborou grandemente nesse processo, já que sua competência e experiência nesse campo eram valiosas: ainda hoje, muitos empresários japoneses apreciam genuinamente o trabalho de Deming naquele país. Porém, ele não foi o único motivo por trás do movimento japonês pela qualidade.

Quanto à influência na outra direção, parece não haver dúvida de que as idéias japonesas sobre a administração total da qualidade, em particular, influenciaram o pensamento posterior de Deming. Ele visitava freqüentemente o Japão e era amigo de muitos industriais e engenheiros, e seria muito estranho se não tivesse havido intercâmbio de idéias. A filosofia Deming de gerência da qualidade está encapsulada nos Catorze Pontos, publicados pela primeira vez em livro em 1986, mas trata-se de um sistema que já vinha sendo desenvolvido ao longo de muitos anos. Parafraseando ligeiramente, os Catorze Pontos são os seguintes:

- Criar a constância de propósitos.
- Adotar uma nova filosofia de liderança e de propósito.
- Abandonar a dependência da inspeção para se atingir a qualidade; incluir a qualidade no produto, em primeiro lugar.
- Acabar com a prática de fazer negócios com base no preço; considerar o custo total da boa e da má qualidade.
- Manter o aperfeiçoamento contínuo da produção e do serviço.
- Instituir o treinamento no trabalho.
- Instituir a liderança.
- Expulsar o medo, permitindo a todos trabalhar com eficácia pela companhia.

- Derrubar as barreiras entre departamentos.
- Eliminar slogans, exortações e metas.
- Eliminar padrões de trabalho, cotas, gerência por objetivos e gerência por números; substituir tudo isso pela liderança.
- Eliminar as barreiras que tiram dos trabalhadores o direito ao bom trabalho, tanto no chão-da-fábrica quanto na administração.
- Instituir um rigoroso programa de educação e auto-aperfeiçoamento.
- Comprometer a todos na companhia na realização da transformação.

A influência da abordagem japonesa da qualidade total pode ser vista rapidamente. Aperfeiçoamento contínuo, embutir a qualidade no início do processo, transformação total da companhia e constância de propósitos são todos elementos fundamentais do Sistema de Produção Toyota, e em geral da filosofia japonesa de qualidade total.

Os pontos mais interessantes são os de 8 a 12. Deming, o homem que tantos associam ao controle estatístico, propõe aqui o fim das metas estatísticas, das exortações em favor do aumento da produtividade, das barreiras entre trabalhadores e administração. Em seu lugar, propõe conferir aos trabalhadores o orgulho pelo seu trabalho e aos administradores o orgulho por suas companhias; lidere e incentive, mas dê-lhes espaço para fazer o que fazem melhor. Em vez de metas e objetivos, temos um sistema aberto que desafia a todos na companhia a fazer o máximo não para atingir um fim desejado, mas simplesmente pelo prazer de realizar bem uma tarefa. Ele condena os administradores que usam as metas estatísticas como armas contra os empregados, ameaçando-os caso não tenham bom desempenho. Metas não substituem a liderança. Se os trabalhadores não vêem razão para produzir uma qualidade melhor, cabe aos líderes mostrar a eles porque ela é importante, não empurrá-los à frente sem finalidade.

Sob esse aspecto, é interessante comparar Deming com os dois outros principais gurus da qualidade, Joseph Juran (1904-) e Philip Crosby (1926-). Juran, de certa forma, foi superior a Deming nas técnicas de SQC, e algumas autoridades lhe atribuem uma influência no Japão ainda maior que a de Deming. Trabalhando independentemente, Juran propõe que para atingir qualidade, a administração deve se afastar das metas estatísticas, buscando uma cultura de aperfeiçoamento contínuo, apoiada em treinamento e motivação. Crosby, durante muitos anos engenheiro da Martin e posteriormente da ITT, desenvolveu seus próprios catorze pontos que também incluem treinamento, motivação e o compromisso da alta administração com a melhoria da qualidade. A grande diferença entre ele e Deming e Juran é que Crosby continua a defender a definição de metas. Crosby insiste em que os administradores devem considerar os custos da má qualidade em termos de reparos, substituição de produtos defeituosos e clientes perdidos.

Durante décadas um profeta desacreditado em sua própria terra, Deming afinal recebeu o reconhecimento merecido. Ao contrário de Crosby e Juran, Deming nunca considerou que suas opiniões sobre qualidade constituíssem um sistema. O SQC era um conjunto de técnicas para se chegar à qualidade, mas apenas seu uso não era garantia de qualidade. Não há uma estrada para a qualidade. Seus catorze pontos não se constituem em receita de qualidade, e sim uma proposta de pensar *acerca da* qualidade e de desenvolver um estado mental – pessoal e corporativo – que torne possível uma qualidade sustentada. Este talvez tenha sido seu legado mais duradouro: administração para a qualidade não é apenas mais um entre os instrumentos da administração, e sim uma filosofia abrangente que tem implicações com a liderança, a motivação e a administração do conhecimento.

Veja também

Babbage, Emerson, Matsushita, Peters, Taylor, Toyoda.

Para ler W. Edwards Deming

Em inglês

A obra inicial de Deming tomou a forma de conferências e artigos. Sua amadurecida filosofia e enfoque na qualidade são encontradas em dois livros.

Out of the Crisis, Cambridge: MIT Center for Advanced Engineering Study, 1986.

The New Economics for Industry, Government, Education, Cambridge: MIT Center for Advanced Engineering Study, 1993.

Em português

A nova economia para a indústria, o governo e a educação. Rio de Janeiro, 1997.

Saia da crise. São Paulo: Futura, 2003.

Para saber mais

Em inglês

BROCKA, B. e BROCKA, M. S., *Quality Management: Implementing the Best Ideas of the Masters*, Homewood: Business One Irwin, 1992.

BUTMAN. J., *Juran: A Lifetime of Influence*, Nova York: John Wiley, 1997.

CROSBY. P. B., *Quality is Free: The Art of Making Quality Certain*, Nova York: McGraw-Hill, 1979.

GABOR, A., *The Man Who Discovered Quality*, Nova York: Times Books, 1990.

JURAN. J., *Juran on Leadership for Quality: An Executive Handbook*, Nova York: The Free Press, 1989.

KILIAN, C. S., *The World of Edwards Deming*, 2. ed., Knoxville: SPC Press, 1992.

Em português

BROCKA, M. Suzanne; BROCKA, Bruce. *Gerenciamento da qualidade*: implementando TQM passo a passo através de processos. São Paulo: Makron Books, 1995.

GABOR, Andréa. *O homem que descobriu a qualidade*. Rio de Janeiro: Qualitymark, 1994.

JURAN, Joseph M. *Juran na liderança pela qualidade*: um guia para executivos. 2. ed. São Paulo: Thomsom Pioneira, 1993.

PETER DRUCKER (1909-)

Peter Drucker é provavelmente um dos autores sobre administração mais populares e conhecidos de todos os tempos. Um guru que merece integralmente essa condição, é habitualmente o mais citado em todas as pesquisas entre homens de negócios como um dos mais importantes pensadores e escritores de administração do século XX. Já publicou mais de vinte livros importantes e numerosos artigos, publicados ao longo de mais de sessenta anos. Seus interesses e idéias cobrem todo o espectro da administração, da ética à tecnologia, da economia à administração do conhecimento. Provavelmente mais que qualquer outro, definiu a natureza da administração e as tarefas e os objetivos do administrador na empresa e na sociedade modernas. Entre as muitas honrarias que já recebeu em sua carreira, há uma que é única entre os gurus da administração: um empresário coreano cuja admiração por Peter Drucker chegava ao ponto da adulação, mudou seu próprio nome para "Peter Drucker" em homenagem a seu herói.[1]

Drucker nasceu em Viena em 19 de novembro de 1909. Seu pai, Adolph Drucker, era advogado e membro importante da *intelligentsia* liberal do Império Austro-Húngaro anterior à guerra, e tinha Joseph Schumpeter entre seus amigos. Drucker foi educado no Gymnasium de Viena, e ainda adolescente flertou brevemente com o socialismo. Aos dezessete anos mudou-se para a Alemanha, trabalhando durante algum tempo em Hamburgo antes de ir para Frankfurt, onde freqüentou a universidade, graduando-se como doutor em direito internacional em 1931. Por essa ocasião já trabalhava como jornalista financeiro para um diário de Frankfurt, aprendendo ao mesmo tempo economia e negócios. Inimigo implacável dos nazistas, Drucker retornou para a Áustria logo depois da ascensão de Hitler ao poder em 1933, mas lá ficou pouco tempo. Mudou-se para Londres, e trabalhou durante vários anos como banqueiro, tendo conhecido John Maynard Keynes. Em 1937, mudou-se para Nova York, onde encontrou trabalho como jornalista e consultor financeiro. Em 1941 assumiu um posto acadêmico no Bennington College, em Vermont, passando depois para a Universidade de Nova York em 1952. Vivendo hoje em Los Angeles, já não dá mais aulas, mas continua sendo um escritor prolífico e ativo.

A partir de meados da década de 1930, e em especial nos anos 40, o aspecto mais importante da carreira de Drucker foi o de escritor, e é possível marcar os estágios de seu desenvolvimento intelectual por seus livros. Drucker sempre foi eclético, e há muitos cruzamentos de interesse em suas obras. Ainda assim, é possível classificar seus livros em três estágios:

1. Os livros de "economia" do primeiro período, inclusive *The End of Economic Man* (1939), *The Future of Industrial Man* (1942) e *Concept of the Corportation* (1946).
2. Os livros de "administração", a partir da década de 1950 até a de 1970, inclusive, principalmente, *The Practice of Management* (1954), *The Effective Executive* (1966) e *Mangement: Tasks, Responsibilities, Practices* (1974).
3. Os livros "filosóficos", a partir de meados dos anos 1970 até o presente, a começar de *The Unseen Revolution* (1976) e incluem *Innovation and Entrepreneurship* (1985), *The New Realities* (1989) e *Managing in a Time of Great Change* (1995).

No primeiro estágio, Drucker estava interessado na natureza da sociedade econômica e no novo mundo que emergia da velha ordem da primeira metade do século XX. *The End of Economic Man* (1939) discute a ascensão do totalitarismo e oferece algumas respostas possíveis da parte do mundo livre. *The Failure of Industrial Man* (1942) leva adiante o mesmo tema, argumentando que uma sociedade industrial não é incompatível com uma sociedade livre. Suas influências nesse período são fortemente liberais: Schumpeter, o filósofo existencialista Soren Kierkegaard e o industrial judeu-alemão Walter Rathenau, assassinado pelos nazistas em 1922. Nos Estados Unidos, leu e se impressionou com *The Modern Corportation and Private Property* (1932) de Adolphe Berle e Gardiner Means: como James **Burnham**, ainda que de uma perspectiva diferente, Drucker se opunha ao divórcio entre propriedade e controle na corporação. Isso, diz Drucker, levaria ao poder sem responsabilidade. Peter Starbuck resumia assim seus argumentos: "A primeira responsabilidade da administração era produzir resultados econômicos traduzidos em lucros; a segunda responsabilidade era trabalhar de forma boa para a sociedade, sem jamais tentar assumir o trabalho da sociedade".[2] Riqueza e liberdade, para Drucker, eram necessariamente equivalentes, um não funcionava sem o outro, e concluiu que o mercado livre oferecia a melhor oportunidade de se chegar aos dois.

O passo seguinte foi começar a estudar com mais profundidade os mecanismos do mercado, em particular a instituição mais importante do capitalismo ocidental, a corporação. *Concept of the Corporation* (1946) é um estudo da General Motors, na época a maior corporação do mundo, com mais de meio milhão de empregados em todo o mundo. Fundada pelo talentoso porém despreparado *entrepreneur* William C. Durant em 1908, a companhia foi assumida por Pierre **du Pont** em 1920. Du Pont usou sua capacidade organizacional para conseguir uma transformação semelhante à que havia conseguido em sua própria empresa, a fabricante de explosivos Du Pont.

Ao diversificar a empresa pela forma multidivisional mais tarde descrita por Alfred **Chandler** em *Strategy and Structure* (1962), Du Pont também convocou uma equipe de administradores altamente profissionais e talentosos, entre eles Alfred Sloan e James D. **Mooney**, para dirigir a companhia. Na década de 1940, a GM era admirada não só por sua lucratividade, mas também pelo grande sucesso de sua estrutura e organização. Tomando a GM como o ideal da corporação moderna, Drucker começou a examinar o que exatamente faziam as corporações e seus administradores. *Concept of the Corporation* continua sendo ainda hoje um dos melhores estudos de caso de organização já escritos. Drucker fez mais que simplesmente descrever a operação da organização; ele retira camada após camada para revelar uma compreensão mais profunda do que fazia funcionar a GM e seu pessoal.

Uma das conclusões mais importantes de *Concept of the Corporation* foi que o sucesso da administração é julgado pelos resultados – sempre pressupondo, evidentemente, que esses resultados sejam obtidos eticamente. Começava aí o segundo "estágio" dos escritos de Drucker, em que via a administração como atividade, profissão e disciplina. *The Practice of Management* (1954) é sua primeira tentativa de resumir o que é administração; muitos ainda o consideram seu melhor livro. O trabalho da alta administração consiste em definir políticas, medir desempenho e avaliar resultados. Seguindo os ensinamentos de Henri **Fayol**, ele relaciona as tarefas básicas da administração: definir objetivos, organizar, motivar, medir e comunicar. Absolutamente essencial é a relação entre administradores e empregados: estes devem ser vistos não como instrumentos de execução de uma tarefa, mas como um recurso para se atingir objetivos maiores. Quanto melhor for a relação entre as duas partes, mais valioso se torna esse recurso. Em outra passagem, em que repercutem partes da obra da maturidade de Chandler, Drucker insiste em que os administradores não devem dar ênfase excessiva à organização e à estrutura. Duas perguntas precisam de resposta: que tipo de empresa nós somos, e que tipo de empresa deveríamos ser? Apenas quando essas perguntas tiverem resposta pode-se tomar uma decisão relativa à estrutura adequada.

Em *The Practice of Management*, e mais tarde em *Managing for Results* (1964), Drucker apresentou duas expressões que desde então têm sido muito criticadas: administração por objetivos (APO) e administração por resultados. Considera-se que as duas levam a um estilo de administração fixado em definição de metas e padronização. O guru da qualidade W. Edwards **Deming**, por exemplo, se opunha ferrenhamente à administração por objetivos, que julgava um obstáculo para o único objetivo legítimo da administração, o aperfeiçoamento contínuo. Mas isso é uma leitura errônea da intenção de Drucker. Com administração por resultados, em particular, Drucker tenta afastar os administradores de uma adesão rígida a tarefas e rotinas, em busca de um estado de espírito concentrado em formas novas e criativas de se chegar lucrativamente aos resultados. Influenciado pela obra de Schumpeter sobre atividade empresarial e inovação, Drucker começou a dar mais ênfase à importância fundamental da inovação para a administração.

Sua filosofia da administração atinge sua forma madura em *Management: Tasks, Responsibilities and Practices* de 1974. Uma vez mais, principia pela noção de que administradores devem se afastar da idéia de administrar processos e tentar administrar para resultados. Enfatiza a importância fundamental do administrador para a empresa. A função do administrador é a de um catalisador, reunindo recursos estáticos de produção e tornando-os ativos. Literalmente, é o administrador que sopra vida na empresa e a faz funcionar. É possível que no futuro os trabalhadores se tornem redundantes, substituídos pela automação, contudo as máquinas não podem substituir a centelha de vida proporcionada pela administração. No futuro, segundo Drucker, é possível que todo emprego seja de natureza administrativa. Teremos então avançado de uma sociedade de trabalho para uma sociedade de administração (compare isso com a visão de Burnham delineada em *The Managerial Revolution* (1941)).

As primeiras tarefas do administrador são, por conseguinte, mobilizar recursos e criar produção. O segundo conjunto de tarefas relaciona-se com orientação e controle. Na visão de Drucker, esse papel é quase inteiramente proativo: "As forças econômicas definem limites para o que pode fazer um administrador. Criam oportunidades para sua ação. Mas não são capazes por si sós de ditar o que um negócio é, nem o que ele faz".[3] Em uma declaração famosa, ele atribuía aos administradores o papel principal não somente de criação da empresa, mas também de criação de seus mercados:

> Há uma única definição válida do objetivo da empresa: *criar um cliente*. Os mercados não são criados por Deus, pela natureza nem pelas forças econômicas, e sim pelas pessoas que administram uma empresa. Um desejo satisfeito pela empresa pode ter sido sentido pelos consumidores [...] mas continuou sendo um potencial até que os empresários a convertessem em ação efetiva. Só então passam a existir consumidores e um mercado.[4]

Theodore Levitt, ele próprio um guru do marketing de certa importância, conferiu mais tarde a Drucker o crédito de ter sido o primeiro a ter essa percepção e de trazer o marketing para o foco de atenção geral dos líderes empresariais americanos. Essa afirmação talvez possa ser excessiva. Escritores do início do século XX que trataram de propaganda e de marketing, como John Lee Mahin e Herbert **Casson**, já haviam dito a mesma coisa, este último comentando em seu livro *Ads and Sales* (1911) que: "Não é verdade que novos produtos sejam fabricados para atender à demanda. Não existe demanda. A demanda e os produtos têm de ser fabricados. O público sempre se conformou com o antigo desconforto, até que o vendedor o convencesse a ceder".[5] Mas apesar de ter sido articulada, e bem, essa lição se perdeu ou foi esquecida pelas empresas americanas nesse ínterim. É justo dizer que Drucker ajudou a trazer a idéia de marketing de volta para o centro do pensamento empresarial, abrindo caminho para a obra posterior de Levitt e, em especial, de Philip **Kotler**.

Portanto, recai sobre os administradores a dupla tarefa de reunir trabalho e recursos para criar produção, e de criar mercados onde se possam vender os produtos resultantes. Por meio dessas duas tarefas, os administradores devem lutar para agregar valor, criando algo que seja maior que a soma dos recursos utilizados. Aqui Drucker afasta-se da administração científica, que enfatiza o uso mais *eficiente* dos recursos. Em vez disso, sublinha o ambiente criativo em que os administradores devem usar os recursos da forma mais *eficaz* para chegar aos objetivos da empresa. Essa combinação de catalisador e controle proativo aproxima-se muito da identificação da empresa com seus administradores. Drucker não chega a dizer que os administradores *são* a empresa, mas insiste repetidamente em seu papel primordial. Anteriormente, havia comentado que: "A empresa só pode decidir, agir e comportar-se da mesma forma que seus administradores – em si mesma a empresa não tem existência efetiva".[6]

Ao tratar das responsabilidades da administração, Drucker afirma que elas são três: 1) alcançar desempenho econômico; 2) tornar produtivo o trabalho a fim de que se atinja mais facilmente os resultados; e 3) administrar os impactos sociais que a empresa certamente terá sobre seu ambiente. Fala de "responsabilidades" e não liderança, recomendando aos administradores fazer que as coisas sejam realizadas de forma a não ter eles próprios de liderar diretamente o esforço. Em sua opinião, os administradores deveriam ser o pivô em torno do qual gira a organização, e não diretores liderando do alto, ou comandantes lá na vanguarda. Importância particular tem o terceiro conjunto de responsabilidades, aquelas perante a sociedade. A dimensão social do trabalho nunca pode ser esquecida, e isso se torna ainda mais importante à medida que a empresa cresce e se torna mais poderosa. Em determinada passagem Drucker chega a dizer que o aumento da responsabilidade social é parte do preço a ser pago pelo sucesso comercial.[7] Como se comentou em uma resenha:

> Drucker nunca perde de vista o bem público embutido na organização, em geral, e na corporação, em particular. As corporações devem ser administradas não somente de acordo com um conjunto de regras pragmáticas, mas também dentro de uma estrutura filosófica que se ajuste ao papel da organização na sociedade industrial.[8]

Outra vez Drucker não está dizendo nada de novo: o argumento de que as corporações são, pelo menos em parte, instrumentos sociais vem de Berle e Means, de William Zebina Ripley, o professor de economia de Harvard que deu aulas a Adolph Berle e escreveu uma série de penetrantes ensaios sobre a América empresarial sob o título *Main Street and Wall Street* (1927), e, ainda antes, do advogado e historiador John Davis, cujo estudo *Corporations* (1902) chegou a muitas das mesmas conclusões de Drucker sobre a relação entre empresa e sociedade. Entretanto, insisto, notável em Drucker é a capacidade de transmitir sua mensagem a seu público e fazê-lo ouvi-la e entendê-la.

É essa aptidão que caracteriza a terceira fase de suas obras, quando começa a se afastar da disciplina central da administração para se dedicar a seu impacto na sociedade e seu futuro. Em *Innovation and Entrepreneurship* (1985), por exemplo, retoma os temas schumpeterianos que havia discutido na década de 1950 e ressalta mais uma vez a importância dos dois, não só no sucesso da administração de empresas, como na criação de riquezas e na manutenção de uma sociedade forte e livre. Em *The New Realities* (1989), fala sobre os vínculos entre tecnologia, política, governo, economia e meio ambiente, e sobre o impacto destes sobre a administração como função e profissão. Em um capítulo intitulado "Management as a Social Function and Liberal Art", descreve de que maneira o impacto do conhecimento está mudando as premissas fundamentais subjacentes à grande parte do pensamento da administração. No início do século XX, a tarefa dos administradores era coordenar e dirigir os esforços de grandes forças de trabalho de baixa qualificação. No final do século, as forças de trabalho eram menores, mais educadas e mais informadas, e isso exigia uma abordagem diferente da sua administração. A partir da década de 1980, Drucker também vem liderando a convocação para o desenvolvimento da administração do conhecimento como disciplina.

Homem eclético, Drucker também escreveu uma novela histórica e foi curador de uma exposição de arte japonesa. Gosta de se assumir como intelectual, e não como acadêmico. Evidentemente, seu pensamento nem sempre é original: é um brilhante sintetizador de idéias, e não um criador de novos paradigmas. Seu maior talento é o de comunicador: é capaz de compilar idéias em um estilo fácil de ler e com bom senso que fala diretamente aos empresários sem parecer condescendente. Como aforista, rivaliza até mesmo com Herbert Casson (por exemplo: "a maior parte do treinamento em vendas é totalmente injustificável. Na melhor das hipóteses, faz de um retardado um vendedor incompetente".) Tem a aptidão de atingir um grande público, dom de poucos escritores que tratam de administração.

Sua obra tem sido criticada, em especial, como já foi dito, com relação à administração por objetivos. Drucker admite que a administração por objetivos, se mal aplicada, pode se tornar uma camisa-de-força organizacional e redobrou esforços pedindo mais flexibilidade e foco no consumidor. Uma queixa mais grave talvez seja a de ter criado, ainda que inadvertidamente, a idéia do "administrador transferível", segundo a qual a competência administrativa é mais importante que a natureza da empresa, e um administrador bem treinado é capaz de se dar igualmente bem em qualquer tipo de empresa. O próprio Drucker nunca aceitou isso, e também nesse caso afirmou reiteradamente que os administradores devem conhecer o negócio em que estão. Contudo, a percepção de que a competência administrativa é inteiramente genérica e facilmente transferível continua forte. Contra ela, entretanto, persiste o fato de que os 35 livros de Drucker e seus mais de cem ensaios e artigos o tornam o guru da administração mais amplamente lido e citado de nosso tempo.

Notas

[1]Agradeço a Peter Starbuck, maior autoridade britânica em Drucker, por essa surpreendente informação.

[2] H. P. Starbuck, "Drucker, Peter Ferdinand", em M. Witzel (ed.), *Biographical Dictionary of Management*, Bristol: Thoemmes Press, 2001, vol. 1, p. 245.

[3] P. Drucker, *Management: Tasks, Responsibilities, Practices*, Nova York: Harper & Row, 1974, p. 88.

[4] *Ibid.*, p. 89.

[5] H. N. Casson, *Ads and Sales*, Nova York, 1911.

[6] P. Drucker, *The Practice of Management*, Nova York: Harper & Row, 1954, p. 7.

[7] *Management: Tasks, Responsibilities, Practices*, p. 289.

[8] J. J. Tarrant, *Drucker: The Man who Invented Corporate Society*, Londres: Barrei & Jenkins, 1976, p. 84.

Veja também

Casson, Fayol, Handy, Peters, Simon, Urwick.

Para ler Peter Drucker

Em inglês

Drucker produziu um volume fenomenal de escritos, que continua a crescer apesar de já ter mais de noventa anos. *Management: Tasks, Responsibilities, Practices*, resume o mais importante de seu pensamento sobre a natureza e os objetivos da administração; *Innovation and Entrepreneurship* e *The New Realities* ainda têm seu lugar, apesar de passados mais de quinze anos. *Adventures of a Bystander* é sua autobiografia.

The End of Economic Man, Londres: William Heinemann, 1939.

The Future of Industrial Man, Nova York: The John Day Company, 1942.

Concept of the Corporation, Nova York: The John Day Company, 1946.

The Practice of Management, Londres: Heron Books, 1954.

Managing for Results, Nova York: Harper & Row, 1964.

The Effective Executive, Nova York: Harper & Row, 1966.

Technology, Management and Society, Nova York: Harper & Row, 1970

Management: Tasks, Responsibilities, Practices, Nova York: Harper & Row, 1974.

The Unseen Revolution, Nova York: Harper & Row, 1976.

Adventures of a Bystander, Nova York: Harper & Row, 1979.

Innovation and Entrepreneurship, Nova York: Harper & Row, 1985.

The New Realities, Nova York: Harper & Row, 1989.

Managing in a Time of Great Change, Oxford: Butterworth-Heinemann, 1995.

Em português

O gerente eficaz. Rio de Janeiro: LTC, 1967.

Administração em tempos turbulentos. 2. ed. São Paulo: Thomsom Pioneira, 1980.

50 casos reais de administração. São Paulo: Thomsom Pioneira, 1983. (Coleção Biblioteca Pioneira de Administração e Negócios).

As fronteiras da administração: onde as decisões do amanhã estão sendo determinadas. São Paulo: Thomsom Pioneira, 1989.

A nova era da administração. 5. ed. São Paulo: Thomsom Pioneira, 1992.

Administrando em tempos de grandes mudanças. 3. ed. São Paulo: Thomsom Pioneira, 1996.

Inovação e espírito empreendedor: prática e princípios. 5. ed. São Paulo: Thomsom Pioneira, 1998. (Coleção Biblioteca Pioneira de Administração e Negócios).

Introdução à administração. 3. ed. São Paulo: Thomsom Pioneira, 1998. (Coleção Biblioteca Pioneira de Administração e Negócios).

Desafios gerenciais para o século XXI. São Paulo: Thomsom Pioneira, 1999.

Sociedade pós-capitalista. 7. ed. São Paulo: Thomsom Pioneira, 1999.

Administrando para obter resultados. São Paulo: Thomsom Pioneira, 2002.

A administração na próxima sociedade. São Paulo: Nobel, 2003.

Para saber mais

Em inglês

Há muitos estudos sobre Drucker, quase todos afetuosos. Tarrant é uma das melhores resenhas de sua obra, inclusive o capítulo intitulado "The Sayings of Chairman Peter" que inclui muitos dos melhores aforismos de Drucker.

Beatty, J., *The World According to Drucker*, Londres: Orion Business Books, 1998.

Bonaparte, T. H. e Flaherty, J. E., (eds.), *Peter Drucker: Contribution to Business Enterprise*, Nova York: New York University Press, 1970.

Starbuck, H. P., "Drucker, Peter Ferdinand", em M. Witzel (ed.), *Biographical Dicitionary of Management*, Bristol: Thoemmes Press, 2001, vol. 1, pp. 242-52.

Tarrant, J. J., *Drucker: The Man Who Invented Corporate Society*, Londres: Barrie & Jenkins, 1976.

Em português

Beatty, Jack. *O mundo segundo Peter Drucker*: as idéias e teorias de um gigante da administração. São Paulo: Futura, 1998.

Flaherty, John E.; Bonaparte, Tony A. *Peter Drucker*: filosofia e métodos. São Paulo: Pioneira, 1976.

Heller, Robert. *Peter Drucker*: pioneiro da teoria e prática da administração moderna. São Paulo: PubliFolha, 2000. (Coleção Sucesso Profissional).

Tarrant, John J. *Drucker, o homem que revelou a sociedade empresarial*. São Paulo: Thomsom Pioneira, 1979.

Pierre du Pont (1870-1954)

Entre 1902 e 1929, Pierre du Pont assumiu e reestruturou duas companhias em dificuldades, a fabricante de pólvora E. I. du Pont de Nemours e a fabricante de carros General Motors. Nos dois casos, implantou um sistema administrativo e uma organização que transformou as duas companhias em gigantes competitivos que dominaram suas respectivas áreas industriais. Freqüentemente ofuscado na General Motors pelo amigo e sucessor Alfred P. Sloan, Du Pont teve um papel importante na implantação da organização e sistemas que viriam a ter tanto sucesso sob a liderança de Sloan.

Du Pont nasceu em Wilmington, Delaware, em 15 de janeiro de 1870. Seu bisavô, Eleuthére du Pont de Nemours, era um químico francês de alguma notoriedade que havia estudado com Antoine Lavoisier e era amigo do engenheiro

Robert Fulton. Foi Fulton quem o convenceu a sair da França, então governada por Napoleão, e emigrar para os Estados Unidos, onde em 1802 fundou uma fábrica de pólvora perto de Wilmington. A firma tornou-se moderadamente próspera sob o comando dos filhos de Du Pont, Alfred e Henri, e do filho de Alfred, Lammot (pai de Pierre), presidente da companhia de 1872 a 1884. Depois da morte de Lammot Du Pont em 1884, porém, a administração da empresa, que continuou em mãos da família, tornou-se cada vez mais moribunda.

Pierre du Pont estudou química no Instituto de Tecnologia de Massachusetts, e mais tarde se juntou ao primo, Coleman du Pont, como gerente da Johnson and Lorain Steel Company, com fábricas na Pensilvância e em Ohio. Ao contrário do restante da família, Coleman du Pont era um administrador progressista que tentava melhorar a eficiência: em 1896, convidou e contratou o jovem engenheiro em ascensão Frederick W. **Taylor** para implantar um novo sistema de controle e custos nas fábricas da empresa, baseado no sistema Taylor de administração científica. Depois de vários anos, os primos venderam a companhia para a United States Steel, apoiada financeiramente por J. P. **Morgan**, e Pierre du Pont passou vários anos operando o sistema de bondes de Dallas, no Texas.

Em 1902, regressou a Delaware e se juntou a Coleman e outro primo, Alfred, para comprar a companhia da velha geração de administradores-proprietários, que estavam a ponto de vendê-la a um de seus concorrentes. Assumiu o posto de tesoureiro com a responsabilidade específica de reorganizar as finanças da companhia, mas também ajudou a criar o Comitê Executivo de Administração, ao qual a diretoria concordou em entregar a responsabilidade pela operação do dia-a-dia da companhia, e como membro desse Comitê desempenhou importante papel em todas as decisões que se seguiram.

A reorganização da Du Pont ocorreu em uma velocidade espantosa. Alfred **Chandler**, que anos mais tarde estudou em detalhe a empresa, observou que a transformação da Du Pont aconteceu em meses, ao passo que em outras empresas o processo levava anos. Dois anos depois de assumir, os três jovens Du Pont haviam instalado uma equipe de administradores profissionais, entre os quais uns tantos antigos associados da Johnson e Lorain: alguns desses homens, como Arthur Moxham e John J. Raskob, tornaram-se famosos por seus próprios méritos no meio empresarial americano. Especificamente, Pierre du Pont expandiu a equipe da tesouraria de doze para mais de cem pessoas, entre elas os talentosos contabilistas de custos Russell Dunham e Donaldson Brown. Simultaneamente, Du Pont encampou a maior parte de seus concorrentes (o que levou à contratação de competentes administradores como J. Amory Haskell, que veio para a Du Pont destacado de uma das companhias encampadas) e em 1904 controlava 70% do mercado de pólvora e explosivos dos Estados Unidos.

A rápida expansão exigiu uma organização que a sustentasse. Os Du Pont criaram uma estrutura divisional, baseada em três divisões operacionais, uma divisão de vendas, uma divisão de compras e uma divisão administrativa. As três divisões operacionais racionalizaram os interesses da companhia, respectivamente, em pólvora negra, pólvora sem fumaça e dinamite, combinando sob administração única as fábricas e as instalações de produção de cada produto. Da mesma forma, a divisão de vendas fundiu sob uma administração unificada todos os escritórios de venda da companhia, colocando-os sob controle centralizado, estabelecendo ao mesmo tempo uma organização de vendas mais profissional com uma equipe de vendedores em tempo integral e cursos regulares de treinamento para ajudar a equipe a saber mais sobre os produtos que vendiam (particularmente essencial no caso de explosivos). A linha de produtos da companhia exigia uma gama de matérias-primas, às vezes em quantidades pequenas ou irregulares: a divisão de compras foi criada para apressar e padronizar o fornecimento de matérias-primas. Isso foi alcançado sobretudo pela integração vertical da cadeia de fornecimento, criando transporte, instalações de produção de matérias-primas próprios, especialmente as minas próprias de nitrato no Chile.

Talvez a mais radical de todas tenha sido a criação, adjunto ao quartel-general da empresa, de um departamento de desenvolvimento sob a direção de Arthur Moxham. Esse departamento tinha três unidades operacionais, a que Chandler bem confusamente se refere como "divisões". A divisão experimental, sediada nas proximidades de Wilmington, supervisionava os laboratórios de pesquisa, estudando especialmente problemas de controle de processo. A divisão de matérias-primas trabalhava em íntima associação com a de compras, verificando a qualidade destas e buscando novas fontes de suprimento. Finalmente, a divisão competitiva trabalhava associada ao departamento de vendas para oferecer informações sobre os concorrentes e os clientes. Moxham ficava ligado diretamente ao comitê executivo, do qual também era membro, e também incluía os três Du Pont e o chefe de cada uma das divisões operacionais. Esse comitê era o principal instrumento de coordenação das atividades das divisões.[1] Entre as estrelas ascendentes do departamento de desenvolvimento estava Walter Carpenter, que mais tarde seria presidente da Du Pont e diretor da General Motors.

Em sua própria área financeira, Pierre du Pont concentrou-se inicialmente no aperfeiçoamento da qualidade da informação financeira. Ele e Russell Dunham haviam trabalhado com F. W. Taylor e absorvido muitas de suas idéias sobre análise e controle de custos, e juntos desenvolveram um sistema sofisticado e altamente preciso de contabilidade de custos. Voltando a atenção para a explicação dos lucros, rejeitaram a definição padrão de lucro como porcentagem das vendas (ou, alternativamente, dos custos) e preferiram focalizar a taxa de retorno sobre o capital investido. Em 1910, ocorreu um avanço adicional, quando

Donaldson Brown criou um método de cálculo de rotatividade (valor das vendas dividido pelo investimento total) para relacioná-la ao lucro como porcentagem das vendas. Esses métodos criados na Du Pont são ainda os instrumentos padrão de contabilidade nas atuais empresas. Como disse Alfred Chandler:

> Ao executar esse trabalho, Pierre du Pont e seus chefes de divisão foram os pioneiros dos modernos métodos de contabilidade industrial. Estavam entre os primeiros industriais a acabar com a longa separação entre as contabilidades de custos, de capital e financeira. Fizeram-no em parte pela troca da contabilidade de renovação pela moderna contabilidade de ativos industriais. Em 1910, já tinham desenvolvido métodos e controles contábeis que deveriam se tornar o padrão das empresas industriais do século XX.[2]

Em outro trecho, revendo as transformações da Du Pont até 1910, comentava: "a companhia Du Pont empregou quase todas as funções e métodos usados hoje na administração geral da empresa industrial moderna".[3]

Em 1909, Pierre du Pont assumiu o cargo de presidente da companhia e dirigiu sua rápida expansão durante a Primeira Guerra Mundial. A produção de pólvora sem fumaça ascendeu de 8 milhões de toneladas em 1913 para 455 milhões em 1917. Graças a seus eficientes sistemas contábeis e de organização, a companhia conseguiu realizar quase sem esforço essa rápida expansão. Problemas só existiram na alta direção. Houve um desacordo entre Coleman du Pont e a família em virtude de uma negociação de ações por parte desta, tendo Pierre ficado do lado de Coleman. Renunciou à presidência em 1919. Tinha então, no entanto, outro interesse: comprara uma participação substancial na fábrica de automóveis General Motors, e desde 1915 era membro de sua diretoria. Em 1920, os negócios da GM entraram em crise.

A General Motors havia sido fundada em 1908 por William C. Durant, um fabricante de carruagens e carroças de Flint, Michigan, que em 1904 entrou para a indústria automobilística, comprando a recém-fundada Buick e partindo para o desafio a Henry **Ford** pela liderança do mercado de carros. A General Motors foi seu veículo para adquirir outras companhias pequenas, como a Cadillac, a Oldsmobile e a Chevrolet. Embora a GM tivesse lucros de dez milhões de dólares em 1909 e especialmente a Chevrolet tenha se tornado um sucesso, perdendo apenas para o Modelo T da Ford em termos de unidades vendidas, Durant fez uma série de maus investimentos e aquisições. Perdeu o controle da companhia entre 1910 e 1915, mas voltou à presidência em 1916 com o apoio financeiro de Pierre du Pont. Durant continuou a expandir e a diversificar, mas seu temperamento obstinado e sua abordagem arriscada dos negócios levou a problemas com Du Pont, que era muito mais metódico e sistemático. Em 1920, Buick e Chevrolet davam lucro, mas o restante do grupo estava entrando no vermelho. Durant foi afastado mais uma vez, e Du Pont assumiu a presidência.

Sua primeira tarefa foi reformar a estrutura administrativa da General Motors e trazer para a alta administração o talento necessário. Sob esse aspecto, usou bem suas ligações corporativas com a Du Pont, trazendo Walter Carpenter para a diretoria; trouxe também um britânico, Harry McGowan, presidente da Nobel Explosives no Reino Unido, um amigo e associado de longa data. John Raskob, Donaldson Brown e Amery Haskell vieram da Du Pont para reforçar a equipe diretora. Levou a cabo também uma caça de talentos dentro e fora do grupo, promovendo gerentes promissores. Alfred P. Sloan, presidente da United Motors, fornecedora de propriedade da GM, era ex-sócio de Durant, mas também tinha implantado em sua subsidiária um sistema de contabilidade e controle baseado no da Du Pont. Pierre du Pont e Sloan constituíram uma forte relação e sabiam trabalhar bem juntos. Sloan foi trazido para a diretoria e se tornou o vice *de facto* de Du Pont. Arrancado da quase total obscuridade veio James D. **Mooney**, então presidente de uma pequena subsidiária da GM chamada Remy Electrics, que em 1922 foi promovido para a administração de todas as operações da GM fora dos Estados Unidos.

Outra contratação importante foi a de William Knudsen. O talentoso chefe de produção da Ford, deixou a companhia em 1921, depois de uma desavença com o patrão. Du Pont o contratou imediatamente e o fez responsável pela produção do Chevrolet, onde trabalhou em íntima associação com Sloan. O desenvolvimento e o marketing do Chevrolet como uma alternativa de melhor qualidade ao Modelo T da Ford foi uma característica central da estratégia competitiva da GM durante a década seguinte: em 1922, o Modelo T vendia cinco vezes mais que o Chevrolet, mas já em 1929 este tinha superado o rival, forçando a retirada do Modelo T do mercado.

O segundo estágio da reestruturação foi a implementação em todo o grupo dos sistemas de contabilidade e controle que Du Pont havia criado e Sloan tinha implantado. O terceiro estágio foi a reforma da estrutura da companhia. Pierre du Pont e Sloan sentiram que a General Motors já era grande demais para o tipo de divisões funcionais que tão bem cumpriram suas funções na Du Pont. Para substituí-las, optaram por uma visão de "unidades de negócio" em que as divisões operacionais eram definidas pelo mercado a que atendiam. Desenvolveram o que Sloan chamou de pirâmide de preços, com uma divisão no alto, a Cadillac, vendendo um pequeno número de carros de alto preço, e outra na base, a Chevrolet, vendendo grande volume de carros baratos. As outras três divisões se colocaram entre as duas em diferentes níveis da pirâmide. Peças e acessórios continuaram operando como unidades independentes. Praticamente toda a responsabilidade pelas operações do dia-a-dia e a administração de linha foi transferida para as divisões, e a sede, ampliada e fortalecida, assumiu a responsabilidade por planejamento, previsões, avaliação de qualidade e pelo progresso em direção aos objetivos, medindo a eficácia da gerência e de uma série de outras funções de assessoria. Peter **Drucker** mais tarde descreveria a GM como o modelo acabado da organização de linha e assessoria.

No topo da organização ficava o Comitê Executivo de quatro membros, constituído pelo próprio Du Pont, Sloan, Raskob e Haskell, que tomava a maioria das decisões operacionais que não exigissem aprovação da diretoria. Em 1924, esse Comitê tinha se expandido para dez pessoas, mas continuou a ser suficientemente pequeno e flexível para permitir à corporação responder rapidamente aos acontecimentos e resolver os problemas à medida que surgiam. Mais tarde, Sloan acrescentaria comitês interdepartamentais e interdivisionais para assegurar uma melhor comunicação e mais freqüente entre linha e assessoria e entre as diferentes unidades operacionais.

Du Pont renunciou à presidência da General Motors em 1924, sentindo que a empresa seria mais bem dirigida por Sloan, cuja carreira e origens estavam no negócio de automóveis e tinha um sentimento melhor do mercado. Permaneceu no cargo de presidente do Conselho de Administração até 1929 e na diretoria durante muitos anos mais, contudo sua atenção estava voltada para outras causas: teve atuação política (apesar de republicano, apoiou Franklin D. Roosevelt durante algum tempo) e trabalhou energicamente pela derrubada da Lei Seca. Morreu em casa, em Wilmington, em 5 de abril de 1954. Sloan continuou a trabalhar para transformar a General Motors na maior empresa do mundo, eclipsando sua rival, a Ford. Brilhante conhecedor do mercado e líder de pessoas, Sloan nunca se esqueceu de que foi o método de organização de Du Pont e seus princípios de contabilidade e controle que lhe forneceram os fundamentos sobre os quais viria a construir seu sucesso posterior.

É interessante comparar o enfoque administrativo de Du Pont com o de dois outros grandes arquitetos corporativos do século XX, Harold Geneen, da ITT nas décadas de 1960 e 1970, e mais recentemente Jack **Welch** na General Electric nas de 1980 e 1990. Dos dois, Geneen se parece mais com Du Pont, com sua ênfase na essencialidade da informação e controle financeiros nos grandes conglomerados. Entretanto, enquanto Du Pont tentava minimizar os riscos, Geneen apreciava-os. No fim, foi longe demais e provocou processos antitruste que resultaram na divisão de sua companhia. Welch também gostava de assumir riscos, e adotava um estilo muito mais pessoal de administração, identificando-se muito mais claramente com a companhia do que Du Pont jamais o fez. Resta saber se o edifício da GE construído por Welch sobreviverá a seu reinado. Porém, as duas companhias construídas por Du Pont se provaram duráveis e duradouras.

Alfred Chandler havia comentado que

> duas únicas estruturas organizacionais básicas foram usadas para administrar grandes empresas industriais. Uma é o tipo centralizado, departamentalizado por funções. [...] O outro é a estrutura multidivisional descentralizada.[4]

Pierre du Pont ligou-se intimamente ao projeto, ao desenvolvimento e à implantação dessas duas formas em seus primeiros anos. Chandler e Salisbury avaliam nos seguintes termos seu impacto:

> No curso daquela geração, a chegada da corporação moderna foi um dos desenvolvimentos mais importantes da economia americana. E daquela geração, poucos homens se envolveram mais que Pierre du Pont na formação dessa poderosa instituição econômica.[5]

Notas

[1]Essa estrutura divisional da Du Pont se parecia muito com o modelo "Linha e assessoria" de organização proposto por Harrington Emerson, em que "linha", ou departamentos operacionais são complementados por uma "assessoria" ou departamento de assessoria na sede. Não se sabe se os Du Pont foram ou não influenciados diretamente por Emerson, porém mais tarde, na General Motors, desenvolveu-se explicitamente o modelo linha e assessoria, como mencionam Drucker, em seu estudo da corporação, e James Mooney, um de seus altos executivos.

[2] A. D. Chandler, *The Visible Hand*, Cambridge: Harvard University Press, 1977, p. 445.

[3] *Ibid.*, p. 449.

[4] *Ibid.*, p. 463.

[5] A. D. Chandler e S. Salisbury, *Pierre S. du Pont and the Making of the Modern Corporation*, Nova York: Harper & Row, 1971, p. 592.

Veja também

Chandler, Emerson, Ford, Mooney, Welch.

Para ler Pierre du Pont

Du Pont não deixou descrições escritas de seu trabalho. As principais autoridades em sua obra são Chandler, que fez uma pesquisa abrangente nos arquivos corporativos da GM e da Du Pont, e a autobiografia de Sloan. Drucker menciona Du Pont, mas tende a atribuir a maior parte do crédito pelo sucesso da GM a Sloan.

Para saber mais

CHANDLER, A. D., *Strategy and Structure: Chapters in the History of American Industrial Enterprises*, Cambridge: MIT Press, 1962.

___________. *The Visible Hand: The Managerial Revolution in American Business*, Cambridge: Harvard University Press, 1977.

___________. e Salisbury, S., *Pierre S. du Pont and the Making of the Modern Corporation*, Nova York: Harper & Row, 1971.

Drucker, P., *Concept of the Corporation*, Nova York: The John Day Company, 1946.

Sloan, A. P., *My Years with General Motors*, Nova York: Doubleday, 1964.

Harrington Emerson (1853-1931)

Harrington Emerson foi engenheiro e consultor de administração nos Estados Unidos no final do século XIX e início do XX. É habitualmente mencionado como um dos líderes do movimento de administração científica, incluído ao lado Frederick W. **Taylor**, Henry L. Gantt e Frank e Lillian **Gilbreth**. Mas as idéias de Emerson sobre administração eram bastante diferentes, em particular das de Taylor. Emerson enfatizava principalmente a "eficiência", palavra que introduziu no léxico da administração moderna: sua visão do assunto representou uma filosofia completa de administração, inclusive as idéias sobre organização necessária, motivação e treinamento dos empregados e padrões de qualidade. Enquanto a versão de Taylor de administração científica concentrava-se na eficiência técnica, levando cada passo do processo de produção tão perto quanto possível da perfeição, a visão de Emerson de eficiência abrangia toda a organização de cima a baixo.

Emerson nasceu em Trenton, New Jersey, no dia 2 de agosto de 1853. Seu pai era professor de economia política e deu aulas em várias universidades européias. Emerson foi educado em escolas de Paris, Munique, Siena e Atenas antes de estudar engenharia na Real Politécnica em Munique. Quando adolescente, presenciou os acontecimentos da Guerra Franco-prussiana, que lhe deixaram profunda impressão. Mais tarde, diria que ficou igualmente impressionado pelo caráter e decisão dos franceses diante da adversidade e pela eficiência militar dos prussianos. Ficou particularmente impressionado com o comandante prussiano vitorioso, o marechal-de-campo Helmuth von Moltke, e mais tarde fez um estudo completo sobre os princípios de organização de Moltke. Eclético, Emerson buscava o conhecimento onde o pudesse encontrar. Afirmaria depois que as três influências mais importantes sobre seu método de administração advieram do estudo e do trabalho com um professor de música europeu, um criador de cavalos de corrida e um superintendente de ferrovia.[1]

Retornando aos Estados Unidos, lecionou línguas modernas na Universidade de Nebraska de 1876 a 1882 antes de dar início à carreira de empresário, investindo em propriedades e fundando várias empresas de engenharia. Fez o levantamento de rotas para cabos submarinos até o Alasca e a Ásia para o governo americano, e posteriormente um levantamento de campos de carvão para os estados do Oeste. Há também referências à prospecção de ouro no Yukon na década de 1890, e possivelmente tenha participado da corrida do ouro do Klondike de 1898. Durante a mesma década começou a prestar alguns serviços de consultoria privada para empresas ferroviárias visando particularmente a "sistematizar" a administração das oficinas de manutenção e reparos das ferrovias. As locomotivas eram o equipamento mais caro das ferrovias, e também o mais complexo, e exigiam muita manutenção. Aumentar a confiabilidade das locomotivas e reduzir o tempo de manutenção poderiam representar a economia de centenas de milhares de dólares por ano.

Por volta de 1900, Emerson alcançara tamanho sucesso como consultor que abandonou todas as suas outras atividades para fundar sua própria firma de consultoria, a Emerson Company, vindo a admitir sócios. Nessa época, já ingressava no ramo de consultoria para empresas industriais. Inicialmente, concentrou-se na redução de custos e na eliminação de desperdícios, no entanto gradualmente passou a olhar além desse horizonte estreito para a idéia de uma reorganização e reestruturação mais holística a fim de atingir maior eficiência. O que ele agora fazia era efetivamente engenharia de processos, examinando toda a gama de atividades associadas a planejamento, programação e produção, visando a tratar a empresa como um todo harmonioso, não como uma série de funções independentes.

O trabalho que lhe granjeou renome foi a reorganização das oficinas da Santa Fe Railway, entre 1904 e 1907. Servindo-se de 31 assistentes, Emerson percorreu de alto a baixo todo o departamento de força motriz da ferrovia, avaliando e recolhendo dados. O resultado foi um programa de melhorias, conhecido como "trabalhos de melhoria", que tinha dois objetivos: recuperar a paz trabalhista e aumentar a eficiência no local de trabalho. Emerson considerava que os dois objetivos estavam interligados: na verdade, o primeiro era contingente ao segundo. As reformas do sistema de supervisão e gerência de pessoal não poderiam ter continuidade enquanto não se padronizassem as tarefas e as ferramentas dos trabalhadores. A equipe de Emerson concentrou-se no percurso e na programação do trabalho, assegurando que as tarefas seriam executadas de acordo com processos padronizados: "Todo o trabalho na oficina foi organizado de forma a poder ser controlado de quadros de despacho localizados em um escritório central. Também se indicava em um quadro de avisos o progresso do reparo de cada locomotiva".[2]

Uma vez padronizadas as tarefas e os deveres, todos na oficina sabiam o que deles se esperava e de acordo com qual programação, e assim se removeu uma das principais causas de atrito no local de trabalho. A segunda metade da tarefa de Emerson foi a introdução de um sistema de bônus para gratificar os operários que trabalhassem melhor e com mais eficiência. Embora insistisse que os tempos padronizados compunham a base da programação de trabalho absolutamente acessíveis a qualquer operário, ainda assim, "a programação é um contrato ou acordo moral acertado com os homens relativo à operação de uma máquina específica, salários e tempos". Era fundamental obter o consentimento consciente dos operários ao novo sistema, e "deu-se extrema ênfase ao caráter individual das relações entre homens e gerência".[3]

Por volta de 1906, a Santa Fe Railway já havia conseguido reduções de custos da ordem de 1,25 milhão de dólares. O trabalho atraiu grande interesse e publicidade, e repentinamente Emerson se tornou um dos consultores mais procurados dos Estados Unidos. Em 1915, já havia aplicado seus métodos de eficiência em mais de duzentas empresas, entre elas muitas ferrovias e minas, mas também em muitas indústrias. Continuou a desenvolver seu sistema, criando os famosos "doze princípios da eficiência". Atraiu também sócios talentosos, como Herbert **Casson**, que se tornou um dos mais importantes prosélitos da eficiência, e Charles Knoeppel, ex-sócio de Frederick W. Taylor que mais tarde se tornou um dos pioneiros da disciplina hoje conhecida como comportamento organizacional. Em 1921, Emerson serviu na Comissão para a Eliminação de Desperdícios na Indústria criada por Herbert Hoover. Aposentou-se no final da década de 1920, vindo a falecer em Nova York no dia 23 de maio de 1931.

Como se viu, Emerson foi o responsável pela introdução da palavra "eficiência" na linguagem das empresas. Ele via "eficiência" como algo baseado em princípios naturais: a natureza, acreditava, era eficiente, e disso havia muitas provas no mundo natural. De fato, um dos organismos mais eficientes do mundo era o corpo humano, incrivelmente complexo, e ainda assim autoregulado e altamente eficiente no uso de insumos, como ar, água, alimentos etc. Atingir a eficiência, portanto, não exigia a *imposição* de um sistema eficiente: ao contrário, exigia a reestruturação de uma organização de forma que a eficiência surgisse naturalmente. Desse modo, a melhor maneira de se conseguir eficiência é eliminar a ineficiência.

Segundo Emerson, há duas formas de ineficiência: há as ineficiências dos processos e materiais e há as ineficiências das pessoas, sociedades e Nações. O primeiro tipo é em muitos aspectos o menos danoso. Quando usados, os materiais ineficientes simplesmente cedem. Quando se utilizam processos ineficientes, quando se atinge os limites de sua eficiência, simplesmente deixam de funcionar. O segundo é muito mais grave porque "para a ineficiência de um indivíduo ou Nação não existe limite predeterminável".[4] A ineficiência humana é constante, em especial quando enraizada em uma sociedade ou cultura. Ainda assim, a despeito da importância da ineficiência humana, Emerson observa que a atenção da ciência se concentra principalmente em outros pontos: "Na paixão pela precisão científica tornou-se mais interessante resolver, e muito mais foi feito com esse fim, o problema menor da eficiência em processos ou materiais, ignorando-se quase por completo o problema maior da eficiência individual ou nacional".[5] Aqui se vê pelo menos um rompimento claro entre Emerson e a escola de administração científica de Taylor, para quem mais importantes eram as ineficiências de processo.

Para se chegar à eficiência humana, diz Emerson, são necessárias duas condições: *padrões* corretos e *organização* correta. Desses, é claro que a organização tem prioridade. Em *Efficiency as a Basis for Operations and Wages* (1909), Emerson dedica três capítulo inteiros ao método "linha e assessoria" de organização. O modelo linha e assessoria é na prática constituído de uma composição de dois submodelos organizacionais, a organização em linha e a organização de assessoria. A organização em linha é hierárquica e funcional: cada membro sabe exatamente seu lugar e executa as tarefas que lhe são atribuídas em uma base procedimental. A organização de assessoria é orgânica e interdependente, e nela os membros dependem uns dos outros para executar seu trabalho. Uma distinção crucial entre as duas é o papel do conhecimento. Na organização em linha, "um homem sabe muito mais que qualquer outro" e é ele quem orienta a organização. Dessa maneira, se o líder perde a direção, a organização também se perde. Na organização de assessoria, o conhecimento é comum: "A força da organização de assessoria está na capacidade de multiplicar muitas vezes a eficácia de outros membros do grupo, todos cooperando para tornar possível coisa tão maravilhosa como um homem, um beija-flor, um mosquito ou um micróbio da febre amarela".[6]

As melhores organizações são as que combinam os princípios da linha e da assessoria, criando um misto de organismo e síntese mental. Em um nível bem elementar, Emerson valia-se do exemplo de um time de beisebol. O lado que rebate usa o princípio da linha: cada um dos homens vem à base em uma ordem predefinida e bate sem depender dos colegas de equipe. O outro time usa o princípio da assessoria: lançador, apanhador e os homens no campo trabalham em conjunto como uma unidade, todos dependendo em certo grau uns dos outros. Os dois alternam-se nessas funções durante o jogo, de *inning* para *inning*, cada um dependendo dos outros para o sucesso final. Contudo, a origem do conceito não foi o esporte, mas a ciência militar: Emerson considerava o marechal-de-campo Von Moltke o maior expoente no princípio da linha e assessoria, e freqüentemente se referiu a ele em sua própria obra. Durante a Guerra Franco-prussiana, a bem treinada linha prussiana operava no campo de batalha exatamente como devia, orientada por uma assessoria aparentemente onipresente e onisciente. Os franceses, que se valiam quase exclusivamente do princípio da linha, não conseguiram responder com eficácia e foram derrotados.

Emerson liga a necessidade de padrões à adoção do princípio da assessoria. Organizações em linha, dizia, "exigem poucos padrões, normalmente grosseiros e geralmente fictícios. Antigüidade ou precedência é um de seus padrões, e intimamente entrelaçado a ele está o padrão fundamental da obediência imediata e sem hesitações, quase tão automática quanto a obediência das ovelhas ao líder". A assessoria, por sua vez, tem "uma multiciplidade ilimitada de padrões científicos, superiores a qualquer personalidade. [...] O especialista da assessoria recebe do chefe princípios mais altos que o chefe, pois são parte das leis eternas do universo".[7] Esse é o campo mais em comum que Emerson mantinha com os outros proponentes da administração científica: acreditava que a adesão aos padrões de avaliação e processo baseados na ciência eliminaria ineficiências e dessa forma levaria forçosamente à eficiência. Criava também em um processo de melhoramento contínuo, com padrões que são constantemente revisados à luz de novos conhecimentos: "Os padrões da assessoria se baseiam na autoridade humana específica apenas até novos fatos apresentarem uma autoridade melhor".[8] Da mesma forma, Emerson afirmava claramente que os padrões não existem por si próprios:

> Os padrões da assessoria não são abstrações teóricas, mas aproximações científicas, e são desenvolvidos para uso na linha, sendo sua única justificativa o fato de fazerem a linha trabalhar com maior eficiência. Os padrões da assessoria, por serem criados para o uso da linha e geralmente confiados aos chefes da linha, devem ser apresentados sob a forma de instruções permanentes para que todos entendam o que se deseja, e todos os desvios na linha sejam notados e censurados.[9]

Com o fim de definir e criar padrões, é antes necessário conduzir uma auditoria detalhada de cinco áreas distintas da empresa: 1) métodos de manuseio de material; 2) condições das máquinas e ferramentas; 3) auditorias de trabalho, observando as discrepâncias entre o que os operários deveriam estar fazendo e o que realmente estão fazendo; 4) relações entre os custos correntes e os custos padronizados; e 5) a velocidade de movimento do trabalho ao longo da oficina. Cada um dessas cinco linhas de investigação é então desenvolvida sob a forma de medições e controle de campo. Os especialistas da assessoria criam e instituem cinco sistemas correspondentes padronizados: 1) manuseio de materiais para eliminar desperdícios; 2) manutenção para manter as máquinas em boas condições; 3) salários que garantam a motivação e a gratificação dos operários; 4) avaliação de custos como uma garantia de que lucros e perdas podem ser precisamente medidos; e 5) tempos de tarefas e processos para assegurar que os movimentos do trabalho pela fábrica ou usina se dão a uma velocidade natural, sem impedimentos e atrasos.

O refinamento final da filosofia de Emerson foram os famosos "doze princípios da eficiência". São eles, de forma resumida:

1. Ideais claramente definidos: a organização deve saber quais são seus objetivos, o que ela representa e qual sua relação com a sociedade.
2. Bom senso: a organização deve ser prática em seus métodos e perspectivas
3. Aconselhamento competente: a organização deve se valer de boa assessoria, buscando consultores externos se não tiver internamente uma assessoria competente.
4. Disciplina: não a disciplina de cima para baixo, mas a disciplina interna ou autodisciplina, que os operários aceitam imediata e voluntariamente.
5. O trato justo: os operários devem sempre ser tratados com justiça, para incentivar sua participação no movimento pela eficiência.
6. Registros confiáveis, imediatos e adequados: medições feitas ao longo do tempo são importantes para determinar se se atingiu a eficiência.
7. Despacho: o fluxo de trabalho deve ser programado de forma a fazer os processos escoarem suavemente.
8. Padrões e programações: como já foi dito, a definição deles é fundamental para se chegar à eficiência.
9. Condições padronizadas: as condições do local de trabalho devem ser padronizadas de acordo com preceitos científicos naturais, e devem evoluir com a absorção de novos conhecimentos.
10. Operações padronizadas: da mesma forma, as operações deveriam seguir princípios científicos, especialmente em termos de planejamento e métodos de trabalho.
11. Instruções escritas: todos os padrões devem ser registrados sob a forma de instruções escritas para operários e contramestres, detalhando não só os próprios padrões, mas os métodos de aplicação.
12. Gratificação por eficiência: se os operários chegarem à eficiência, devem ser devidamente gratificados.[10]

Emerson considerava que a eficiência organizacional deve ser conquistada de baixo para cima. A assessoria existe para servir à linha, não o contrário; embora a assessoria tenha posições de controle, com poderes de censura e disciplina sobre a linha, essas funções tratam em última análise de levar a linha à maior eficiência. O operário existe para ajudar a máquina a operar eficientemente, não para exercer domínio sobre ela. O contramestre existe para ajudar seus operários a atingir as metas, não para controlá-los em benefício do superintendente, e assim por diante ao longo da linha até o presidente que, afinal, é um servo da organização, não seu senhor.

Emerson também ampliava esses princípios para além da organização, vendo as empresas no contexto da sociedade mais ampla, sustentando que empresas mais eficientes significam sociedades mais eficientes. Foi um crítico feroz da sociedade americana do início do século XX, que considerava cheia de ineficiências e mal equipada para competir com as potências estabelecidas da Europa ou o Japão em ascensão. Em parte, atribuía a culpa por essa situação ao legado europeu: um admirador da cultura européia, sentia, ainda assim, que essa cultura tinha sido adaptada acriticamente nos Estados Unidos, sem consideração pelas necessidades pragmáticas da nova sociedade americana. Ao adotar os métodos de eficiência, como os do princípio da linha e assessoria (que era, evidentemente, um produto da Europa), acreditava que os Estados Unidos poderiam eliminar o desperdício e se tornarem eficientes e competitivos:

> Não depositamos confiança em reis, não a depositemos nos recursos naturais, mas entendamos a verdade de que a riqueza inesgotável está nas capacidades latentes ainda por desenvolver dos indivíduos, das empresas, dos Estados. Em vez de opressão vinda do alto, que engendra antagonismos e lutas, a pressão ambiciosa deve vir de baixo, orientação e assistência, do alto.[11]

Embora seja geralmente reconhecido como participante do movimento de administração científica – Horace Drury afirmou que Emerson "fez mais que qualquer outro homem para popularizar o tema da administração científica",[12] e Herbert Casson sempre o tenha chamado de expoente máximo da administração científica – é difícil avaliar a relação de Emerson com outras figuras do movimento. Certamente conheceu o trabalho de Taylor, e Drury afirma que ele estava na platéia quando Taylor leu seu famoso artigo sobre administração de fábricas perante a Sociedade Americana de Engenheiros Mecânicos em 1903. Drury afirma ainda que Emerson às vezes se referia a Taylor como a fonte de suas idéias. Em compensação, Emerson acreditava que muitas das idéias de Taylor eram ambiciosas demais e, provavelmente, não vingariam. Os dois homens não se davam bem, e na verdade tinham temperamentos opostos. E ao enfatizar a eficiência humana e organizacional preferivelmente à de processo, Emerson adotou uma visão do tema marcadamente diferente da de Taylor.

Outra diferença residia no fato de que, enquanto Taylor se contentava em usar e desenvolver processos de produção padronizados, a abordagem de Emerson enfatizava a flexibilidade operacional. Drury observa que "os métodos de Emerson são flexíveis, não estereotipados; seus estudos de tempos e padrões são aproximados, e não exaustivamente exatos. Vale-se muito da iniciativa de seus subordinados".[13] Emerson sempre acreditou que era muito mais importante acertar a organização do que se preocupar com a exatidão das medições. Eficiência, em última análise, trata da eliminação de desperdícios, não da criação de sistemas.

Apesar de ligada à administração científica, a obra de Emerson aproxima-se da filosofia mais que da ciência. Em última análise, não obstante toda a devoção à organização e ao princípio do Novo Mundo, Emerson foi, ao menos em igual medida, um produto da Europa e da América. Por outra parte, ciência sempre estaria, em seu pensamento, em pé de igualdade com a arte. A administração não tratava apenas de resultados, mas também de formas mais altas de pensamento. Rejeitava a idéia de ser a empresa constituída de"homens celestiais trabalhando por meio de princípios para concretizar ideais celestiais", contudo acreditava que o que era bom para a empresa também o era para a sociedade. E concluiu em *The Twelve Principles of Efficiency* (1913): "É impossível que o casamento da honestidade com a sabedoria pudesse governar sem beneficiar imensamente a humanidade."[14]

Notas

[1] H. B Drury, *Scientific Management: A History and Criticism*, Nova York: Columbia University Press, 1915, p. 113.

[2] *Ibid.*, p. 127.

[3] *Ibid.*

[4] H. Emerson, *Efficiency as a Basis for Operations and Wages*, Nova York: John R. Dunlap, 1909, p. 23.

[5] *Ibid.*

[6] *Ibid.*, pp. 55-6.

[7] *Ibid.*, pp. 96-7.

[8] *Ibid.*, p. 98.

[9] *Ibid.*

[10] H. Emerson, *The Twelve Principles of Efficiency*, Nova York: The Engineering Magazine Co., 1913.

[11] H. Emerson, *op. cit*, 1909, p. 242.

[12] *Scientific Management*, p. 116.

[13] *Ibid.*

[14] H. Emerson, *op. cit*, 1913, p. 423.

Veja também

Casson, Drucker, Fayol, Follett, Gilbreth, Mooney, Taylor, Urwick.

Para ler Harrington Emerson

Emerson escreveu muitos artigos importantes em revistas, principalmente para a *Engineering Magazine*, de Nova York. Suas idéias se desenvolveram completamente em duas obras principais.

Efficiency as a Basis for Operations and Wages, Nova York: John R. Dunlap, 1909.

The Twelve Principles of Efficiency, Nova York: Engineering Magazine Co., 1913.

Para saber mais

Em inglês

Não existe uma biografia em livro de Emerson e suas idéias, omissão que precisa ser corrigida. Dois bons retratos podem ser encontrados na autobiografia de Casson e na pesquisa de Drury sobre a administração científica, os dois baseados no conhecimento pessoal do personagem. O estudo de Robert Hoxie sobre administração científica e trabalho tem um boa análise das opiniões de Emerson sobre administração de pessoal. Também vale a pena comparar as obras de Emerson às de alguns outros líderes do movimento da administração científica, Taylor, Gantt e os Gilbreth.

Casson, H. N., *The Story of My Life*, Londres: Efficiency Magazine, 1931.

Drury, H. B., *Scientific Management: A History and Criticism*, Nova York: Columbia University Press, 1915.

Gantt, H. L., *Work, Wages and Profits*, Nova York: Engineering Magazine Co., 1910.

Gilbreth, F. e Gilbreth, L., *Primer of Scientific Management*, Nova York: Van Nostrand Co., 1912.

Hoxie, R. N., *Scientific Management and Labor*, Nova York: D. Appleton & Co., 1915.

Taylor, F. W., *The Principles of Scientific Management*, Nova York: Harper & Row, 1911; reimp. Norwalk: The Easton Press, 1993.

Em português

Taylor, Frederic Winslow. *Princípios de administração científica*. São Paulo: Atlas, 1995.

Henri Fayol (1841-1925)

Henri Fayol foi um engenheiro de minas francês que desenvolveu, independentemente do movimento americano de administração científica, uma teoria geral da administração de empresas. Sua obra mais notável, *Administration industrielle et générale* [Administração industrial e geral] (1925), é uma tentativa de classificar e definir os deveres e as funções da administração. Ao contrário de F. W. **Taylor** e seus seguidores da administração científica, Fayol concentrou-se nos deveres da alta administração, e não na administração de processos individuais. Suas idéias são a um só tempo mais abstratas e mais flexíveis que as de Taylor, e ainda que receba críticas de analistas modernos, sua abordagem da administração continua atraente.

Fayol nasceu em 29 de julho de 1841 em Gálata, subúrbio de Constantinopla, onde vivia a maioria dos ocidentais que trabalhavam para o Império Otomano. Seu pai era um engenheiro que foi para a Turquia instalar uma fundição para produzir canos de canhão. Mais tarde, foi indicado superintendente de obra de um projeto financiado por franceses, a construção de uma ponte sobre o Chifre Dourado, entre Constantinopla e Gálata. A família regressou à França em meados de 1847, tendo Fayol sido educado em escolas de Valencia e Lyon, e posteriormente na Escola de Minas de Saint Etienne. Foi contratado ainda na escola, aos dezenove anos, pela companhia de mineração Boigues Rambourg, selecionado pelo gerente-geral da mina da companhia em Commentry, Stephane Mony. Quando Mony se tornou sócio da Boigues Rambourg, retornando por isso a Paris, Fayol assumiu o cargo de gerente-geral da mina.

Mony era um líder dinâmico muito adiante de seu tempo no que se referia à indústria mineradora francesa. Transformou a companhia de sociedade limitada em sociedade anônima, deu-lhe o nome de Companhia Commentry-Fourchambault, tentando expandi-la. Entretanto, depois da morte de Mony em 1884, o controle passou às mãos de um dos proprietários, Anatole le Brun Sessevale. Diante da depressão da indústria de ferro e aço, Sessevale não conseguiu ser um administrador eficaz e se envolveu em uma luta de seis anos com os colegas da diretoria. Por volta de 1888, a empresa estava às portas da falência. A única unidade da companhia que funcionava bem era a mina de Commentry. Quando Sessevale foi finalmente forçado a renunciar, a diretoria imediatamente indicou Fayol para substituí-lo como presidente interino. Sua indicação parece já ter sido provisória desde o início, pois não foi indicado para compor a diretoria, e sim contratado como seu empregado. Uma situação incomum que dava a entender que a diretoria o via como pouco mais que um gerente-geral, e não como presidente.

Em uma visão retrospectiva, é fácil entender a dificuldade da diretoria em promover um homem de 47 anos, sem nenhuma experiência administrativa anterior, à direção de uma grande empresa. Ainda assim Fayol demonstrou ter um sentido inato de sua tarefa. Era, como ele próprio disse mais tarde, muito melhor administrador que engenheiro. Sua primeira tarefa foi recuperar financeiramente a companhia. Em busca de economias de escala, Fayol encampou várias mineradoras e fundições menores, culminando em 1892 com a aquisição da usina de ferro e aço da Companhia Decazeville: a empresa foi então rebatizada como Compagmie Commentry, Fourchambault et Decazeville. Em 1900 a companhia era uma das maiores produtoras de ferro e aço da França e vista como uma indústria de vital interesse nacional, especialmente por causa da expansão e do rearmamento do exército francês na década anterior à Primeira Guerra Mundial. Uma diretoria agradecida finalmente votou sua inclusão na diretoria da empresa que havia comandado durante os últimos doze anos.

Ao longo das duas décadas seguintes, Fayol continuou a liderar a agora próspera companhia. Passou também a interessar-se mais pelos problemas de administração, em particular a existência de princípios gerais universalmente aplicáveis. A própria experiência e suas observações de outros davam a entender que esses princípios de fato existiam e, ademais, que as tarefas e as atividades da administração poderiam ser classificadas em vários tipos padronizados. Sasaki observa que Fayol foi também fortemente influenciado pela filosofia positivista de Auguste Comte e Claude Bernard, uma filosofia "em que a inferência se aplica direta e precisamente a uma série de fatos reunidos pela observação e experimentação".[1]

Expôs suas idéias pela primeira vez em uma contribuição ao congresso da Sociedade da Indústria de Mineração de 1908. Esse artigo lhe granjeou a imediata atenção na França. Ao longo dos sete anos seguintes continuou a refinar suas idéias, publicando-as finalmente em 1915, em um ensaio em jornal francês da indústria mineradora com o título "Administration industrielle et générale" (que só apareceu em livro em 1925, ano de sua morte). Esse ensaio transformou Fayol no principal especialista nacional em administração e gerência, dando início ao surgimento de uma escola de pensamento denominada "fayolismo", por oposição, e às vezes desafiando-as diretamente, às idéias "tayloristas" americanas de administração científica importadas para a França nos anos que se seguiram a 1905 pelo químico Henri Le Chatelier e pelo arquiteto naval Charles de Fréminville. Fayol aposentou-se da presidência da Commentry-Fourchambault-Decazeville e se dedicou inteiramente ao exercício da consultoria, trabalhando para o governo da Bélgica após a Primeira Guerra Mundial e mais tarde ajudando o governo francês a reorganizar o Ministério dos Correios, Telégrafos e Telefones.

Os últimos anos de Fayol foram prejudicados pela disputa entre seus próprios seguidores e os tayloristas. Em 1919, ajudou a fundar o Centre d'Études Administratives (Centro de Estudos Administrativos) a fim de difundir suas teorias de administração. No ano seguinte, entretanto, Le Chatelier e Fréminville fundaram uma sociedade rival, a Conférence de l'Organisation Française (Conferência Francesa da Administração Científica). Surgiu então uma violenta rivalidade entre as duas escolas. Finalmente, em 1925, na Segunda Conferência Internacional de Administração em Bruxelas, o problema veio à tona. Depois de negociar com Fréminville, Fayol anunciou publicamente que não havia conflito entre suas idéias e as de Taylor, e as duas organizações concordaram em se fundir, tendo Fréminville na presidência. Fayol morreu em casa em Paris em 19 de novembro de 1925.

Em *Administration industrielle et générale* (1925), Fayol começa a exposição declarando que toda empresa, em qualquer campo, se caracteriza por seis tipos de atividade: produção, comércio (ou marketing e vendas), finanças, segurança, contabilidade e administração. À medida que cresce a empresa, também cresce a importância da administração, pois se torna necessário controlar e coordenar os elementos dos outros cinco tipos. Com esse fundamento, Fayol passa à sua definição das tarefas da administração. Originalmente compostas de cinco elementos, que depois passaram a sete, elas se resumem na sigla POSDCORB: planejar, organizar, montar o quadro de funcionários, dirigir, coordenar, relatar e orçar. Mais uma vez, todo administrador, não importando qual seja seu negócio, tem de se envolver em maior ou menor grau nessas atividades.

O conceito de POSDCORB foi desenvolvido e ampliado, nem sempre de forma proveitosa. Foi particularmente em reação a ele que Peter **Drucker**, nas décadas de 1950 e 1960, tentou simplificar e reduzir as tarefas do administrador a uns poucos preceitos básicos, como inovação e marketing. Mas o conceito básico do POSDCORB funciona: ainda hoje é difícil visualizar uma posição administrativa que *não* envolva a maioria ou todos os sete elementos. Evidentemente, há diferenças entre as exigências de diferentes funções administrativas, mas são diferenças de grau, não de mérito. Um teste simples da validade do conceito é considerar uma função administrativa qualquer, retirar das responsabilidades do administrador um ou mais dos elementos mencionados, e então considerar as formas em que essa retirada aumenta o risco e a incerteza do administrador considerado.

Se o POSDCORB permaneceu, isso não se deu com os igualmente famosos "catorze princípios" de administração de Fayol. Parafraseados para serem breves, eles são:

1. divisão do trabalho, de forma a obter eficiência máxima do trabalho;
2. estabelecimento da autoridade;
3. imposição da disciplina;
4. comando unificado, para que nenhum empregado se reporte a mais de um supervisor;
5. unidade de direção, com todo o controle emanando de uma única fonte;
6. subordinação dos interesses individuais ao interesse da organização;
7. remuneração justa para todos (embora Fayol não fosse favorável à participação nos lucros);
8. centralização do controle e autoridade;
9. hierarquia escalar, em que cada empregado tem consciência de seu lugar e deveres;
10. senso de ordem e objetivo;
11. eqüidade e justiça nas negociações entre empregados e administradores;
12. estabilidade de empregos e cargos, visando à garantia de baixa rotatividade de pessoal e de administradores;
13. desenvolvimento da iniciativa individual dos administradores;
14. *esprit de corps* e a manutenção do moral do pessoal e da administração.[2]

Esses catorze princípios, em especial os de divisão do trabalho, centralização da autoridade e hierarquia escalar são produtos de seu tempo. Setenta anos depois, já perdiam popularidade, vistos como um produto do passado. Também a estabilidade de empregos e cargos torna-se cada vez mais uma lembrança distante. Ainda assim, alguns dos catorze pontos – unidade de direção, senso de ordem e objetivo, eqüidade e justiça – continuam sendo altamente relevantes. O problema atual é como adaptar o fayolismo em seus aspectos relevantes e extirpar as partes que já não são relevantes.

O uso que Fayol faz da palavra *administration* causou considerável confusão nos textos em inglês sobre administração. O escritor britânico Oliver Sheldon, por exemplo, interessou-se muito por Fayol e incorporou algumas de suas idéias em seu popular livro *The Philosophy of Management* (1924). Sheldon tentou estabelecer uma distinção entre "administração", como um conjunto de funções que abrangem toda a organização, executadas apenas pelos diretores e altos executivos, e "gerência", atividades de menor nível executadas mais abaixo na organização: administração envolvia a definição de políticas, gerência, a execução de tarefas. A distinção entre as duas foi considerada a diferença entre as idéias de Fayol e as de F. W. Taylor.

De fato, a tradução mais correta de *administration* no sentido usado por Fayol é "administração". Fayol tinha razão ao afirmar não haver incompatibilidade fundamental entre suas idéias e as de Taylor. Muitas das diferenças que surgiram entre seus seguidores e os de Le Chatelier e Fréminville eram pessoais e nacionalistas, em que os seguidores da doutrina pátria do fayolismo rejeitavam a intrusão estrangeira do taylorismo americano. Outra divisão, mais duradoura, surgiu entre os estudantes e praticantes de administração pública e de administração privada. Luther Gulick, diretor do Instituto de Administração Pública da Universidade Colúmbia e o homem que talvez mais tenha feito para dar forma às visões modernas de administração pública em todo o mundo, admirava Fayol e preferia o termo "administração" a "gerência". Hoje a divisão é quase completa: administração se refere a governo, ao passo que gerência se refere ao setor privado. Dos dois lados há a incapacidade de perceber que muitas das tarefas e práticas são as mesmas.

Com efeito, em anos recentes Fayol passou a ser criticado por se aproximar muito de Taylor e por incentivar a implantação de forte burocracia administrativa e rígida divisão do trabalho. A exemplo de Taylor, acreditava em preceitos universais para a administração. Contudo, descartando os mal-entendidos em torno de *administration*, existem ainda diferenças substanciais entre os dois enfoques. A visão de Taylor da organização era mecanicista, em que a perfeição do todo vinha com a perfeição da soma das partes. Fayol, sob muitos aspectos, aproximava-se mais de **Emerson**, ou mesmo de **Gilbreth**, ao incentivar uma visão holística da organização e vendo os princípios da administração mais como uma estrutura do que um caminho crítico para o sucesso. Mais uma vez, as diferenças lingüísticas interferem na nossa compreensão de Fayol. Ao considerar as tarefas da administração, Fayol usa o termo *prévoyance*, que no original tem conotações de previsão ou antecipação de necessidades; mas nas traduções inglesas aparece o termo "planejamento", com forte conotação de direção e comando.

Como bem observou Sasaki, as opiniões de Fayol sobre os objetivos e as tarefas da administração foram mais tarde substituídas no pensamento dominante pelo americano Chester Barnard em *The Functions of the Executive* (1938), que em certo grau aproveitou o conceito de POSDCORB, mas deu mais ênfase a conceitos como sistemas abertos e racionalidade limitada, sublinhando a natureza nebulosa da vida organizacional e da tomada pessoal de decisão. Isso foi ainda mais desenvolvido por Peter Drucker em livros como *The Practice of Management* (1954). Comparado a esse tipo de visão, Fayol parece na verdade excessivamente mecanicista. Ainda assim, ele tinha plena consciência da importância de mudança e fluxo, comentando que "nada é absoluto em administração": "Raramente aplicamos duas vezes o mesmo princípio em circunstâncias idênticas; deve-se deixar espaço para as variações de circunstância".[3] Não se deve jamais esquecer que Fayol não era um acadêmico, mas um praticante uma longa história de sucesso em circunstâncias difíceis. Sua experiência lhe ensinou que a única administração de sucesso era aquela conduzida de acordo com princípios fundamentais.

Notas

[1] Sasaki, Tsuneo, "Fayol, Henri", em M. Witzel (ed.), *Biographical Dictionary of Management*, Bristol: Thoemmes Press, 2001, p. 294.

[2] Esse resumo vem de Sasaki (2001). Para uma explicação mais detalhada ver a tradução de Storrs de *General and Industrial Management*, e também *Fayol on Administration*, de Brodie.

[3] *General and Industrial Administration*, tradução de Storrs, Londres: Pitman, 1949.

Veja também

Drucker, Emerson, Ford, Gilbreth, Taylor, Urwick.

Para ler Henri Fayol

Administration industrielle et générale foi a grande obra de Fayol. Publicada originalmente em forma de artigo em uma revista francesa de mineração, só apareceu em livro em 1925, na França. As traduções de Storrs e Gray, relacionadas separadamente, são as mais conhecidas e as mais acessíveis: Gray toma a liberdade de "refrasear" partes do texto no original, e deve-se dar preferência a Storrs. *L'incapacité industrielle de l'État* é uma polêmica contra a administração estatal de empresas industriais.

L'incapacité industrielle de l'État, Paris: Dunod, 1921.

Administration industrielle et générale, Paris: Dunod, 1925.

C. Storrs, trad., *General and Industrial Management*, Londres: Pitman, 1949.

I. Gray, trad., *General and Industrial Management*, Nova York: David S. Lake, 1984.

Para saber mais

Brodie e Lepawski oferecem análises detalhadas, ainda que datadas. Urwick representa uma tentativa de reintegrar o fayolismo à vertente principal do pensamento da administração; Wren é uma boa análise moderna; e Sasaki é muito bom no que se refere ao ambiente histórico.

Barnard, C. I., *The Functions of the Executive*, Cambridge: Harvard University Press, 1938.

Brodie, M., *Fayol on Administration*, Londres: Lyon, Grant & Green, 1967.

Lepawski, A., *Administration: The Art and Science of Organisation and Management*, Nova York: Alfred A. Knopf, 1949.

Sasaki, T., "Fayol, Henri", em M. Witzel (ed.), *Biographical Dictionary of Management*, Bristol: Thoemmes Press, 2001, pp. 293-5.

Urwick, L., "The Function of Administration", em L. Gulick e L. Urwick (eds.), *Papers on the Science of Administration*, Nova York: Institute of Public Administration, 1937.

Wren, D. A., (ed.), "Henri Fayol and the Emergence of General Management Theory", *Journal of Management History*, n. 1, v. 3, 1995, pp. 5-12.

Mary Parker Follett (1868-1933)

Mary Parker Follett foi uma cientista social que desafiou os preceitos da administração científica e ajudou a lançar as fundações da escola de relações humanas da administração. Afirmava, em particular, que a única forma viável de controle era a coordenação: organizações baseadas em comando e controle eram ineficientes e não sobreviveriam. Desafiou também o papel dos "especialistas", e sustentava que a melhor aprendizagem é a que adquirimos por nós mesmos, sem depender que outros pensassem por nós. Pensadora independente e crítica, Follett teve um impacto poderoso na teoria da administração nas décadas de 1920 e 1930, e suas idéias continuam a ressoar ainda hoje.

Follett nasceu em Quincy, Massachusetts, em uma antiga família da Nova Inglaterra, no dia 3 de setembro de 1868. Estudou no Radcliffe College, colando grau em filosofia, direito, história e ciência política, tendo passado parte desse tempo estudando no Newnham College, em Cambridge, e na Sorbonne, em Paris. Graduou-se *magna cum laude*. Estabeleceu-se em Boston com sua companheira de longa data, Isobel Briggs, e se envolveu na criação de centros de serviços educacionais nos distritos operários da cidade. Mais tarde, esses serviços passariam a oferecer também educação vocacional e a ajudar as pessoas a encontrar emprego. Seu grande interesse foi a política (quando estava em Radcliffe escreveu um livro importante e muito respeitado, *The Speaker of the House of Representatives* (1896)), porém o trabalho em Boston aumentou seu interesse pelas questões econômicas e sociais. A obra subseqüente foi a previdente *The New State-Group Organization* (1918). Hoje raramente lido, esse livro é uma análise da relação entre o indivíduo e a sociedade e do papel desempenhado por essa relação na manutenção da democracia. Nessa obra, Follett antecipou muitas das conclusões dos acadêmicos pós-modernos da política e sociedade, como Anthony Giddens.

A partir daí, Follett passou a estudar como os indivíduos funcionam na sociedade. Seu livro seguinte, *Creative Experience* (1924), apresentou idéias de sociologia e psicologia e sobre o papel do conhecimento pessoal no seu pensamento. O livro foi publicado em uma época em que os teóricos e os praticantes da administração se interessavam cada vez mais pela interação entre indivíduos e organizações (que podiam ser consideradas construções reduzidas da sociedade) e pela nova disciplina do comportamento organizacional que então surgia. *Creative Experience* foi lido por Henry Metcalf, diretor do Departamento de Administração de Pessoal em Nova York, que, com seu colega Ordway Tead, era um dos principais autores e professores de organização e administração de pessoal. Metcalf percebeu o potencial do trabalho de Follett para a administração e convidou-a a pronunciar uma série de palestras que ficaram muito conhecidas nos Estados Unidos e na Grã-Bretanha. Benjamin Seebohm Rowntree, presidente da fábrica de chocolates Rowntree & Co. em York e empresário muito interessado nos problemas de administração, convidou Follett a proferir uma conferência na série bianual de Conferências Rowntree que havia organizado no Balliol College, em Oxford. Ali entrou em contato com a nata da *intelligentsia* da administração inglesa, como Oliver Sheldon e Lyndall **Urwick**. Urwick passou a difundir e apoiar entusiasticamente as idéias de Follett e a incentivou a escrever mais diretamente sobre administração. Follett retornou ao Reino Unido para pronunciar outras conferências, principalmente na London School of Economics.

Follett sentiu-se bem recebida no Reino Unido e notou que suas idéias tiveram ali uma recepção mais calorosa que nos Estados Unidos. Decidiu organizar sua vida na Grã-Bretanha. Em 1928, após a morte de Isobel Briggs, Follett se mudou para Londres, onde viveu em Chelsea com outra amiga, Dame Katherine Furze. Em 1933, regressou a Boston para liquidar alguns negócios financeiros antes de se mudar definitivamente para Londres, no entanto adoeceu vindo a falecer em 18 de dezembro de 1933, aos 65 anos.

Creative Experience foi um livro que veio à luz, no que diz respeito à teoria da administração, exatamente no momento certo. Em meados da década de 1920, o movimento da administração científica dominava o pensamento administrativo nos Estados Unidos bem como em várias partes da Europa. Mas a administração científica não era encarada com entusiasmo universal. Tinha a tendência de levar à burocracia e à tecnocracia, e enfatizava especialmente o papel do técnico especialista, parecendo diminuir (e em muitos casos fazendo realmente isso) os papéis não só dos operários na fábrica, mas também o dos gerentes de linha, que geralmente tinham a sensação de que os especialistas em eficiência estavam tomando de suas mãos o controle do negócio. Follett abria o livro questionando o papel desses especialistas e todo o conceito do que chamava "experiência vicária", ou seja, valer-se da experiência e das capacidades de outros em vez de adquirir por nós mesmos o conhecimento. Não concordava que os especialistas fossem os donos da verdade. Não os descartava de imediato, e reconhecia que sua experiência e conhecimento significavam que *tinham* acesso à verdade, ou pelo menos à parte dela. Perigoso, em sua opinião, era a forma como os outros aceitavam sem questionar que os especialistas pensassem por eles.

Qual seria a alternativa? Na visão de Follett, as pessoas deveriam reunir elas próprias suas informações, tomar suas próprias decisões, definir seus próprios papéis e dar forma a sua própria vida. Mas ao mesmo tempo rejeitava o empirismo: a experiência não deveria ser usada para criar teorias e conceitos rígidos, mas para informar a mente e "libertar o espírito", em um processo que denominava de "evocação". Dessa forma, a experiência pode se tornar verdadeiramente criativa, uma força poderosa que gera avanços e progresso.

Essa concepção teve fortes repercussões no trabalho moderno sobre administração do conhecimento. Atualmente, costuma-se aceitar que, para compreender e usar a nova informação que vem até nós, precisamos de uma base anterior de conhecimento que nos permita interpretar a nova informação e determinar o que é válido e relevante. Ademais, traz como conseqüência que a experiência e o conhecimento são em si forças motivadoras. A visão que Follett tinha da sociedade, bem como das organizações, era que pessoas em todos os níveis deveriam ser motivadas a trabalhar e a participar, e ao mesmo tempo adquirir experiência. A importância da teoria psicológica transparece em todo o livro, e Follett faz referência a conceitos como Gestalt. Todavia, em última análise, *Creative Experience* não é um livro de psicologia, assim como não o é de qualquer outro ramo de conhecimento. Follett acreditava na unidade do conhecimento, e usava a teoria política, social, econômica e legal, além da psicologia e da biologia, para construir um quadro holístico de como pensamos, sentimos e experimentamos, não apenas como indivíduos, mas também como indivíduos-em-grupos.

Essa foi uma importante contribuição para a nascente disciplina de comportamento organizacional, e à época merecidamente reconhecida como tal. O interesse por sua obra no campo dos estudos de administração talvez tenha surpreendido Follett, já que nada havia sido anteriormente escrito sobre o tema. Entretanto, como comentam Lyndall Urwick e Edward Brech no pequeno estudo de sua obra e influência, Follett não mudou tanto de orientação para estudar empresas e administração, mas, pelo contrário, incorporou esses campos a sua já ampla área de interesse. Conferências subseqüentes no Departamento de Administração Pública, nas Conferências Rowntree e na London School of Economics mostraram que ela aplicava uma ampla gama de teorias de muitas disciplinas aos problemas da administração. Falava constantemente sobre a necessidade de crescimento e de desenvolvimento pessoal como a chave para o sucesso em administração. Reunir experiência e conhecimento, afirmava, enriquecia a pessoa e tornava o administrador mais eficiente e mais capaz de manter e coordenar as relações tanto na organização como fora dela. Entre outras contribuições nesse campo, Follett lançou os alicerces de uma teoria relacional, ou das redes da administração, declarando que essas relações eram importantíssimas para a eficácia tanto empresarial quanto social.

Contudo, foi sua obra sobre coordenação e controle que teve impacto mais duradouro. Em uma das conferências mais importantes, "The Process of Control", apresentada em 1930 e depois reproduzida por Urwick e Luther Gulick em *Papers on the Science of Administration* em 1937, Follett mais uma vez expunha o papel da administração do conhecimento. Segundo ela, o objetivo do controle não é controlar as pessoas, mas controlar *fatos*. Em outras palavras, o controle que realmente importa é o da informação. Segundo, um controle eficaz desse tipo não pode vir de uma fonte: para ser eficaz, o controle tem de ser a "correlação de muitos controles, e não um controle imposto do alto".

> As ramificações da indústria moderna são muito extensas, sua organização excessivamente complexa, seus problemas complicados demais para que possa ser controlada exclusivamente por comandos emanados de cima. Sendo assim, vemos que quando se fala de controle central, não se está falando de um ponto de irradiação, mas a reunião dos muitos controles existentes em toda a empresa.[1]

O que consideramos "controle" constituía-se, na verdade, em "coordenação". Em uma passagem famosa e muito citada, fornecia quatro princípios fundamentais de coordenação:

- coordenação como a relação recíproca de todos os fatores em uma dada circunstância;
- coordenação por contato direto das pessoas responsáveis envolvidas;
- coordenação nos estágios iniciais; e
- coordenação como processo contínuo.[2]

O primeiro deles remete de volta à filosofia de Follett em *Creative Experience*. Quando duas ou mais pessoas trabalham juntas, dizia, combinam sua forma de pensar por meio de um processo a que Follett chamava de "ajustamento". Em um jogo de tênis de duplas, por exemplo, cada jogador tem de ajustar seu pensamento para levar em conta os movimentos e as ações do parceiro. Em uma grande organização empresarial, os chefes de cada departamento "ajustam" constantemente sua forma de pensar para refletir as ações e as atividades de seus colegas e respectivos departamentos. Esse ajuste se reflete na maneira pela qual cada chefe controla seu departamento. Ao mesmo tempo, é evidente, eles *também* ajustam sua forma de pensar a todo um conjunto de outros fatores que surgem no ambiente a sua volta. Todos esses conjuntos de pensamentos se interpenetram, e as atividades de qualquer departamento refletem o conjunto combinado de pensamentos que a coordenação controla. Desse modo, não existe um departamento isolado, nem a organização é apenas um conjunto de departamentos colocados lado a lado: pelo contrário, é um todo unificado preso por esse conjunto de relações dinâmicas, em constante mutação. Isso, por sua vez, afeta tudo o que a organização e seus membros fazem.

Follett defendia que a coordenação fosse operada diretamente pelos gerentes responsáveis que estão em contato direto com os trabalhadores, e não por figuras invisíveis no alto. Por coordenação nos estágios iniciais, entendia a coordenação que deve estar embutida no sistema desde sua criação. Entretanto, a coordenação não se completa com o projeto do sistema: é também um processo contínuo que deve ocorrer como parte natural da administração. Follett advogava a coordenação contínua com fundamento de que resultava tanto facilidade de solucionar problemas como a geração de conhecimentos capazes de aperfeiçoar os métodos de trabalho no futuro. Em uma antecipação do trabalho posterior sobre estratégia e planejamento, também afirmava que a coordenação contínua cria o que mais tarde veio a ser conhecido como "laços de realimentação", por meio dos quais planos e políticas poderiam ser facilmente ajustados à luz de novas informações.

Follett rejeitava a visão mecanicista da organização proposta por muitos no movimento de administração científica, preferindo um modelo social e biológico. Isso fica mais claro quando discutia a natureza do controle. Em uma frase famosa, declarou que "organização é controle", que as organizações não têm outro objetivo que não o controle. Mas voltava a insistir que a natureza real do controle é a coordenação das partes:

> Os biólogos nos informam que a atividade organizadora dos organismos é a atividade diretora, que o organismo recebe sua força de autodireção do fato de ser um organismo, ou seja, do relacionamento funcional de suas partes.
>
> No plano fisiológico, controle significa coordenação. Sem a coordenação dos músculos, que é controle, não consigo me levantar de manhã, não consigo descer as escadas. O atleta tem mais dessa coordenação que eu, portanto tem mais controle. Foi justamente isso que descobrimos nas empresas.[3]

Em uma empresa não há controle imposto. Controle para fazer que um elemento execute sozinho uma ação não é controle. Na realidade da vida empresarial, nem mesmo a diretoria mais autocrática tem o controle isolado: tão logo se acrescentam níveis mais baixos de gerência, a responsabilidade é delegada e o controle é compartilhado, e desse momento em diante a coordenação torna-se uma necessidade.

O controle mais importante de todos, concluia Follett, é o autocontrole. Em uma passagem que é um apelo direto à maior democracia nas organizações industriais, afirmava que uma forma de controle coletivo que coordene as ações de todos os membros da organização permitindo-lhes participar do processo de controle é o caminho certo para que as indústrias avancem:

> Se os senhores aceitarem minha definição de controle como um processo autogerador, como a experiência entrelaçadora de todos que executam uma parte funcional da atividade em consideração, isso não caracterizaria um imperativo? Não somos todos obrigados a tomar conscientemente parte desse processo? Hoje somos escravos do caos em que vivemos. Para ter o controle de nossos negócios, para dominá-los, para nos libertarmos, temos de aprender e praticar, disso tenho certeza, os métodos de controle coletivo. A essa tarefa podemos todos nos dedicar. Ao mesmo tempo que vendemos ou fabricamos produtos, ou o quer que seja que façamos, podemos trabalhar em harmonia com a lei fundamental da vida. Podemos estar certos de que, com esse método, o controle estará em nossas mãos.[4]

Pauline Graham, a mais importante estudiosa da obra de Follett, acredita que muitas das idéias são tão relevantes hoje quanto o eram ao ser lançadas (Graham, de fato, escreveu um livro de preceitos de administração derivados da obra de Follett). É difícil discordar desse ponto de vista. A visão da organização holística e centrada no homem, que enfatiza relações, comunicação e coordenação, é coerente com o pensamento moderno. Se suas idéias sobre administração têm alguma fraqueza, ela reside no fato de (mais uma vez de acordo com o pensamento moderno) não se aprofundar na necessidade, pelo menos potencial, do controle e da regulamentação diretos para garantir probidade e segurança. Uma organização como a proposta por Follett funciona enquanto seus membros estiverem motivados a trabalhar juntos pelo bem da organização e da sociedade. A tarefa do controlador coordenador deve ser também a de motivar tendo esse fim em mente. Como já observou Gareth **Morgan**, nenhuma metáfora da organização, por mais poderosa que seja, apresenta mais que um retrato parcial do todo.

À parte esse problema, Follett deu-nos um conjunto de idéias poderosas e convincentes sobre como administrar organizações pela coordenação do conhecimento e das relações. Antecipou em muitas décadas grande parte do pensamento moderno nesse campo, e continua sendo um dos pensadores mais originais e duradouros da moderna administração.

Notas

[1] M. P. Follet, "The Process of Control", em L. Gulick e L. Urwick (eds.), *Papers on the Science of Administration*, Nova York: Institute of Public Administration, 1937, p. 164.

[2] *Ibid.*, p. 161.

[3] *Ibid.*, pp. 166-7.

[4] *Ibid.*, p. 169.

Veja também

Argyris, Emerson, Fayol, Gareth, Morgan, Simon.

Para ler Mary Parker Follett

Creative Experience é considerada a obra-prima de Follett. "The Process of Control" é tido como um dos melhores ensaios sobre administração. Os ensaios, reunidos por seus admiradores Henry Metcalf e Lyndall Urwick, constituem leitura essencial para os estudantes do pensamento de Follett sobre administração e organização.

The Speaker of the House of Representatives, Nova York: Longmans Green, 1896.

The New State-Group Organization: The Solution for Popular Government, Nova York: Longmans Green, 1918.

Creative Experience, Nova York: Longmans Green, 1924.

"The Process of Control", em L. Gulick e L. Urwick (eds.), *Papers on the Science of Public Administration*, Nova York: Institute of Public Administration, 1937, pp. 159-69.

Metcalf, H. C. e Urwick, L. F. (eds.), *Dynamic Administration: The Collected Papers of Mary Parker Follett*, Bath: Management Publications Trust, 1941.

PARA SABER MAIS

Em inglês

Graham é biógrafa de Follett e fez excelentes estudos sobre sua obra, superando o estudo anterior de Urwick. Vale a pena ler a breve avaliação de sua carreira feita por Urwick e Brech.

GRAHAM, P., *Dynamic Managing: The Follett Way*, Londres: British Institute of Management, 1987.

________. (ed.), *Mary Parker Follett: Prophet of Management*, Boston: Harvard Business School, 1995.

URWICK, L. F. (ed.), *Freedom and Coordination*, Londres: Management Publications Trust, 1949.

URWICK, L. F. e BRECH, E. F. L., *The Making of Scientific Management*, vol. I, *Management in British Industry*, Londres: Management Publications Trust, 1949; reimpr. Bristol: Thoemmes Press, 2002.

Em português

GRAHAM, Pauline. *Mary Parker Follett, profeta do gerenciamento*: uma celebração dos escritos dos anos 20. Rio de Janeiro: Qualitymark, 1996.

HENRY FORD (1863-1947)

Henry Ford talvez seja o mais famoso líder empresarial de todos os tempos. Ao longo dos últimos cem anos, foi igualmente admirado e vilipendiado. Para alguns, foi o modelo do gênio empresarial americano, que revolucionou a cultura e o estilo de vida americano ao levar carros baratos às massas, dando início ao longo caso de amor americano com o automóvel. Para outros foi o incentivador do sistema de produção em massa, desumanizador e embrutecedor, que oprimiu a vida de milhões em todo o mundo. Entre seus admiradores estava Wladimir Ilitch Lenin, que deu instruções ao *Pravda* para publicar em capítulos diários seus livros. Entre seus detratores, Aldous Huxley, cujos personagens no romance *Admirável mundo novo* oravam ao "Nosso Ford" em vez de ao "Pai Nosso".

Parte do problema advém do fato de a vida e a carreira do próprio Ford terem mudado dramaticamente com a passagem do tempo. Até mesmo o observador mais simpático tem dificuldades em conciliar o empregador esclarecido e engenheiro talentoso que projetou o Modelo T e construiu a linha de produção de Highland Park com o velho paranóico e amargo que descuidou de sua companhia, contratou capangas da Máfia para espancar seus empregados e, a se acreditar em alguns testemunhos, levou seu filho único à morte precoce. Henry Ford tem dois lados, e qualquer avaliação tem de considerar os dois.

Ford nasceu perto de Dearborn, Michigan, no dia 30 de julho de 1863. Depois de uma educação rudimentar, trabalhou como aprendiz de maquinista em Detroit, suplementando o parco salário trabalhando em tempo parcial como relojoeiro. Tinha particular interesse em engrenagens e suas funções, e chegou a levar em consideração fazer carreira de relojoeiro. Retornando a Dearborn em 1882, fundou uma pequena oficina de máquinas agrícolas. Em 1888, já com 25 anos, casou-se com uma moça do lugar, Clara Bryant, regressando com a ela para Detroit, onde se empregou na Edison Illuminating Company. Ali seu talento natural de engenheiro lhe permitiu prosperar, sendo logo promovido, passando a engenheiro-chefe da área de Chicago em 1893 (seu único filho, Edsel Ford, nasceu naquele ano). Sua capacidade chamou a atenção de Thomas Edison, de quem mais tarde foi amigo íntimo.

Desde o início, Ford era fascinado por automóveis e pelo potencial que ofereciam. Certamente, no final dos anos 1890, já estava fazendo experimentos com o projeto de construção de automóveis. Sua experiência com engrenagens do tempo de relojoeiro o ajudou a resolver vários problemas sobre como converter a força motriz produzida por vapor ou por um motor de combustão interna em acionamento das rodas. O projeto simples da transmissão levou-o ao desenvolvimento de um automóvel funcional em 1896. O carro, a que ele deu o nome de quadriciclo, usava rodas de bicicleta e pesava 225 quilos. Ford incontinente o vendeu para levantar capital a fim de prosseguir suas experiências, continuando a fabricar e a vender protótipos semelhantes durante vários anos.

Em 1899, Ford se demitiu da Edison e, com capital de um comerciante de madeira, fundou a Detroit Automobile Company. Faliu pouco depois, devido, em grande parte, à sua pouca experiência em problemas de produção. Em 1900, voltou a tentar agora com a Henry Ford Company. Como a primeira empresa, essa também teve problemas e produziu poucos carros, mas conseguiu desenvolver um bom projeto de carro de corrida. Ford entusiasmou-se com as corridas, tanto que descuidou dos negócios e foi finalmente destituído da empresa pelos sócios (ironicamente, a Henry Ford Company foi comprada pela Cadillac que se tornou finalmente parte da General Motors). Ford fundou então uma sociedade com o piloto de corridas Tom Cooper, e juntos construíram um carro de corridas, o 999, que estabeleceu em 1902 o recorde mundial de velocidade em terra.

Entretanto, apesar de as corridas serem excitantes, as chances de riqueza eram pequenas. A visão original de Ford sempre fora a de construir carros baratos que pudessem ser vendidos às massas. Em 1903, não só já acumulara experiência de engenharia, mas também conhecia os contatos, os financiadores e, acima de tudo, a equipe administrativa para tornar realidade aquele sonho.

Dessa vez o financiador foi Alexander Malcolmson, um negociante de carvão de Detroit. Outros sócios foram John e Horace Dodge, que forneceram os primeiros motores para os carros da Ford. O canadense James Couzens, ex-empregado de Malcolmson, foi contratado como tesoureiro e supervisionou os trabalhos iniciais de marketing e administração. Com essa equipe, foi fundada a Ford Motor Company em Detroit, em junho de 1903.

Os primeiros anos foram cheios de problemas. Ford teve primeiro de lutar contra um processo por violação de patente proposto pela Associação dos Fabricantes Licenciados de Automóveis, que alegavam ter o direito exclusivo de fabricar e vender automóveis a gasolina. Em seguida, teve de tornar clara sua visão do futuro da companhia como produtora de carros baratos e de baixo custo, defendendo essa posição contra Malcolmson, que queria produzir veículos de luxo e alto preço. Ford mostrou que todos os outros fabricantes disputavam esse mercado, e portanto era sensato descer para um patamar inferior no mercado, onde a concorrência era praticamente inexistente. Venceu a disputa, levando Malcolmson a se afastar em 1906. Passou finalmente à momentosa atividade de fabricar automóveis. O primeiro projeto importante foi o Modelo N, um carro barato, oferecido ao mercado naquele ano por 600 dólares. As vendas foram suficientemente boas para convencer Ford de que sua visão inicial estava correta. Partiu para o desenvolvimento de duas inovações que lhe dariam fama: o Modelo T e a fábrica de Highland Park.

O Modelo T, apelidado de "Tin Lizzie" pelos seus milhões de proprietários, foi aquele que trouxe o carro de massa para os Estados Unidos e mudou para sempre a cultura americana. Projetado por Childe Harold Willis e viabilizado pelo próprio Ford, o Modelo T entrou no mercado em 1908 por 825 dólares. Com um motor de 22 cavalos e um projeto avançado de chassis e direção, o carro era tecnologicamente avançado ao ser lançado, e ainda assim o projeto era tão simples que suas peças podiam ser produzidas em massa e facilmente montadas. Entre 1908 e 1927, foram vendidos 17 milhões de Modelos T, mais que todos os outros modelos de carro fabricados à época. Ford trabalhou constantemente para reduzir o preço, e teve tanto sucesso que em meados da década de 1920 o preço de um Modelo T novo era 275 dólares. Essa foi uma receita contra a qual os outros fabricantes não conseguiram competir. Até mesmo os rivais mais bem-sucedidos, como William Durant na Chevrolet/General Motors e John North Willys na Willys Overland, vendiam uma pequena fração do total de carros vendidos pela Ford. Depois de surgir como objeto de luxo, o carro se transformou quase da noite para o dia em um produto de consumo de massa. As famílias de classe média, e até mesmo as dos operários mais prósperos, tinham condições de comprar um carro. Essa capacidade de antever o potencial do mercado de carros teve papel fundamental no sucesso de Ford.

A preponderância do Modelo T foi possível em grande parte pela impressionante organização que o fabricava. Projetada pelo arquiteto Albert Kahn e construída especificamente para produzir o Modelo T, a fábrica de Highland Park, Michigan, tinha uma área coberta de 155 mil metros quadrados. Tinha a maior linha de montagem já vista no mundo, e foi cuidadosamente planejada para aumentar a velocidade da produção de carros a um ponto jamais tentado: em vez das 12 a 14 horas para montar um carro, os Modelos T eram montados com partes acabadas retiradas do estoque em uma hora e meia. A inauguração de Highland Park em 1910 foi um choque para o mundo empresarial. Visitantes de outras companhias, e até mesmo de outros países vinham em bandos para conhecê-la. Entre os que aprenderam com os métodos de produção de Ford estava o fabricante de calçados tcheco Tomas **Bat'a** que mais tarde criaria na Europa a sua própria visão revolucionária da administração. Ford foi aplaudido não somente pela engenharia mecânica, mas também pela atenção ao detalhe e pelo sistema de produção cuidadosamente projetado, baseado em grande parte nos métodos da administração científica propostos por Frederick W. **Taylor**, mas que também usava sistemas de produção em massa anteriores, como o desenvolvido pelo inventor da colheitadeira combinada, Cyrus Hall McCormick, na International Harvester. O sucesso de Ford foi a combinação de várias idéias e sistemas já existentes em um único processo eficiente de produção.

Também em termos de relações com os operários, Ford foi visto por muitos como um visionário. Em 1914, reduziu a carga horária diária para oito horas, acreditando que esse era o período ótimo de trabalho para a eficiência do operário, e também promoveu a famosa diária de 5 dólares, quase o dobro do salário médio da indústria. Em certa ocasião, quando Highland Park anunciou que precisava de operários, a fábrica atendeu a mais de mil interessados para cada vaga, permitindo aos chefes de produção William Knudsen e Charles Sorenson selecionar apenas os mais qualificados. Apesar das conotações posteriores de desumanização e desqualificação dos operários associadas à produção em massa, Highland Park era quase tão famosa no mundo sindical quanto no empresarial. Quando Sorenson visitou a União Soviética e foi a uma fábrica de caminhões nos arredores de Moscou no final dos anos 1920, ficou estupefato ao ouvir gritos de "Hi, Charlie" dos homens na linha de produção. Ficou sabendo que muitos deles trabalharam em Highland Park antes da Primeira Guerra Mundial e haviam espalhado a fama da fábrica entre os colegas.

Outro fator de sucesso de Ford foi sua equipe administrativa. Já em 1910, tinha a seu serviço três dos melhores administradores dos Estados Unidos à época. James Couzens, além de administrar as finanças da companhia, implantou um sistema de distribuição e uma rede nacional de concessionárias que foi desde o início uma das grandes forças da Ford, permitindo a complementação da produção em massa pela venda em massa. O engenheiro dinamarquês William Knudsen veio para a Ford de uma subsidiária que Ford comprou em 1911, e já em 1916 era o responsável por toda a produção, não só de Highland Park, mas também a de perto de duas dúzias de subsidiárias que produziam peças e conjuntos em todo os Estados Unidos. Seu vice, Charles Sorenson, era um desenhista que havia trabalhado com Ford e Cooper em seus dias de carros de corrida, e progrediu até se tornar gerente de produção do Modelo T.

Por volta de 1920, Ford começou a perder o controle. Os primeiros sinais de problemas vieram à tona com a debandada da equipe administrativa. Um após o outro, altos administradores e diretores brigaram com Ford e deixaram a empresa. James Couzens foi o primeiro a sair, abandonando Ford e a indústria para seguir a carreira política (mais tarde foi senador dos Estados Unidos). Mais grave foi a saída de Knudsen para a rival General Motors em 1920. Na GM, Knudsen assumiu as responsabilidade pela produção do Chevrolet, que perdia em vendas para o Modelo T da Ford na proporção de 7 por 1. Sete anos depois, o Chevrolet já havia tirado o Modelo T do mercado. A General Motors, reformada e reestruturada por Pierre **du Pont** e Alfred P. Sloan, era agora mais forte, mais flexível e mais bem administrada que a Ford. Com James **Mooney**, responsável pelos negócios internacionais, a GM se tornava também dominante no exterior. E Ford começava a desprezar o elemento mais importante da combinação, os consumidores. Seu famoso comentário, "O cliente pode escolher um carro de qualquer cor, desde que seja preto", que data desse período, talvez seja apócrifo, mas ainda assim é indicativo da idéia de que agora apenas a produção era importante.

Havia também sinais crescentes de doença mental, e seu filho Edsel, que aos 22 anos havia sucedido a Couzens como secretário e tesoureiro da companhia, era um dos que mais sofriam. Charles Sorenson, leal a Ford até quase o final, concordava que já nos anos 1920 Ford estava paranóico, mostrando os primeiros sinais de loucura, e seu filho era a vítima de uma série de explosões de raiva cada vez mais violentas. Apesar de Edsel Ford ter assumido a presidência da companhia, sentia-se cada dia mais afetado de úlcera de estômago e finalmente de um câncer que o matou em 1943. Sorenson, que normalmente não tolerava críticas do chefe, acreditava que Ford teve grande parte da culpa pela morte do filho.

Foram Sorenson e Edsel Ford que convenceram Ford de que os dias do Modelo T tinham terminado, e a produção foi interrompida por seis meses em 1927 a fim de preparar a fábrica para seu sucessor, o Modelo A. Este teve sucesso, mas não tanto a ponto de evitar que a General Motors lhe tomasse o posto de maior produtor de automóveis em termos de unidades vendidas. Uma nova fábrica em River Rouge, Michigan, foi construída para produzir o Modelo A. Maior e menos eficiente que Hihgland Park, tinha uma série de problemas que atrasavam a produção e reduziam a lucratividade. O moral na fábrica também piorou. Ford, apesar de se opor veementemente aos sindicatos, sempre havia tratado bem e com justiça seus operários. No entanto, passou a cortar salários e aumentar as horas de trabalho. Quando os empregados ameaçaram se sindicalizar, Ford contratou Harry Bennett, um ex-lutador e capanga da Máfia de Chicago, que criou o famigerado Ford Service Department, uma gangue de brutamontes que interrompia as reuniões sindicais e aterrorizava os operários pró-sindicalização. Em 1940, Ford recusou-se a participar do programa de fabricação de aviões do governo, principalmente em virtude de uma ilusão paranóica de que o presidente Franklin D. Roosevelt queria destruí-lo (o fato de William Knudsen ter sido encarregado da administração do programa provavelmente não ajudou a acalmar as suspeitas de Ford). Edsel Ford e Sorenson convenceram Ford a participar, e a fábrica de Willow Run foi construída nas proximidades de Ypsilanti, Michigan, para produzir bombardeiros pesados. Ainda assim, Ford nunca foi à fábrica, convencido de que se fosse, seria assassinado por espiões do governo. Harry Bennett tinha o controle praticamente total da companhia e do próprio Ford. Sorenson lembra-se de ver Clara Ford em lágrimas ao pensar no que "aquele monstro" estava fazendo a seu marido.

A morte de Edsel Ford em 1943 provocou a crise final. Parcialmente paralisado por um derrame, Ford anunciou que reassumiria a presidência da empresa. O fato revoltou a esposa e a nora, viúva de Edsel, que ameaçaram vender suas ações para a General Motors a menos que Ford se aposentasse. Ele finalmente cedeu, e Clara Ford intercedeu junto ao governo para obter a dispensa de Henry Ford II, filho de Edsel, do serviço na Marinha. Depois da guerra, o jovem Ford começou a longa tarefa de reconstruir a companhia, contratando novos talentos administrativos, como Robert Mcnamara e Lee Iacocca.

Como então podemos avaliar Henry Ford? Sua carreira está aberta a muitas interpretações diferentes, tendo todas elas um elemento de verdade. Mas na história das empresas, tornou-se moda comparar Ford desfavoravelmente com seus rivais da General Motors, principalmente com Alfred Sloan. A GM era progressista e inovadora, a Ford, conservadora e impermeável à mudança. A GM concentrava-se no mercado, a Ford, na produção. A GM era estruturada em divisões e eficiente; a Ford, centralizada e ineficiente. Acima de tudo, a GM era administrada por profissionais, separando-se propriedade de controle, ao passo que a Ford era administrada pela família proprietária.

Todas essas afirmações são discutíveis. De início, a GM tinha pouca separação entre propriedade e controle, especialmente quando administrada por Durant e Du Pont, enquanto a Ford, pelo menos nos estágios iniciais, tinha vários administradores brilhantes em sua diretoria. O problema, como demonstram Nevins e Hill no segundo volume de sua magistral história da empresa Ford, é que a maioria das comparações são válidas dependendo de quando foram feitas. A Ford de 1934 não é de forma alguma a mesma Ford de 1914. É inegável que Ford permaneceu mais do que devia; da mesma forma, é difícil negar o sucesso dos primeiros anos, ou seu impacto na administração da indústria automobilística e da indústria em geral.

Nevins e Hill consideram que a idéia básica de Ford se baseava em cinco fatos inter-relacionados:

> [...] que o povo americano precisava de milhões de carros; que um único modelo barato e durável poderia atender a essa demanda; que quando novos elementos tecnológicos fossem introduzidos para criar a produção em massa, seria possível oferecer milhões de veículos baratos; que a redução de preço resultava na expansão do mercado; e altos salários resultavam em maior poder de compra. Isso era óbvio depois de demonstrado, como no caso de Colombo ao colocar um ovo em pé. Até então isso era tão pouco evidente que Ford teve de lutar contra seu principal sócio e a tendência geral da indústria para prová-lo. Um tipo especial de gênio consiste em perceber o que todos concordam ser óbvio – mas somente depois de uma mente excepcional ter pensado. Ford teve esse gênio. E ele mudou o mundo.[1]

Ford era mais feliz quando projetava. O Dearborn Engineering, grupo de pesquisa e desenvolvimento, reunido em torno do próprio Ford nos anos anteriores a 1920, era uma colméia de atividade e idéias, ligadas tanto a processos quanto a produtos. Highland Park era tão revolucionária quanto o carro que criou. River Rouge, ainda que mais orientada para o controle, tinha sua parcela de magia tecnológica e de engenharia. Até o fim de seus dias, Ford manteve uma compreensão quase intuitiva da engenharia de produção e dos fluxos de processo. Praticamente todos os sistemas de produção em massa desenvolvidos no mundo desde então devem alguma coisa a ele e a suas idéias.

Pode-se ter uma visão das idéias de Ford em seus livros. Embora tenham de ser manuseados com cautela, pois seu principal objetivo é em geral o auto-engrandecimento, há passagens freqüentes em que fala ao co-autor, Samuel Crowther, sobre seus objetivos e metas. O texto a seguir, de *Moving Forward* (1931) é interessante em muitos aspectos:

> Ao longo de todos os anos em que fui empresário, jamais achei que nossos negócios iam mal devido a forças externas. Era sempre em virtude de alguma deficiência de nossa própria companhia. Sempre que localizávamos e reparávamos aquele erro, os negócios voltavam a caminhar bem – independentemente do que alguém pudesse estar fazendo fora da empresa. Sempre se vai descobrir quando os negócios deste país vão mal que os empresários se distraíram, e os negócios vão bem quando assumem seus empreendimentos, impõem sua liderança, e marcham à frente apesar dos obstáculos. Só se pode esperar o desastre quando os princípios fundamentais dos negócios são desprezados e se toma o que parece ser o caminho mais fácil. Esses fundamentos, como eu os vejo, são:

- Produzir uma quantidade sempre crescente de bens da melhor qualidade possível, fabricá-los da melhor forma e da maneira mais econômica possível, e impô-los ao mercado.
- Buscar sempre a maior qualidade e os preços mais baixos, e também os menores custos.
- Elevar os salários gradual, mas continuamente – e nunca reduzi-los.
- Oferecer os produtos ao consumidor da maneira mais econômica para que os benefícios da produção a baixo custo cheguem a ele.

> Estes fundamentos são resumidos em uma única palavra: "serviço" [...] O serviço começa com a descoberta do que as pessoas necessitam e atender a essa necessidade de acordo com os princípios que acabam de ser expostos.[2]

Como declaração de filosofia, este texto mostra tanto as forças quanto as fraquezas da visão administrativa de Henry Ford. De um lado, há a atenção à qualidade, ao produto e, mais importante, às necessidades do mercado. De outro, há a ignorância da concorrência e a concentração das responsabilidades no administrador. Parte Frederick Winslow Taylor, parte Friedrich Wilhem Nietzsche, eis aqui um retrato do executivo como um super-homem, capaz de resolver todos os problemas valendo-se apenas da autoridade e do controle. É uma filosofia que, a exemplo do próprio homem, é cheia de aspectos contraditórios e incapaz de se manter por muito tempo.

NOTAS

[1] A. N. Nevins e F. E. Hill, *Ford: Expansion and Challenge, 1915-1933*, Nova York: Charles Scribner's Sons, 1957, p. 614.

[2] H. Ford e S. Crowther, *Moving Forward*, Nova York: Doubleday, 1931, pp. 2-3.

VEJA TAMBÉM

Arkwright, Bat'a, Du Pont, Taylor, Toyoda, Welch.

PARA LER HENRY FORD

Ford escreveu vários artigos em revistas e vários livros em que descreve sua própria filosofia de administração, geralmente trabalhando com um co-autor, Samuel Crowther. Como se observou, devem ser manuseados com cautela, mas ainda assim há muito que aprender neles.

My Life and Work, Nova York: Doubleday, 1922.

Today and Tomorrow, Nova York: Doubleday, 1926.

My Philosophy of Industry, Londres: Harrap, 1929.

Moving Forward, Nova York: Doubleday, 1931.

PARA SABER MAIS

Os três volumes de Nevins e Hill são o melhor retrato da companhia e de seu fundador, ainda que às vezes acrítico. Sward tem uma visão interessante do mito Ford. A biografia de Beasley de William Knudsen é um contrapeso útil, e a autobiografia de Sorenson é cheia de idéias, ainda que não deva ser aceita sem crítica.

BEASLEY, N., *Knudsen: A Biography*, Nova York: McGraw-Hill, 1947.

NEVINS, A. N. e HILL, F. E., *Ford: The Times, The Man, the Company*, Nova York: Charles Scribner's Sons, 1954.

_______. *Ford: Expansion and Challenge, 1915-1933*, Nova York: Charles Scribner's Sons, 1957.

_______. *Ford: Decline and Rebirth*, Nova York: Charles Scribner's Sons, 1962.

SORENSON, C. e WILLIAMSON, S. T., *Forty Years with Ford*, Londres: Jonathan Cape, 1957.

SWARD, K., *The Legend of Henry Ford*, Nova York: Rinehart, 1948.

JAY WRIGHT FORRESTER (1918-)

Jay Wright Forrester é cientista e professor de administração do MIT (Massachusetts Institute of Technology). Seu nome será para sempre associado ao conceito de dinâmica de sistemas, uma técnica de modelagem de sistemas à medida que evoluem ao longo do tempo, e incentiva o pensar sobre sistemas – e sobre uma ampla gama de outras questões – como uma coisa que acontece em um meio em constante mutação, e não em situações estáticas. Suas idéias e técnicas foram amplamente difundidas. Grande parte de sua influência sobre a administração foi indireta: a dinâmica de sistemas não levantou um coro instantâneo de reconhecimento que associa expressões como, por exemplo, administração por objetivos ou capacitações centrais. Ainda assim, a influência da dinâmica de sistemas pode ser vista nas áreas de previsão, planejamento de recursos, comportamento organizacional e no conceito de organização que aprende. À medida que os administradores do século XX aprendem a aceitá-la e administrar em meio à ambigüidade e à mudança contínua, a dinâmica de sistemas se torna um conceito de importância crescente.

Nascido em Arnold, Nebraska, no dia 14 de julho de 1918, Forrester cresceu em uma fazenda de gado. Depois de se formar em engenharia elétrica na Universidade de Nebraska, foi admitido na faculdade de pesquisa do Instituto de Tecnologia de Massachusetts em 1939, onde trabalhou com servomecanismos para armas e radar durante a Segunda Guerra Mundial. Após a guerra, em 1946, foi indicado para dirigir o laboratório de computação digital do MIT, onde desenvolveu e construiu o Whirlwind, um dos primeiros computadores digitais de alta velocidade. Foi também pioneiro no desenvolvimento de simuladores de vôo. Em 1952, passou à direção da divisão de computadores digitais do Laboratório Lincoln do MIT, onde atuou no desenvolvimento de memórias de núcleo magnético (MCM) para computadores. Em 1956, patenteou uma versão aperfeiçoada de MCM, originalmente desenvolvida por Wang, em Harvard, em 1951.

Wang, expatriado da China fustigada pela guerra, e Forrester, o filho de um fazendeiro do Nebraska, tinham uma visão semelhante do futuro do computador: os dois acreditavam que os computadores tinham uma ampla gama de aplicações potenciais, especialmente na indústria. Todavia, enquanto Wang preferiu levar adiante sua visão montando a Wang Laboratories em 1951, liderando o desenvolvimento comercial de computadores ao longo de quase três décadas, Forrester continuou na academia e prosseguiu sua pesquisa em outras direções. Em 1956, transferiu-se para a Escola de Administração Sloan do MIT como professor de administração, dando início às pesquisas sobre sistemas sociais. Sua visão ímpar, baseada em sua própria história em servomecanismos, eletrônica e cibernética, lhe propiciou novas idéias sobre os problemas das organizações e da administração. Permaneceu na Escola Sloan até a aposentadoria em 1989.

Considera-se que o catalisador do desenvolvimento das idéias de Forrester sobre a dinâmica de sistemas foi seu trabalho com a General Electric na década de 1950, quando observou que as intervenções administrativas em algumas áreas, como estoques e administração de recursos humanos, agravavam os problemas que deveriam resolver. Ao estudar a situação, identificou o que chamou de "sistemas de realimentação". Essencialmente, quando surgiam os problemas, os gerentes adotavam as ações corretivas que lhes pareciam adequadas, e estas geravam conseqüências no sistema. Por conseguinte, um único sistema de realimentação compreendia a situação original, a ação administrativa adotada e o resultante impacto sobre o sistema.

Entretanto, muitas dessas ações corretivas tinham conseqüências que iam além da situação inicial, e poderiam causar distorções adicionais em outros pontos do sistema. Consideremos um exemplo hipotético. O departamento de manutenção de uma fábrica tem uma folha de pagamento excessiva (situação). A gerência acredita que a melhor maneira de reduzir esse encargo é reduzir a equipe (ação). Em conseqüência, o departamento passa a contar com uma equipe menor (resultado). Mas se a força de trabalho é reduzida em excesso, ou se uma parte da equipe com capacidades técnicas específicas é despedida, há um efeito em cascata na manutenção da fábrica que causa problemas em outras áreas da empresa. Outros gerentes são agora forçados a agir, gerando outros sistemas de realimentação. O que começou como um problema único pode se espalhar por uma série de outros problemas e respostas. Forrester deu a esse fenômeno o nome de "oscilação", referindo-se à oscilação mais rápida do pêndulo depois de sofrer uma pressão adicional.

De fato, uma ação gerencial inadequada gerava "ruído" interno, ou endógeno, que alterava o sistema e tornava mais difícil uma eficiente administração. O feito de Forrester foi definir os sistemas de realimentação, medir o ruído ou a oscilação por eles produzido, e então modificar o sistema de administração para reduzi-lo. O resultado é o que ele denominou "dinâmica industrial" no livro de 1961 com esse título, mas que mais tarde passou a ser chamado "dinâmica de sistemas".

A dinâmica de sistemas tem três componentes principais. O primeiro é a compreensão da natureza e do funcionamento dos sistemas de realimentação. Entender esses sistemas exige a coleta de informações sobre o problema original, seguida de uma ação de controle, que é seguida da coleta de novas informações para a avaliação dos resultados e a determinação de seu sucesso ou fracasso, e também para medir as conseqüências em outras partes do sistema. O segundo é a introdução do uso de modelos em computador para compreender o processo ao longo do tempo e calcular os efeitos a jusante de uma dada ação, ou de uma ação proposta. À época, essa foi uma técnica crucial por permitir aos gerentes literalmente "ver" as conseqüências de ações possíveis antes de adotá-las. A simulação também permite a comparação e a avaliação de várias decisões e ações alternativas para determinar o melhor resultado possível.

A terceira característica é aquela que o próprio Forrester acreditava ser a mais importante: modelos mentais. Afirmava que a característica mais importante de qualquer sistema social – inclusive as empresas – é o conjunto de premissas comuns não escritas relativas às causas de eventos e fenômenos particulares. Isso vai além do *como* tomamos decisões e de *quais* decisões tomamos no domínio nebuloso do *por que* tomamos as decisões que tomamos. Portanto, a fim de que qualquer simulação ou modelo seja exato, os modeladores ou designers da simulação precisam entender os modelos mentais dos gerentes em questão. O modo como pensam e reagem, e como compartilham as informações, tem um forte impacto sobre os sistemas que gerenciam.

Isso era um assunto complexo e revolucionário, e até hoje a dinâmica de sistemas continua sendo um conceito difícil para a maioria dos gerentes. Em parte é assim por ser ao mesmo tempo duro e macio: baseia-se em dados e informações quantificáveis para criar modelos e simulações de base tecnológica, mas, ao mesmo tempo, dá grande ênfase a fatores nebulosos, à incerteza e ao comportamento humano. Evidentemente, há a tentação de usar a dinâmica de sistema para "endurecer" o comportamento gerencial pela produção de soluções mecanicistas para problemas dos sistemas sociais. Comparações criteriosas já se fizeram com enfoque na "solução ótima única" da administração científica. Outra tendência é a criação de modelos para toda uma indústria, a fim de se prever como se comportará o conjunto da indústria bancária ou de petróleo, que se inclinam a presumir que todos os gerentes deverão reagir mais ou menos da mesma forma diante dos desafios que surgem. Isso é prejudicial por fechar as portas à imaginação e à gerência criativa.

Forrester também não teve a intenção de se valer dessa forma da dinâmica de sistemas. Na década de 1960, futurólogos como os da Rand Corporation buscavam modelos de previsão que lhes permitissem avaliar o futuro com alguma precisão. Porém, Forrester afirmou que a prevalência de modelos mentais torna impossível tais previsões. Toda organização é um sistema social com seus próprios modelos mentais que, em certas circunstâncias, se comporta diferentemente de outras. Havia decisões óbvias com conseqüências favoráveis ou desfavoráveis, mas não há opções do tipo ou preto ou branco, ou certo ou errado. Cada sistema ou cada equipe de gerentes tinha de encontrar seu próprio caminho para a solução.

Essas idéias geram conseqüências para uma ampla gama de atividades empresariais. Evidentemente, a dinâmica de sistemas é amplamente usada na previsão e na modelagem da atividade futura de mercados e economias, para as quais se tornou um instrumento valioso. Há aplicações importantes no planejamento de recursos e na administração da cadeia de suprimentos, e sua influência pode ser vista no conceito da gerência *just-in-time*, em que as companhias executam uma série de sistemas de realimentação com seus fornecedores. A ciência decisória emprega a dinâmica de sistemas para modelar as conseqüências de decisões específicas na busca de soluções ótimas para problemas. Chris Argyris adaptou o conceito de sistemas de realimentação a seus estudos de comportamento organizacional. Mais recentemente, o conceito de modelos mentais compartilhados está no centro do conceito da "organização que aprende" imaginado originalmente por Arie **de Geus** e Peter Senge no final dos anos 1980 e início dos 1990 (Senge estudou e trabalhou com Forrester e foi fortemente influenciado por ele). De fato, pode-se afirmar que a organização que aprende é em si uma espécie de modelo mental, assim como que o conceito não pode ser implementado com sucesso enquanto os membros da organização não estiverem preparados para adaptar seu pensamento individual com o fim de incluí-lo.

Em anos recentes, Forrester aplicou sua dinâmica de sistemas à compreensão de problemas de decadência e recuperação urbanas, cujos resultados foram descritos em seu livro *Urban Dynamics* (1969). Ele deu início também a uma importante associação com o Clube de Roma, um *thinktank* privado fundado na década de 1960 para estudar o crescimento econômico mundial e problemas a ele associados, como o dano ambiental, a desigualdade do desenvolvimento econômico e o abismo entre as nações ricas e pobres. Aplicando a dinâmica de sistemas à economia mundial, Forrester e seus colegas afirmaram que o crescimento às taxas então correntes era insustentável e teria finalmente de ser reduzido, caso contrário os problemas de desigualdade e degradação ambiental passariam para o primeiro plano em importância. Esse argumento foi exposto em seu livro *World Dynamics*

(1971), e também – ainda com mais ênfase – por sua colega e membro do Clube de Roma, Donella Meadows, que desenvolveu com mais detalhes a tese do desenvolvimento sustentável. Meadows e Forrester foram muito criticados por numerosos economistas, que acreditavam que altas taxas de crescimento eram sustentáveis. Hoje o debate é feroz e foi incorporado à *problematique* central da globalização tanto por seus defensores quanto por seus oponentes.

Dinâmica de sistemas é um conceito ao mesmo tempo muito simples e muito complexo. Seu uso eficaz exige considerável treinamento e experiência, e hoje é dominado por apenas um grupo de gerentes. Ainda assim, tem ramificações no nosso pensamento, não só sobre a economia global e a competição, mas também sobre a forma como administramos as organizações, por que tomamos as decisões que tomamos e como aprendemos e empregamos o conhecimento. Ao construir sobre os alicerces da psicologia organizacional e cibernética lançadas, entre outros, por Herbert **Simon** e Norbert Wiener, Forrester criou um sistema robusto que permite aos gerentes avaliar os impactos de suas próprias decisões e comportamentos e definir visões racionais de problemas complexos.

Veja também

Argyris, Babbage, De Geus, Follett, Gates, Maslow, Simon, Taylor.

Para ler Jay Wright Forrester

Industrial Dynamics foi o lançamento da teoria da dinâmica de sistemas e o livro mais importante de Forrester. *World Dynamics* reflete seu trabalho com o Clube de Roma. A coletânea de seus textos reúne vários importantes artigos posteriores. Ver também Legasto *et al.*

Industrial Dynamics, Portland: Productivity Press, 1961.

Urban Dynamics, Portland: Productivity Press, 1969.

World Dynamics, 2. ed., Cambridge: Wright-Allen Press, 1973 (primeira publicação em 1971).

Collected Papers of Jay W. Forrester, Cambridge: Wright-Allen Press, 1975.

Para saber mais

Há uma literatura considerável em tudo que diz respeito à dinâmica de sistemas, desde previsão até administração de organizações e do conhecimento, e só podemos dar aqui uma pequena amostra. Legasto *et al.* é um bom livro generalista, ao passo que as outras duas obras relacionadas tratam primordialmente das aplicações e práticas de modelagem.

LEGASTO, A. A., FORRESTER, J.W., e LYNEIS, J. M., (eds.), *System Dynamics*, Amsterdam: North Holland, 1980.

MEADOWS, D. A., MEADOWS, D. L. e RANDERS, J., *The Limits to Growth*, Nova York: Universe Books, 1972.

MORECROFT, J. e STERNMAN, J., (eds.), *Modelling for Learning Organizations*, Portland: Productivity Press, 1994.

RICHARDSON, G. P. (ed.), *Modelling for Management*, Aldershot: Dartmouth, 1996.

FUKUZAWA YUKICHI (1835-1901)

Fukuzawa Yukichi foi economista e educador e teve papel fundamental na modernização do Japão que se seguiu à Restauração Meiji de 1868. Fundou a Universidade Keio e publicou vários livros populares e artigos em revistas, usando os dois canais para expor idéias ocidentais ao Japão. Acreditava que a adoção daquelas idéias era crucial para a sobrevivência do país como Estado forte e independente, mas ao mesmo tempo afirmava que os japoneses deveriam preservar os fundamentos de sua orgulhosa e antiga cultura. Grande parte de sua obra visava aos líderes industriais e empresariais, e foi dessa base lançada por Fukuzawa e outros como ele que o Japão cresceu até se tornar um dos líderes econômicos do mundo.

Fukuzawa nasceu em Osaka no dia 10 de janeiro de 1835, segundo filho de um *samurai* (membro da classe guerreira) de importância menor. Seu pai morreu quando ele ainda era muito jovem, e Fukuzawa cresceu em condições de considerável pobreza na cidadezinha de Nakatsu no norte de Kyushu, terra ancestral da família. Em 1854, seu irmão mais velho, que exercia um cargo administrativo em Nagasaki, sugeriu que Fukuzawa fosse para lá estudar, a fim de aprender em especial o holandês. Foi uma sugestão importante e chegou em uma hora crítica.

Durante vários séculos, o Japão viveu em quase total isolamento do resto do mundo. Os imperadores do Japão só se mantinham nominalmente no cargo, pois o poder real estava investido nos xoguns, os líderes militares que também controlavam a administração civil. Por meio de um rigoroso controle do Estado e da economia, os xoguns buscavam consolidar seu poder temendo que influências externas pudessem significar seu fim. Só se permitia um comércio externo mínimo, principalmente com comerciantes holandeses e seus agentes, e por um único porto: Nagasaki.

Em 1853, uma esquadra naval americana, sob o comando do comodoro Matthew Perry, usando uma mistura de força e blefe, conseguiu abrir outros portos japoneses ao comércio com os Estados Unidos, aos quais se seguiram outras nações ocidentais. Durante os anos 1850, o Japão era relativamente próspero, com pequenas dificuldades econômicas; no entanto, o país estava tecnologicamente atrasado trezentos anos em relação às potências ocidentais. Os "navios negros" de Perry, assim chamados por causa do casco de ferro, inspiravam medo nos habitantes das cidades costeiras. Os japoneses pensantes perceberam que só tinham duas opções: submeter-se à dominação e à colonização estrangeiras, processos já em andamento na China, ou forçar o avanço da economia e da tecnologia japonesas até o ponto em que o país pudesse competir com o Ocidente em pé de igualdade.

A mudança de Fukuzawa para Nagasaki, portanto, foi justificada pelo desejo de aprender o que fosse possível sobre a cultura, a economia e a tecnologia ocidental. Descobriu, porém, que as oportunidades de aprendizagem em Nagasaki eram limitadas e em 1855 mudou-se para Osaka, onde se matriculou em uma escola particular dirigida por um médico local que falava holandês, Ogata Kouan. Ali Fukuzawa pôde estudar não só a língua holandesa, mas também a ciência ocidental em livros holandeses. Era o melhor aluno da escola, e em 1858 mudou-se para Tóquio, tendo ali fundado uma escola de holandês a pedido do senhor feudal de sua família.

No mesmo ano, o Tratado de Amizade e Comércio entre o Japão e os Estados Unidos abriu o porto de Yokohama, perto de Tóquio, aos comerciantes americanos e ingleses. Fukuzawa visitou Yokohama e voltou convencido de que as Nações de língua inglesa eram as que o Japão deveria emular. Começou a estudar inglês, e, em 1860, ofereceu-se para participar da Missão Kimura aos Estados Unidos, tornando-se assim um dos primeiros japoneses a visitar aquele país. A visita aperfeiçoou seu conhecimento da ciência e da economia do Ocidente e o ajudou a dominar a língua inglesa. Regressando ao Japão, trabalhou durante um curto período como tradutor de inglês a serviço do xogun. Foi indicado em 1862 membro da Missão Japonesa à Europa e em 1867 foi enviado outra vez aos Estados Unidos como membro de uma missão de compras da marinha japonesa.

Em seu país, no interregno entre as viagens ao exterior, Fukuzawa publicou suas observações em uma obra em três volumes, *Seiyo Jijo* (Condições do Ocidente) entre 1866 e 1870, que passou a ser leitura obrigatória de todo japonês interessado na economia ocidental. O volume 1 oferecia uma descrição abrangente de como os negócios ocidentais eram administrados, operados e apropriados. Nesse meio tempo, sua escola havia-se ampliado e já ensinava língua e economia inglesa, esta última garimpada em fontes americanas e inglesas. No início de 1868, rebatizou a escola como Keio Gijuku (Faculdade Keio). Hoje, essa instituição é conhecida no Japão como Universidade Keio Gijuku, uma das principais do país.

Nesse meio-tempo, os que cercavam o imperador perceberam que, enquanto os xoguns mantivessem o poder, haveria poucas chances de modernizar o Japão. Desse modo, tramaram a derrubada do xogunato e a restauração do poder imperial. Em 1867, o imperador Matsushito, de quinze anos, assumiu o título de *meiji tenno* (imperador iluminado; no Ocidente ficou conhecido como imperador Meiji), dando início ao processo de afastar do poder os xoguns e seus seguidores nos grandes clãs. Em 1868, houve um choque militar entre as forças do imperador e as dos xoguns, culminando na Batalha de Ueno, que, por coincidência, foi travada nas proximidades da Faculdade Keio (de acordo com a tradição, Fukuzawa se recusou a interromper a aula sobre o livro *Elements of Political Economy*, de Francis Wayland, mesmo depois do início dos combates). As forças imperiais saíram vitoriosas e foi proclamada a restauração do poder imperial, com um forte programa de modernização e industrialização do Japão.

Fukuzawa, como um dos principais especialistas do Japão em Ocidente, recebeu imediatamente a oferta de um alto cargo no novo governo, mas não aceitou, sentindo que poderia realizar mais como educador. Seu livro seguinte, uma série de ensaios intitulada *Gakumon no Susume* (Recomendações para a aprendizagem) (1872-6) era um incentivo prático à aprendizagem e à educação, mas também uma afirmação destas como um direito natural. Baseando suas opiniões em parte nos conceitos de liberdade humana de Jean-Jacques Rousseau, Fukuzawa afirmou que todo ser humano tinha o direito à liberdade e à prosperidade, e a educação era o melhor caminho para se chegar a elas. Seus argumentos favoráveis à educação pessoal e nacional tiveram enorme repercussão, em consonância com o novo estado de espírito do Japão, e aumentaram a autoridade e a posição de Fukuzawa.

O Iluminismo, tanto em bases pessoais como nacionais, tornou-se um dos principais conceitos do pensamento de Fukuzawa na década seguinte. Sua filosofia combinava conceitos japoneses de esclarecimento pessoal pela educação, derivados do confucionismo e do budismo, e conceitos ocidentais, como o utilitarismo, a busca do bem maior para o maior número de pessoas. Enfatizou também as doutrinas econômicas de *laissez-faire* dos fisiocratas franceses e depois de Adam Smith.[1] Admirava particularmente o americano Francis Wayland, e traduziu deste último a obra *Elements of Political Economy* (1841) para o japonês. No final da década de 1870, apresentou duas sínteses magistrais das civilizações japonesa e ocidental para mostrar o melhor caminho para o desenvolvimento do Japão: *Bunmeiron no Gairyaku* (Um esboço da teoria da civilização, 1875) e *Minkan Keizi Roku* (Economia política para cidadãos, 1877), mostrando como os japoneses poderiam aprender com o Ocidente e adaptar as melhores idéias ocidentais às necessidades do Japão.

Para promover suas idéias e as de outros, Fukuzawa fundou vários empreendimentos, inclusive uma editora e um jornal, *Jiji Shimpo* (Notícias de Última Hora). Este último, fundado em 1882, tornou-se o principal jornal progressista do Japão, e o próprio Fukuzawa era um colaborador freqüente em uma gama de temas, que iam da administração de empresas à necessidade de emancipação feminina.

Antes mesmo da Restauração Meiji, Fukuzawa já tinha consciência da necessidade de mais e melhor educação para os empresários japoneses. Na década de 1860, adquiriu um exemplar de um dos principais livros do período, *Bryant and Stratton's Common School Book-keeping*, e digeriu imediatamente o seu conteúdo e importância. Cursos de contabilidade foram acrescentados ao currículo da Faculdade Keio (a mulher de Fukuzawa foi uma das primeiras alunas) e em 1873 Fukuzawa traduziu para o japonês o livro, que se disseminou amplamente e ajudou a trazer métodos modernos de contabilidade para as empresas japonesas que se preparavam para o crescimento e a expansão. Iwasaki Yataro, fundador da empresa de navegação Mitsubishi Shokai, tinha muitas idéias em comum com Fukuzawa e recrutou numerosos formandos da Keio para sua equipe administrativa. Além de ensinar contabilidade, Fukuzawa ajudou a fundar outras escolas superiores para dar treinamento nos métodos de contabilidade: uma delas, a Faculdade Comercial de Tóquio, criada em 1875, tornou-se a Universidade Hitotsubashi, outra das principais do Japão atualmente.

Apesar de ser um crítico feroz da ordem feudal japonesa, Fukuzawa não acreditava que os japoneses devessem abandonar sua própria cultura ancestral. Esta tinha muitas virtudes e poderes, como dedicação, integridade e o interesse no bem de outros, todas presentes na cultura samurai. Em um de seus últimos livros, *Jitsugyo Ron* (Ensaios sobre Indústria e Negócios, 1893), afirmou que era necessário não somente a adoção de técnicas e práticas das empresas ocidentais e métodos modernos de contabilidade, mas também de métodos mais avançados de produção e práticas competitivas. Fukuzawa previu corretamente que a empresa japonesa teria de sair das fronteiras do país e competir com suas rivais ocidentais no cenário mundial. Escrevendo na década de 1890, Fukuzawa acreditava que a indústria japonesa ainda não estava pronta para competir nesse nível, mas insistiu com políticos e industriais para que esperassem e se preparassem para esse dia. Mais uma vez insistiu na importância da educação, do treinamento e de conhecimentos para tornar competitiva a indústria japonesa.

Em seus últimos anos de vida, Fukuzawa se tornou politicamente mais conservador, particularmente em termos da política externa japonesa. Acreditava que o Japão tinha um papel de liderança a desempenhar na Ásia: a China, antigo rival do Japão, estava podre e pronta a cair nas mãos das potências ocidentais ou se dividir completamente. Em decorrência, apoiou a agressão japonesa à Ásia continental, particularmente a tomada da Coréia e a Guerra Sino-japonesa de 1894-95, que o Japão venceu com facilidade graças a seu Exército e armamento moderno. A Guerra Sino-japonesa convenceu a muitos no Japão que o país podia agora competir militar e economicamente com o Ocidente. Em 1904, três anos após a morte de Fukuzawa, o Japão foi novamente à guerra contra uma das maiores potências ocidentais, a Rússia, e mais uma vez venceu. O Japão se tornava uma potência mundial. Infelizmente, essas vitórias também lançaram as sementes do militarismo japonês que, em especial depois da morte do imperador Meiji em 1912, tornou-se o credo dominante dos círculos políticos japoneses. O resultado final foi a invasão da China pelo Japão na década de 1930 e a derrota na Segunda Guerra Mundial nos anos 1940.

Fukuzawa morreu em Tóquio em 3 de fevereiro de 1901. À época de sua morte, seus esforços haviam resultado em uma grande transformação da sociedade japonesa. Mais importante, preparou o cenário para a transformação industrial do país. Como já se observou, treinou pessoalmente vários líderes empresariais da nova empresa de navegação Mitsubishi, que cresceu rapidamente para rivalizar com as principais empresas americanas e britânicas em águas asiáticas. Formou também muitos administradores que assumiram o controle da antiga e quase moribunda companhia Mitsui, organizada em torno da loja de departamentos Echigo-ya, de Tóquio, e a transformaram na maior empresa japonesa. Um dos principais administradores era o sobrinho de Fukuzawa, Nakamigawa Hikojiro, que estudou na Keio e foi o primeiro editor do *Jiji Shimpo*, antes de se tornar diretor administrativo da Mtisui e seu líder e orientador durante os anos de grande crescimento. Otaguro Jugoro, que se formou no Colégio Técnico Fukuzawa de Tóquio, também teve papel importante na transformação da Mitsui. Hibi Osuke e Kobayashi Ichizo formaram-se na Keio e trabalharam na Mitsui antes de partir para uma carreira no varejo, Kobayashi como fundador da loja de departamentos Hankio em Osaka e Hibi como fundador da cadeia Mitsukoshi. Matsunaga Yasuzaemon, que também estudou na Keio mas não se formou, dominou a indústria de energia elétrica do Japão durante décadas.

Um dos alunos mais notáveis de Fukuzawa foi Muto Sanji, que se formou na Keio e lá ensinou durante um curto período, passando depois vários anos morando e estudando nos Estados Unidos. Em 1893, foi admitido na Mitsui, onde trabalhou com Nakamigawa. No ano seguinte, foi mandado para a Kanebo, uma fiadora de algodão subsidiária da Mitsui, com a tarefa de expandir a companhia e construir sua própria base de exportação. Começou trabalhando no chão-da-fábrica, estudando os processos mecânicos, notando onde ocorriam defeitos e problemas, tanto os humanos quanto os mecânicos, que levavam à perda de qualidade do produto. Entre 1896 e 1900, a Kanebo comprou meia dúzia de companhias rivais, expandindo-se rapidamente, e Muto tornou-se seu superintendente. Em ações que repetiam no Japão não somente as de seu contemporâneo Frederick W. **Taylor** nos Estados Unidos, mas também o trabalho posterior de W. Edwards **Deming**, Muto estudou os processos individuais para descobrir meios de aperfeiçoá-los, introduziu a inspeção de qualidade durante o processo de fabricação e desenvolveu métodos estatísticos de controle de qualidade. Introduziu inclusive o método de estudo de tempos e movimentos de que foi pioneiro o casal **Gilbreth**, e o princípio de organização em linha e assessoria de **Emerson**, e sua filosofia paternalista do emprego, com todas as provisões de benefícios para os trabalhadores, lembra a da família **Cadbury** da Grã-Bretanha e as políticas de segurança social do berço ao túmulo dos empregadores japoneses.

Fukuzawa incentivou a aliança da cultura e dos valores tradicionais japoneses com as técnicas modernas de negócios do Ocidente e, ademais, incentivou os líderes empresariais a buscar a prosperidade e o fortalecimento nacionais, e não apenas o enriquecimento pessoal. Houve outros iguais a ele, engajados no mesmo trabalho, principalmente o banqueiro Shibusawa Eiichi, fundador do Banco Daichi, um importante incubador de novas empresas: dizem que financiou pessoalmente mais de 500 novas empresas durante sua carreira. Mas, dessa geração, é o intelecto de Fukuzawa e sua abordagem filosófica de economia e de negócios que até hoje se destacam. A moderna empresa japonesa deve muito de seu caráter e cultura à sua obra.

Nota

[1] O termo *laissez-faire* na verdade não aparece em *A riqueza das nações*, de Smith (1776), mas o conceito é nele amplamente discutido.

Veja também

Deming, Ibuka, Matsushita, Toyoda.

Para ler Fukuzawa Yurichi

Lamentavelmente nem todas as principais obras de Fukuzawa foram traduzidas.

Seyio Jijo (Condições do Ocidente), Tóquio, 1866-70, 3v.

Gakumon no Susume (Recomendações para aprendizagem), Tóquio, 1872-6; trad., D. A. Dilworth e U. Hirano, *An encouragement of Learning*, Tóquio: Universidade Sophia, 1969.

Bunmeiron no Gairyaku (Um esboço da teoria da civilização), Tóquio, 1875; trad. D. A. Dilworth e G. Cameron Hurst, *An Outline of a Theory of Civilisation*, Tóquio: Universidade Sophia, 1970.

Minkan Keizi Roku (Economia política para cidadãos), Tóquio, 1877.

Jitsugyo Ron (Ensaios sobre indústria e negócios), Tóquio, 1893.

Para saber mais

Blacker ainda é o melhor estudo em língua inglesa de Fukuzawa e sua influência, e grande parte deste capítulo se baseou nele. As pequenas biografias de Nishikawa e Sasaki têm muito valor. Wayland tem interesse por sua influência sobre Fukuzawa. O artigo de Kuwahara sobre Muto Sanji é o único estudo em língua inglesa sobre esse homem notável.

BLACKER, C., *The Japanese Enlightenment*, Cambridge: Cambridge University Press, 1964.

KUWAHARA, T., "Muto Sanji", em M. Witzel (ed.), *Biographical Dictionary of Management*, Bristol: Thoemmes Press, vol. 2, 2001, pp. 732-7.

NISHIKAWA, S., "Fukuzawa, Yukichi", em M. Warner (ed.), *Handbook of Management Thinking*, Londres: International Thomson Business Press, 1998, pp. 233-7.

SASAKI, T., "Fukuzawa Yukichi", em M. Witzel (ed.), *Biographical Dictionary of Management*, Bristol: Thoemmes Press, vol. 1, 2001, pp. 336-8.

WAYLAND, F., *Elements of Political Economy*, 4. ed., Boston: Gould and Lincoln, 1841 (sugerida como a edição que Fukuzawa provavelmente teria usado; o livro teve um total de nove edições).

Bill Gates (1955-)

Bill Gates não é um multibilionário comum. Esteve no centro do desenvolvimento do software de computadores desde a década de 1960, e possivelmente fez mais que qualquer outro indivíduo isolado para dar forma à revolução da informação na empresa e na sociedade moderna: apenas Tim Berners-Lee, o criador da rede mundial WWW *(World Wide Web)*, pode alegar ter tido influência semelhante. Gates também se mostrou um dos mais talentosos empresários de sua geração, construindo uma companhia de influência global sobre os alicerces de uma compreensão quase instintiva dos princípios de marketing e uma capacidade de administrar uma organização flexível, às vezes volátil, mas sempre criativa. Em uma indústria em que as empresas desaparecem quase da noite para o dia, a Microsoft, a companhia de Gates, provou ser uma das poucas histórias de sucesso duradouro.

William Henry Gates III nasceu em Seattle, estado de Washington, no dia 28 de outubro de 1955. Estudou na Lakeside School em Seattle, onde foi aluno brilhante de ciências exatas, especialmente matemática, e dele se dizia ter um QI entre 160 e 170. Passou a se interessar por computadores ainda na escola, e fez amizade com outro entusiasta, Paul Allen. Ainda adolescentes, Gates e Allen criaram sua primeira empresa de computadores, a Traf-O-Data. Os computadores no início da década de 1970 ainda eram rudimentares, grandes e lentos, e usados primordialmente em análises numéricas. Mas Gates e Allen estavam entre aqueles que acreditavam ser o computador a tecnologia do futuro.

Enfeitiçado, Gates foi para Harvard e conseguiu um emprego em tempo parcial na empresa eletrônica Honeywell em 1974 (Allen também conseguiu emprego na Honeywell). Entrou na vertente principal do mundo dos computadores no momento em que se iniciava a grande revolução que foi a apresentação dos circuitos integrados, ou o microprocessador. O processo de fabricação de microprocessadores de silício havia sido desenvolvido por Robert Noyce e Gordon Moore na Fairchild Semiconductors no final dos anos 1950, e em 1968 os dois e um terceiro membro da equipe da Fairchild, Andrew **Grove**, criaram uma nova companhia, a Intel. O Intel 8080, lançado em 1974, mostrou a Gates a direção que seria tomada pela indústria de computadores. Dez vezes mais poderoso que os processadores existentes, o 8080 permitia a fabricação de computadores menores, mais baratos e mais rápidos.

Desde os bancos escolares, Gates e Allen já vinham experimentando escrever programas na linguagem Basic de computador, que fora criada em 1964 para permitir a vários usuários trabalhar na mesma máquina. Gates acreditava que seria possível escrever programas em BASIC para o 8080, e apesar de oferecer seus serviços a várias empresas, nenhuma se interessou. Entretanto, várias outras coisas estavam acontecendo à sua volta, e em 1975 a companhia de computadores Altair lançou o primeiro microcomputador baseado no 8080. Para provar suas teorias, Gates e Allen compraram um Altair 8080 e no espaço de poucas semanas mostraram ser possível escrever programas para ele.

Em vez de tentar convencer outras empresas a desenvolver suas inovações, decidiram percorrer eles mesmos o caminho longo e difícil da comercialização. Porém, desde o começo, Gates e Allen conheciam o potencial do que haviam realizado. Como Gates explicou na introdução de seu livro *A estrada do futuro* (1995), como o surgimento dos microprocessadores programáveis abriu as portas para o software como indústria independente. O software não tinha mais de se ligar a um hardware específico, e o mesmo hardware era capaz de carregar e usar vários programas e ser acrescido com novos programas caso isso fosse necessário. Até então, toda a ênfase tinha sido dada ao hardware, e as companhias americanas, como a IBM e DEC, disputavam com as japonesas em ascensão o controle do mercado. Em vez de partir para desafiá-las, Gates calculou que seria capaz de desenvolver essa nova indústria em paralelo aos fabricantes de hardware, vendendo para eles e diretamente para os usuários de computadores.

Gates abandonou a universidade e Allen, o emprego na Honeywell, e os dois juntaram seus recursos e montaram uma companhia, a Micro-Soft, em Albuquerque, Novo México. Logo depois decidiram transferir a empresa, agora com o nome Microsoft, para Seattle. Resolveram fugir do inferno competitivo que era o Vale do Silício, preferindo ficar distantes, trabalhando em seu próprio ritmo, sem a influência das outras empresas no que já era uma indústria altamente volátil e excitante. Seattle deu-lhes também acesso a várias excelentes universidades que, graças à presença da fábrica de aviões da Boeing, tinham poderosos departamentos de engenharia e eletrônica.

Inicialmente, a Microsoft teve de enfrentar dificuldades, mas por volta do final de 1976 já estava em franco progresso, pois o Altair tornou-se popular entre os entusiastas da computação. Logo eles diversificariam, começando a projetar programas para outros fabricantes, às vezes em outras linguagens. O lance mais bem-sucedido de Gates, entretanto, foi estabelecer parcerias com os fabricantes, primeiro com a Apple, de Steve Jobs, depois com a Tandy e, por volta 1980, com a IBM. Essas companhias fabricavam o hardware, a Microsoft oferecia sob licença o sistema operacional, que integrava com a máquina todo um pacote, vendido como produto acabado. A Microsoft passou então a desenhar outros programas aplicativos vendidos diretamente ao consumidor. O negócio com a IBM, em particular, foi um ponto de inflexão; a decisão da IBM de entrar no mercado de computadores pessoais em grande escala virou o mercado de cabeça para baixo. Em busca de vantagens sobre seus pequenos rivais, a IBM decidiu desenvolver um sistema operacional totalmente novo, e contratou o seu desenvolvimento com a Microsoft. O resultado foi o MS-DOS, um sucesso instantâneo graças a sua facilidade e flexibilidade. No espaço de três anos, todos os grandes fabricantes de computadores, com exceção da Apple, haviam abandonado seus próprios sistemas operacionais e adotaram o MS-DOS como padrão.

Mas a Apple continuou sendo uma rival de peso. Embora o MS-DOS fosse muito flexível, a Apple, com sua interface gráfica controlada por um mouse, e não pelo teclado, era mais propícia aos usuários. Nessas condições, a Microsoft começou a desenvolver sistemas operacionais dotados de uma interface gráfica semelhante, a começar do Windows 1.0 em 1984. Entretanto, o sucesso veio com o Windows 3.0 em 1990, instalado em mais de 70 milhões de computadores apenas naquele ano. Já em 1990, as receitas da Microsoft haviam ultrapassado pela primeira vez a marca de um bilhão de dólares. O lançamento do Windows 95, cinco anos depois, causou sensação, pois milhões de usuários abriram mão de suas máquinas velhas e compraram novas, capazes de trabalhar com o novo software. Como Gates e Allen haviam previsto, o software já não era mais um acessório do hardware, o inverso se tornara verdade.

Concentrando-se prioritariamente em software e aplicações, Gates havia desprezado em grande medida o desenvolvimento da internet. Em um verdadeiro lapso para alguém tão previdente em desenvolvimentos tecnológicos, não antecipou a velocidade com que iria se desenvolver e se tornar onipresente. Em 1981, o engenheiro de telecomunicações britânico Tim Berners-Lee, trabalhando então no Laboratório Europeu de Física de Partículas em Genebra, desenvolveu um programa para armazenar informações que evoluiu para o desenvolvimento de uma linguagem de criação de hipertexto (HTML – *hypertext mark-up language*). Em 1989, já havia desenvolvido suas idéias em um projeto global de comunicações por hipertexto que usava três elementos básicos: o

HTML, localizadores uniformes de recursos (URLS – *uniform resources locators*), e protocolos de transferência de hipertextos (HTTP – *hypertext transfer protocols*). Eram esses, e ainda são, os elementos básicos da rede mundial de computadores, WWW – *World Wide Web*, que foi lançada em 1991. A partir de então, o uso da internet cresceu a uma velocidade assustadora, de umas poucas dezenas de milhares de usuários, em sua maioria institucionais, para centenas de milhões de famílias uma década depois.

O principal instrumento de acesso à rede foi o *browser*, e a vantagem inicial nesse mercado era essencial. Gates não o percebeu, e cedeu essa vantagem para a Netscape, cujo Netscape Navigator já era em 1995 praticamente o padrão da indústria. Somente naquele ano a Microsoft lançou o seu *browser*, o Internet Explorer 1.0. Mas a Netscape continuou a dominar o mercado, seguindo o processo da Microsoft de vender diretamente aos fabricantes que juntavam o programa, o sistema operacional e outras aplicações e vendiam-no para o usuário final. Em um lance altamente controvertido, a Microsoft embutiu o Internet Explorer no sistema operacional Windows, o que significava que quem tivesse o Windows instalado em seu computador tinha automaticamente também o Internet Explorer. Isso eliminou a necessidade de comprar o Netscape em separado e provocou acusações de que a Microsoft estava tentando criar – ou proteger – um monopólio, seguindo-se uma grande ação judicial antitruste movida pelo governo federal dos Estados Unidos, ainda não solucionada quando este livro estava sendo escrito.

Homem mais rico do mundo, Gates comanda uma companhia admirada por alguns como a empresa mais bem-sucedida do século XX, e condenado por outros como uma ameaça à competição e à democracia. O próprio Gates tem sido debatido e ferozmente criticado. São bem conhecidas suas realizações no campo da tecnologia, principalmente o MS-DOS e o Windows, os dois programas mais utilizados em qualquer época. O que não se discute com a mesma freqüência é seu impacto sobre a administração.

O primeiro impacto, e o mais evidente, é a forma como se fazem negócios com o uso do computador. Na década de 1830, Charles **Babbage** acreditava que os computadores tinham potencial para revolucionar o comércio aumentando a velocidade das operações e tornando-as mais precisas e confiáveis. Com o desenvolvimento e a disponibilidade de computadores pequenos, rápidos e baratos, essa visão se tornou realidade. De uma forma ou de outra, os computadores entraram em quase todos os aspectos do local de trabalho, desde as compras para estoque e o controle numérico de máquinas de produção até as máquinas automáticas dos caixas eletrônicos e o acompanhamento automático das vendas por meio dos TPV (terminais de ponto-de-venda), só para citar alguns exemplos. De todos esses impactos, o desenvolvimento dos computadores pessoais, que permitiu a cada gerente não só o acesso à internet, mas também a instalação de redes internas de comunicação, as intranets, talvez tenha sido o mais importante. Quase todas as modernas teorias de organização, da organização aparente à organização virtual, se baseiam na ampla disponibilidade do microcomputador e dos programas que Gates criou e vendeu.

Mas por que Gates venceu onde tantos outros foram derrotados? A indústria eletrônica talvez seja a de maior taxa de falências entre todas as indústrias do mundo. Uma empresa média de eletrônica ou software do Vale do Silício tem geralmente vida inferior a um ano. Mas a Microsoft já dura quase trinta, e vem crescendo continuamente ao longo desse período. O que tornou Bill Gates um caso diferente?

De início, é importante entender que Gates não é apenas mais um mago do computador, talentoso nesse campo, com um instinto de mercado que no passado lhe permitiu prever os acontecimentos antes que ocorressem, e uma compreensão clara de onde se escondia a força do mercado. Dois pontos se destacam: sua certeza, desde o início, de que o microcomputador representava o futuro, em uma época em que os principais jogadores do mercado, IBM e DEC, não se interessaram por ele, e sua percepção de que a chave do sucesso competitivo duradouro estava na oferta de parcerias com os fabricantes de computadores que juntaria hardware e software em um pacote único. No primeiro caso, lembra Steve Jobs, o visionário fundador da Apple e um dos incentivadores da explosão do computador pessoal, mas também Wang An, o engenheiro eletrônico sino-americano que fundou a empresa Wang Laboratories na década de 1950. Nos dois casos, uma forte visão pessoal e o compromisso com essa visão foram a chave do sucesso, e isto se deu com Gates.

Segundo, Gates percebeu desde o início que uma das chaves do sucesso na indústria de computadores é a escala. Hewlett Packard, fundada em 1938, e a IBM, fundada em 1924, sobreviveram e prosperaram apesar das vicissitudes, em grande parte por serem suficientemente grandes para absorver o castigo durante tempos difíceis. A Intel, fabricante de microprocessadores, teve a mesma experiência. O tamanho é importante nessa indústria não tanto pela economia de escala, embora ajude, mas porque em uma indústria altamente mutável e volátil é normalmente difícil prever a natureza e a extensão do desvio seguinte. Empresas grandes têm condições de absorver prejuízos e inovar para sair das dificuldades, empresas menores, com poucos recursos, logo estão nas cordas. Essa também foi a filosofia de Larry Ellison, da Oracle, que deslanchou um incansável programa de expansão desde a década de 1970 até a de 1990, na crença de que apenas companhias grandes teriam condições de sobreviver a uma crise importante da indústria. O mesmo princípio é observado na estratégia de Son Masayoshi, o empresário japonês de software e comércio eletrônico, que também teve rápida expansão na década de 1990.

Terceiro, e também ligado aos dois primeiros, há a necessidade de inovação. Mais que qualquer outro, Gates tem uma consciência clara de que a indústria de software nunca pára, principalmente porque ele próprio ajudou a criar a atual atmosfera dinâmica. Na década de 1990, Gates afirmou que o principal negócio da Microsoft não era software, mas propriedade intelectual, e grande parte dessa estratégia se baseou em uma infusão constante de novos talentos e novas idéias:

> Dentre todas as empresas de software, sempre tivemos a visão mais agressiva em busca de pessoas com alto QI a fim de atraí-las. Também levamos ao limite absoluto as pessoas que trouxemos do exterior. Finalmente, criamos uma metodologia de desenvolvimento que usava os diferentes talentos individuais.[1]

Portanto, o conhecimento está no cerne do sistema Microsoft: a atividade da companhia é adquirir e desenvolver conhecimentos e transformá-lo em produto. A visão de Gates enfatiza a descentralização e a responsabilidade pessoal, mas também impõe muita pressão: as equipes de desenvolvimento da Microsoft vivem sob constante pressão para apresentar resultados, e são permanentemente desafiadas a superar os limites fixados. Os empregados recebem por resultados, e a lucratividade é considerada responsabilidade de todos. De acordo com um especialista em desenvolvimento:

> Uma das razões do sucesso dos nossos produtos é que todos assumem a responsabilidade por eles. Você é dono desse negócio; você o faz crescer; você é responsável por ele. Sua produção é levada a sério. Não interessa em que nível você está, ou onde você está, você compete violentamente pela empresa.[2]

O próprio Gates faz a ligação entre as equipes e coordena seus esforços. Em 1995, disse estar empregando metade de seu tempo em marketing, e metade no trabalho com as equipes de projeto e ao recrutamento de pessoal. Via e-mail, Gates é acessível a qualquer empregado, e promete resposta rápida a todas as questões a ele encaminhadas. O resultado, conforme conclusão de Philip Rosenzweig, foi uma "empresa flexível, muito competitiva internamente, em que os resultados são produzidos em uma atmosfera semelhante a uma panela de pressão".[3]

Em uma indústria em que há poucas fronteiras, a localização é importante. Baseada nas proximidades de Seattle, a Microsoft se isola do mundo caótico do Vale do Silício e tem alguma proteção contra as tentativas de outras empresas de atrair os empregados mais talentosos, muitos dos quais gostam do estilo de vida do noroeste e preferem continuar lá.

O enfoque da Microsoft traz problemas. A pressão interna é muito alta; as equipes de projeto são às vezes levadas a competir umas contra as outras, e essa atmosfera não se ajusta a todos os empregados. Há também um sentido de arrogância intelectual, e os idiotas não são tolerados: o próprio Gates certa vez comentou que deixar entrar a "mediocridade" seria a ruína da organização.[4] Os empregados da Microsoft têm fama de dizer o que pensam, e surtos "incendiários" não são raros no sistema interno de e-mail. A competição interna levou a acusações de atitudes antiéticas, de equipes de projeto se espionarem mutuamente, e diretores vigiando os e-mails de seus subordinados.

Mais grave, a visão agressiva da competitividade há muito tem sido criticada, com acusações de que Gates está tentando criar um monopólio e afastar do mercado outros produtores de software. O assunto do Explorer trouxe essa questão à tona, e o processo instaurado ainda não teve solução nos tribunais. O aparecimento da internet e a lentidão da resposta de Gates levaram muitos a concluir que estavam contados os dias da Microsoft como o principal jogador desse mercado. Acostumada durante muito tempo à posição de rival de menor porte, mais rápido e mais flexível em luta contra adversários grandes e lentos, a Microsoft começava a parecer tão velha e lenta como as companhias que havia derrotado. Essas críticas agora parecem prematuras. Ela reagiu, e reagiu com força. A vantagem inicial nunca foi parte importante no pensamento estratégico da Microsoft, onde se prefere enfatizar o melhor produto ao primeiro produto, e as alianças estratégicas que garantam um domínio eventual em vez da conquista de uma fatia de mercado pela venda direta ao consumidor final.

O sucesso fenomenal de Gates como empreendedor se baseou apenas em parte em sua competência e capacidade técnica. Sua compreensão do mercado e da alavancagem estratégica foi complementada por sua capacidade de reunir uma organização pensante, rápida e flexível que enfatiza o conhecimento e a criatividade e cobra produtividade. Nem todos gostam de trabalhar lá, mas é impossível negar que essa combinação dá resultado. Na Microsoft, Gates criou um modelo de organização, criatividade e estratégia que pode se tornar uma das melhores receitas de sucesso no mundo emergente dos negócios globais.

Notas

[1] *Apud* O. Kalthoff, I. Nonaka e P. Nueno, *The Light and the Shadow*, Oxford: Capstone, 1997, pp. 44-5.

[2] *Ibid.*, p. 46.

[3] *Ibid.*, p. 160.

[4] *Apud ibid.*, p. 46.

Veja também

Babbage, Ford, Ibuka, Welch.

PARA LER BILL GATES

Em inglês

The Road Ahead. Apesar do nome, é também a autobiografia de Gates, contando a história da ascensão da Microsoft e dando algumas noções sobre as idéias e o estilo administrativo de Gates. *Business @ the speed of thought* é interessante, ainda que especulativo.

(com N. Myhrvold e P. Rinearson) *The Road Ahead*, Nova York: Viking Penguin, 1995.

(com C. Hemingway) *Business @ the Speed of Thought: Using a Digital Nervous System*, Nova York: Warner Books, 1999.

Em Português

A estrada do futuro. 6. ed. São Paulo: Cia das Letras, 1995.

A empresa na velocidade do pensamento. São Paulo: Companhia das Letras, 1999.

PARA SABER MAIS

Gates e a Microsoft geraram enorme volume de comentários em jornais e revistas, grande parte polêmica e dedicada a atacar ou defender Gates (principalmente, o primeiro). Avaliações objetivas de seu trabalho são difíceis de encontrar. Os trechos sobre a Microsoft encontradas em Kalthoff *et al.* são estratos frustrantemente insuficientes de um estudo de caso sobre a Microsoft conduzido por Philip Rosenzweig, então na Harvard Business School, no início dos anos 1990. Todos os outros livros relacionados a seguir devem ser tratados com cautela.

Em inglês

KALTHOFF, O., NONAKA, I. e NUENO, P., *The Light and The Shadow*, Oxford: Capstone, 1997.

LOWE, J. C., *Bill Gates Speaks: Insights from the World's Greatest Entrepreneur*, Nova York: John Wiley, 1998.

MANES. S. e ANDREWS, P., *Gates: How Microsoft's Mogul Reinvented an Industry and Made Himself the Richest Man in America*, Nova York: Touchstone, 1994.

WALLACE. J., *Overdrive: Bill Gates and the Race to Control Cyberspace*, Nova York: John Wiley, 1998.

——— e ERICKSON, J., *Hard Drive: Bill Gates and the Making of the Microsoft Empire*, Nova York: Harperbusiness, 1993.

Em português

HELLER, Robert. *Bill Gates*. Gênio da revolução da informática. São Paulo: PubliFolha, 2000. (Coleção Sucesso Profissional).

LOWE, Janet C. *Bill Gates x Bill Gates*. O pensamento do maior empreendedor do mundo. São Paulo: Globo, 1999.

Edwin Gay (1867-1946)

Edwin Gay, historiador econômico, foi o primeiro diretor da Harvard Business School. Fez dela a principal instituição de pós-graduação em administração do mundo, condição que mantém ainda hoje. Admirada em todo o mundo, Harvard influenciou várias gerações de professores e estudantes de administração na Europa e na Ásia, tanto quanto nos Estados Unidos. Gay fez mais que simplesmente implantar a administração e a organização da escola; estabeleceu também muitos dos elementos de sua filosofia e pedagogia, inclusive o método de ensino por estudos de caso, trabalhos práticos em empresas e uma visão do ensino em sala de aula que enfatizava, mais que as aulas, o diálogo entre professores e estudantes. Todos esses métodos ainda estão em curso nas modernas escolas de administração. Não é exagero afirmar que Gay deu forma à natureza da educação moderna em administração.

Gay nasceu em Detroit no dia 27 de outubro de 1867, filho de um rico empresário. Foi educado nas escolas de Michigan e mais tarde na Europa. Retornando a Detroit, recebeu o diploma de bacharelado em história e filosofia da Universidade de Michigan. Casou-se com uma colega, Louise Randolph, em 1892. O casal regressou então à Europa, onde Gay cursou pós-graduação em história medieval na Universidade de Berlim, continuando mais tarde os seus estudos em Leipzig, Zurique e Florença. Embora tenha sido ele quem recebeu o Ph.D. em Berlim em 1892, os dois formavam um casal erudito e trabalharam juntos em muitos projetos. Ambas, mais tarde, recordaram os doze anos vividos na Europa como uma época idílica, a mais feliz de suas vidas.

Voltaram para os Estados Unidos em 1902, e Gay assumiu o cargo de professor de economia em Harvard. Sua capacidade intelectual, porém mais ainda a de administrador, fez que logo fosse promovido. Em 1906, foi nomeado catedrático de economia e diretor de seu departamento. Quando o presidente de Harvard, Charles Eliot, começou a planejar a criação de uma escola de pós-graduação em administração, Gay era um de seus principais assessores. Apesar de alguma oposição do *establishment* da universidade, a Escola de Pós-graduação em Administração foi inaugurada em 1908.

A primeira opção de Eliot para a direção da escola era William Lyon Mackenzie King, ex-professor de economia de Harvard e vice-ministro do Trabalho do governo canadense. King recusou o cargo (mais tarde foi o primeiro ministro canadense de mais longo mandato na história daquele país), e em fevereiro de 1908 o cargo foi oferecido a Gay, que o aceitou com relutância, sabendo que isso iria significar a interrupção do trabalho em seu principal campo de interesse, história econômica. No entanto, convencido a aceitar o cargo, trabalhou incansavelmente para tornar um sucesso a Escola de Administração de Harvard, recebendo igualmente elogios dos amigos da escola e de seus opositores.

Em 1917, a escola prosperava e Gay sentiu que já podia renunciar, depois de trabalhar como assessor da US Shipping Board durante a Primeira Guerra Mundial. Por razões que ainda não estão bem esclarecidas, Gay decidiu abandonar a academia e aceitou um convite para ser editor do *Evening Post* em Nova York. Não teve sucesso, e o jornal faliu em 1924. Gay retornou então a Harvard e ao posto de catedrático de história econômica, lá ficando até sua aposentadoria em 1936, quando o casal se mudou para a Califórnia, onde Edwin Gay trabalhou com a equipe de pesquisa da Huntingdon Library durante outros dez anos. Contraiu pneumonia em 1946 e morreu no dia 8 de fevereiro daquele ano.

Quando Gay assumiu a direção da Harvard Business School, a educação em administração nos Estados Unidos ainda estava na infância. Desde 1840, vinham surgindo as entidades então conhecidas como "faculdades de administração", das quais a Faculdade de Administração Duff, em Pittsburgh, onde estudou H. J. **Heinz**, era uma das mais famosas. Essas faculdades ensinavam contabilidade, e algumas ministravam rudimentos de técnicas de administração, como os princípios básicos de marketing. Os cursos eram curtos e se concentravam no básico. Em essência, essas faculdades eram os descendentes modernos das *scuole d'abaco* da Itália medieval, e seus currículos eram pouca coisa mais sofisticados. Desde o início do século XIX, já havia experiências de educação mais formal em administração na Grã-Bretanha. Em 1805, a fundação de uma escola em Hayleybury, Buckinghamshire, pela East India Company marcou o início de uma tendência à maior sofisticação. Nos Estados Unidos, na década de 1890, as universidades começavam a se interessar pela formação de administradores. A Wharton School da Universidade da Pensilvânia havia sido fundada para oferecer uma educação mais detalhada em administração financeira, ao passo que a Escola Tuck do Dartmouth College se especializava nos problemas trabalhistas e de administração de pessoal.

Mas por mais importantes que fossem as contribuições dessas duas escolas ainda havia grande carência de formação administrativa. As grandes corporações que começavam a dominar o ambiente de negócios nos Estados Unidos exigiam muitos níveis de administração e, mais que isso, exigiam administradores com competência técnica não só em gerência de fábricas, mas também em marketing e vendas, distribuição, administração de pessoal etc. Ao fundar uma escola que atendesse a essas necessidades, Gay não podia se valer dos modelos de Wharton e Tuck. Teve de criar do nada, não apenas a estrutura administrativa da escola, mas também o material de ensino e os métodos pedagógicos.

Gay enxergou essa circunstância não como um obstáculo intransponível e sim como uma grande oportunidade. O reitor Charles Eliot, amigo e mentor, diria mais tarde que Gay "se transferiu de corpo e alma para a nova escola, dedicou toda a sua capacidade e tempo a ela".[1] Heaton, biógrafo de Gay, resumiu assim sua atitude em relação à nova tarefa:

> Dar forma, construir e administrar uma escola destinada a formar homens para a profissão de administradores; trazer para o planejamento e orientação desse ensino toda sua vasta bagagem de conhecimentos; inculcar a consciência das obrigações e conseqüências sociais da empresa; fazer tudo isso em um país que avançava rapidamente para a maturidade e preeminência econômicas – isso era realmente uma convocação irrecusável.[2]

A filosofia mestra de Gay para a nova escola se apoiava em duas idéias principais. A primeira, que a tarefa do administrador era produzir coisas que pudessem ser vendidas com lucro, mas ainda assim comportando-se eticamente. A segunda, que a tarefa da escola deveria ser a de "experimentar e aprender" quais deveriam ser o *conteúdo* e a *forma* de treinar estudantes maduros primariamente para "fazer" e "vender".[3] Afirmava que as principais qualidades de um administrador eram coragem, discernimento e simpatia. Acreditava que o papel da escola era inculcar e fortalecer essas qualidades nos alunos.

O próprio Gay admitia não ter qualquer experiência prévia em negócios nem em administração. Porém, sabia como encontrar essas pessoas e como recrutá-las para sua causa. Isso não era necessariamente uma tarefa fácil. Alguns dos homens de negócios que procurou se opunham à idéia da escola, acreditando que administração era um talento nato e não podia ser ensinada. Outros o apoiavam, mas não dispunham de tempo. Outros ainda vieram para a escola, mas se mostraram incompetentes como professores. Pacientemente, Gay foi construindo o seu quadro de professores experientes, com alguns professores em tempo integral e outros homens de negócios que colaboravam eventualmente. Dois importantes colaboradores foram recrutados no início, W. J. Cunningham e Paul T. Cherington. Este foi o primeiro professor de marketing e depois, o fundador desse departamento da escola, que cresceu rapidamente e passou a rivalizar com o da Universidade Northwestern em Chicago. O próprio Cherington tornou-se um dos grandes escritores de marketing do século XX. Gay tentou diversas vezes abordar Frederick W. **Taylor**, o fundador da administração científica, mas este sempre recusou. Voltou então a atenção para Carl Barth, sócio de Taylor, conseguindo, pela persistência, convencer Barth a pronunciar uma série de conferências. Barth foi conquistado, e por sua vez persuadiu Taylor a vez por outra lecionar na escola até sua morte em 1915. Outros colaboradores importantes foram Arch Shaw, o banqueiro T. W. Lamont e o economista Wesley Clair Mitchell.

Embora tenha reunido uma equipe de acadêmicos, o enfoque do ensino foi todo dele. Gay definiu que o grau conferido pela nova escola seria denominado Master of Business Administration (MBA), título que hoje é usado em todo o mundo e uma das mais importantes qualificações acadêmicas em administração. Na busca por meios para desenvolver o material de ensino, Gay examinou o método de estudos de caso que havia sido criado pela Escola de Direito de Harvard, tendo percebido que o ensino de casos poderia ser igualmente usado nas aulas de administração. Não havia nenhum arquivo de casos, e Gay procurou Arch Shaw, editor e escritor, que havia sido sócio de W. K. Kellogg na primeira Battle Creek Toasted Corn Flake Company, e lhe pediu ajuda. Shaw começou a construir um banco de estudos de caso escritos, além de oferecer "casos vivos" que davam aos estudantes a chance de conversar com administradores e estudar os problemas em ação, e não apenas na abstração da sala de aula. Shaw e Cherington criaram o Departamento de Pesquisa Administrativa, de que uma das principais funções era fornecer material para os casos.

Além do mais, os métodos de ensino em sala de aula propostos por Gay eram inovadores. Julgava que as tradicionais aulas à base de "saliva e giz" não eram adequadas aos estudantes de administração insuficientemente desafiados. Os alunos tinham de ser atraídos ao diálogo com o professor para desafiar suas próprias idéias e provar que estavam aprendendo. Os professores mais velhos não se sentiram bem com o novo método, de modo que Gay teve de recrutar professores mais jovens, como Melvin Copeland, que mais tarde sucedeu a Cherington na chefia do Departamento de Marketing. A esses jovens foi oferecido um grande espaço para desenvolver seus próprios métodos, no entanto ficavam sujeitos a pressão considerável para apresentar resultados. Copeland, por exemplo, foi recrutado em 1909 e lhe pediram para, em 36 horas, criar e oferecer um curso de marketing, coisa que nunca havia feito. Mais tarde lembrou-se do encontro com Gay algumas semanas depois de iniciado o curso. Quando o diretor lhe perguntou como transcorria, Copeland respondeu, "Até agora encontrei muito assunto sobre o que falar". Gay respondeu, "A questão está mal colocada. Você já encontrou assunto suficiente para manter os alunos falando?". Copeland entendeu a sugestão implícita e abandonou seu estilo de aulas, adotando outro de discussões em classe, conservando-o por toda a vida. Muito mais tarde, percebeu que Gay o havia escolhido para ser cobaia de introdução das discussões em classe e o método de estudo de casos de marketing.[4]

O esforço para implantar a escola exauriu Gay, e o cansaço foi uma das razões da renúncia em 1917, e talvez de alguns de seus erros de julgamento posteriores. É certo que ele lamentou ter assumido a tarefa, que o forçou a abandonar a pesquisa histórica. Apesar de mais tarde ter retomado o estudo de história, jamais voltou a sentir a antiga paixão de juventude. Passou a encarar sua carreira como um fracasso, e disse a amigos que assumir a diretoria da Escola de Administração de Harvard havia sido o maior motivo de arrependimento. Ainda assim, a Escola de Administração de Harvard e o mundo da educação em administração em geral não podem aceitar esse arrependimento. Harvard tornou-se a principal escola de administração do mundo, formando dezenas de milhares de administradores para empresas americanas e estrangeiras, bem como liderando o mundo acadêmico em muitos campos. Seu modelo foi copiado em quase todos os países onde existe o estudo de pós-graduação em administração. Os métodos de ensino, como o estudo de casos e o diálogo em sala de aula, constituem instrumentos padrão, e Harvard continua sendo o grande gerador de material para estudo de casos de administração. Heaton resume assim a visão e os métodos de Gay:

> O início da história da escola teve algo do sabor de uma causa, uma cruzada, ou um movimento para além das fronteiras do estabelecimento educacional, tendo Gay como líder, inspirador e o lançador de desafios. Nunca disse aos colegas o que fazer, pois não teria sabido que instruções dar. Pelo contrário, os mandava explorar, com um conselho duplo: lembrar que não havia especialistas naquele campo novo, bem como que a impressão de uma afirmação não a tornava autêntica. Sua própria fé, engenhosidade e energia os levou a dar o melhor de si, de forma que cada um ofereceu contribuição plena para políticas e programas que se constituíam em produtos de equipe, e não realização de uma pessoa.[5]

Notas

[1] *Apud* H. K. Heaton, *A Scholar in Action: Edwin F. Gay*, Cambridge: Harvard University Press, 1952, p. 74.

[2] *Ibid.*, p. 69.

[3] *Ibid.*, p. 76.

[4] M. C. Copeland, *And Mark the Era: The Story of Harvard Business School*, Boston: Little, Brown, 1958, pp. 59-60.

[5] Heaton, *A Scholar in Action*, p. 81.

Veja também

Babbage, Chandler, Fukuzawa, Porter, Taylor.

Para ler Edwin Gay

Não chega a ser surpreendente o fato de Gay não ter apresentado obras importantes sobre administração ou educação administrativa: durante seu período à frente da Escola de Administração de Harvard esteve ocupado demais, ao passo que nos anos posteriores não se sentia inclinado a tratar do assunto. A maior parte de sua produção trata de história medieval e do primeiro período da era moderna.

PARA SABER MAIS

A história da Escola de Administração de Harvard de Copeland proporciona uma avaliação profunda sobre a visão de Gay em relação ao ensino da administração. Heaton é uma biografia completa, simpática à personagem, mas muito detalhada.

COPELAND, M. C., *And Mark the Era: The Story of Harvard Business School*, Boston: Little, Brown, 1958.

HEATON, H. K., *A Scholar in Action: Edwin F. Gay*, Cambridge: Harvard University Press, 1952.

FRANK BUNKER GILBRETH (1868-1924) LILLIAN GILBRETH (1878-1972)

Frank e Lillian Gilbreth, marido e mulher, formaram uma equipe de consultores de empresas que tiveram papel central no desenvolvimento da administração científica. Frank Gilbreth foi pioneiro do conceito de "estudos de movimentos" que, combinado com o método de "estudos de tempo" de F. W. **Taylor,** levou à técnica de estudos de "tempos e movimentos", base da maioria dos estudos de produção e de eficiência durante muitas décadas. Lillian Gilbreth foi pioneira da aplicação da psicologia aos problemas administrativos. Os dois trabalharam em íntima associação como consultores profissionais e quase todos os seus livros foram escritos em co-autoria. Após a morte de Frank Gilbreth, Lillian Gilbreth manteve as atividades de consultoria e continuou a desenvolver suas idéias sobre a importância do fator humano nos negócios e na administração. Desempenhou também o papel de modelo inspirador para as mulheres empresárias em todo o mundo, algumas da quais, como sua amiga inglesa Anne Shaw, ascenderam a altos cargos na indústria.

Frank Bunker Gilbreth nasceu em Freeport, Maine, no dia 7 de julho de 1868. Após concluir os primeiros estudos, foi aprovado nos exames de admissão ao Instituto de Tecnologia de Massachusetts, mas preferiu se dedicar ao estudo mais prático da mecânica e conseguiu um emprego em uma construtora. Embora seu primeiro emprego fosse o de aprendiz de pedreiro, Gilbreth parece ter entrado em um plano de "via rápida" para promoção à administração: aos

27 anos tornou-se superintendente-geral da companhia. Já por essa época havia desenvolvido vários métodos técnicos e procedimentais de melhoria da eficiência do trabalho, inclusive os rudimentos do que mais tarde seria conhecido como estudos de movimentos. Em 1895, decidiu fundar sua própria empresa de construção com sede em Boston. Em 1900, sua empresa prosperava, com várias filiais nos Estados Unidos, além de uma em Londres.

Lillian Moller nasceu em Oakland, Califórnia, em 24 de maio de 1878, filha de um homem de negócios, cidadão importante da cidade. Intelectualmente bem dotada, freqüentou a Universidade da Califórnia em Berkeley contra os desejos dos pais que achavam que moças não deviam se dedicar aos estudos superiores. Estudou literatura inglesa, concluindo o bacharelado em 1900 e o mestrado em 1903 com uma tese sobre Ben Jonson. Planejava fazer o doutorado, entretanto resolveu tirar um ano de férias a fim de viajar pela Europa. Ali conheceu Frank Gilbreth, e os dois se casaram em 1904. Mais tarde concluiu o doutorado em psicologia na Universidade Brown em Rhode Island.

Desde o início do casamento, os dois trabalharam juntos, primeiramente na construtora e mais tarde no desenvolvimento conjunto dos métodos de eficiência e os transformaram em um importante sistema de administração. As primeiras obras tiveram oficialmente a autoria de Frank Gilbreth, mas sua mulher teve participação importante na redação. A partir de 1912, os livros passaram a ser formalmente assinados pelos dois em co-autoria. Lillian Gilbreth também escreveu sozinha um livro durante esse período, *The Psychology of Management* (1914), baseado em sua tese de doutorado.

Com o passar do tempo, os negócios do casal evoluíram da construção para a consultoria. Frank Gilbreth havia lido e se entusiasmado com *Shop Management* (1903), de Frederick W. Taylor. Entrou em contato e com ele o casal trabalhou durante vários anos. Sabia-se que Taylor era muito reticente em atribuir crédito ao casal Gilbreth por suas contribuições para a administração científica, mas muitos de seus seguidores foram menos escrupulosos e tentaram atribuir a Taylor o crédito pelas idéias dos estudos de movimento. Esse fato, além das diferenças pessoais, levaram ao afastamento entre os Gilbreth e Taylor. Um amigo comum, Henry Gantt, tentou mediar a reconciliação até romper, ele também, com Taylor por volta de 1913. Gantt e os Gilbreth continuaram amigos. Mas Lillian Gilbreth nunca perdoou Taylor inteiramente: seu veredicto, expresso a Lyndall **Urwick** – "Veja, coronel Urwick, Taylor não era um homem bom" – passou para o folclore da história da administração.

Com a morte de Taylor em 1915 e de Gantt em 1919, Frank Gilbreth passou a ser a figura mais importante do movimento em administração científica. Em 1920, já era mundialmente conhecido por suas idéias sobre administração, e conferencista muito requisitado nos Estados Unidos e na Europa. Em 1924, foi convidado a ir à Europa para apresentar uma comunicação especial no Primeiro Congresso Internacional de Administração. Poucos dias antes da partida, porém, no dia 14 de junho de 1924, morreu repentinamente de um ataque cardíaco em Montclair, Nova Jersey. Lillian Gilbreth, que havia planejado ficar em casa para cuidar dos negócios e da numerosa família (doze filhos: seis meninos e seis meninas), tomou o lugar do marido no congresso e fez a apresentação.

Ao regressar após o congresso, descobriu que a maioria dos clientes da consultoria havia cancelado seus contratos, pensando que a empresa seria fechada depois da morte do marido. Até o final daquela década, teve de reconstruir o negócio, o que lhe tomou grande parte de seu tempo e energia. Continuou a desenvolver métodos pioneiros de aumento da eficiência no local de trabalho, mas voltou-se também para a eficiência no lar, um assunto a que ela e seu marido já haviam dedicado atenção. Os dois interessaram-se pelo que hoje se conhece como ergonomia, ou seja, a disposição científica do local de trabalho de forma a minimizar o esforço e melhorar o desempenho no trabalho. Ela passou grande parte da década de 1920 projetando cozinhas ergonômicas que reduziam o trabalho das donas de casa, projetos que tiveram grande sucesso e granjearam muita publicidade.

Tornou-se também uma autoridade respeitada no que se refere ao papel da mulher no trabalho. Em 1929, foi convidada pelo presidente Herbert Hoover a participar da Comissão de Emergência para o Desemprego, criada quando se iniciou a Grande Depressão. Durante a década de 1930, foi professora visitante de organização e métodos no local de trabalho da Universidade Purdue, e após a Segunda Guerra Mundial passou a ser considerada uma autoridade na nova disciplina de "economia doméstica", para cujo estudo foram fundados departamentos em várias universidades, continuando a prestar serviços de consultoria para o governo: serviu às administrações dos presidentes Hoover, Roosevelt, Truman, Eisenhower, Kennedy e Johnson. Na década de 1960, ficou conhecida nos Estados Unidos como a "Primeira Dama da Engenharia Americana" e, apesar de ter mais de oitenta anos, continuou a escrever e dar aulas. Um de seus últimos trabalhos foi preservar para a posteridade os artigos e livros de seu marido. Morreu em Phoenix, Arizona, no dia 2 de julho de 1972.

A contribuição dos Gilbreth para a administração assume várias formas. Em primeiro lugar, a mais famosa, o trabalho em estudos de movimentos e fadiga, que passou a fazer parte do núcleo da administração científica, e também contribuiu para a criação da ergonomia. Segundo, e de igual importância, há a contribuição de Lillian Gilbreth para a psicologia da administração. Terceiro, Lillian Gilbreth foi uma professora ativa, tanto antes quanto depois da morte do marido, tendo formado algumas das principais figuras do mundo empresarial. Finalmente, em seus últimos anos, Lillian se tornou um importante modelo para as mulheres na administração.

Frank Gilbreth passou a se interessar pelo estudo de movimentos quando trabalhava na construção civil. Ao observar os movimentos dos pedreiros, percebeu que poderia reduzir o número de movimentos feitos para levar o tijolo do andaime para a parede em construção. Isso teria a dupla vantagem de aumentar a velocidade do trabalho realizado e reduzir a fadiga. O trabalho subseqüente, a criação dos estudos de movimentos, foi semelhante aos estudos de tempos de Taylor uma vez que cada tarefa era quebrada em suas partes componentes e esses elementos eram então estudados: não para determinar o tempo necessário, mas para definir os movimentos e os esforços exigidos em cada um deles. O movimento era classificado em vários tipos, como virar, selecionar, levantar, carregar, e assim por diante: essas classificações gerais eram conhecidas como *therbligs* (anagrama de Gilbreth). Usando esses *therbligs* como os componentes de cada tarefa, os Gilbreth conseguiam redefinir as tarefas de maneira sistemática de forma a economizar trabalho e aumentar a produtividade. Gilbreth desenvolveu vários instrumentos técnicos para estudar movimentos, como a fotografia em seqüência e o ciclógrafo, pequenas lâmpadas presas aos membros do operário que, quando filmados, mostravam graficamente na tela a aceleração e a desaceleração dos movimentos.

Esse enfoque era semelhante ao de Taylor, pois envolvia o estudo científico de movimentos decompostos em seus componentes mínimos. Foi também similar a resistência que encontrou. Os operários sentiam – e em alguns casos tinham razão – que os empregadores usavam os métodos de Gilbreth para lhes arrancar mais trabalho sem aumento de salário. O sistema combinado Taylor-Gilbreth, hoje conhecido como estudo de tempos e movimentos, tornou-se na década de 1920 um instrumento comum de aumento da eficiência, e sua aplicação também um ponto de atrito comum entre as grandes corporações e os grandes sindicatos. Ao passo que Taylor desistiu de tentar mostrar aos operários que seu sistema podia ser benéfico para eles, os Gilbreth nunca deixaram de defender os benefícios de seu trabalho. Por volta de 1914-15 passaram a se interessar pelos problemas de fadiga e tomaram a iniciativa de propor a reformulação das tarefas e dos locais de trabalho para reduzir ferimentos, acidentes e doenças profissionais.

Dois avanços importantes durante esse período tiveram impacto duradouro. O primeiro foi a descoberta de que o projeto do local de trabalho era tão importante quanto o esforço humano na geração de fadiga. Usando os princípios dos *therbligs*, os Gilbreth começaram a projetar novas formas de estação de trabalho para operários de linha de produção, usando a análise dos *therbligs* para detectar áreas em que era possível alterar o projeto da estação de trabalho para reduzir movimentos desnecessários. Esses estudos formam a base da moderna disciplina da ergonomia, em que é comumente aceito que o projeto errado da estação de trabalho é uma causa comum de fadiga e doença do empregado, e exige um esforço específico para sua correção. Saindo da arena industrial, Gilbreth também aplicou suas técnicas a outros locais, como as salas de operação de hospitais, onde também conseguiu reduzir significativamente o tempo de realização das cirurgias, alterando o projeto das salas e reposicionando a equipe. Mais tarde, Lillian Gilbreth usou a ergonomia para projetar cozinhas e outros locais de trabalho doméstico, que levou ao desenvolvimento de uma nova disciplina, a economia doméstica.

A segunda conseqüência foi no emprego de trabalhadores com deficiências. O final da Primeira Guerra Mundial assistiu ao retorno de muitos jovens feridos no campo de batalha que já não podiam trabalhar da forma convencional. Os Gilbreth usaram a técnica de análise de trabalho para estudar o problema e descobriram que muitas tarefas e estações de trabalho poderiam ser alteradas para se ajustar às necessidades desses trabalhadores: na verdade, as modificações geralmente eram de pequena monta. Foi um passo importante na aceitação de empregados com deficiências nos locais de trabalho.

Lillian Gilbreth foi também uma das primeiras pessoas a discutir a idéia de uma "psicologia da administração", que ela definia como "o efeito da mente que dirige o trabalho sobre o trabalho dirigido". Embora os conceitos da psicologia já tivessem sido aplicados às empresas, sobretudo nos estudos de Walter Scott na Universidade Northwestern sobre a psicologia da propaganda e psicologia industrial, Gilbreth foi uma das primeiras a estabelecer uma ligação direta entre estados mentais e ações subseqüentes por parte dos gerentes e trabalhadores. Sua conclusão foi radical para a época, e mostrou como o pensamento dos Gilbreth estava começando a divergir do de Taylor:

> Já se demonstrou que a ênfase da administração bem-sucedida está no *homem*, não no trabalho, que é possível chegar mais facilmente à eficiência enfatizando o homem, modificando equipamentos, materiais e métodos para maior realização do homem. Ademais, já se reconhece que a mente do homem é fator de controle de sua eficiência, e isso permitiu ao homem, pelo aprendizado, utilizar ao máximo suas capacidades.[1]

O efeito do trabalho de Gilbreth e de outros estudos de base psicológica que se seguiram mudaria o foco do pensamento organizacional da estrutura e controle para o indivíduo como elemento primordial de composição da organização. Ao buscar uma explicação comportamental para o desempenho e a motivação no trabalho, Gilbreth antecipou diretamente em várias décadas o trabalho de Abraham **Maslow** e Herbert **Simon**.

Além dos serviços de consultoria, os Gilbreth também ofereceram treinamento a vários outros engenheiros nas técnicas de administração científica e ajudaram a difundir amplamente essa disciplina. Os dois fundadores da administração científica no Japão, Araki Toichiro e Ueno Yoichi, foram influenciados pelos Gilbreth. Araki teve aulas com Lillian Gilbreth durante o período de quatro anos de estudos nos Estados Unidos, e Ueno manteve longa correspondência com o casal: seu livro *Human Psychology of Industrial Efficiency* (1919) foi inspirado tanto pelas técnicas de estudo de movimentos quanto pela aplicação da psicologia à administração. Um terceiro membro do grupo de consultores de Gilbreth foi a britânica Anne Shaw, que trabalhou na empresa durante algum tempo antes de voltar à Inglaterra para assumir um cargo na Metropolitan-Vickers Electrical Company. Aí ela fundou um centro interno de estudos de eficiência que foi copiado por várias outras empresas britânicas, e no final da década de 1930 e na de 1940 envolveu-se na formação de administradores na Inglaterra, criando vários programas de treinamento. A Sociedade de Estudos de Movimento da Grã-Bretanha recebeu desde a fundação o nome Sociedade Anne Shaw em sua homenagem e ela foi condecorada com a ordem CBE* pelos serviços prestados à indústria.

Shaw foi amiga íntima de Lillian Gilbreth por toda a vida e, assim como muitas mulheres trabalhadoras, considerava-a um modelo de conduta. Viúva antes dos cinqüenta anos, com a responsabilidade de manter uma família enorme, Lillian Gilbreth superou os estereótipos e preconceitos e se tornou uma das personalidades mais respeitadas da indústria americana. Ao mostrar que era possível a uma mulher ter sucesso nos negócios, incentivou muitas outras a tentar.

A história do casal Gilbreth é uma das mais notáveis da história da administração. Em parte por causa de suas circunstâncias particulares, continua a despertar muito interesse. Suas idéias têm seguidores apaixonados, que tentam ao máximo distingui-las das de Taylor. A grande diferença entre os dois é que a idéia de eficiência de Taylor concentrava-se no tempo, ao passo que a dos Gilbreth focava os movimentos. Já se disse que Taylor preocupava-se que o trabalho fosse rapidamente realizado, e os Gilbreth estavam interessados em que fosse bem-feito. Trata-se de uma generalização grosseira. Nos dois casos houve a preocupação com a eficiência, e a velocidade e a qualidade do trabalho eram componentes presentes nos dois sistemas. De fato, o estudo de tempos e o de movimentos se complementavam mutuamente, o que Taylor e Gilbreth imediatamente reconheceram. A retórica de seus seguidores nos anos seguintes muito fez para obscurecer o fato de que a administração científica não poderia ter se desenvolvido sem a importante contribuição de ambos.

De uma perspectiva moderna, há muito a ser admirado na obra dos Gilbreth além de sua contribuição para a administração científica no sentido mais estrito. A atenção ao ambiente de trabalho, tanto físico quanto mental,

N.T.: Importante condecoração inglesa, a *The Most Excellent Order of the British Empire*, criada pelo rei George V. Tem uma divisão civil e uma militar, cada uma com cinco classes: CBE é a classe Commander of the British Empire.

levou a grandes aportes à ergonomia e à psicologia industrial. Os Gilbreth trabalharam com as técnicas de eficiência, e é essa a razão de sua fama, entretanto tiveram também uma visão muito mais holística do local de trabalho e da relação entre trabalhadores, gerência e ambiente. É nesse contexto maior que o trabalho dos dois se torna mais relevante hoje.

Nota

[1]L. Gilbreth, *The Psychology of Management*, Nova York: Sturgis & Walton, 1914, p. 3.

Veja também

Emerson, Fayol, Follett, Taylor, Urwick.

Para ler Frank e Lillian Gilbreth

Todos os livros, salvo quando indicado, foram escritos formalmente em co-autoria. *Primer of Scientific Management* foi muito lido. *Motion Study* foi a primeira exploração completa dos princípios desse tópico, mais tarde desenvolvido em outros livros. *The Psychology of Management* é um dos principais livros pioneiros em seu campo.

(F. B. Gilbreth) *Motion Study*, Nova York: Van Nostrand Co., 1911.

Primer of Scientific Management, Nova York: Van Nostrand Co., 1912.

(L. E. Gilbreth) *The Psychology of Management*, Nova York: Sturgis & Walton, 1914.

Fatigue Study, Nova York: Sturgis & Walton, 1916.

Motion Study for the Handicapped, Nova York: Macmillan, 1920.

(L. E. Gilbreth) *The Quest of the One Best Way: A Sketch of the Life of Frank Bunker Gilbreth*, Chicago: Society of Industrial Engineers, 1924.

(L. E. Gilbreth) *The Home-Maker and Her Job*, Nova York: D. Appleton, 1927.

Para saber mais

São raros os textos secundários sobre os Gilbreth. *Cheaper by the Dozen* e *Belles on Their Toes* são dois relatos leves da vida no lar dos Gilbreth, em que o estudo de movimentos (uma necessidade dado o tamanho da família) era uma característica fundamental. Yost é a melhor biografia do casal, feita por um amigo da família. Spriegel e Meyers é uma coleção útil de artigos. Os artigos elogiosos de Graham e Ferguson oferecem análises úteis.

FERGUSON, D.,"Gilbreth, Frank Bunker", em M.Witzel (ed.). *Biographical Dictionary of Management*, Bristol: Thoemmes Press, vol. 1, pp. 371-5.

GILBRETH, F. B. JR. e CAREY, E. G., *Cheaper by the Dozen*, Nova York: Thomas Y. Crowell, 1949.

_____. *Belles on Their Toes*, Nova York: Thomas Y. Crowell, 1949.

GRAHAM, I. e FERGUSON, D., "Gilbreth, Lillian Evelyn Moller", em M. Witzel (ed.), *Biographical Dictionary of Management*, Bristol: Thoemmes Press, vol. 1, 2001, pp. 375-9.

SPRIEGEL, W. R. e MEYERS, C. E. (eds.), *The Writings of the Gilbreths*, Homewood: Irwin, 1952.

YOST, E., *Frank and Lillian Gilbreth: Patterns for Life*, New Brunswick: Rutgers University Press, 1949.

ANDREW GROVE (1936-)

Andrew Grove é o superintendente da Intel, o maior fabricante de semicondutores do mundo. Tal como seu contemporâneo mais jovem, Bill **Gates**, Grove conseguiu construir uma organização que sobreviveu e prosperou em uma época de grande turbulência na indústria da tecnologia da informação, quando milhares de outras companhias foram levadas às cordas. Ele é também um escritor ponderado e persuasivo no campo da administração, que usou sua rica experiência pessoal de sucesso e fracasso para desenvolver idéias sobre liderança e organização. Em uma época em que muitos livros de administração adotam um enfoque otimista, oferecendo receitas de sucesso que qualquer um consegue aplicar, Grove tem uma visão mais sombria. Administração em uma era de turbulência e mudança é difícil, e a cada dia se torna mais difícil. O título de seu melhor livro resume a filosofia: *Only the Paranoid Survive* (1996).

Grove nasceu com o nome de Andras Grof em Budapeste, Hungria, no dia 2 de setembro de 1936. Viveu a infância na Hungria durante a Segunda Guerra Mundial e depois sob o regime comunista do pós-guerra. Como muitos outros jovens húngaros, fugiu em 1956, depois que um breve levante contra o Estado comunista foi violentamente reprimido pela intervenção militar soviética. Chegou aos Estados Unidos em 1957 e ali está até hoje. Anglicizou o nome e assumiu a cidadania americana em 1962. Pouco depois da chegada, matriculou-se no City College em Nova York, trabalhando como garçom para pagar o curso de graduação. Mudou-se mais tarde para a Califórnia, onde cursou e recebeu o doutorado em engenharia química pela Universidade da Califórnia.

Tal como muitos outros empresários de sucesso, Grove viu-se no lugar certo na hora exata. Desde a Segunda Guerra Mundial, o sul da Califórnia havia se tornado um centro de pesquisa e desenvolvimento de alta tecnologia, e foi ali que, em 1957, Robert Noyce havia desenvolvido o processo de fabricação de semicondutores sobre uma base de silício. Esse foi um marco importante que levou ao desenvolvimento do microcomputador e à ampla difusão da tecnologia de computadores nas empresas e na sociedade. No início da década de 1960, a empresa de Noyce, Fairchild Semiconductor, sediada em San Jose, na Califórnia, progredia rapidamente, e ao concluir o doutorado, Grove foi de imediato contratado pelos laboratórios de pesquisa Fairchild. Sua promoção foi rápida, e já em 1967 era assistente do chefe de pesquisa.

Cientista brilhante, Noyce via-se motivado pela paixão da inovação. Acreditava firmemente que a pesquisa chega a melhores resultados quando as empresas são pequenas e flexíveis. Empresas grandes sufocam o espírito inovador e morrem. Quando a Fairchild lhe pareceu grande demais, ele e um colega, também fundador da empresa, Gordon Moore, se demitiram e se transferiram para Santa Clara onde fundaram a Intel a fim de continuar o desenvolvimento dos semicondutores. Grove foi convidado a se juntar aos dois como chefe de operações e aceitou. Em 1976, foi nomeado diretor de operações, começando a se preparar para assumir a presidência quando, sempre fiel a seus princípios, Noyce renunciou em 1979 a fim de formar uma nova empresa, a Sematech. Grove foi nomeado presidente em substituição a Noyce em 1979, superintendente em 1987, e finalmente presidente do Conselho de Administração em 1996.

Homem ativo, Grove também deu aulas em Berkeley entre 1966 e 1972, e durante muitos anos foi colunista de um semanário, o *Mercury*, de San Jose. Escreveu vários livros, sendo os principais, *High Output Management* (1983), e o mais recente, *Only the Paranoid Survive* (1996). Os dois livros são radicalmente diferentes da tendência dominante dos livros de administração modernos: *High Output Management* se destina à desprezada classe da média gerência, em quem Grove vê a espinha dorsal das organizações, ao passo que *Only the Paranoid Survive* é um das poucas considerações ponderadas sobre o fracasso e suas conseqüências publicadas em anos recentes.

A tarefa que Grove se impôs ao assumir a Intel foi, com efeito, provar que seu mentor Robert Noyce estava errado: tinha de demonstrar que uma companhia poderia se tornar grande *e* continuar flexível e inovadora. Alcançou notável sucesso. A Intel domina a indústria de microprocessadores, fatura mais de 30 bilhões de dólares em todo o mundo, tendo chegado a essa posição apesar da feroz concorrência interna e do Extremo Oriente. Sob a liderança de Grove, a Intel chegou a essa posição não apesar de seu tamanho, e sim por causa dele. Economias de escala e estrutura administrativa deram a seus cientistas pesquisadores a liberdade de criação e os recursos de que necessitavam. O restante da companhia concentrou-se na transformação daquela criatividade em produtos práticos. Um observador descreve as realizações de Grover nos seguintes termos:

> Sendo inovadora, [a Intel] se tornou uma companhia cujo objetivo era a produção – assegurar que as boas idéias se transformassem em produtos práticos desejados por seus clientes, produtos que chegavam no devido tempo, a preços que caíam ano a ano. Essa transformação não foi um feito menor. Forçou a Intel a se organizar rigorosamente, a encontrar um ponto de equilíbrio que lhe permitisse manter controle firme sobre suas operações sem colocar em risco a criatividade dos cientistas que era seu principal patrimônio. O resultado dessa transformação foi a Intel chegar à posição dominante em seu ramo industrial.[1]

O próprio Grove acredita fervorosamente no poder da tecnologia. Em 1996, escreveu que a tecnologia é uma espécie de força irreprimível e "o que pode ser feito será feito".[2] A exemplo de Robert Noyce, acredita que o desenvolvimento tecnológico e o progresso social estão inseparavelmente ligados. Mais recentemente, propôs a ampliação da adoção da tecnologia de banda larga, por acreditar que ela deva ter um papel fundamental não só na prosperidade da economia e da sociedade americana, mas também no fortalecimento da capacidade do governo e das Forças Armadas de responder a ataques como o de 11 de setembro de 2001.[3] A importância da banda larga, na opinião de Grove, é que ela vai aumentar em muito a velocidade e a disseminação do conhecimento e da informação.

A informação está no centro da filosofia administrativa de Grove. Ao longo de sua própria vida profissional coletou e filtrou informações, tendo incentivado seus empregados a também fazê-lo. Acredita na necessidade de emoção e de crença no trabalho, e diz que a intuição é tão importante quanto a análise. Sua visão da tarefa do administrador é flexível: afirma que, como dispõem de tempo e energia limitados, os administradores deveriam se concentrar em fazer as coisas que terão máximo impacto, procurando o ponto de máxima alavancagem.

Como já foi dito, *High Output Management* destina-se aos gerentes de nível médio, que Grove considera serem "os músculos e ossos de toda organização grande", mas que são geralmente ignorados pelos teóricos.[4] Esse livro, escrito em um tom leve e divertido, se propõe a definir o que fazem os gerentes. Usando uma metáfora baseada em sua própria experiência, compara a tarefa do administrador à de um garçom que serve refeição. Os dois têm as mesmas tarefas de produção: "construir e entregar no prazo *programado* produtos que atendem às exigências do consumidor, em um nível *aceitável* de qualidade, e ao *menor* custo possível".[5] Afirma que a atividade gerencial não deve ser confundida com produção. Planejamento, negociação, alocação de recursos e treinamento são as coisas que os gerentes *fazem*, rendimento é o que eles realmente *produzem*. Na Intel, diz ele, a produção gerencial não são idéias, mas as bolachas de silício, assim como a produção do cirurgião é o número de pacientes curados, e assim por diante. Gerência é uma atividade de equipe, e desse modo a "atividade mais importante de um gerente é obter o máximo da atividade de seus subordinados".[6] Os gerentes têm também de saber o que motiva seus empregados. Grove se refere explicitamente à hierarquia de necessidades de **Maslow**, e argumenta que os gerentes têm de ter consciência de como essas necessidades motivam empregados e subordinados.

Reside aí o sentido de que os conceitos básicos da administração são simples na teoria, mas raro é o caso na prática. O autor prussiano de estratégia militar, Karl von Clausewitz, tinha um ditado: "Tudo em estratégia é simples, mas isso não quer dizer que tudo em estratégia seja fácil". Clausewitz desenvolveu o conceito de "atrito", a concatenação de acontecimentos e forças imprevistos que atrapalham os planos e provocam a lentidão e a perda de eficiência em relação ao previsto. Grove não se refere explicitamente ao atrito, mas o sentido irritante do imprevisto à espera pronto a destruir planos é onipresente em sua obra posterior. Em *Only the Paranoid Survive*, escrito logo depois de um incidente desastroso em que chips Pentium defeituosos no valor de mais de meio bilhão de dólares tiveram de ser recolhidos e substituídos, Grove adverte explicitamente contra a complacência administrativa:

> Creio no valor da paranóia. O sucesso empresarial contém as sementes de sua própria destruição. Quanto mais bem-sucedido, mais os outros querem um pedaço do seu negócio, e depois mais um pedaço, e mais outro, até não haver mais nada. Creio que a responsabilidade primordial de um administrador é se proteger constantemente contra os ataques dos outros e inculcar essa atitude de vigilância nas pessoas sob sua administração.[7]

Em uma entrevista à revista *Forbes*, Grove comentou a utilidade do medo como força criadora: "É o medo que tira uma pessoa do equilíbrio confortável, que a faz atacar as tarefas difíceis[...] [ele] é saudável como a dor física: avisa o seu corpo que alguma coisa está errada".[8]

Ao contrário de muitos teóricos, que vêem a mudança como um processo contínuo no ambiente empresarial, Grove vê as grandes mudanças sob a forma de uma série de pontos, a que ele dá o nome de "pontos de inflexão estratégica". São acontecimentos em que repentinamente, e às vezes sem aviso aparente, alteram-se os fundamentos sobre os quais uma empresa baseou sua existência e operação. O surgimento de um desses pontos pode significar novas oportunidades, ou o início do fim, dependendo de como a empresa responda. O planejamento formal não tem capacidade de prever essas mudanças e, por conseguinte, os administradores têm de ser capazes de responder ao inesperado. O advento do computador pessoal foi um exemplo óbvio de ponto de inflexão estratégica, forçando companhias como a IBM e a DEC a se adaptar ou fechar. Outro foi a quebra do monopólio dos serviços telefônicos americanos da Bell. A decisão da Intel de entrar na produção de microprocessadores foi um terceiro, que forçou os fabricantes então existentes de microprocessadores a se adaptar ao aparecimento de um gigante entre eles.

Uma das dificuldades de lidar com os pontos de inflexão estratégica é reconhecê-los quando aparecem. Como a administração reconhecerá a diferença entre sinal e ruído e compreenderá o que é realmente importante? A resposta, segundo Grove, está no debate contínuo e vigoroso entre os administradores, compartilhando informações e gerando novas idéias. Desafiar sempre os dados: perguntar o que realmente estão querendo dizer, ouvir a todos à sua volta. Todos devem ser incentivados a falar: o medo de punição em certas organizações é o grande inibidor da discussão, e este, por sua vez, leva ao não reconhecimento dos sinais. Admite que isso não é fácil:

> Apesar da mudança ser a retórica de toda a administração, o fato é que nós, administradores, odiamos a mudança, especialmente quando ela nos envolve. Vencer um ponto de inflexão estratégica envolve confusão, incerteza e desordem.[9]

Passar por um ponto de inflexão estratégica é um processo tenso e caótico: não existem regras, exatamente porque as próprias regras estão mudando. No entanto, diz Grove:

> [...] em determinado ponto você, o líder, começa a perceber a forma vaga de uma nova direção. Nesse momento, porém, sua companhia encontra-se desanimada, desmoralizada ou simplesmente cansada. Chegar até esse ponto exigiu muita energia. É preciso agora encontrar o reservatório de energia que lhe sobrou para motivar a si mesmo e, mais importante, as pessoas que dependem de você para que todos voltem a ser saudáveis.[10]

Ele descreve esse tipo de mudança transformadora como uma doença, e diz que só as companhias que têm a necessária energia e disposição terão condições de se recuperar. Usando outra metáfora, Grove descreve a passagem por um ponto de inflexão estratégica como a travessia do Vale da Morte. Uma vez vencido esse ponto, há tempo para parar, entender o caos à sua volta, restabelecer a estabilidade e partir em busca de novos objetivos.

Grove venceu em uma indústria reconhecidamente volátil porque sempre viveu e administrou de acordo com suas próprias regras. A Intel mostrou ser capaz de mudar repentinamente de curso e de responder à mudança imprevista. Quando este livro estava sendo escrito, a grande preocupação de Grove era o problema de saber se sua pátria de adoção seria capaz de fazer a mesma coisa. Vê os acontecimentos de 11 de setembro como um ponto de inflexão estratégica para os Estados Unidos, quando velhas certezas foram varridas e nada mais será como antes. Fala hoje do que chama de "forças 10x", tendências e mudanças que são dez vezes mais poderosas que tudo o que vemos na vida diária, forças que têm o poder de virar nossa vida pelo avesso. Como país e povo, diz Grove, os Estados Unidos precisam se tornar suficientemente fortes para suportá-las.

Resta pouca dúvida de que a perspectiva de vida de Grove foi em parte moldada por sua formação sob o regime totalitário na Hungria. Entretanto, sua atitude foi igualmente condicionada por ter passado toda a sua vida profissional em uma indústria volátil, vendo milhares de outras empresas, algumas grandes e poderosas, serem levadas à lona. Sua filosofia de administração é pessoal e psicológica. Organização e inovação são os instrumentos do sucesso. Em última análise, administração trata do que se passa no cérebro do administrador e de como ele pensa, se comunica e se antecipa.

Notas

[1] T. Jackson, *Inside Intel*, Londres: Penguin, 1998, p. xiii.

[2] A. Grove, *Only the Paranoid Survive*, Nova York: HarperCollins, 1996, p. 5.

[3] D. C. Lewis, "Living Paranoid after 11 September: The Management Philosophy of Andy Grove", *Mastering Management Online* 11 (march 2002), online em www.ftmastering.com/index/march.

[4] A. Grove, *High Output Management*, Nova York: Random House, 1983, p. ix.

[5] *Ibid.*, p. 3.

[6] *Ibid.*, p. 145.

[7] *Only the Paranoid Survive*, p. 3.

[8] *Apud* Lewis, "Living Paranoid after 11 September".

[9] *Only the Paranoid Survive*, p. 123.

[10] *Ibid.*, p. 139.

Veja também

Argyris, Babbage, Bat'a, Forrester, Gates, Handy, Maslow, Ohmae, Welch.

Para ler Andrew Grove

Os dois livros relacionados são importantes e foram descritos neste capítulo. Grove também escreveu numerosos trabalhos técnicos e artigos para revistas.

Em inglês

High Output Management, Nova York: Random House, 1983.

Only the Paranoid Survive: How to Exploit the Crisis Point that Challenge Every Company and Career, Nova York: HarperCollins, 1996.

Em português

Administração de alta performance. São Paulo: Futura, 1997.

Só os paranóicos sobrevivem. São Paulo: Futura, 1997.

Para saber mais

Grove está presente em muitas coletâneas sobre os gurus da administração. O melhor relato, e o mais cheio de idéias, é o de Jackson. O pequeno artigo de Lewis atualiza as idéias de Grove para o período posterior aos acontecimentos de 11 de setembro.

Jackson, T., *Inside Intel: Andy Grove and the Rise of the World's Most Powerful Chip Company*, Londres: Penguin, 1998.

Lewis, D. C., "Living Paranoid after 11 september: The Management Philosophy of Andy Grove", *Mastering Management Online* 11 (march de 2002), disponível em www.ftmastering.com/index/march.

Charles Handy (1932-)

Charles Handy tem sido descrito de modo variado como o principal guru europeu da administração e como o homem que trouxe a filosofia de volta ao seu estudo. Originalmente um teórico do comportamento organizacional, Handy passou mais tarde a levar em consideração a natureza do trabalho e do emprego e o papel da administração na sociedade moderna, e a propor uma visão mais holística e ética da administração como disciplina e prática. Sua obra tem ressonâncias na economia, na teoria da organização e na ética nos negócios. Em 2001, uma pesquisa realizada na internet entre administradores e acadêmicos para determinar os mais importantes pensadores da administração em todos os tempos, relacionou Handy em segundo lugar, depois de **Drucker**.[1]

Handy nasceu no Condado de Kildare, na Irlanda, em 25 de julho de 1932, filho de um arquidiácono. Após se formar no Oriel College, em Oxford (tem também o MBA [Master of Business Administration] da Sloan School of Management do Instituto de Tecnologia de Massachusetts), ocupou cargos administrativos na Shell International e na Anglo-American Corporation. Em 1967, foi admitido no corpo docente da recém-fundada London Business School como professor de psicologia na administração, passando a catedrático em 1972 e indicado para a comissão diretora em 1974. Na LBS, Handy teve papel importante no soerguimento do perfil da escola e no processo geral de ressurgimento da educação administrativa que ocorreu na Grã-Bretanha no final da década de 1970. Em 1977 foi nomeado Guardião da St. George's House, em Windsor, um centro privado de estudos e congressos. Participou intensamente da Royal Society for the Encouragement of Arts, Manufacture and Commerce, ocupando a presidência entre 1987 e 1989. Seus dois livros mais conhecidos, *The Age of Unreason* (1989) e *The Empty Raincoat* (1994), lhe granjearam reputação internacional e tiveram grande sucesso de vendas. Durante a década de 1990, mesmo continuando como professor visitante da London Business School, Handy se concentrou em escrever e na transmissão rádiofônica, produzindo vários livros e tornando-se um colaborador regular do programa *Thought for the Day*, um programa de opiniões religiosas e filosóficas transmitido pela BBC. Vive atualmente em Norfolk.

Escritor prolífico, a obra de Handy vai desde *Understanding Organizations* (1976), um livro sobre comportamento organizacional, convencional no estilo ainda que de grande alcance de conteúdo, até *The New Alchemists* (1999), uma coletânea de retratos de pessoas visionárias que estão mudando nossa forma de trabalhar e viver. Embora haja temas fortes comuns em toda a sua obra, os textos de Handy podem ser divididos em três fases. Na primeira estão os livros sobre comportamento organizacional, delineado primeiro em *Understanding Organizations* e mais bem desenvolvido em *Gods of Management* (1979). Em seguida, Handy passou a focalizar o paradoxo da administração, tema central de *The Age of Unreason* e de *The Empty Raincoat*. O terceiro estágio vai além do estudo do paradoxo em si, na busca de valores e projetos pessoais em um mundo cada vez mais paradoxal. É esse o tema central de obras como *Beyond Certainty* (1996) e *The Hungry Spirit* (1997). Seus livros mais recentes mostram intensa preocupação com o bem-estar psicológico e espiritual do indivíduo no ambiente organizacional de constante fluxo e mudança.

Understanding Organizations formula sólidos princípios que, como já se comentou, permeiam os textos posteriores e mais pessoais de Handy. O mais importante desses é sua conceituação de cultura organizacional. As culturas, segundo ele, podem ser distinguidas por certas características, principalmente os papéis e as funções dos indivíduos dentro delas e pelo poder que exercem. Descreve quatro arquétipos de cultura organizacional, às quais denomina de "culturas de poder", "culturas de papéis", "culturas de tarefas" e "culturas de pessoas".

Culturas de poder (mencionadas em *Gods of Management* como "culturas de cassetete") são aquelas em que o poder se concentra nas mãos de um único indivíduo dominante, como o fundador. Todo o poder flui de uma fonte central na organização, passando por uma teia de influência e comunicação. O controle é exercido pessoalmente e não por meio de regras e procedimentos.

As culturas de papéis, por sua vez, são hierárquicas e burocráticas. Organizações dotadas de forte cultura de papéis tendem a preferir a especialização funcional: finanças, marketing, produção e outras tarefas são delegadas a departamentos específicos, geralmente com algum tipo de separação entre eles. Tarefas e autoridade são fortemente definidas; a cadeia de responsabilidade é vertical, cabendo a coordenação a uma faixa bem estreita de administradores no topo da organização.

Nas culturas de tarefas, a orientação primária é a tarefa ou o projeto. Organizações baseadas nessa cultura tendem a ser flexíveis e adaptáveis, as pessoas se movem com facilidade entre os grupos e as equipes, que são formados e reformados sempre que necessário para atacar projetos específicos. Sua principal fraqueza é a falta de um ponto de liderança ou de coordenação. Nas culturas de poder, direção e controle emanam do centro, nas de papéis ela flui de cima para baixo. Nas culturas de tarefas, não há um ponto focal evidente. A falta de um poder diretor pode vir também acompanhada da falta de responsabilidade. As culturas pessoais, por sua vez, só existem para servir a seus membros. Culturas pessoais podem ser vistas como grupos, cujos membros são atraídos aleatoriamente na base de seu próprio interesse, sem outro ponto comum de ligação entre eles. São raras as organizações baseadas na cultura pessoal: os exemplos citados por Handy são as associações de advogados e as comunidades hippies.

Handy não afirma a primazia de qualquer um desses arquétipos sobre os demais. Assim como os gregos adoravam muitos deuses, também havia espaço para muitas culturas no panteão da organização. Na verdade, a organização ideal de Handy teria espaço para todas as quatro, refletindo a natureza diversa de grupos e indivíduos envolvidos (o uso que faz de múltiplas metáforas lembra o trabalho de Gareth **Morgan**, ao passo que sua classificação quádrupla de arquétipos lembra a tipologia quádrupla da cultura organizacional de Geert **Hofstede**, e os arquétipos de Max **Boisot**: mercado, burocracia, feudo e clã). Ele não crê que as organizações sejam, ou devam ser, homogêneas. Segundo ele, todas as organizações têm tendência de se subdividir em grupos. Grupos têm muitos nomes e funções, e as organizações dependem deles para uma variedade de propósitos: distribuir, gerir e controlar o trabalho, resolver problemas e tomar decisões, coletar e processar informação e idéias, coordenar atividades na organização, aumentar o comprometimento e o envolvimento, negociar e resolver conflitos. Da mesma forma, os indivíduos também usam grupos para seus próprios fins: como meios de satisfazer necessidades sociais ou de afiliação, de definir um conceito de eu, de obter apoio para seus próprios objetivos pessoais e de compartilhar ou participar de objetivo comum.

A eficácia dos grupos depende, por sua vez, de vários fatores. Handy os examina, dividindo-os em três classes: 1) "dados" que incluem o tamanho e a composição do grupo, o ambiente em que ele opera e a natureza de sua tarefa; 2) "fatores intervenientes", que incluem o estilo de liderança, os processos pelos quais o grupo executa seu trabalho e a motivação de seus membros; e 3) "resultados", inclusive a produtividade do grupo e a conseqüente satisfação de seus membros.

Um dos aspectos mais fortes e gerador de idéias de *Understanding Organizations* é a discussão da motivação. Handy reconhece que ela é apenas uma de muitas variáveis que afetam as organizações (no total, relaciona mais de sessenta), mas garante que é uma das mais importantes. Descreve o que chama de "cálculo de motivação". Cada um de nós individualmente tem um conjunto de necessidades. Para atender a essas necessidades, consideramos ações possíveis que poderiam resultar em satisfação e calculamos o esforço a ser despendido para executá-las. Contudo, esse cálculo de motivação não é feito isoladamente. Cada um de nós tem um contrato psicológico com a organização a que pertencemos. Esses contratos, de acordo com Handy, podem estar vinculados a um desses três tipos.

- Coercitivo, em que não se tem outra escolha que não o cumprimento dos deveres de nós exigidos;
- Calculativo, em que nossa consideração primária é o ganho ou a recompensa pessoal; e
- Cooperativo, em que nos identificamos com os objetivos da organização e os fazemos nossos, de forma que a recompensa máxima para a organização é também a recompensa máxima para nós mesmos.

A natureza desse contrato serve como variável que afeta nosso cálculo de motivação e determina, pelo menos em parte, as ações que adotaremos. Destarte, organizações são organismos sociais e não devem ser vistas como construções mecânicas. Consistem de redes superpostas de relações humanas e são afetadas por sentimentos pessoais, emoções, necessidades e carências. São também notavelmente diversas. Handy acredita na diversidade como força positiva, todavia admite que possa levar a conflitos. Sua solução é a descentralização, ou "federalismo", em que os subgrupos trabalham de forma semi-independente, agrupados no que ele chama de "aldeias organizacionais". Essas pequenas subunidades terão em conseqüência condições de trabalhar em relativa liberdade da interferência central, e de desenvolver as culturas que melhor se adaptem às necessidades do próprio grupo e dos indivíduos.

Em sua grande obra seguinte, *The Age of Unreason* (1989), Handy reinventa a aldeia organizacional como "trevo organizacional". Trata-se essencialmente de uma estrutura tripartite. A primeira folha do trevo contém o núcleo de trabalhadores, os profissionais e os técnicos, cujo trabalho é essencial para a organização. São eles os repositórios primários do conhecimento organizacional, e são eles que conferem à organização seus objetivos e direção. Os trabalhadores desse núcleo são bem pagos, com altos salários e benefícios, mas deles se espera que trabalhem muito e ofereçam altos níveis de comprometimento.

A segunda folha do trevo é o trabalho não-essencial que precisa ser feito, mas que pode ser terceirizado, e não feito na companhia. Neste caso, Handy sugere o afastamento da "internalização" de funções que Alfred **Chandler** via como característica das grandes corporações do início do século XX. Enquanto as primeiras corporações internalizavam muitas funções empresariais como forma de reduzir custos de transações e obter economias de escala, Handy vê a organização moderna como a que prefere sacrificar reduções de custos em favor da flexibilidade e da concentração no núcleo. Esse é também o caso, quando chegamos à terceira folha, dos trabalhadores temporários e em tempo parcial, contratados na medida das necessidades para atender aos picos de demanda de mão-de-obra. Esse terceiro grupo, menos bem pago e menos motivado, é evidentemente o mais vulnerável, e as organizações deveriam resistir à tentação de extrair dele o máximo de trabalho por um salário mínimo: só bons salários e recompensas garantem uma boa qualidade de produção.

Handy passa então a tratar em detalhe do problema de administrar essas diferentes culturas. Sua maior preocupação é a adaptabilidade e a flexibilidade gerenciais, não somente em termos da eficácia do grupo, mas também em nome dos administradores, que se vêem submetidos a altos níveis de estresse pelos conflitos inerentes aos diversos grupos. Forçados a administrar ao longo do tempo conflitos entre culturas diferentes, em geral sem objetivos claros, os administradores ficam presos entre a necessidade de gerar confiança e a de exercer controle. Formas tradicionais de organização podem ter sido inflexíveis, mas pelo menos ofereciam a segurança no curto prazo. Se persistirem esses padrões de organização, como as pessoas desenvolverão suas carreiras, manterão suas famílias e garantirão sua própria velhice? Quem vai educá-las e treiná-las? Que outros aspectos da vida e da sociedade poderão lhes oferecer segurança? Tais conflitos nem sempre têm solução fácil.

No livro subseqüente, *The Empty Raincoat* (1994), Handy voltou-se para um dos aspectos sociais e psicológicos fundamentais da administração: a administração do paradoxo. O problema do paradoxo já havia sido mencionado em seus livros anteriores, mas aqui Handy faz um decidido esforço a fim de mostrar como o paradoxo pode ser entendido e administrado. Ele nos avisa que não se pode evitar o paradoxo, que veio para ficar. Como em seus livros sobre organização, o primeiro passo para administrar o paradoxo é classificá-lo, e abre o livro com uma lista de nove formas de paradoxo que temos de enfrentar ao longo de nossa vida profissional:

- O paradoxo da inteligência: inteligência é a maior fonte de riqueza, mas é também a mais difícil de se possuir e controlar.
- O paradoxo do trabalho: à medida que nossa sociedade se torna mais eficiente, há menos trabalho a ser feito e, conseqüentemente, mais "ociosidade forçada".
- O paradoxo da produtividade: maior produtividade significa menos pessoas trabalhando mais horas, com o conseqüente aumento do desemprego e do subemprego.
- O paradoxo do tempo: a maior eficiência levou, na teoria, a mais tempo livre, mas, ainda assim, as pressões sobre nosso tempo são maiores que em qualquer outra época.
- O paradoxo das riquezas: a crescente concentração de riqueza nas mãos de menos pessoas está levando na verdade ao enfraquecimento da demanda.
- O paradoxo das organizações: novas organizações empresariais devem ser estruturadas, porém flexíveis, globais mas também locais.
- O paradoxo da idade: toda geração acredita ser diferente da anterior, contudo afirma que a geração seguinte vai ser igual a ela própria.
- O paradoxo do indivíduo: queremos ser indivíduos, mas ainda assim nos identificamos – e somos identificados por outros – com os grupos e as organizações a que pertencemos.
- O princípio da justiça: a justiça exige que todos sejam tratados igualmente, mas ainda assim o nosso sistema de distribuição torna inevitável que alguns devam realizar e ganhar mais do que outros.

Embora *The Empty Raincoat* tenha sido saudado como a afirmação do dilema empresarial pós-moderno, dos problemas de administração em uma era de mudança e fluxo, Handy deixa claro que paradoxo não é uma novidade; na verdade é um problema tão antigo quanto a sociedade. Mas, como afirmaria mais tarde em *The New Alchemists* (1999), algumas verdades precisam ser ressuscitadas, não descobertas. *The Empty Raincoat* não é uma receita de administração, pelo contrário, é introdução a uma nova forma de pensar, em que as variáveis são aceitas sem discussão e em que diversidade, mudança, fluxo e paradoxo são admitidos e compreendidos. O paradoxo não deve ser visto como uma barreira, pode ser mesmo uma vantagem. Entretanto, para chegar a esse ponto é preciso adotar uma visão menos mecanicista e científica da administração, optando por outra que seja mais filosófica e humanística, em que um boletim de resultados da administração inclua ativos como a inteligência e o conhecimento dos empregados, a satisfação do consumidor e as contribuições para o bem-estar ambiental e social.

A ética dos negócios que Handy aqui apresenta focaliza o bem-estar de preferência ao lucro. Administradores não são técnicos, são seres morais, e sem um senso de ética, na verdade, de fé, não passam de autômatos, servos de sua organização, condenados a se exaurir e morrer quando a organização não tiver mais energia para movê-los. No entanto, com a inspiração certa, poderão transcender os limites da organização e tentar tocar o futuro. Ao fazê-lo, reenergizam sua organização e fazem-na mover-se para a frente. As pessoas morrem, diz Handy, mas as organizações podem viver para sempre.

Handy preencheu a lacuna entre o pensamento administrativo e a filosofia, uma lacuna que se abriu imensamente ao longo do século XX, quando abordagens mecanicistas da administração passaram a dominar o pensamento e a prática da administração. Ele é quem mais próximo chegou de uma filosofia da administração, e ainda assim seus livros ultrapassam a administração. *The New Alchemists*, estudo das pessoas que estão mudando o mundo à nossa volta, inclui inventores, médicos, projetistas e servidores de caridade, bem como líderes empresariais. A obra de Charles Handy deu-nos novos instrumentos para entender a dinâmica da organização e como os humanos funcionam em grupos. Porém, o mais importante, lembrou-nos de que nem administradores nem administração existem isoladamente, estão sujeitos às mesmas forças e pressões sociais que existem à nossa volta.

Nota

[1]F. T. Dynamo (2001) "Thinkers 50 Survey", 15 de janeiro de 2001, em associação com Suntop Media, disponível em http://www.ftdynamo.com.

Veja também

Boisot, Cadbury, Chandler, Drucker, Follett, Hofstede, Maslow, McLuhan, Gareth Morgan, Simon.

Para ler Charles Handy

Em inglês

Como já dito, Handy é um escritor prolífico. Todas as obras relacionadas a seguir são importantes para conhecer seu pensamento.

Understanding Organizations, Londres: Penguin, 1976.

Gods of Management, Londres: Arrow, 1979.

The Age of Unreason, Londres: Business Books, 1989.

The Empty Raincoat, Londres: Hutchinson, 1994.

Beyond Certainty, Londres: Arrow, 1996.

The Hungry Spirit, Londres: Random House, 1997.

The New Alchemists, Londres: Hutchinson, 1999.

Em português

Por dentro da organização. São Paulo: Saraiva, 1993.

A era da irracionalidade. 2. ed. Lisboa: Cetop, 1996. (Coleção Pensar a Gestão).

A era da incerteza. Lisboa: Cetop, 1996. (Coleção Pensar a Gestão).

Tempo de mudanças. São Paulo: Saraiva, 1996.

A era da transformação: a transformação no mundo das organizações. São Paulo: Makron Books, 1997.

Repensando o futuro: negócios, estratégia, concorrência, controle. São Paulo: Makron Books, 1998.

O elefante e a pulga: a autobiografia de um dos maiores pensadores da administração. São Paulo: Futura, 2003.

Deuses da administração: como enfrentar as constantes mudanças da cultura. 4. ed. São Paulo: Saraiva, 2005.

Para saber mais

Há poucos estudos independentes sobre Handy: Carol Kennedy mergulha em seus pensamentos e idéias e os compara com os de seus contemporâneos. A entrevista dada a Kurtzmann é interessante, ainda que datada. Meu próprio texto anterior sobre Handy é a base deste capítulo.

Dynamo, F. T., "Thinkers 50 Survey", 15 de janeiro de 2001, em associação com Suntop Media, disponível em http://www.ftdynamo.com.

Kennedy, C. *Managing With the Gurus*, Londres: Century, 1994.

Kurtzmann, J., "An Interview with Charles Handy", *Strategy and Business*, 4. trimestre, 5 de fevereiro de 2001 [entrevista concedida em 1995], disponível em http://www. strategy-business.com/thoughtleaders/95405.

Witzel, M., "Handy, Charles", em M. Warner (ed.), *Handbook of Management Thinking*, Londres: International Thomson Business Press, 1998, pp. 273-8.

______. "Handy, Charles Brian", em M. Witzel (ed.), *Biographical Dictionary of Management*, Bristol: Thoemmes Press, 2001, pp. 418-23.

Henry J. Heinz (1844-1919)

Henry J. Heinz fundou e desenvolveu a maior corporação produtora de alimentos do mundo e, ao fazê-lo, criou uma das maiores marcas de todos os tempos. Marqueteiro inteligente, valeu-se de apelos brilhantes e vistosos para chamar a atenção do público, e apoiou esses esforços com produtos de boa qualidade a preços razoáveis. Heinz transformou a prática de marketing dos Estados Unidos que evoluiu dos espetáculos de P. T. Barnum e Sam Colt e dos vendedores de "óleo de cobra" do século XIX ao métodos modernos em que ajustar as características do produto às necessidades do cliente e manter relações sinceras com fornecedores e clientes eram considerados ingredientes essenciais do sucesso. Acima de tudo, Heinz foi um dos primeiros marqueteiros nos Estados Unidos a dar valor à qualidade.

Henry John Heinz nasceu em Pittsburgh em 11 de outubro de 1844, mas cresceu na vizinha Sharpsburg, Pensilvânia. Seu pai era dono de uma olaria e, durante algum tempo Heinz levou em conta a possibilidade de se juntar permanentemente a ele. Durante toda a vida teve especial interesse na fabricação de tijolos e já maduro impressionava os visitantes ao mostrar pilhas de amostras de tijolos em seu escritório e discorrer sobre as técnicas com que eram feitos. Interessou-se pela indústria de alimentos ainda aos oito anos, quando começou a vender produtos excedentes da horta da família. Ao perceber, mais tarde, que estava tendo lucro, comprou mais terras e aumentou a produção, entre outras coisas pela implantação de estufas. Aos dezesseis anos já empregava outras pessoas como vendedoras e fornecia legumes para várias quitandas de Pittsburgh. Em 1859, matriculou-se no Duff's Commmercial College, uma pequena escola comercial de Pittsburgh, onde aprendeu contabilidade e técnicas administrativas básicas.

Com pouco mais de vinte anos, já tinha um negócio pequeno mas altamente lucrativo e começava a se especializar na produção de rábanos. Um amigo, L. C. Noble, associou-se a ele, e a empresa Heinz and Noble logo estava vendendo não só rábanos, mas também outros produtos, como repolho azedo, pickles e vinagre, enviando-os para locais distantes, como Chicago e St. Louis. Entretanto, expandiram cedo demais e foram surpreendidos pela crise de 1875 sem reservas suficientes. No final daquele ano a companhia faliu. Mais tarde, Heinz pagou integralmente todas as suas dívidas.

Não obstante a quebra, Heinz sabia que o mercado potencial existia, e em 1876 fundou uma nova sociedade com seu irmão e um primo. A nova empresa, F. and J. Heinz, investiu em novos equipamentos para a preparação de alimentos, em particular no novo processo recém-inventado de preservação de alimentos em embalagens de lata. Ao longo da década de 1880, Heinz lançou uma série de novos produtos enlatados e engarrafados, inclusive legumes, espaguete, e feijão enlatados. Em 1888, comprou a parte dos sócios e rebatizou a companhia como H. J. Heinz and Co. Em 1890, era uma das maiores do mundo, fabricando mais de duzentos produtos em nove fábricas e filiais em diversos países.

Heinz ficou muito rico. Construiu uma mansão enorme em Greenlawn, perto de Pittsburgh, e fez amizade com gente como o siderurgista Henry Clay Frick e o engenheiro George Westinghouse. O grupo recebeu o nome de "milionários de

Pittsburgh". Embora seu filho Howard Heinz tenha assumido com outros a gerência do dia-a-dia da companhia em 1905, Heinz continuou a se envolver ativamente nos negócios até sua morte. Faleceu em casa no dia 14 de maio de 1919.

A história de como foram concebidas as 57 variedades da Heinz foi mais bem contada pelo próprio Heinz, e divulgada por um de seus sócios mais próximos, E. D. McCafferty.

> A origem é o ano de 1896. Heinz viajava em um trem elevado em Nova York e observou a placa de um carro com a propaganda anunciando sapatos com a expressão: "21 estilos". Isso o fez pensar, e, em suas próprias palavras: "Eu falei comigo mesmo que não tínhamos estilos, mas variedades de produtos. Contando quantas tínhamos, cheguei a bem mais que 57, mas '57' não me saía da cabeça. 'Sete, sete' – há tantas ilustrações da influência psicológica desse número e de sue significado para pessoas de todas as idades e raças, que '58 variedades' ou '59 variedades' não me pareciam ter a mesma força. Desci imediatamente do trem e fui a uma oficina de litografia, onde desenhei uma placa de propaganda em bonde e a fiz distribuir em todos os Estados Unidos. Nem eu mesmo percebi o sucesso que esse slogan teria.[1]

O uso de marcas na década de 1890 já era bem sofisticado, mesmo pelos padrões modernos. Algumas indústrias, sobretudo as de sabonetes, haviam criado marcas fortes e campanhas de propaganda e publicidade para apoiá-las. Mas a prática comum da época era criar uma marca para cada produto ou linha de produtos. No caso de Heinz, dada a ampla faixa de produtos, isso seria impraticável por causa do alto custo. A solução foi criar uma marca corporativa que se pudesse aplicar a todos os produtos.

Heinz já mostrara disposição para inovar em marketing. Havia dedicado muito tempo na década de 1880 à formação de uma força de vendas grande e bem treinada, e com seu incentivo os vendedores desenvolveram métodos até então inéditos, como a demonstração de produtos e a distribuição de amostras grátis em eventos públicos. Estas últimas foram de particular inspiração, pois permitiam ao público experimentar os produtos e atestar a qualidade antes de comprar. Na Feira Mundial de Chicago em 1893, Heinz descobriu outro brinde. Ao montar o pavilhão da Heinz, deu a cada visitante um "alfinete pickles" como lembrança. Robert Alberts chamou a isso "um dos mais famosos brindes na história do merchandising", e observa que tantas pessoas se acotovelavam no pavilhão que o chão começou a ceder e teve de ser reforçado.[2]

Em Pittsburgh, no final da década de 1880, Heinz construiu uma fábrica dotada da tecnologia mais recente no grandioso estilo Pittsburgh-Romanesco, e a abriu à visitação pública em excursões orientadas por guias. Cerca de 20 mil pessoas por ano visitaram as instalações. Seu olho clínico para as oportunidades promocionais foi crescendo com o passar dos anos. Em 1900, patrocinou o primeiro cartaz luminoso em Nova York. O sinal tinha 1.200 lâmpadas, em uma época em que muito poucas pessoas tinham iluminação elétrica em casa, e o luminoso foi considerado uma maravilha tecnológica: o *The New York Times* o considerou uma "obra de gênio em publicidade", e o cartaz se tornou ele próprio uma atração turística até ser demolido alguns anos depois para dar lugar ao Flatiron Building.

Possivelmente, o mais ambicioso dos esforços promocionais de Heinz foi o Heinz Ocean Pier em Atlantic City, Nova Jersey, às vezes chamado também de "Palácio de Cristal junto do Mar" e outras vezes menos respeitosamente de "O Lar à Beira-Mar das 57 Variedades". Com 270 metros de comprimento, o píer contava com um pavilhão envidraçado com solário e salão de leitura e, evidentemente, uma cozinha onde se distribuíam amostras grátis dos produtos Heinz. No pico de sua popularidade, antes da Primeira Feira Mundial, o píer atraía mais de 20 mil pessoas anualmente. Sua popularidade entrou em declínio depois de ter sido muito danificado por um furacão no outono de 1944.

A espetacularização do marketing e a promoção de Heinz não pretendiam mais que atrair a atenção do público e fazê-lo lembrar-se dos produtos Heinz. Uma vez que os consumidores tivessem conhecimento dos produtos, seu objetivo passava a transformar as pessoas em consumidores regulares oferecendo produtos de qualidade a preço acessível. No início do século XIX, Charles **Babbage** já havia demonstrado que os consumidores, ao comprar alguma coisa, assumem o risco de comprar produtos de qualidade insatisfatória. Se não puderem elas próprias verificar a qualidade antes de comprar, se valem da marca do produto como um sinal da qualidade provável. Heinz talvez não tivesse conhecimento de Babbage, que não era muito conhecido nos Estados Unidos, mas entendeu o princípio e o colocou em prática. Insistia que todos os produtos oferecidos por sua companhia tinham de ter a melhor qualidade possível, tendo transformado o nome da companhia em um sinônimo de qualidade na mente do público.

Qualidade era, afinal de contas, desde o início da carreira como vendedor de hortaliças, uma das palavras-chave de Heinz. Para manter a qualidade final dos produtos, necessitava também das melhores matérias-primas. Compras era uma área em que Heinz nunca economizou. Na década de 1880, começou a desenvolver acordos de compra com os agricultores, especialmente os plantadores de pepino e repolho usados para fazer pickles e repolho azedo. Heinz concordava em comprar toda a colheita do agricultor a um preço previamente acertado, em geral bem acima do mercado. Os agricultores, por sua vez, tinham de permitir que as plantações fossem inspecionadas por técnicos da Heinz e plantar variedades específicas em épocas próprias a fim de garantir a melhor qualidade possível da colheita. Heinz conseguia a qualidade de que precisava, os agricultores eram bem remunerados e a comunidade agrícola do Meio-Oeste tomava conhecimento de métodos científicos de agricultura (os técnicos da Heinz eram recrutados nas melhores escolas agrícolas do país). Outras lavouras eram plantadas e colhidas sob supervisão direta nos 6.400 hectares de terra da companhia. Heinz tinha também construído fábricas próprias de vidros e latas e era proprietário de seus próprios vagões ferroviários, tudo para garantir que o processo de aquisição funcionasse efetivamente e os alimentos chegassem frescos e nas melhores condições ao enlatamento ou ao engarrafamento de conservas.

Do mesmo modo que buscava a melhor qualidade em seus produtos, Heinz e seus gerentes sempre advogaram padrões muito altos na indústria alimentícia. Heinz e seu filho apoiaram a Cruzada pelo Alimento Puro, iniciada nos anos 1890. A adulteração de alimentos e os males à saúde pública causados por ela eram questões importantes à época e vários *Muck-Rackers*, reviradores de esterco, jornalistas que faziam campanha por padrões mais altos na vida pública e empresarial a partir de 1902, escreveram artigos sobre a adulteração de alimentos e fizeram campanhas em favor de uma legislação mais severa. Um dos resultados foi a Lei do Alimento e Remédio Puros de 1906, legislação que também foi apoiada por Heinz. Nos dois casos, esteve em forte oposição aos outros produtores de alimentos, mas Heinz nunca teve medo de enfrentar a impopularidade profissional para proteger seus próprios padrões.

A atividade promocional era cara, assim como o eram os passos dados para proteger a qualidade. Mas a primeira escola de Heinz foi a da contabilidade, e ele nunca esqueceu as lições dolorosas da falência. Dessa maneira, mantinha controles financeiros fortes. Nos primeiros estágios da empresa, o próprio Heinz funcionava como guarda-livros e contabilista, e mais tarde continuou a controlar de perto os indicadores financeiros básicos. Ainda assim, Heinz não era um gerente cortador de custos. Equilibrava os requisitos financeiros com as outras necessidades da empresa e usava as informações contábeis para ajudar a determinar onde residiam as melhores oportunidades de lucro. Heinz era um desses gerentes raros e imaginativos que usavam a contabilidade e os dados financeiros para buscar oportunidades de crescimento.

Em relação ao emprego, Heinz era fortemente paternalista. Acreditava que os empregados deveriam ser contratados jovens e treinados em seus métodos e promovidos com base no mérito. Acreditava que todos os empregados deveriam se sentir parte da família Heinz. Sua empresa foi uma das primeiras dos Estados Unidos a oferecer seguro de vida grátis aos empregados. Isso pode ter sido um meio de acalmar a intranqüilidade dos operários, mas toda a vida e a carreira de Heinz foram caracterizadas por sólidos princípios sociais. Era um homem profundamente religioso, embora sua fé tivesse variadas vertentes, parecendo às vezes ser luterano, episcopal, episcopal-metodista e presbiteriano (para diversão de sua mulher, protestante do Ulster). Durante 25 anos foi superintendente de escola dominical, trabalhando mais tarde nos conselhos executivos da Associação Internacional de Escolas Dominicais e da Associação Mundial das Escolas Dominicais. Levou seus valores cristãos para a vida cívica e empresarial. Foi vice-presidente da Câmara de Comércio de Pittsburgh e de vários outros grupos cívicos. Foi colecionador de arte e filantropo. Entre suas muitas atividades cívicas já na velhice, contava-se a presidência da filial de Pittsburgh do Fundo para a Exploração do Egito.

McCafferty, que o conhecia bem, afirmou que Heinz sempre foi guiado pela atenção aos fundamentos dos negócios: "Não era um sonhador nem visionário, que entrava nos negócios e chegava ao sucesso montado na sorte. Era um homem de negócios por origem, preferência e formação".[3] Ainda assim sua preocupação com os fundamentos dos negócios não era incompatível com o ser visionário, e parece provável que tenha sido os dois ao mesmo tempo. Seu gênio específico estava na capacidade de traduzir sua visão em realidade. Robert Alberts citou o que chamou de "Oito Idéias Importantes" que orientavam a filosofia de negócios de Heinz:

- As donas de casa se dispõem a pagar a alguém para assumir a parte mais tediosa do trabalho na cozinha.
- Um artigo puro, de qualidade superior, sempre vai, por seus próprios méritos, encontrar um mercado pronto – desde que seja adequadamente embalado e promovido.
- Para melhorar o produto acabado que sai da garrafa, da lata ou do pote, é preciso melhorá-lo no chão, onde e quando foi plantado.
- Nosso mercado é o mundo.
- Humanize o sistema de negócios de hoje e você terá o remédio para a insatisfação que caracteriza o mundo comercial e favorece o espírito de antagonismo entre capital e trabalho.
- Deixe que o público colabore no anúncio de seus produtos e na promoção de seu nome.
- Bons alimentos, processados adequadamente, se mantêm sem a adição de conservantes.
- Se as pessoas pudessem trabalhar juntas na religião, então se poderia encontrar a paz duradoura.[4]

Evidências de todas essas idéias podem ser vistas na visão administrativa de Heinz, geralmente combinadas.

Embora fosse mais conhecido pelo marketing, Heinz teve sucesso porque era um generalista, igualmente competente nas áreas de finanças e administração da produção, mas acima de tudo porque tinha um conjunto ético e a filosofia pessoal de que estava nos negócios, pelo menos em parte, para fazer o que fosse bom para os outros. Continua sendo mais ou menos o modelo ideal do administrador, ajustando-se a quase todas as expectativas definidas pelos teóricos para o administrador. Apenas em uma área ele falhava: não era um bom delegador e tendia a centralizar o controle. Ainda assim, o controle era imposto com um toque de leveza, e a um exame mais cuidadoso lembra a "coordenação" discutida na década seguinte à sua morte por Mary Parker **Follett**, e não o comando e controle estritos. No entanto, devido ao seu gênio é que a marca Heinz sobrevive. Abriu novos caminhos nos campos da marca corporativa, da associação da qualidade ao marketing e do uso da publicidade e da promoção.

NOTAS

[1] E. D. McCafferty, *Henry J. Heinz: A Biography*, Nova York: Bartlett Orr Press, 1923, p. 147.

[2] R. C. Alberts, *The Good Provider*, Londres: Arthur Barker, 1973, p. 123.

[3] E. D. McCafferty, *op. cit.*, p. 137.

[4] R. C. Alberts, *op. cit.*

VEJA TAMBÉM

Babbage, Kotler, Lever.

PARA LER HENRY J. HEINZ

Heinz não escreveu livros importantes. Mas suas idéias foram amplamente relatadas e citadas em outras fontes.

PARA SABER MAIS

O estudo sobre Heinz feito por Albert é um livro notável. McCafferty foi secretário particular de Heinz durante vários anos e é bom nos detalhes, mas tende a idealizar o personagem.

ALBERTS, R. C., *The Good Provider: H. J. Heinz and His 57 Varieties*, Londres: Arthur Barker, 1973.

MCCAFFERTY, E. D., *Henry J. Heinz: A Biography*, Nova York: Bartlett Orr Press, 1923.

GEERT HOFSTEDE (1928-)

Geert Hofstede é o acadêmico holandês que liderou o estudo científico da administração em ambientes culturais diversificados. Sua pesquisa sobre diferenças culturais no âmbito das subsidiárias nacionais de uma única companhia, a IBM, durante os anos 1960 e 1970 abriu as portas para uma compreensão maior das variações mundiais na psicologia do trabalho e das organizações, com significativas implicações para, no mínimo, a teoria da organização e a administração de recursos humanos. Seu modelo de análise cultural foi subseqüentemente revisto e desde então outras explicações para a variação cultural foram desenvolvidas. Mas sua realização mais importante foi ter elevado a importância da cultura como questão da maior relevância quando se administra transnacionalmente.

Gerard (Geert) Hofstede nasceu no dia 2 de outubro de 1928 em Haarlem, na Holanda. Recebeu o mestrado em engenharia da Universidade de Delft, e em seguida passou dois anos no Exército holandês antes de se empregar na indústria como engenheiro. Em 1965, mudou a direção de sua carreira ao ser contratado para dirigir o departamento de desenvolvimento de executivos da IBM na Europa, começando a se preparar para o doutorado em psicologia social na Universidade de Groningen, completado em 1967. Entre 1968 e 1971, dirigiu a área de pesquisa de pessoal da IBM. Retornou então à academia, tendo ocupado cargos em várias das maiores universidades européias, culminando com a cátedra de antropologia organizacional e administração internacional da Universidade de Maastricht. Aposentado desde 1993, continua ativo em várias *fellowships*. Entre suas maiores realizações consta a fundação em 1980 do Instituto de Pesquisa em Cooperação Intercultural.

Na IBM, uma das principais atividades de Hofstede foi a realização de vários levantamentos internos entre as numerosas subsidiárias e empregados da empresa no mundo. Em 1968, teve a idéia de uma pesquisa para tentar medir as diferenças em valores e traços culturais entre as subsidiárias. Em 1972, depois de sair da IBM, mas ainda em contato com a companhia, conseguiu levar a cabo uma segunda pesquisa para confirmar e validar os resultados da anterior. Seu acesso ímpar à IBM (mencionado sob o nome de código HERMES no estudo publicado em 1980) lhe permitiu comparar valores culturais no interior da mesma companhia, o que também lhe tornou possível superar um problema que poderia ter resultado de estudo semelhante realizado em várias empresas, o impacto de diferentes enfoques e métodos administrativos sobre a cultura dos empregados. À época, a IBM (conhecida, nem sempre afetuosamente, como a "Big Blue" por causa da cor dos uniformes de seus empregados) era conhecida pela visão monolítica da cultura empresarial e só se esperavam variações mínimas nos métodos administrativos.

No total, 116 mil empregados participaram dessa que foi a maior pesquisa sobre atitudes de funcionários tentada até então (a maior até aquela data havia sido o estudo feito na fábrica da Western Electric em Hawthorne, em Illinois, nas décadas de 1920 e 1930 que envolveu 10 mil pessoas). Os pesquisados pertenciam a mais de sessenta nacionalidades e estavam empregados em quarenta subsidiárias diferentes. A análise dos dados foi evidentemente demorada, e só foram publicados no primeiro e ainda famoso livro de Hofstede, *Culture's Consequences*, de 1980.

Ele descobriu que as diferenças de atitudes culturais no local de trabalho evidenciadas pela pesquisa podiam ser classificadas em quatro dimensões, tendo desenvolvido as escalas de avaliação para cada uma delas. As dimensões originais descritas em *Culture's Consequences* eram *distância do poder*, *fuga da incerteza*, *individualismo* x *coletivismo* e *masculinidade* x *feminilidade*.

Distância do poder foi o termo de que ele se valeu para representar o grau em que o poder se distribui igual ou desigualmente no interior de uma sociedade, e até que ponto aquela sociedade aceita essa distribuição. Dessa forma, as sociedades em que é grande a distância do poder mostram não só uma tendência às hierarquias verticais e uma definição clara dos papéis individuais, mas também uma aceitação evidente dessa situação pela maioria dos membros da sociedade: a maioria das pessoas se sente feliz em ser parte de uma hierarquia, demonstra pouca inclinação a fugir das regras impostas por ela e podem mesmo sentir-se mal quando solicitadas a sair da hierarquia e assumir uma responsabilidade mais pessoal. Por sua vez, baixas valores de distância do poder indicam sociedades em que a hierarquia é limitada e frouxa, e onde os indivíduos dão mais valor à responsabilidade pessoal e mostram menor deferência à autoridade.

Fuga da incerteza é o grau em que os membros da sociedade exigem uma estrutura e a imposição de limites no local de trabalho. Sociedades com alta fuga da incerteza são aquelas em que há grande intolerância ao risco, bem como a idéias que possam colocar em risco as normas aceitas e as formas padronizadas de fazer as coisas. Tendem a preferir as certezas do presente às incertezas do futuro. No local de trabalho, isso pode assumir a forma de, por exemplo, altos graus de especialização e padronização ou também altos níveis de segurança no emprego sob a forma de contratos vitalícios de trabalho. Baixa fuga da incerteza é característica de sociedades em que o risco e o paradoxo são mais amplamente aceitos.

Individualismo x coletivismo é o grau em que as pessoas agem conforme seu interesse próprio ou o interesse do grupo. Sociedades em que é alta a leitura do individualismo tendem a ser sociedades que vêem a liberdade pessoal e o livre-arbítrio como valores importantes, que vêem a independência pessoal como mais importante que as demandas da sociedade. Sociedades coletivistas colocam as coisas ao contrário: o indivíduo deve subordinar parcialmente suas necessidades pessoais às necessidades do grupo, da equipe, da organização ou da comunidade.

Masculinidade x feminilidade não deve ser entendida literalmente. Essa dimensão mede a orientação da sociedade para os objetivos. Classificam-se como "masculinas" as sociedades em que salários, promoções e *status* são considerados os objetivos mais importantes, ao passo que aquelas em que se priorizam a qualidade de vida e as relações humanas são classificadas como "femininas".

As variações nessas quatro dimensões não são do tipo ou isso ou aquilo; Hofstede usa uma escala de dez pontos para avaliar cada sociedade em cada uma das quatro dimensões. Os resultados não são do tipo ou branco ou preto, mas tons de cinza. Algumas culturas têm uma nota alta em uma dimensão e baixa em outra; algumas oscilam em torno da média em todas as quatro, com fracas indicações em qualquer uma delas. Hofstede mostra como cada dimensão está enraizada não na cultura do local de trabalho, mas em atributos culturais e nacionais muito mais profundos. Trabalhadores com preocupações coletivistas têm essa característica por terem sido criados em sociedades, como as do sul da Europa ou do leste da Ásia, em que as relações familiares e comunitárias são importantes; os individualistas, por sua vez, vêm de países como os Estados Unidos ou a Austrália onde a liberdade pessoal é uma parte importante da cultura. De fato, em um livro posterior em que comparou as culturas organizacionais em países e companhias, Hofstede afirma que os primeiros dão mais importância às atitudes coletivistas. As culturas organizacionais têm pouca capacidade de explicar variações culturais quando são comparadas à capacidade da cultura nacional.

Uma das críticas iniciais ao trabalho de Hofstede consistia em que os dados dos países asiáticos eram comparativamente mais fracos e não levavam em conta variáveis lá existentes. O principal desses críticos, Michael Bond, da Universidade de Hong Kong, indicou em particular a diferença em termos de orientação temporal entre o Oriente e o Ocidente. Trabalhadores e gerentes nas culturas orientais tendem a priorizar o longo prazo, ao passo que as culturas ocidentais tendem a preferir o curto prazo. A colaboração posterior de Hofstede e Bond resultou na adição de uma quinta dimensão, *orientação temporal*, para representar essa variável. Essa atualização foi publicada em livro posterior de Hofstede, *Cultures and Organizations: Software of the Mind* (1991) em que discute em detalhe as ligações entre as culturas nacional e organizacional.

Essa dimensão extra é um acréscimo valioso ao modelo original, mas também abre uma caixa de pandora e expõe uma fraqueza da visão de Hofstede. É possível imaginar um número quase ilimitado de "dimensões" adicionais ao modelo relativas, digamos, às atitudes com relação à aprendizagem e ao conhecimento, ou orientação para o mercado, e muitas outras. Isso, evidentemente, é uma fraqueza de qualquer tipologia básica. Basta ver a obra de Max **Boisot** sobre comunicações, ou a de Michael **Porter** sobre estratégia. É importante que se entenda que as escalas de Hofstede não representam uma descrição totalmente abrangente das diferenças entre as culturas envolvidas. Pelo contrário, pretendem indicar que a diferença existe – e é possível demonstrar sua existência de forma confiável e científica, não por uma série de impressões e preconceitos pessoais. Alguns de seus resultados são surpreendentes. Sempre se acreditou que a cultura britânica fosse forte na fuga da incerteza. Na verdade, o estudo de Hofstede mostra uma tolerância considerável à incerteza, melhor que a de muitos outros países europeus. Ademais, alguns países asiáticos apresentam escores de individualismo maiores que os esperados.

Críticos da obra de Hofstede atacaram sua metodologia, seus dados e conclusões. Ainda assim, toda crítica acabou por confirmar a visão central de Hofstede: a cultura é importante. Muito poucos críticos de Hofstede afirmaram que a idéia de diferenças culturais não é válida. A maioria acredita que ele não avançou o suficiente para desenvolvê-la. Nos anos decorridos desde a publicação de *Culture's Consequences* (1980) surgiram vários outros estudos bem conhecidos sobre a administração de culturas diferentes, como *The Seven Cultures of Capitalism* (1993) de Hampden-Turner e Trompenaar, e *European Management Systems* (1994) de Lessem e Neubauer. Essas obras oferecem perspectivas diferentes das questões de cultura e ajudam a reforçar sua importância.

Pode parecer óbvio que haja ligações causais entre a história cultural nacional dos trabalhadores, inclusive seus valores, costumes e ideais sociais, e seu comportamento no local de trabalho, porém isso não era habitualmente aceito antes de Hofstede. De fato ainda hoje a idéia encontra resistências. Persiste a crença de que, como foi proposto pela administração científica, há uma "maneira ótima" de administrar, um único conjunto de princípios sempre aplicáveis em qualquer situação. Hofstede sugere que, pelo menos quando se administram pessoas, conceitos e instrumentos diferentes talvez se façam necessários em locais e épocas diferentes. Pode ser que a implicação mais importante de sua obra seja haver caminhos diferentes para o sucesso na administração, dependendo da cultura local em que operam os administradores. No mínimo, é importante a sensibilidade à cultura local para evitar conflito e problemas no local de trabalho.

Os que propõem a teoria da globalização afirmam que, conforme Marshall **McLuhan**, com o passar do tempo as diferenças culturais serão apagadas, surgindo então uma única cultura global. Esse dia ainda parece muito distante, e até que ele chegue, as idéias de Hofstede sobre a importância da diferença cultural continuarão a ser fundamentais para qualquer administrador que trabalhe fora dos limites de sua própria cultura natal.

Veja também

Boisot, Follett, Fukuzawa, Matsushita, Gareth Morgan, Ohmae.

Para ler Geert Hofstede

Em inglês

Cultures and Organizations atualiza e expande a pesquisa original publicada em *Culture's Consequences*.

Culture's Consequences: International Differences in Work-Related Values, Beverly Hills: Sage, 1980.

Cultures and Organizations: Software of the Mind, Londres: McGraw-Hill, 1991.

Em português

Cultura e *organizações*: compreender a nossa programação mental. Lisboa: Silabo, 2003.

Para saber mais

Hampden-Turner & Trompenaar e Lessem & Neubauer apresentam exemplos de outros sistemas comparativos. A obra de Adler mostra a difusão da influência de Hofstede: trata-se de uma escritora reconhecidamente importante que discute as organizações.

Em inglês

Adler, N. J., *International Dimensions of Organizational Behavior*, 3. ed., Londres: International Thompson Publishing, 1997.

Hampden-Turner, C. e Trompenaars, F., *The Seven Cultures of Capitalism*, Garden City: Doubleday, 1993.

Lessem, R. e Neubauer, F., *European Management Systems*, Nova York: McGraw-Hill, 1994.

Ohmae, K., *The Borderless World: Power and Strategy in the Interlinked Economy*, Nova York: Harper Business, 1990.

Em português

Ohmae, Kenichi. *Além das fronteiras nacionais*. São Paulo: Thomsom Pioneira, 1990.

Ibuka Masaru (1908-97)

Ibuka fundou a companhia eletrônica Sony e a transformou em uma das mais proeminentes empresas da indústria eletrônica. Um dos grandes cientistas-empresários, combinou o conhecimento tecnológico com uma aguda capacidade administrativa, especialmente em marketing. Sempre acreditou no valor da inovação constante, em fazer as coisas que outras companhias não se dispunham a fazer e em sempre liderar o mercado em termos de novas tecnologias. Sua abordagem das inovações e da atividade empreendedora foi muito imitada no Japão após a Segunda Guerra Mundial, tendo sido um catalisador do impulso japonês em busca da liderança tecnológica e de mercado na indústria de bens eletrônicos de consumo em todo o mundo.

Ibuka nasceu em Nikko, uma cidade da região central montanhosa de Honshu, ao norte de Tóquio, no dia 11 de abril de 1908, filho de um engenheiro de minas. Ainda menino, interessou-se por rádios, e em 1930 matriculou-se na Universidade Waseda para estudar engenharia elétrica. Por essa ocasião converteu-se ao cristianismo, e pelo resto da vida foi um homem de crença silenciosa mas firme. Sua carreira de inventor começou na universidade, onde sua realização mais notável foi o desenvolvimento e a patente de um néon luminoso, que lhe granjeou um prêmio por excelência na Exposição de Paris de 1933, ainda um jovem de 25 anos.

Ao se formar em Waseda em 1933, Ibuka trabalhou em uma empresa de tecnologia de filmes, Photo Chemical Laboratory, transferindo-se em 1936 para o departamento de tecnologia de rádio da recém-fundada Japan Light and Sound Engineering. Em 1940, demitiu-se a fim de fundar sua própria empresa, Japan Measuring Tools, que desenvolveu e fabricou equipamentos eletrônicos de alta tecnologia, como osciladores e relês, para as Forças Armadas. Entre seus contatos constava um jovem oficial chamado Morita Akio, que se tornou um grande amigo.

A Segunda Guerra Mundial terminou no Pacífico em setembro de 1945, deixando o Japão em ruínas, ocupado pelas forças aliadas vitoriosas. Já em outubro do mesmo ano, Ibuka e um pequeno grupo de engenheiros amigos, entre eles Morita Akio, Iwama Kazuo e Tsukamoto Tetsuo, alugaram um terceiro andar na Tokio Department Stores, deserto mas um dos poucos edifícios ainda de pé no centro da cidade, e fundaram uma nova empresa que chamaram Tokio Communications Laboratory. A empresa só tinha dez empregados, e alguns, como Morita, tinham de complementar o salário dando aulas em tempo parcial. Começaram produzindo voltímetros e gradualmente expandiram para a produção de outros componentes de rádio. Seu objetivo era produzir para o mercado civil, pois o mercado militar havia desaparecido com a derrota de 1945. É possível que os horrores da guerra combinados com seus princípios religiosos tenham levado Ibuka a se concentrar em tecnologias que só pudessem ser usadas para a paz e a prosperidade.

No início da década de 1950 a companhia, rebatizada como Tokio Telecommunications Engineering Company (Tokio Tsushin Kogio, ou TTK) se expandiu para outros campos, como gravadores de fita. Em 1952, Ibuka visitou os Estados Unidos onde viu pela primeira vez o desenvolvimento da tecnologia de transistores. Negociou um acordo de tecnologia com a Western Electric, dona da patente, e, retornando ao Japão, convenceu os amigos a jogar todas as cartas no desenvolvimento de produtos de consumo baseados naquela tecnologia. Em 1955, a TTK apresentou um dos primeiros rádios transistorizados do mundo e imediatamente começou a produzir em massa rádios de baixo preço para o mercado japonês e mundial. Morita fez a primeira viagem aos Estados Unidos naquele ano e voltou convencido das perspectivas de exportação. Em 1958, para ter uma marca reconhecida nos mercados mundiais, a TTK mudou de nome para Sony, palavra derivada do latim *sonus* (som).

Ao longo do final da década de 1950 e das de 1960 e 1970, a marca Sony passou a ser sinônimo de alta qualidade em rádios, televisores e gravadores, além de outros produtos baseados na tecnologia de áudio e vídeo. A Sony lançou o primeiro gravador comercial de vídeo e, mais tarde, o primeiro gravador comercial de videocassete. Com as novas linhas de produtos, a companhia buscava constantemente novas tecnologias para desenvolver e aperfeiçoar as existentes. A companhia liderou também o desenvolvimento de produtos compactos, como rádios e gravadores de bolso e minitelevisores que tiveram enorme sucesso de consumo em todo o mundo. Líder reconhecido em tecnologia de eletrônica de consumo por mais de três décadas, a Sony tinha um orçamento de pesquisa maior que o dobro de seus concorrentes, como a Matsushita. Ibuka sempre fez questão de recrutar os mais talentosos graduados das melhores universidades e escolas técnicas japonesas, visando a aumentar o acervo de conhecimentos e a capacidade de pesquisa e desenvolvimento da Sony.

Ibuka acreditava que a vantagem competitiva da Sony estava na capacidade de inovar continuamente e se manter na dianteira de seus concorrentes. Acreditava firmemente na vantagem do primeiro movimento em novos produtos e mercados. Estava disposto a arcar com altos custos de desenvolvimento e marketing, desde que isso lhe garantisse a vantagem que procurava. Evidentemente, houve fracassos. Etsuko Abe comenta que a concentração de Ibuka em transistores talvez o tenha levado a ignorar os desenvolvimentos na tecnologia de circuitos integrados, perdendo assim uma oportunidade competitiva nesse campo. O caso mais famoso foi o gravador de videocassete Betamax, o primeiro a ser lançado, visando a tomar o mercado e fazer do Betamax o padrão da indústria. Mas dessa vez a vantagem do primeiro movimento não teve sucesso; um ano depois, a subsidiária da Matsushita JVC lançou o sistema VHS que, apesar de possivelmente inferior em qualidade, apoiou-se nos sistemas de produção e marketing superiores da Matsushita.

Esse incidente ilustra as diferentes visões de Ibuka e **Matsushita** Konosuke. Ambos produziam e vendiam produtos eletrônicos de consumo, mas Ibuka buscava a liderança pela inovação e diferenciação, ao passo que Matsushita a buscava usando estratégias de custo e preço. Os dois tiveram sucesso fenomenal; fracassos como o do Betamax foram muito raros na história de Ibuka. Sua visão, típica do cientista-empresário, era a de que malogros individuais não tinham importância, desde que o balanço final entre êxitos e fracassos continuasse favorável.

Caso raro entre as grandes empresas japonesas, a Sony preferia trabalhar sozinha. Poucas vezes fez alianças com outras companhias e nunca arriscou sua própria marca. Mesmo durante os anos difíceis da década de 1950, a TTK recusou ofertas lucrativas de distribuição de produtos eletrônicos importados, exigindo que tivessem sua marca. Isso pode ter significado nos primeiros anos para a Sony a perda de preciosas oportunidades de marketing pela falta de economias de escala, porém, ao mesmo tempo, deixou Ibuka livre de peias e em condições de inovar como quisesse. Sua filosofia era "não gostar de fazer o que os outros fazem",[1] o que indicava não somente autoconfiança e independência, mas também o desejo de explorar novos mercados em vez de competir com os outros nos existentes. Desafiou sempre os limites da ciência e da tecnologia em busca do novo. Em suas próprias palavras:

> Embora devamos tomar decisões menos arriscadas baseadas em dados científicos, é fundamental manter o espírito atilado e corajoso que nos dá condição de desafiar. Se nos tornarmos medrosos e nada fizermos, a Sony vai se transformar em uma empresa desatualizada. Se julgarmos que algo é bom para a Sony, devemos tentá-lo corajosamente. A responsabilidade implica a coragem de assumi-la.[2]

Em 1971, Ibuka assumiu a presidência do conselho da Sony, e seu amigo e vice Morita Akio foi investido na presidência e no cargo de CEO (Chief Executive Officer). Em 1976, Ibuka se aposentou, assumindo o posto de presidente honorário, e Morita o sucedeu como presidente do Conselho. Morita também era um engenheiro talentoso que desempenhou papel fundamental no desenrolar dos programas de marketing e desenvolvimento de produtos, e sob sua liderança a Sony continuou a lançar novos produtos, como o *walkman*, gravador cassete pessoal. Morita se aposentou em 1991. Depois de se aposentar, Ibuka recebeu muitas homenagens, entre elas a Ordem do Mérito Cultural em 1992. É ainda hoje um dos mais admirados empresários e inovadores do Japão.

Muito se tem dito, em especial gente do exterior, que as empresas japonesas preferem imitar a inovar. Ibuka e a Sony mostraram o erro dessa afirmação. Pela combinação de crença pessoal e da capacidade de usar um desejo generalizado de excelência – além do sentido de orgulho nacional que exigia a restauração do Japão após a Segunda Guerra Mundial – Ibuka criou uma das mais inovadoras companhias mundiais.

NOTAS

1 Da história corporativa da Sony, *apud* E. Abe, "Ibuka Masaru", em M. Warner (ed.), *Handbook of Management Thinking*, Londres: International Thomson Business Press, 1998, p. 315.

2 *Ibid.*

Veja também

Babbage, Deming, Fukuzawa, Matsushita, Peters, Toyoda.

Para ler Ibuka Masaru

Lamentavelmente, nenhum dos muitos livros importantes de Ibuka foi traduzido. Os dois livros relacionados a seguir contêm todo seu pensamento sobre inovação e competitividade. O segundo é uma coletânea de transcrições de entrevistas dadas por ele, a maioria após sua aposentadoria.

Sozo Eno Tabi (O caminho para a criação), Tóquio: Kosei Shuppansha, 1985.

Ibuka Masaru no Sekai (O mundo de Ibuka Masaru), Tóquio: Mainichi Shinbunsha, 1993.

Para saber mais

A autobiografia de Morita é um relato instigante, cheio de detalhes sobre a cultura da Sony e sobre Ibuka. Kono, Rafferty e Suzuki apresentam longos tratamentos sobre o desenvolvimento da Sony em comparação com outras empresas japonesas. Abe e Sasaki são introduções muito úteis.

Abe, E., "Ibuka Masaru", em M. Warner (ed.), *Handbook of Management Thinking*, Londres: International Thomson Business Press, 1998, pp. 313- 6.

Kono, T., *Strategy and Structure of Japanese Enterprises*, Londres: Macmillan, 1984.

Morita, A., Reingold, E. M. e Shinomura, M., *Made in Japan: Akio Morita and Sony*, Londres: Collins, 1987.

Rafferty, K., *Inside Japan's Power Houses: The Culture, Mystique and Future of Japan's Greatest Corporations*, Londres: Weinfield and Nicolson, 1995.

Sasaki, T., "Ibuka Masaru", em M. Witzel (ed.), *Biographical Dictionary of Management*, Bristol: Thoemmes Press, vol. 1, 2001, pp. 467-9.

Suzuki, Y., *Japanese Management Structures, 1920-80*, Basingstoke: Macmillan, 1991.

Philip Kotler (1931-)

Philip Kotler é hoje o autor mais conhecido do mundo na área de marketing. Sua contribuição foi a mudança da maneira como este é percebido e a sua transformação de atividade periférica, executada geralmente por um departamento isolado, em uma atividade central que deve estar sempre presente no pensamento e na ação de todo departamento e de todo administrador. Os textos anteriores sobre marketing tendiam a se concentrar no que *fazem* os marqueteiros. Kotler mudou o foco para o estudo do que o marketing *é*, e ao fazê-lo demonstrou em termos indiscutíveis a importância fundamental do marketing para as empresas.

Kotler nasceu em Chicago no dia 27 de maio de 1931. Recebeu o bacharelado da Universidade De Paul e, mais tarde, o diploma de mestre em economia na Universidade de Chicago sob a orientação do grande expoente do mercado livre, Milton Friedman. Estudou depois no Instituto de Tecnologia de Massachusetts, onde completou sua tese de doutorado sob a supervisão de um keynesiano, Paul Samuelson. As duas experiências lhe deram a vantagem de enfoques contraditórios do tema. Iniciou sua carreira de economista lecionando na Universidade Roosevelt entre 1957 e 1961.

Neste último ano, ingressou na universidade de Harvard para o pós-doutorado. Ali encontrou duas figuras de proa do marketing: Robert Buzzell, que depois ficou famoso como um dos co-autores do modelo PIMS (impacto das estratégias de marketing nos lucros), e Jerome McCarthy, o homem que popularizou o conceito dos "quatro Ps" do mix de marketing (produto, posição, preço e promoção).[1] As idéias e a obra dos dois influenciaram a visão de Kotler. É provável que tenha sido apresentado também aos trabalhos de Theodore Levitt, que em 1960 havia publicado o artigo seminal "Marketing Myopia" na *Harvard Business Review*, um dos textos sobre marketing de maior importância em todos os tempos. Levitt afirmava que, na verdade, os produtos são apenas os meios para os fins, sendo os fins a satisfação das necessidades e dos desejos do cliente. Quando as empresas se concentram nos produtos em vez de focar nos clientes, condenam-se ao fracasso. Citou o exemplo das ferrovias americanas, que imaginaram estar no negócio de ferrovias e, por conseguinte, não haveria concorrência entre elas e outros meios de transporte, como rodovias e aviões. Errado, disse Levitt, todas são companhias que operam no negócio de *transporte*, pois era esse serviço que os clientes compravam, e não as ferrovias em si. Mas as ferrovias permaneceram cegas diante do fato, foram derrotadas pelo desafio da competição e saíram do ramo.

De volta a Chicago, Kotler recebeu em 1962 convite para ministrar aulas na Kellog School of Business da Universidade Northwestern. Estava então muito interessado nos princípios e nos conceitos do marketing e decidiu mudar para essa disciplina. Começou como professor assistente de marketing na Kellog, e em 1965 foi promovido a professor associado, professor em 1969 e professor emérito em 1989. Continua em atividade como professor e autor em seu campo de interesse. Dos seus livros venderam-se milhões de exemplares que já foram traduzidos em quase trinta idiomas. É ainda reconhecido como o decano da comunidade acadêmica de marketing.

Kotler trouxe para o estudo de marketing uma gama de conceitos originados em outras áreas, sobretudo, mas não exclusivamente, na economia. Isso lhe permitiu lançar um novo olhar sobre um assunto que já existia há décadas. A Northwestern foi um dos primeiros centros de estudo de marketing nos Estados Unidos. Walter Dill Scott, professor de psicologia, e mais tarde reitor da universidade, começou nos primeiros anos do século XX a aplicar os conceitos da psicologia à propaganda, e seu *Theory of Advertising* (1903) e *The Psychology of Advertising* (1913) foram marcos na aplicação de princípios científicos a um dos aspectos do marketing. Na década de 1920, Scott e Fred Clark desenvolveram conceitos mais detalhados de marketing baseados na compreensão psicológica das necessidades do cliente, como discerni-las e apelar a elas. Embora alicerçada na teoria, a obra de Scott e Clark tinha em mira descrever métodos práticos para descobrir e fazer contato com os clientes, que foi também o caso de outro autor de Chicago, Arch W. Shaw.

Ao mesmo tempo que a Northwestern abria novos campos de pesquisa em psicologia e motivação do consumidor, uma visão diferente estava sendo desenvolvida na Harvard Graduate School of Business Administration. Seu primeiro professor de marketing, Paul T. Cherington, ajudou a fundar o Departamento de Pesquisa em Negócios, em parte para auxiliar no estudo de problemas de marketing. Cherington dirigiu uma de suas primeiras pesquisas de âmbito nacional, voltada à indústria de calçados. Para ele, o primeiro problema a ser enfrentado pelos marqueteiros não era tanto o de encontrar clientes, mas o de fazer chegar-lhes os produtos. Dada a condição da infra-estrutura americana de transportes da época, isso não deixava de ser razoável, no entanto criou um ambiente em que se enfatizava preço e distribuição de preferência a produto e promoção. O sucessor de Cherington, Melvin T. Copeland, recompôs em parte o equilíbrio e, em geral, deu mais ênfase à teoria do consumidor. Mas, tal como na Northwestern, sempre se dava mais ênfase ao que fazem os marqueteiros. Não havia discordância de que marketing, vendas e propaganda deveriam ser exercidos por um departamento separado, ainda que com responsabilidade de linha, reportando-se a um diretor ou a alguém próximo da alta direção da companhia.

Por volta de 1960, essa visão do marketing ainda era normalmente aceita nas empresas e até mesmo no meio acadêmico. Marketing era uma atividade marginal, executada por especialistas, e algumas companhias respondiam às dificuldades econômicas ou à perda de fatia de mercado com a demissão sumária de todo o departamento de marketing, achando que seus salários eram um gasto desnecessário.[2] Marketing se aplicava em geral a produtos tangíveis: a idéia de um marketing de serviços ainda não era levada a sério. O artigo de Theodore Levitt sobre a miopia do marketing foi um aviso de que essa atitude não poderia mais ser tolerada, entretanto poucos fora da comunidade acadêmica o entenderam.

Ao rever esse período da história das empresas americanas, Kotler adotou enfoques classificatórios do marketing em cinco níveis, cada qual mais sofisticado que o anterior. Primeiro, há o *conceito de produção*, que

> [...] sustenta que os consumidores preferem os produtos amplamente disponíveis e de baixo preço. A administração em organizações orientadas para a produção se concentra na alta produção e ampla distribuição.[3]

Em termos econômicos, admite-se que sempre haverá demanda assim como que as vendas dependem dos produtos chegarem fisicamente às mãos dos consumidores. Em seguida, vem o *conceito de produto*, que defende que os consumidores preferem produtos que oferecem ótima qualidade, performance e características. Nessas organizações orientadas para o produto, a administração concentra suas energias na produção de artigos de qualidade que são aperfeiçoados com o passar do tempo.[4] Nesse caso muda-se a ênfase do preço para um conjunto de benefícios recebidos pelo consumidor quando faz a compra, ou, em outras palavras, do preço para o valor do produto. Este conceito, bem como o conceito de produção, é uma visão ancestral do marketing e pode ser encontrada na literatura econômica desde a Idade Média.[5]

O terceiro, segundo Kotler, é o *conceito de venda*. Segundo ele, "os consumidores, se deixados ao seu bel-prazer, não comprarão uma quantidade suficiente dos produtos da organização. Portanto, ela deve partir para um esforço agressivo de promoção e vendas".[6] Há nesse caso um engajamento ativo com o mercado por meio de várias formas de venda, que vão desde a "venda simples", que enfatiza a educação do consumidor sobre o produto e lhe permite tomar livremente a decisão, até a "venda intensiva", que enfatiza a venda completa. Essa visão era corrente no início do século XX, quando Scott e Cherington iniciavam seus trabalhos.

Em quarto lugar, vem o *conceito de marketing* que "afirma estar a chave da conquista dos objetivos organizacionais na determinação das necessidades e desejos do mercado-alvo e na oferta das sastisfações desejadas de forma mais eficiente e eficaz que os concorrentes".[7] Essa abordagem, que havia sido esboçada já no início da década de 1920, foi desenvolvida em maior detalhe por acadêmicos e praticantes nas décadas de 1950 e 1960, e foi dominante na ortodoxia acadêmica no final dos anos 1960. Essa abordagem exige o envolvimento ativo das duas partes e presume, conforme a afirmação de Melvin Copeland, que os objetivos básicos das duas partes em uma transação é completar a transação; cabe ao marqueteiro descobrir as necessidades do consumidor e tentar oferecer o produto que atenda à maioria dessas necessidades, tornando assim a transação tão satisfatória quanto lhe seja possível.

Finalmente, Kotler oferece uma inovação radical, o que ele chama de *conceito de marketing social*. Este "é de opinião que a tarefa da organização é determinar as necessidades, os desejos e os interesses dos mercados-alvo e preencher a satisfação desejada mais eficiente e eficazmente que os concorrentes, de forma a preservar ou a aumentar o bem-estar do consumidor ou da sociedade".[8] O conceito de marketing social é desde o início controvertido e integrava uma campanha mais geral de Kotler para "ampliar" o conceito de marketing. Foi apresentado pela primeira vez em um artigo no *Journal of Marketing*, com a co-autoria de Sidney Levy em 1969. Kotler e Levy afirmavam que o marketing não trata apenas de transações comerciais, cuida também de valores sociais. Todo produto fabricado e vendido executa algum tipo de função social, toda transação tem algum aspecto social, valores sociais fazem parte de todas as transações. Marketing envolve, queiramos ou não, uma função social. Desse modo, grande parte do marketing se refere à comunicação – de necessidades, de desejos, de ofertas, de preço e de características – e toda comunicação tem sua carga de valores.

Apesar de parecer radical, essas afirmações tinham precedentes; Drucker já havia feito afirmações baseadas em premissas semelhantes na década de 1950, e já na literatura do início do século XX, tratando da natureza e das funções da corporação, existiam idéias da mesma natureza. Argumentavam ser possível aplicar princípios de valor do marketing a transações não-comerciais, como serviços e produtos oferecidos sem expectativa de lucro ou até mesmo gratuitamente. Mais ainda, era possível aplicá-los a situações de comunicação em que não ocorre transação formal, como eleição de candidatos políticos.

Os artigos de Kotler e Levy causaram sensação e importantes acadêmicos do marketing da época apressaram-se a contraditá-los na imprensa. A crítica mais comum foi a de que Kotler e Levy tinham "ampliado" de tal forma o conceito de marketing que este desaparecia: se os princípios do marketing pudessem ser aplicados a todas as formas de transação, comercial ou não, porque deveria ser chamado de marketing? Contudo, Kotler, em seu notável trabalho posterior em co-autoria com Alan Andreasen, mostrou que, apesar de diferirem em muitos aspectos, o marketing comercial e o não-comercial ainda se baseiam nos mesmos princípios fundamentais.

Desse modo Kotler cria um modelo de marketing baseado em alguns elementos comuns simples, independentemente do que esteja sendo oferecido e a quem. Esses elementos começam com a análise das necessidades, dos desejos e das exigências do consumidor. *Necessidades*, segundo ele, consistem na descoberta da carência de alguma necessidade básica; *desejos* são pedidos específicos de produtos ou serviços para atender a essas necessidades; *exigências* são necessidades apoiadas pelo desejo e a capacidade de pagar ou de alguma forma realizar a transação.

Em um segundo nível de importância estão os conceitos de *valor* e *satisfação*. Diante de uma variedade de produtos, os consumidores escolhem com base no valor que percebem para si próprios, não para o marketing da companhia.

Destarte, valor depende de como o produto – ou serviço – atende bem a uma necessidade, desejo ou exigência, independentemente de como a parte vendedora perceba ser seu valor. Conseqüentemente, satisfação é o ponto em que esse valor, realizado pela compra ou pela aquisição do produto, se ajusta à avaliação pré-compra do seu valor. Se o valor real é igual ou maior que o valor percebido, o resultado será satisfação, caso contrário, o resultado será insatisfação.

Portanto, o marketing, conforme a definição de Kotler, é "um processo social pelo qual os indivíduos e grupos obtêm o que necessitam e desejam pela criação e troca de produtos e valores com outros".[9] Enquanto não se chegar à compreensão dessa definição, a companhia ou o gerente não deve partir para os elementos reais do *fazer* marketing. Kotler preocupa-se em mostrar que apesar do marketing ser um conceito muito simples, sua execução é complexa e geralmente muito dispendiosa. As atividades associadas ao marketing incluem pesquisa e análise, sondagem ambiental, previsão da demanda potencial, identificação de segmentos de mercado e as necessidades dos consumidores nesses segmentos, desenvolvimento de novos produtos que atendam melhor a essas necessidades, planejamento do ciclo de vida do produto, estratégia de marketing, estratégia de preço, criação e manutenção de canais de distribuição, comunicações e promoção, entre outros. Por isso os livros de Kotler são extensos e detalhados. Insiste em que essas atividades são comuns a todas as atividades de marketing e tarefas executadas por todo o departamento ou organização de marketing, de uma forma ou de outra.

Orientação para o mercado – ou melhor, orientação social para o mercado – é, segundo ele, um pré-requisito essencial de qualquer operação de marketing. Marketing deve ser parte da filosofia de todo gerente uma vez que todos devem se concentrar nas necessidades e nos desejos do consumidor e estar preparado para satisfazer a essas necessidades. Em termos estruturais, o departamento de marketing deve estar no centro da organização, não em sua periferia.

Em resumo, a contribuição de Kotler para o marketing e para a administração em geral tem três componentes. Primeiro, promoveu a importância do marketing, transformando em atividade central uma atividade periférica "imposta" ao trabalho mais "importante" da produção. Segundo, ajudou a desviar a ênfase do marketing do preço e da distribuição para a preocupação em atender às necessidades e aos desejos do cliente e para o pacote de benefícios recebidos pelo consumidor de um produto ou serviço. Terceiro, ampliou o conceito de marketing de uma simples venda para um processo muito mais geral de comunicação e permuta, e mostrou como o marketing pode ser estendido e aplicado a situações sem fins lucrativos e não-comerciais.

O resultado foi uma transformação em grande escala do pensamento sobre marketing na indústria americana e internacional. Por que Kotler teve tanto sucesso em atingir dessa maneira seu público? Há, provavelmente, diversas razões. Primeiro, agiu na hora certa, escrevendo. Na década de 1970, havia chegado ao fim a longa lua-de-mel das empresas americanas iniciada no pós-guerra. Uma combinação de instabilidade econômica depois do choque do petróleo com a pressão de exportadores agressivos no estrangeiro, sobretudo do Japão, fez que os industriais americanos mais ponderados passassem a ser mais receptivos às novas idéias (os que não adotaram os novos conceitos de marketing foram à bancarrota, como Levitt em especial já havia previsto). Por outro lado, Kotler demonstrou nos textos a verdade de suas idéias, mostrando como as empresas que adotam uma visão de marketing têm bons resultados. Seus livros são carregados de dezenas de estudos de caso de empresas de sucesso e mostram como proceder. Porém, finalmente, e isso talvez não seja intuitivo, ao adotar uma visão mais filosófica e chegando ao cerne do conceito de marketing, Kotler convenceu os executivos de que marketing não deveria ser apenas mais uma caixa de ferramentas, e sim algo que esteja no centro de seus objetivos. Essa questão em particular foi seu legado mais duradouro.

Notas

[1] O crédito pela primeira definição dos quatro Ps é geralmente atribuído a Neil Borden, mas McCarthy explorou o conceito em maior detalhe e o transformou em uma idéia central do marketing.

[2] O autor pode afirmar por experiência pessoal de pesquisador que essa resposta ainda era dada pelas empresas britânicas em 1990.

[3] P. Kotler, *Marketing Management*, Englewood Cliffs: Prentice-Hall, 1997, p. 17.

[4] *Ibid.*

[5] Principalmente nas observações de são Tomás de Aquino sobre o "preço justo" das mercadorias.

[6] *Marketing Management*, p. 19.

[7] *Ibid*,, p. 22.

[8] *Ibid.*, p. 29.

[9] *Ibid.*, p. 4.

Veja também

Babbage, Casson, Drucker, Heinz, Lever, Maslow, Porter, Toyoda, Urwick.

Para ler Philip Kotler

Em inglês

Kotler escreveu ou foi co-autor de quinze livros e mais de setenta artigos. A compreensão de sua visão deve ser iniciada com os seguintes:

(com S. J. Levy) "Broadening the Concept of Marketing", *Journal of Marketing*, jan. 1969, pp. 10- 5.

(com A. Andreasen) *Strategic Marketing for Nonprofit Organizations*, Englewood Cliffs: Prentice-Hall, 1996.

Marketing Management, Englewood Cliffs: Prentice-Hall, 1997.

Em Português

(com Vera Whately) *Princípios de marketing*. 7. ed. Rio de Janeiro: LTC, 1999.

Administração de marketing. 10. ed. São Paulo: Pearson do Brasil, 2000.

(com Gary Armstrong) *Princípios de marketing*. 9. ed. São Paulo: Pearson do Brasil, 2003.

Para saber mais

As obras a seguir representam outros estágios importantes de desenvolvimento do conceito de marketing anteriores a Kotler.

Cherington, P. T., *The Elements of Marketing*, Nova York: Macmillan, 1920.

Clark, F. E., *Principles of Marketing*, Nova York: Macmillan, 1924.

Copeland, M. T., *Problems in Marketing*, Chicago: A. W. Shaw, 1917.

Drucker, P., *The Practice of Management*, Nova York: Harper & Row, 1954.

Levitt, T., "Marketing Myopia", *Harvard Business Review*, July-August 1960, pp. 45-56.

McCarthy, J., *Basic Marketing*, Homewood: Irwin, 1960.

Scott, W. D., *The Psychology of Advertising*, Chicago: Dodd, Mead, 1913.

Laozi [Lao Tse] (século VI a.C.)

Laozi, ou Lao Tse,[1] é um dos sábios lendários da China Antiga e o fundador do movimento filosófico e religioso conhecido por taoísmo. A essência da filosofia desse movimento encontra-se no livro *Daodejing (Tao Te Ching)*, um título que se pode traduzir grosseiramente como *Livro do Caminho e da Virtude*. Ao lado de Confúcio, Laozi erigiu-se em importante influência no pensamento chinês no curso de dois milênios e meio, e seu pensamento teve sérias repercussões nas idéias orientais sobre liderança e administração. As idéias de Laozi também entraram na filosofia ocidental durante o Iluminismo do século XVIII, quando o conceito taoísta da *wu-wei* (não-ação) foi adaptado pelos economistas franceses como o conceito de *laissez-faire*.

Pouco se sabe, se é que algo se sabe, da vida de Laozi, e é mesmo possível que ele seja uma figura inteiramente mítica. Diz a tradição que foi contemporâneo (professor, segundo alguns relatos) de Confúcio. A ele geralmente se credita a autoria do *Daodejing*, mas como era comum na China antiga, a versão original foi certamente corrigida e ampliada muitas vezes. O texto que conhecemos hoje é provavelmente a forma final do texto no século III a.C.

O *Daodejing* divide-se em 81 capítulos curtos, cada qual consistindo em uma coleção de provérbios relativos ao Caminho *(dao)* e à conquista da virtude *(de)*. Ao longo do livro há vários temas: a necessidade de evitar o conflito e tentar atingir os fins pela paz e harmonia; a necessidade de anulação do eu e a busca do aprimoramento interno em vez da luta pelas coisas deste mundo; a unidade essencial do universo e de todas as coisas que nele existem; a crença de que a verdadeira realização não resulta da ação mas, ao contrário, do seu oposto, *wu-wei*, ou a "não-ação". Esses princípios fundamentais tiveram uma poderosa influência no pensamento e na sociedade chineses, especialmente a partir do primeiro milênio d.C., quando os intelectuais tentaram construir uma síntese das idéias confucianas, taoístas, legalistas e budistas como a estrutura de governo da sociedade.

O *Daodejing* ainda é muito lido na China, e considera-se que o texto tem coisas importantes a dizer sobre a cultura dos negócios e da liderança. O livro exorta os que detêm posições de poder e autoridade a saber muito e fazer pouco. *Daodejing* 8, por exemplo, aconselha: "Ao governar, saiba como manter a ordem. Ao fazer negócios, saiba ser eficiente. Ao realizar um movimento, saiba escolher o momento certo". *O Daodejing* 17 diz que a forma mais eficaz de liderança é a que motiva as pessoas, e não a que as controla:

> A forma mais alta de governo é aquela de cuja existência as pessoas mal tomam conhecimento.
> Em seguida vem a de quem elas amam e louvam.
> Em seguida a de quem elas temem.
> Em seguida a de quem elas desprezam e desafiam.
> Quando você não tem fé,
> Outros não terão fé em você.
> O sábio se apaga e é parco com as palavras.
> Quando sua tarefa está realizada e as coisas se completaram,
> Todos dirão, "Nós o realizamos!".

A forma mais alta de governo é a que se conduz conforme os princípios da virtude e do Caminho; a mais baixa é a que se conduz conforme o ritual e a cerimônia, pois esses são "o começo de toda confusão e desordem". [2]

Outro aspecto importante do *Daodejing* é a ênfase na importância do intangível, conforme acentua o capítulo 11:

Trinta raios convergem para o mesmo eixo;
É do buraco no centro que depende o uso da carroça.
Fazemos um vaso com um pedaço de barro;
É o espaço vazio dentro do vaso que o torna útil.
Fazemos portas e janelas para o quarto;
Mas é o espaço vazio que o torna habitável.
Assim, ainda que o tangível tenha suas vantagens,
É o intangível que o torna útil.

O foco no intangível leva ao conceito de *wu-wei* ou não-ação, pelo qual o governante faz as coisas. Pelo contrário, ele as faz acontecerem. Em uma sociedade ou organização que se concentra no Caminho, as coisas certas acontecem naturalmente e por si mesmas, sem a necessidade da intervenção do governante. A tarefa deste, então, é apenas guiar a organização pelo Caminho e de acordo com os princípios da virtude.

Como dito anteriormente, o *Daodejing* sempre teve e continua a ter grande influência na cultura chinesa. Mas os princípios do pensamento taoísta também chegaram cedo ao Ocidente, e foram uma influência menor, mas importante, no pensamento do Iluminismo europeu do século XVIII, como evidencia a obra de filósofos como Montesquieu. A escola dos economistas conhecidos como fisiocratas, inclusive os pioneiros do pensamento econômico moderno, como Quesnay, Cantillon, Argentan e Turgot, também foi influenciada por essas idéias. Para eles, *wu-wei* significava que as coisas aconteciam da melhor forma quando ocorriam naturalmente, por si próprias, e não quando impostas ou forçadas. Em termos econômicos, portanto, exigia-se do Estado que criasse as condições das quais resultasse naturalmente o bem econômico, e não que tentasse liderar ou dirigir a atividade econômica. A esse princípio eles deram o nome de *laissez-faire*. Embora Adam Smith não usasse esse termo na *Riqueza das nações* (1776), sofreu forte influência dos fisiocratas, e leva o conceito de *wu-wei* um passo adiante: postula que os mercados, quando livres da ação do governo, agirão naturalmente para fazer o bem e distribuir a riqueza onde ela é necessária, a famosa "mão invisível".

Apesar de sua importância, o taoísmo é apenas mais um sistema de pensamento chinês que teve impacto nos negócios. Mais famoso, e possivelmente mais importante, é o confucionismo. Confúcio, contemporâneo de Laozi, tinha uma visão completamente diferente da sociedade. Como o demonstra Chen Huan-Chang em seus *Princípios econômicos de Confúcio e sua escola* (1911), o objetivo final do sistema confuciano, a exemplo do taoísmo, era a virtude, mas a virtude só poderia ser alcançada pelo esforço direto. A atividade econômica, em particular, para se manter virtuosa deve ser gerida e controlada. Fazê-lo é a tarefa dos sábios e reis, a quem Confúcio aconselha a se manter acima e fora do sistema econômico e a agir como agentes externos. Daí sua repetida exortação àqueles em posição de poder para que evitem o enriquecimento pessoal. Mais importante, enquanto a teoria econômica ocidental concentra-se, em geral, no aumento da oferta para se ajustar à demanda, Confúcio prefere controlar a demanda para que se ajuste à oferta. Propõe não só controles econômicos (como leis suntuárias para inibir a demanda de luxo), mas também a limitação das necessidades humanas pela educação moral e social. Sendo ele próprio ministro de um reino do norte da China no período anterior ao império, alguém lhe perguntou o que deveria ser feito para a melhoria das pessoas. Sua resposta foi dupla: educá-las e enriquecê-las. A educação gerava a compreensão dos usos da riqueza; a riqueza tornava possíveis os benefícios da educação, e as duas conduziam ao desenvolvimento. Enquanto o pensamento taoísta levava à idéia de um mercado livre, o pensamento confuciano levava ao desenvolvimento de uma economia administrada.

Mais adiante nesse *continuum* está a escola legalista de pensamento, atribuída a Han Feizi, ministro e ideólogo que influenciou o primeiro imperador da China unificada, Qin Shi Huangdi (221-106 a.C.). Han Feizi rejeitava a noção confuciana de que a maioria dos homens tende para o bem e deles se pode esperar um comportamento ético por meio de um sistema social que exerça pressão para que as pessoas se conformem. Para ele, a única forma de se chegar à conformidade era pelo império da lei. Seu sistema de pensamento se baseava em três importantes princípios. O primeiro era o *fa*, que significa mais ou menos "padrões consagrados pelo uso", mas também tem conotações de lei e punição. As pessoas devem obedecer ao *fa*, para que seu comportamento se conforme ao bem público, ou em caso contrário serem punidas. O segundo era o *shi*, o que significa "autoridade" ou "poder". O exercício do *shi* é necessário para assegurar conformidade com o *fa*, no entanto, simultaneamente, o *shi* também deve ser governado pelos ditames do *fa* para evitar o abuso do poder. O terceiro era o *shu*, a técnica de controle da burocracia pela comparação da "palavra" com o "feito" (ou de modo mais geral, o desempenho potencial com o real).

Elementos desses três sistemas ainda são encontrados hoje na China, tanto no sistema de governo e na atitude em relação ao controle econômico quanto nos métodos administrativos, sistemas de organização e hierarquia e relações no trabalho. O estudo dos três é portanto necessário para a compreensão da cultura empresarial chinesa. Mas, ao contrário dos outros dois, o taoísmo teve impacto mundial. As idéias de mercado livre, de inspiração taoísta, radicais para o Ocidente no século XVIII, tiveram um efeito transformador não apenas sobre as economias, mas também sobre as empresas e os métodos de fazer negócios. Elas se espalharam pelo mundo e, em uma ironia evidente, agora voltam à terra onde nasceram.

NOTAS

[1] Lao Tse é a representação de seu nome na antiga romanização de Wade-Giles do chinês; aqui deu-se preferência à moderna versão *pinyin*, Laozi.

[2] Lao Tse, *Daodejing*, 38.

VEJA TAMBÉM

Drucker, Fukuzawa, Handy, J. P. Morgan, Ohmae, Sunzi.

PARA LER LAOZI (LAO TSE)

Há muitas traduções do *Daodejing*. As citações deste capítulo foram extraídas da tradução de Wu, que é moderna e acessível.

Em inglês

Tao Teh Ching, trad. J. C. H. Wu, Londres: Shambhala, 1990.

Em português

Tao te ching. São Paulo: Martins Fontes, 2002.

PARA SABER MAIS

Lafargue é uma boa introdução à composição e à natureza do *Daodejing*. Clark dá mais detalhes sobre as ligações entre *Wu-wei* e *laissez-faire*. Chen é indispensável para o entendimento do pensamento econômico chinês clássico.

CHEN, H., *Economic Principles of Confucious and His School*, Nova York: Columbia University Press, 1911, 2v.; reimpresso Bristol: Thoemmes Press, 2002.

CLARK, J. J., *The Tao of the West: Western Transformation of Taoist Thought*, Londres: Routledge, 2000.

LAFARGUE, M., "Daodejing", em E. Craig (ed.), *Routledge Encyclopedia of Philosophy*, Londres: Routledge, 1998, v. 2, pp. 779-81.

WILLIAM LEVER (1851-1925)

William Lever foi um dos mais bem-sucedidos industriais britânicos da era vitoriana, que ergueu sua empresa a partir de uma pequena base regional e a transformou em uma das primeiras empresas realmente multinacionais. Descrito como um "marqueteiro nato", Lever erigiu seu sucesso apoiado em fortes campanhas de marketing e na criação de algumas das primeiras marcas de produtos de consumo reconhecidas internacionalmente. Foi um dos empresários mais respeitado de sua época e seus métodos administrativos foram admirados e internacionalmente imitados na Europa e nos Estados Unidos. Apesar de ser um produto de sua época, muitos dos métodos de Lever parecem surpreendentemente modernos, e em termos de capacidade e reputação, ele se compara favoravelmente com gigantes empresariais modernos, como Jack Welch.

Lever nasceu em Bolton, Lancashire, em 19 de setembro de 1851, filho do dono de um armazém. Apesar do desejo de sua mãe de que se tornasse médico, juntou-se ao pai na empresa da família aos dezesseis anos e aos 21 foi feito sócio. Pouco antes dos trinta anos, assumiu efetivamente a administração da empresa. Seu pai havia criado uma companhia de sucesso moderado, mas era conservador nos instintos e negociava conforme os métodos tradicionais. Lever, que por volta de 1880 já tinha pelo menos algumas noções das técnicas de propaganda e promoção que se desenvolviam na Grã-Bretanha e nos Estados Unidos, sentiu que havia oportunidades de crescimento. Começou a estudar seus clientes, sobretudo as donas de casa de Lancashire, observando hábitos de consumo e poder de compra, dando atenção especial aos produtos de que necessitavam e desejavam. Fundou inicialmente uma empresa atacadista de alimentos sediada em Bolton e depois começou a procurar clientes por todo o noroeste da Inglaterra, dirigindo seus esforços de propaganda e promoção aos clientes do atacado e aos consumidores finais.

Ao estudar o mercado, Lever, agora associado ao irmão James, se convenceu de que havia grandes oportunidades no negócio de sabonetes. As rendas crescentes da classe operária e os métodos aperfeiçoados de produção significavam que o sabonete, antes um luxo, agora poderia ser oferecido a um preço que a maioria da população tinha condições de pagar. Algumas empresas já tinham se arriscado nesse mercado, e uma em particular, a Pears, havia demonstrado que a propaganda era muito eficaz. O gerente-geral da Pears, Andrew Barrett, lançara na década de 1870 campanhas de propaganda na região de Londres que tornaram a marca Pears um nome conhecido na capital: o slogan, "Bom dia! Você já usou Pears hoje?" entrou para a cultura popular, chegando mesmo a ser usado no libreto de um musical no West End. Mas no noroeste o mercado ainda estava totalmente inexplorado.

Antes mesmo de dar início à produção, o primeiro passo de Lever foi inventar uma marca. Como era comum naquela época, procurou se aconselhar com um agente de marcas. Oficialmente, o principal objetivo desses agentes era registrar marcas, mas muitos também ofereciam assessoria e sugestões de marcas e logotipos. Passou dois dias fechado no escritório tentando achar sozinho uma marca melhor. No final do segundo dia tornou a repassar a lista e percebeu que o nome que desejava estava ali desde o início: Sunlight.

A experiência de Lever no ramo de alimentos lhe havia ensinado que as duas qualidades que as donas de casa mais prezavam eram a confiabilidade e o baixo preço. Para ter sucesso, a marca Sunlight teria de oferecer boa qualidade a um preço convidativo. Lever trabalhou durante vários anos para encontrar fornecedores confiáveis, porém jamais ficou satisfeito com a qualidade dos produtos. Por fim, decidiu expandir verticalmente e fundou sua própria fábrica. Em 1885, adquiriu a fábrica de sabão Winser & Co. de Warrington, Cheshire e recrutou vários técnicos respeitados para operá-la. Lever não sabia nada sobre o marketing de sabonetes, mas sabia administrar as pessoas que sabiam. Sob seu comando, o Sunlight tornou-se um produto de qualidade reconhecida que valia o que custava. A demanda cresceu rapidamente e a fábrica de Warrington se tornou pequena para a produção necessária. Em 1889, foi inaugurada a fábrica dos Irmãos Lever em Port Sunlight, Mersey, construída especificamente para esse fim em uma campina, tendo em volta a vila operária, lojas e serviços de apoio. Port Sunlight foi depois expandida várias vezes, e no início do século XX construíram-se outras fábricas em outros locais. Entre 1900 e 1914, a Lever Brothers expandiu-se para o exterior, adquirindo fábricas de matérias-primas na África e no Pacífico, vendendo seus produtos na Europa continental, nos Estados Unidos e na Austrália. Quando estourou a Primeira Guerra Mundial, a companhia tinha operações em seis continentes.

Nessa ocasião, Lever começou a se afastar da administração da empresa. Teve um período breve de atividade política, tendo servido no Parlamento pelo Partido Liberal, entre 1906 e 1909. Foi feito Sir em 1911 e barão em 1917. Fundou outras empresas, especialmente a compra das ilhas de Lewis e Harris, nas Hébridas, criando várias empresas para oferecer trabalho à população local. Seu interesse nas Hébridas foi curto, mas uma de suas empresas, MacFisheries, alcançou muita prosperidade. Em 1922, Lever foi feito visconde de Leverhulme das Ilhas Ocidentais. Passou os três anos seguintes trabalhando em projetos de desenvolvimento no Congo, região onde sentiu haver grande potencial de crescimento. Morreu em Londres, no dia 7 de maio de 1925, pouco depois de voltar de sua segunda visita ao Congo. Seu filho, o segundo visconde de Leverhulme, o sucedeu e também teve carreira brilhante, tendo sido durante muitos anos presidente da Federação Britânica das Indústrias (ancestral da atual Confederação Britânica da Indústria).

As realizações mais notáveis de Lever como administrador de empresas se deram no campo do marketing. Um observador comentou que "como empresário, Lever foi um dono de armazém, por profissão um homem de marketing".[1] Charles Wilson, cujo estudo da Lever Brothers e da companhia que a sucedeu,

Unilever, contém algumas descrições detalhadas das práticas gerenciais de Lever, observava que os programas de propaganda de Lever passaram por duas fases. A primeira, para usar a terminologia moderna, destinou-se a criar o *conhecimento do produto*, oferecendo informações ao consumidor e alertando-o para o potencial desse produto. Mais tarde, quando o sabonete se tornou um produto aceito, e muitas outras marcas lutavam por uma fatia do mercado, a propaganda do Sunlight passou a enfatizar o *conhecimento da marca*, com os objetivos de manter os consumidores e distinguir a marca das concorrentes. Em termos reais de propaganda, Lever não foi de forma alguma inovador. Outros anunciantes, como a marca Pears, conseguiram produzir campanhas melhores. Mas Lever soube como explorar a propaganda pela escala. Calcula-se que entre 1855 e 1905, tenha gasto 2 milhões de libras esterlinas em propaganda, um valor enorme para a época e muito maior que o gasto de qualquer um de seus concorrentes. Valeu-se também de outros instrumentos promocionais paralelamente à propaganda, inclusive a distribuição de amostras grátis e, em especial, concursos premiados. No caso destes últimos, para participar do concurso, os candidatos tinham de enviar certo número de embalagens do sabonete. De início, esses métodos provocaram desprezo dos concorrentes, mas quando perceberam que funcionavam, o desprezo se transformou em alarme e depois em imitação. Lever também foi agressivo em termos de desenvolvimento de novos produtos que se seguiram ao Sunlight e, entre 1885 e 1914, lançou uma nova marca a cada dois anos.

Lever é também conhecido como um empresário vitoriano exemplar em termos de suas concepções sobre o bem-estar social. Port Sunlight (tal como Bourneville, construída perto de Birmingham por George Cadbury), foi projetada para ser uma comunidade modelo que oferecesse aos trabalhadores melhor padrão de vida. Trabalhando nas cidades do noroeste, que então cresciam rapidamente, e onde a baixa qualidade das moradias e a superpopulação constituiam a norma, Lever se convenceu da necessidade de uma reforma habitacional. Ele próprio projetou e construiu a cidade de Port Sunlight, definindo padrões precisos de espaço de moradia, tamanho dos jardins e outras características que lhe pareceram essenciais para uma vida sadia. Lever era paternalista e rejeitava a participação nos lucros achando que os trabalhadores gastariam a renda adicional com coisas prejudiciais (como a bebida), e criou para substituí-la o que ele denominou "participação na prosperidade", em que os lucros da empresa eram transformados em benefícios inalienáveis para a força de trabalho, como moradia, educação e bem-estar. Esses benefícios eram acompanhados de controles rígidos: Lever estabeleceu regulamentos para os habitantes de Port Sunlight definindo detalhes como a proibição de pendurar a roupa lavada nos jardins. Seu próprio escritório era uma estrutura panorâmica no centro da fábrica com paredes de vidro, de forma que pudesse observar o conjunto dos trabalhadores e verificar constantemente o que estava se passando.

Embora a "participação na prosperidade" tenha sido possível em Port Sunlight, não foi possível em outros fábricas construídas pela Lever Brothers à medida que a empresa crescia: muitas estavam em áreas urbanas e não havia condições de oferecer moradia. Em 1909, Lever abandonou a oposição à participação nos lucros e introduziu um sistema de co-propriedade em que os empregados recebiam ações preferenciais da companhia. Desde 1895, quando seu irmão se aposentou por razões de saúde, Lever manteve o controle de todas as ações ordinárias com direito a voto. Destarte, não havia perigo de perder o controle; em contrapartida os empregados ganhavam o benefício adicional dos dividendos. O esquema parece ter sido de agrado e a Lever Brothers sempre pôde contar com uma força de trabalho leal e eficiente.

A exemplo de muitos de seus contemporâneos, em particular o banqueiro americano J. P. **Morgan,** Lever se opunha por princípio à concorrência, pois acreditava que representava a possível ruína para muitas empresas, e isso redundaria no longo prazo em prejuízo para os consumidores. Em 1899, desencadeou uma política de encampação de outras empresas produtoras de sabonetes no Reino Unido e nos Estados Unidos, parecendo encaminhar-se para a formação de um monopólio. Infelizmente para ele, sua tentativa ocorreu em uma época em que o sentimento público, alimentado em parte pelo movimento antitruste nos Estados Unidos, se opunha aos monopólios. Em 1906, lorde Northcliffe, proprietário de jornais, lançou uma campanha contra Lever, acusando seus monopólios de atentarem contra o interesse público (embora o fato de a concentração na indústria de sabonetes poder representar menos anunciantes e menor receita para os jornais de Northcliffee também fosse um possível fator desencadeante). A pressão pública forçou Lever a abandonar sua estratégia de consolidação, mas teve a satisfação de ganhar acima de 140 mil libras por danos morais, um valor inédito até então, ao processar Northcliffe e seus jornais por calúnia.

Abandonada a estratégia de consolidação, Lever passou a buscar outras formas de proteger seu principal negócio. Como atacadista e varejista teve de enfrentar o problema de assegurar que a imagem da marca fosse apoiada pela qualidade do produto. A resposta inicial foi assumir ele próprio o processo de fabricação. No entanto, a qualidade do sabonete dependia em grande parte da qualidade dos ingredientes. Preocupado em garantir estoques adequados, particularmente os de óleo de palma de alta qualidade, Lever envolveu-se na integração vertical da empresa. Suas primeiras plantações nas ilhas Salomão, no Pacífico Sul, foram instaladas em 1905. Em 1913, já tinha 120 mil hectares em cultivo. Em 1902, tinha começado a estudar os fornecimentos de óleo de palma da Nigéria, a que se seguiu uma importante concessão no Congo Belga, o que marcou o início de seu interesse naquela região. Ao assegurar sua própria cadeia de fornecimento, Lever teve condições de manter baixos os preços e atravessar as flutuações periódicas do mercado de óleo de palma, enquanto seus concorrentes, que compravam no mercado aberto, não conseguiam administrar efetivamente esse risco.

William Lever vivia literalmente para os negócios. Eram sua paixão e incansável interesse. Mesmo depois de renunciar à administração da Lever Brothers, passando grande parte da responsabilidade para o filho, continuou a fundar novos negócios na Escócia e na África. Certa vez, assim resumiu sua filosofia pessoal e de negócios:

> Minha felicidade são as minhas empresas. Sou capaz de admitir um fim para mim, o fim, o fim absoluto, mas não para minhas empresas. Nelas há espaço para respirar, para crescer, expandir, e as possibilidades são ilimitadas. Pode-se ir a lugares como o Congo e organizar, organizar, organizar, e bem, coisas realmente muito grandes. Mas eu não estou nos negócios apenas pelo dinheiro. Não sou apaixonado pelo dinheiro, nunca fui. Estou nos negócios porque os negócios são a vida. Eles me dão condições de fazer coisas.[2]

Outro observador resume Lever como o "membro representativo da classe média comerciante que criou tanta riqueza e definiu grande parte do perfil da Inglaterra vitoriana. Todas as raízes da existência de Lever estavam fincadas nela e todos os preceitos e ideais dela também eram os dele".[3]

Mas isso pode dar a entender que a relevância de Lever morreu com ele, o que está longe de ser verdade. Lever foi pioneiro do marketing e da propaganda de massa de bens de consumo de giro rápido e seus métodos foram utilizados por muitos que se seguiram, entre eles seu contemporâneo mais jovem, William Procter, da empresa americana Procter & Gamble. Lever entendeu todos os conceitos fundamentais do marketing: necessidades e percepções de valor por parte do consumidor; criação de produtos que oferecessem o máximo valor; importância da qualidade do produto; importância da criação da marca e da comunicação eficaz; como distribuir e vender produtos em local e preço adequados ao consumidor. Toda sua expansão – a integração vertical, a estratégia de consolidação, a expansão para o exterior e até mesmo o interesse próprio esclarecido, evidente em Port Sunlight – visava a apoiar e a reforçar a proposição fundamental que oferecia a seus consumidores. Ao lado de Henry **Heinz**, Lever foi um dos primeiros modernos marqueteiros.

Notas

[1] W. J. Reader, "Lever, William Hesketh", em D. J. Jeremy (ed.), *Dictionary of Business Biography*, Londres, Butterworth, 1985, v. 3, p. 748.

[2] *Apud* C. Wilson, *The History of Unilever*, Londres, Cassell, v. 1, 1954, p. 187.

[3] Reader, "Lever, William Hesketh", p. 746.

Veja também

Bat'a, Cadbury, Ford, Heinz, Owen.

Para ler William Lever

Lever deixou muitos discursos e cartas, mas nenhum livro importante.

Para saber mais

Wilson é uma autoridade respeitada sobre a empresa e seu fundador. O ensaio de Reader é excelente.

Jolly, H. P., *Lord Leverhulme: A Biography*, Londres: Constable, 1976

Reader, W. J., "Lever, William Hasketh", em D. J. Jeremy (ed.), *Dictionary of Business Biography*, Londres: Butterworth, 1985, pp. 745-51.

Wilson, C., *The History of Unilever: A Study in Economic Growth*, Londres: Cassell, 1954, 2v.

Maquiavel [Niccolò Machiavelli] (1469-1527)

Maquiavel foi um estadista e diplomata florentino cujas principais obras, *O príncipe* e *Discursos sobre a primeira década de Lívio*, são amplamente consideradas como os marcos fundamentais da moderna ciência política. Condenadas durante séculos por terem aparentemente justificado o comportamento imoral e antiético, foram reexaminadas no século xx e reconhecidas pelo que são, estudos seminais sobre a natureza e o exercício do poder nas organizações. A obra de Maquiavel tem importantes implicações para a estratégia empresarial e a ética, mas um exame mais cuidadoso de seus textos mostra uma consciência muito avançada de como funcionam as organizações e de como se comportam os indivíduos dentro delas. Ao longo dos últimos trinta anos, Maquiavel vem sendo estudado com crescente interesse de uma perspectiva administrativa, e hoje é considerado um importante precursor da moderna teoria da estratégia e organização.

Niccolò Machiavelli nasceu em Florença no dia 3 de maio de 1469, filho de um advogado e nobre de menor hierarquia. Começou sua carreira no serviço civil florentino quando a cidade era governada por Lorenzo di Medici, filho de Cosimo di **Medici**, mantendo o cargo depois da fundação da república sob o fundamentalista Savonarola em 1494. Sobreviveu também à queda deste em 1498 e se tornou figura de grande importância sob o governo republicano moderado que se seguiu, sendo secretário do conselho conhecido como os Dez da Guerra e representante de Florença em missões diplomáticas no estrangeiro. Após a volta dos Medici ao poder em 1512, Maquiavel foi afastado do cargo e, em 1513, preso e torturado. Libertado, retirou-se para sua casa de campo em San Casciano, perto de Florença, e ali produziu seus textos mais famosos: *O príncipe*, *Comentários sobre a primeira década de Lívio* e *A arte da guerra* (só este foi publicado durante a sua vida). Granjeou algum favor público após 1521, mas a segunda queda dos Médici, em 1527, pôs fim às suas esperanças. Morreu em 21 de junho de 1527 em decorrência de breve enfermidade.

A obra mais famosa de Maquiavel, *O príncipe*, é um pequeno tratado sobre organização política e governo. Obra significativa por ter sido o primeiro texto moderno sobre política e Estado, levando em conta esses temas fora dos quadros de referência da ética cristã. A liderança política e a tomada de decisões são avaliadas não em termos de "correção" ética, mas em termos de resultados em benefício do Estado. O aspecto mais impressionante de *O príncipe* é a visão de Maquiavel de que os príncipes podem – na verdade, devem – ser cruéis e desonestos se seu objetivo último é o bem do Estado. Não é apenas aceitável, mas necessário, mentir, usar a tortura e tripudiar sobre outros Estados e cidades. Maquiavel aceita o fato de tais coisas serem em si moralmente condenáveis, mas observa que as conseqüências do fracasso – a ruína dos Estados e o saque das cidades – podem ser muito piores. Os príncipes não devem hesitar em usar métodos imorais para chegar ao poder, se o poder for necessário para a segurança e a sobrevivência.

O príncipe foi condenado em sua época, e depois dela, pela aparente amoralidade e a pregação da doutrina de que os fins justificam os meios. Maquiavel foi reabilitado no século XX, quando James **Burnham** mostrou que não estava julgando os príncipes, mas simplesmente descrevendo uma espécie de *Realpolitik*. Burnham aprovou Maquiavel por dizer a verdade sobre como se chega ao poder e nele se mantém, descrevendo-o como um defensor da liberdade. Antony Jay, em seu conhecido livro *Managemente and Machiavelli* (1967), também adota uma visão neutra, vendo em *O príncipe* um estudo da dinâmica do poder dentro das organizações e entre elas. Observa que Maquiavel não justifica o comportamento antiético *per se*, mas, ao contrário, retira a administração do terreno ético. Jay vê nisso um enfoque igualmente válido dos negócios:

> A única forma útil de examinar as organizações é como algo que não é nem moral nem imoral, mas apenas como um fenômeno: não procurar prova de que a indústria é honrosa ou desonrosa, e sim ir em busca de padrões de sucesso e fracasso [...] e as forças que os produzem.[1]

Essa maneira de ver continua polêmica e a questão de ser ou não a administração um conceito neutro em termos de valor ainda não foi satisfatoriamente respondida por nenhum dos lados da controvérsia.

O argumento de Jay (bem apresentado, ainda que nem sempre convincente) é que as grandes corporações multinacionais podem ser comparadas às cidades-Estados da Renascença em termos de como adquirem e manipulam o poder: "O administrador júnior da Shell ou ICI no século XX vive em um estado de dependência, sem direito a voto, dependente do favor dos grandes, igual ao da Itália do século XVI".[2] Essa é o enfoque mais comum do estudo de Maquiavel do ponto de vista da administração. Por exemplo, psicólogos sociais como Christie e Geis usaram os princípios de Maquiavel para construir uma tipologia do comportamento pessoal nas organizações, e Adrian Furnham comentou mais recentemente que indivíduos nas organizações podem valer-se do mesmo modo dos princípios de Maquiavel para proteger seus próprios interesses às expensas dos que estão à sua volta.

O príncipe pode também ser visto como um estudo da natureza da liderança, e nesse caso há fortes implicações para a estratégia. Um componente muito debatido do pensamento de Maquiavel é a *virtú* (aptidão ou capacidade), o principal requisito de um líder de sucesso. É a *virtú* que permite aos líderes reconhecer e agarrar as oportunidades e superar na luta e no pensamento seus adversários. Atribui um papel importante à *fortuna* (serendipidade ou sorte), uma vez que acontecimentos inesperados podem alterar os planos mais cuidadosamente elaborados. No século XIX, o autor prussiano, especialista em estratégia, Karl von Clausewitz, foi muito influenciado por Maquiavel, e a idéia da *fortuna* pode ser encontrada em seu conceito de "atrito", a concatenação de acontecimentos e forças não antecipados que interfere na execução dos planos. Maquiavel sustentava que uma suficiência de *virtú* permite aos líderes reconhecer quando a sorte lhes oferece uma oportunidade e tirar vantagem da *fortuna* reagindo mais rapidamente que seus adversários. Não deixou claro se *virtú* é uma capacidade inata ou se pode ser aprendida.

A ênfase no poder e na liderança no pensamento maquiaveliano resulta sobretudo do estudo de *O príncipe* e não é totalmente representativo de suas próprias opiniões. Os *Comentários sobre a primeira década de Lívio*, obra bem mais substancial, proporciona também muitas lições aos administradores, lições possivelmente bastante mais relevantes para os nossos dias. *Virtú*, diz Maquiavel, pode estar presente nas organizações e nos povos, não apenas nos indivíduos. Sendo esse o caso, a liderança exercida por um ditador forte pode ser suplantada por sistemas populares que permitam a participação de todos, como, a democracia. Embora possam usar os métodos rigorosos descritos em *O príncipe*, os líderes deveriam também tomar medidas para garantir o apoio da população e assegurar sua participação. Compara duas formas de governo, a tirania e a república e, apesar de reconhecer as fraquezas de cada uma delas, acredita que esta última ofereça mais vantagens em termos de flexibilidade de organização e de capacidade de adaptação às mudanças de situação. Que as circunstâncias mudam é um tema recorrente (aqui Maquiavel volta a apresentar a *fortuna*), e em um trecho que lembra muito a teoria evolucionista das organizações, defende que os Estados devem continuar a crescer e expandir-se, caso contrário se tornarão fracos e morrerão. Manter o *status quo* é uma estratégia condenada ao fracasso.

Os argumentos de Maquiavel favoráveis à participação deixam clara a natureza e a importância do compromisso com a organização, ao passo que seus argumentos em favor do dinamismo e da adaptabilidade das formas políticas e de governo conforme as circunstâncias e os objetivos também já prenunciam o conceito de "ajuste" organizacional desenvolvido na segunda metade do século XX. Suas duas grandes obras têm lições importantes para os administradores modernos. Embora a importância dos *Discursos* seja inferior, as duas influenciaram destacadamente a maneira atual de pensar a liderança, a organização, o propósito e o poder.

Notas

[1] A. Jay, *Management and Machiavelli*, Londres: Hodder & Stoughton, 1967, p. 35.

[2] *Ibid.*, p. 26.

Veja também

Burnham, Chandler, Emerson, Medici, Mooney.

Para ler Maquiavel

Dois livros totalmente diferentes devem ser lidos simultaneamente para entender Maquiavel: *O príncipe*, famoso por sua argumentação de que os fins justificam os meios, ao passo que os *Discursos* são igualmente importantes por sua argumentação favorável à participação, ao comprometimento e ao apoio popular.

Em italiano

Il principe (O príncipe), trad. G. Bull, Harmondsworth: Penguin, 1961.

Discorsi sopra la prima decada di Tito Lívio (Comentários sobre a primeira década de Tito Lívio), ed. B. Crick, trad. L. J. Walker *The Discourses*, Harmondsworth: Penguin, 1970.

Em português

O príncipe. São Paulo: Campus, 2003.

Para saber mais

O melhor estudo sobre os princípios de Maquiavel para a administração é o de Jay. Price. Um bom resumo, mas concentra-se muito em *O príncipe* e pouco nos *Comentários*. Gilbert mostra a importância de Maquiavel para a estratégia e a liderança modernas.

Burnham, J., *The Machiavellians: Defenders of Freedom*, Londres: Putnam, 1943.

Christie, R. e Geis, F., *Studies in Machiavellianism*, Nova York: Academic Press, 1970.

Furnham, A., "Beware the Big Mach", *Financial Times Mastering Management Review*, n. 13, 1999, pp. 10-1.

Gilbert, F., "Machiavelli: The Renaissance of the Art of War", em P. Paret (ed.) *Makers of Modern Strategy*, Princeton: Princeton University Press, 1986, pp. 11-31.

Jay, A., *Management and Machiavelli*, Londres: Hodder & Stroughton, 1967.

Price, R., "Machiavelli, Nicolò", em M. Warner (ed.), *International Encyclopedia of Business and Management*, Londres: Routledge, 1996, v. 3, pp. 2607-13.

Marshall McLuhan (1911-80)

Marshall McLuhan foi um dos grandes pensadores da comunicação e da cultura no século XX. Criou dois conceitos que entraram para o pensamento acadêmico e o imaginário popular: "a aldeia global", referindo-se à tendência crescente para a convergência cultural mundial, e "o meio é a mensagem", referindo-se ao impacto da tecnologia nas comunicações. Ele próprio foi um grande inovador e comunicador, fechando a lacuna entre a academia e a cultura popular. Seu trabalho no Centro de Cultura e Tecnologia em Toronto granjeou-lhe o respeito acadêmico e o transformou em um ícone popular na década de 1960. As obras sobre a relação entre cultura e comunicação tiveram considerável influência na propaganda e no marketing, e seu trabalho também influenciou o debate atual sobre a globalização.

Herbert Marshall McLuhan nasceu em Edmonton, Alberta, no dia 21 de julho de 1911. Freqüentou a Universidade de Manitoba, onde recebeu os graus de bacharel e mestre, indo em seguida para a Grã-Bretanha, onde cursou o doutorado na Universidade de Cambridge. A partir de 1936, lecionou em várias universidades americanas, inclusive as de Wisconsin, St Louis e a Universidade Assumption. Em 1946, passou a ministrar aulas na Universidade de Toronto, assumindo a cátedra em 1952. O trabalho desenvolvido em Toronto durante a década de 1960 construiu sua reputação acadêmica e o transformou em um ícone popular: seus livros, entre eles *The Mechanical Bride* (1951), *A galáxia de Gutemberg* (1962), *War and Peace in the Global Village* (1968) e *Culture is our Business*, (1970), foram amplamente lidos em todo o mundo. Sendo ele próprio um soberbo comunicador, McLuhan colaborou em várias revistas e jornais e sempre manteve um alto perfil na mídia. Em 1977, apareceu representando a si próprio no filme *Annie Hall – Noivo neurótico, noiva nervosa*, de Woody Allen.

Entre outros cargos, McLuhan presidiu entre 1953 e 1955 o Seminário sobre Cultura e Comunicação da Fundação Ford, e fundou o Centro de Cultura e Tecnologia da Universidade de Toronto em 1963. Em 1973, foi indicado pelo Vaticano como consultor da Comissão Pontifícia sobre Comunicação Social. Era reiteradamente consultado por líderes mundiais, entre eles o presidente Jimmy Carter, dos Estados Unidos, e o primeiro-ministro canadense Pierre Trudeau. Ativo até o fim da vida, estava trabalhando em vários livros e em uma conferência quando sobreveio o falecimento.

A obra de McLuhan caracterizou-se por três temas principais. O primeiro é o conceito de arte como cognição, referindo-se aos significados simbólicos encontrados em mensagens visuais, da arte à propaganda. O segundo, que a tecnologia é uma extensão do homem: o conteúdo de qualquer mensagem é inevitavelmente afetado pela tecnologia usada para comunicá-la. Terceiro, McLuhan acreditava ter o desenvolvimento humano passado por duas eras, a primitiva e a industrial, ou "tipográfica", e agora entrava-se em uma terceira, a tecnológica.

Em *The Mechanical Bride*, McLuhan explorava a relação entre arte e cultura popular desconstruindo uma série de anúncios impressos, mostrando os elementos simbólicos presentes em cada um deles. Sua conclusão é que os anúncios são uma espécie de folclore. Voltando a esse tema em *Culture is Our Business*, descrevia os anúncios como "a arte das cavernas do século XX".[1] Suas opiniões sobre a propaganda nem sempre foram laudatórias:

> A nossa é a primeira era em que muitos milhares de mentes individuais bem treinadas se dedicaram em tempo integral à atividade de entrar na mente pública coletiva. O objetivo hoje é entrar para manipular, explorar, controlar. E a intenção é gerar calor, não luz. O efeito de muitos anúncios e de grande parte do entretenimento é manter a todos no estado de desamparo engendrado pelo prolongado cio cultural.[2]

Understanding Media [Os meios de comunicação como extensões do homem] (1964) marcou a primeira grande exploração de McLuhan do segundo tema, o impacto da tecnologia sobre a mídia. O texto do livro começa assim:

> Em uma cultura como a nossa, há muito acostumada à divisão de todas as coisas como meio de controle, é às vezes chocante lembrar-se que, na verdade operacional e prática, o meio é a mensagem. Isso quer apenas dizer que as conseqüências pessoais e sociais de qualquer meio – ou seja, qualquer extensão de nós mesmos – resulta da nova escala que foi introduzida em nossos afazeres por cada extensão de nós mesmos, ou por qualquer nova tecnologia.[3]

McLuhan passou então a descrever os efeitos negativos e positivos desse princípio. A automação, por exemplo, elimina empregos e também cria novos papéis para as pessoas em suas relações com seu trabalho, substituindo associações destruídas pela revolução mecânica imediatamente precedente. A mesma questão é tratada com relação à mídia: a humanidade passou da cultura oral para a escrita pela introdução da imprensa, mas a televisão e o rádio estão agora levando as pessoas de volta a uma cultura oral.

Esse conceito de processo circular, ou da volta da humanidade a uma forma anterior de vida por meio da tecnologia, é o terceiro tema principal na obra de McLuhan. "Se a tecnologia de Gutenberg recuperou o mundo antigo e o jogou no colo da Renascença, a tecnologia elétrica recuperou os mundos primitivos e arcaicos, passados e presentes, privados e corporativos, e os largou na soleira do Ocidente para serem processados".[4]

O melhor resumo dos fundamentos do pensamento de McLuhan é provavelmente encontrado em *Laws of Media*, publicado em 1988, poucos anos após a sua morte. A intenção original era produzir uma segunda edição de *Understanding Media*, entretanto a análise vai muito mais fundo que o livro original. McLuhan define quatro princípios fundamentais com ramificações para comunicadores em todos os campos, inclusive – e especialmente – a propaganda. São eles:

- toda tecnologia amplia algum órgão ou faculdade do usuário;
- quando uma área de experiência é ampliada ou intensificada, outra é reduzida ou amortecida;
- toda forma, levada ao limite de seu potencial, muda suas características; e
- o conteúdo de qualquer meio é um meio mais antigo (por exemplo, as novas mídias resumem todas as formas mais antigas de mídia).

No centro da inter-relação entre cultura, comunicação e tecnologia reside o tema da globalização, em especial da globalização cultural, mas provavelmente estendendo-se também às esferas política e econômica. McLuhan afirmou que os avanços na tecnologia das comunicações estavam aumentando o alcance da mídia até o ponto em que comunicações globais e uma cultura global se tornam uma possibilidade. Na década de 1960, criou a frase "aldeia global" para descrever esse fenômeno. Acreditava que o desenvolvimento humano havia passado por duas eras: a primitiva, que existiu antes da introdução da comunicação de massa, e a industrial ou "tipográfica" que se seguiu à invenção da imprensa por Gutenberg no século xv. Por volta do final da Segunda Guerra Mundial, essa era também estava chegando ao fim e uma terceira era, a tecnológica, surgia, conduzida pelo aparecimento dos meios eletrônicos, como o rádio e a televisão, mas também pela continuação dos avanços nos meios impressos, como a fotografia.

A velocidade e alcance dessas novas mídias estavam tornando possível a transmissão de mensagens globais. Fundindo os dois conceitos de aldeia global e de "o meio é a mensagem", vemos um mundo tecnologicamente definido em que a capacidade de comunicar é tão importante quanto a mensagem que está sendo comunicada. Esse princípio cresceu em importância com a passagem do tempo.

O principal impacto de McLuhan em termos de administração se deu nos campos do marketing e da propaganda. O estudo de Barry Day sobre a relevância de McLuhan para a propaganda é importante ainda hoje, comentando que "McLuhan está dizendo algo que todo bom homem de propaganda sente, apesar de raramente cristalizar ou formalizar algo com essa amplitude".[5] Que o meio usado possa ter um impacto maior que a mensagem é claramente um conceito de vital importância para os profissionais da propaganda. Day relaciona os cinco pontos da obra de McLuhan que os anunciantes devem levar em conta:

- a propaganda deve estar em função de seu ambiente;
- os homens de propaganda devem tentar prever o ambiente;
- cada meio deve ser usado com o que faz de melhor;
- o público deve participar o máximo possível; e
- a imagem deve sempre contar a história "verdadeira".

As opiniões de McLuhan sobre a importância de linguagem e símbolo não são tão conhecidas, porém igualmente importantes. É fácil perceber a importância da mídia tecnológica na década de 1990, quando a televisão por satélite cobre o globo. No entanto, McLuhan definiu mídia como "qualquer extensão do eu" e assim incluiu, por definição, formas mais mundanas de comunicação. Segundo ele, a linguagem era a metáfora mais poderosa de todas. O ex-primeiro-ministro do Canadá, o já falecido Pierre Trudeau, um admirador de McLuhan, observou em carta a ele dirigida que "os *efeitos* da linguagem como meio são muito diferentes dos significados fornecidos ou desejados. Toda mensagem transmitida tem efeitos colaterais,geralmente considerados irrelevantes por quem a fala ou envia".[6]

A obra de McLuhan está aberta à crítica. A exemplo da maioria dos modernistas, superestimou demasiadamente o impacto imediato da imprensa e subestimou exageradamente a penetração da palavra escrita antes de Gutenberg. O resultado foi ter dado mais ênfase à tecnologia do que à educação necessária para usá-la. Educação, e não a tecnologia, sempre foi a principal barreira à assimilação da palavra escrita. Seu foco insistente na mídia significou que às vezes McLuhan também ignorava o impacto de outras formas de tecnologia. A revolução nas viagens pode ter feito tanto pela criação da "aldeia global" quanto a revolução nas comunicações. É interessante observar que McLuhan também não previu como se daria a revolução do computador, dando às pessoas a capacidade de manipular e controlar a mídia antes e no momento em que ela as atinge. A partir de o meio é a mensagem, estamos passando agora a um paradigma em que o espectador é o meio. Apesar de tudo isso, McLuhan permanece como um dos pensadores seminais de sua época, cujas visões continuam a ressoar tanto na administração de empresas quanto na sociedade em geral.

Notas

[1] M. McLuhan, *Culture is Our Business*, Nova York: McGraw-Hill, 1970, p. 7.

[2] M. McLuhan, *The Mechanical Bride*, Nova York: Vanguard, 1951, p. v.

[3] M. McLuhan, *Understanding Media*, Londres: Routledge and Kegan Paul, 1964, p. 7.

[4] M. McLuhan, *op. cit.*, 1970, p. 7.

[5] B. Day, *The Message of Marshall McLuhan*, Londres: Lintas, 1967, p. 1.

[6] M. Molinaro, C. McLuhan e W. Boyd (eds.), *Letters of Marshall McLuhan*, Toronto: Oxford University Press, 1987, p. 542.

Veja também

Boisot, Gates, Hofstede, Kotler, Ohmae, Simon.

Para ler Marshall McLuhan

McLuhan foi um escritor prolífico cujos livros são, em geral, imaginativos em termos de apresentação, bem como de conteúdo. De uma perspectiva da administração, recomendam-se:

Em inglês

The Mechanical Bride: Folklore of Industrial Man, Nova York: Vanguard, 1951.

The Gutenberg Galaxy, Nova York: McGraw-Hill, 1962.

Understanding Media: The Extensions of Man, Londres: Routledge & Kegan Paul, 1964.

(com K. Fiore) *War and Peace in the Global Village*, Nova York: McGraw-Hill, 1968.

Culture is Our Business, Nova York: McGraw-Hill, 1970.

(com E. McLuhan) *Laws of Media: The New Science*, Toronto: University of Toronto Press, 1988.

Em português

Os meios de comunicação como extensões do homem. 8. ed. São Paulo: Cultrix, 1996.

PARA SABER MAIS

Há excelentes estudos sobre McLuhan. Como já dito, Day explora sua relevância para a propaganda, ao passo que Neill e Curtis oferecem boas críticas. Sanderson e McDonald é uma coleção de artigos, e Molinaro *et al.* é a correspondência reunida de McLuhan, que também oferece novas idéias. Lewis Mumford apresenta um olhar diferente, menos otimista sobre a aldeia global (Mumford foi um crítico feroz de McLuhan).

Em inglês

CURTIS, J. M., *Culture as Polyphony: An Essay on the Nature of Paradigms*, Columbia: University of Missouri Press, 1978.

DAY, B., *The Message of Marshall McLuhan*, Londres: Lintas, 1967.

MOLINARO, M., MCLUHAN, C. e BOYD, W., (eds.), *Letters of Marshall McLuhan*, Toronto: Oxford University Press, 1987.

MUMFORD, L., *The City in History*, Nova York: Harcourt, Brace & World, 1961.

NEILL, S. D., *Clarifying McLuhan: An Assessment of Process and Product*, Westport: Greenwood Press, 1993.

SANDERSON, G. e MACDONALD, F. (eds.), *Marshall McLuhan: The Man and His Message*, Golden: Fulcrum, 1989.

Em português

MUMFORD, Lewis. *A cidade na história*: suas origens, transformações e perspectivas. 5. ed. São Paulo: Martins Fontes, 2001. (Coleção Ensino Superior).

ABRAHAM MASLOW (1908-1970)

Abraham Maslow foi o psicólogo que fundou o que mais tarde veio a ser conhecido como a escola humanista da psicologia. Seu principal tema de estudo foi a motivação humana. Sua fama atual resulta sobretudo do desenvolvimento de sua "hierarquia de necessidades", que explica a motivação e o comportamento das pessoas como resultado de diferentes conjuntos de necessidades que as impelem. Embora suas idéias não tenham sido imediatamente aceitas pelos colegas psicólogos, foram retomadas e adaptadas por vários teóricos eminentes das organizações, principalmente Rensis Likert, Frederick Herzberg e Douglas McGregor, que usaram sua hierarquia de necessidades para explicar muitos aspectos do comportamento organizacional. O conceito de hierarquia de necessidades tem também importantes implicações para o marketing na explicação do comportamento dos consumidores. É ainda hoje um conceito importante nos dois campos.

Maslow nasceu em Nova York no dia 1º de abril de 1908, filho de imigrantes russos. Estudou psicologia na Universidade de Wisconsin, obtendo o bacharelado em 1930 e o doutorado em 1934. De 1937 a 1951, deu aulas de psicologia no Brooklyn College, transferindo-se em seguida para a Universidade Brandeis, onde fundou e dirigiu o departamento de psicologia. Em 1961, afastou-se da Brandeis e se mudou para a Califórnia, onde trabalhou em vários centros de pesquisa. Morreu em Menlo Park, na Califórnia, em 8 de junho de 1970.

Muitas foram as influências intelectuais sobre Maslow, que incluíam não apenas a psicologia de Freud e Willhelm Reich, mas também as teorias da Gestalt de Kurt Goldstein e a filosofia pragmática de William James e John Dewey. Sua obra sobre a motivação humana teve início na década de 1940. A primeira exposição surgiu no livro *Motivation and Personality* (1954). Rejeitando as escolas psicanalítica e comportamentalista da psicologia, Maslow buscou uma explicação para a motivação humana no núcleo íntimo que acreditava todos os seres humanos possuíam. Esse núcleo íntimo não é hereditário nem genético: com efeito, Maslow rejeitava energicamente o determinismo biológico. Pelo contrário, compõe-se de um complicado conjunto de sentimentos, emoções, desejos, necessidades e aspirações. Todo mundo possui esse núcleo, mas a composição difere de pessoa para pessoa, e ele se manifesta em cada indivíduo de maneiras distintas em épocas diferentes. Nossas necessidades não são estáticas, dizia Maslow. Quando satisfazemos uma necessidade, outras nessa hierarquia se tornam mais evidentes e precisam ser satisfeitas. Esse livro foi considerado altamente heterodoxo quando de sua publicação, tanto que durante algum tempo Maslow foi praticamente colocado no ostracismo pela comunidade psicológica americana. Só bem mais tarde passou a ser reconhecido como um pioneiro da psicologia e seu trabalho recebeu então a atenção que merecia.

A hierarquia de necessidades dá a entender que todos os seres humanos são motivados a executar ações – inclusive a compra de bens e serviços e a ida para o trabalho – por necessidades íntimas. Essas necessidades podem ser classificadas em vários tipos. Nem todo tipo de necessidade tem a mesma importância em cada época dada: Maslow diz que algumas necessidades sempre superam outras. Todavia, uma vez satisfeitas as necessidades dominantes, outras passam então a exigir a atenção e nosso comportamento muda para tentarmos satisfazê-las. Por exemplo, quando temos fome, essa necessidade tende a superar todas as outras e nosso comportamento é dominado pela necessidade de alimento. No entanto, depois de termos comido, a necessidade de alimento está satisfeita e então outras passam a dominar. Essa progressão de um conjunto de necessidades para outro resulta em uma "hierarquia" de necessidades. O ponto em que estamos nessa hierarquia a cada momento dado determina o tamanho de nossa motivação e de nossas ações, tanto como consumidores quanto no trabalho.

Maslow classificou nossas necessidades em cinco categorias em ordem ascendente:

1. necessidades psicológicas;
2. necessidades de segurança;
3. necessidades de amor e de pertencimento;
4. necessidades de estima;
5. necessidades de auto-realização.

As necessidades que estão no piso dessa hierarquia de ordem ascendente são as mais predominantes, ou seja, superam as outras que estão no topo da hierarquia. São também, na vida comum, as necessidades mais facilmente satisfeitas. As que estão no topo, ou perto dele, são as mais complexas e difíceis de satisfazer. Na verdade, muita gente nem chega perto do quinto estágio.

Necessidades psicológicas são exigências das coisas básicas que nos permitem viver, como ar, água e alimento. Muitas coisas podem nos faltar na vida, mas se nos falta alimento, provavelmente vamos querer comer antes de qualquer outra coisa. Ademais, como observa Maslow, preferimos fazer da busca por alimento a coisa mais importante de nossa vida e, dependendo da nossa fome, nosso desejo de alimento tenderá a superar outras idéias que poderíamos considerar importantes, como liberdade, amor, comportamento ético em relação aos outros, e assim por diante. Em termos econômicos, um homem faminto há de preferir comprar alimento a comprar um carro. Uma mulher faminta aceitará um trabalho por salário mais baixo do que o exigido por outra bem alimentada.

Entretanto, uma vez satisfeita a necessidade de alimento e outras necessidades básicas para a continuação da vida, nossa perspectiva muda. Tão logo as necessidades psicológicas são atendidas, diz Maslow, "imediatamente surgem outras necessidades (mais altas) e serão essas, e não as carências fisiológicas, que passarão a dominar o organismo".[1] O conjunto seguinte de necessidades constitui o que Maslow denomina *necessidades de segurança*. Estas podem ser descritas como a necessidade de segurança física para nós e para quem nos é próximo, a qual se manifesta no desejo de segurança, de estabilidade, de lei e de ordem, e ausência de ameaça física. Nas sociedades civilizadas, em que a ameaça de violência física é comparativamente rara, ainda vemos manifestações das necessidades de segurança em áreas como o desejo de estabilidade e segurança no emprego, necessidade de proteção contra doenças e velhice por meio de seguros e pensões, e assim por diante. Necessidades de segurança também manifestam-se de maneira mais geral na preferência normal pelo parente em detrimento do desconhecido e a fuga de situações de incerteza ou diante das quais não sabemos como reagir.

Satisfeitas as necessidades psicológicas e de segurança, surge um terceiro conjunto de necessidades de pertencer e de amor, às vezes também referidas como "necessidades sociais" nos textos posteriores de Maslow. Em quarto lugar vem a necessidade de auto-estima. Trata-se de um conjunto complexo de necessidades, e Maslow o divide em duas partes:

> Primeiro, o desejo de força, de realização, de adequação, de domínio e competência, de confiança diante do mundo e de independência e liberdade. Em segundo lugar, temos o que podemos chamar de desejo de reputação e prestígio [...] *status*, fama e glória, dominância, reconhecimento, atenção, importância, dignidade ou apreço [...]. A satisfação da necessidade de auto-estima leva a sentimentos de confiança em si mesmo, valor, força, capacidade e adequação, de ser útil e necessário no mundo. Mas a não satisfação dela produz sentimentos de inferioridade, de fraqueza e de desamparo.[2]

Resumindo, dizia Maslow, não satisfazer essas necessidades quando são dominantes pode levar à neurose e ao colapso da personalidade.

Por fim, a mais alta na ordem, há a necessidade de *auto-realização*. Maslow buscou esse termo nas teorias da Gestalt de Kurt Goldstein, porém expressão semelhante também existe na psicologia taoísta e budista. Em essência, mesmo quando estamos bem alimentados, em segurança, amamos e somos amados, temos respeito e senso de valor, ainda há alguma coisa: a necessidade de fazer o que sentimos ser a nossa vocação. A busca da auto-realização não existe em todos, e é mais forte em algumas pessoas que em outras. Contudo, naquelas em quem a auto-realização é forte, haverá uma força que as impele a conquistar alguma coisa à qual atribuem grande valor pessoal. Grandes empreendedores são dirigidos por essa necessidade, bem como muitos líderes políticos e religiosos e grandes humanitários.

A hierarquia das necessidades parece ser um conceito simples, mas Maslow avisa que ele não deve ser tratado como tal: há muitos complicadores. A hierarquia das necessidades descreve nossas necessidades *básicas*, mas também existem outras que estão fora da hierarquia: Maslow relaciona, por exemplo, o desejo de saber e compreender e as necessidades estéticas (de beleza e de um ambiente atraente, entre outras). Mostra também que a hierarquia de necessidades básicas não é fixa. Para algumas pessoas, por exemplo, as necessidades de auto-estima são mais importantes que as sociais e deverão ser satisfeitas primeiro. Entretanto, na maioria dos casos essas variâncias na hierarquia são indicativas de personalidade patológica. As necessidades também podem ser influenciadas pela cultura, ou seja, a importância relativa e a natureza das várias necessidades dependem da cultura em que o indivíduo nasceu ou em que vive. Finalmente, Maslow sustentava que uma necessidade não precisa ser cem por cento satisfeita para que a seguinte na hierarquia passe a ser dominante: nessas condições, um homem faminto não tem necessariamente de saciar por completo a fome antes de começar a pensar em sua necessidade de segurança, nem nossas necessidades sociais têm de ser completamente satisfeitas antes de buscarmos auto-estima. Isso leva a situações em que necessidades múltiplas se apresentam em graus variáveis, o que se torna especialmente verdadeiro à medida que avançamos para os níveis mais altos da hierarquia.

Essa descrição da hierarquia das necessidades, ainda que necessariamente simplificada, mostra como pode ser um instrumento poderoso de compreensão da motivação humana nos contextos empresariais e econômicos. O psicólogo social Frederick Herzberg, por exemplo, usou os conceitos de Maslow ao estudar a motivação no trabalho para desenvolver uma escala dupla de fatores motivacionais: fatores íntimos, ou de realização, em que o trabalhador é motivado por necessidades internas, e fatores da atmosfera, ou "higiene", em que o trabalhador é motivado por estímulos externos. Herzberg conseguiu dessa forma preencher uma importante lacuna da teoria das organizações, que havia se concentrado sobretudo nos estímulos externos, sem levar em conta as necessidades humanas íntimas. O caso mais famoso, o desenvolvimento da Teoria X e Teoria Y de Douglas McGregor baseou-se nos conceitos de Maslow, a Teoria X representando a parte baixa da hierarquia, ou as necessidades fisiológicas, e a Teoria Y representando a parte alta, ou as necessidades sociais e psicológicas.

Os marqueteiros passaram a se interessar pela hierarquia de necessidades. Em termos práticos de marketing, tornou-se comum falar do "pacote de benefícios" associado a um produto ou serviço. Percebe-se que muitas vezes consumidores realizam uma compra para satisfazer simultaneamente a várias necessidades, e quando têm a chance de escolher entre várias marcas, escolhem a que é capaz de satisfazer o maior número delas ao mesmo tempo. Por conseguinte, alguém que compra um carro e considera a segurança sua necessidade primordial deverá escolher o que tiver as melhores características de segurança (ou, alternativamente, o carro mais barato para minimizar o risco financeiro). O comprador que enfatiza as necessidades sociais deverá comprar um carro que lhe trouxer maior admiração e respeito dos amigos, família e colegas. O comprador que enfatiza a auto-estima deverá comprar o carro que o faz sentir-se bem consigo mesmo. A teoria da motivação tem sido aplicada dessa forma na pesquisa de consumo e na criação de campanhas de propaganda e promoção.

A hierarquia de necessidades não é de forma alguma uma explicação completa da motivação no local de trabalho ou no mercado, mas, como ponto de partida para compreensão de como as pessoas se comportam em massa, já provou o seu valor. Evidentemente, resta o desafio de descobrir o que motiva as pessoas em dado instante, o que, por sua vez, depende de saber onde elas se encontram na hierarquia das necessidades e qual conjunto de necessidades domina ou supera os outros. As empresas em geral darão preferência a respostas simples: por exemplo, transferir fábricas para países em desenvolvimento, onde os trabalhadores provavelmente serão motivados por necessidades de nível mais baixo e aceitarão trabalhar por salários menores (e talvez com menos reclamações sobre violações de seus direitos e das regras de segurança e saúde). Mas há outras formas, mais complexas, de uso da hierarquia como instrumento de avaliação das necessidades e das motivações dos indivíduos. Pesquisa sobre esse conceito complexo ainda está em curso, e poderá nos dizer muito mais no futuro.

Notas

[1] A. Maslow, *Motivation and Personality*, Nova York: Harper & Bros, 1954, p. 38.

[2] *Ibid.*, p. 45.

Veja também

Argyris, Kotler, Morgan, Simon.

Para ler Abraham Maslow

Motivation and Personality foi o livro que definiu pela primeira vez a hierarquia completa das necessidades. *Towards a Psychology of Being* é uma psicologia mais "pura", mas tem interesse para a administração. *The Farther Reaches of Human Nature* é uma coletânea de artigos reunidos pouco antes da morte de Maslow e publicada postumamente.

Em inglês

Motivation and Personality, Nova York: Harper & Bros, 1954.

Towards a Psychology of Being, Princeton: Van Nostrand, 1962.

The Farther Reaches of Human Nature, Nova York: Viking, 1971.

Em português

Maslow no gerenciamento. Rio de Janeiro: Qualitymark, 2000.

(com Deborah Stephens). *O diário de negócios de Maslow*. Rio de Janeiro: Qualitymark, 2003.

Para saber mais

Rose inclui um excelente estudo sobre a influência de Maslow. McGregor e Herzberg são textos básicos para a moderna teoria da organização.

Goldstein, K., *The Organism*, Nova York: American Book Company, 1939.

Herzberg, F., *Work and the Nature of Man*, Cleveland: World Publishing Co., 1966.

McGregor, D., *The Human Side of Enterprise*, Nova York: McGraw-Hill, 1960.

Rose, M., *Industrial Behaviour: Theoretical Development since Taylor*, Londres: Penguin, 1978.

Matsushita Konosuke (1894-1989)

Matsushita Konosuke é conhecido no Japão como o "deus da administração". Nascido em uma família empobrecida, fundou uma pequena empresa eletrônica e a transformou em uma corporação global, tornando-se o homem mais rico do Japão. Sua filosofia administrativa, baseada no conceito de "paz pela prosperidade" incluía conceitos como produtos de baixo preço, produzidos em massa com o fim de melhorar a qualidade de vida no dia-a-dia, o apoio e o respeito mútuo entre as corporações e seus empregados, e boas relações com os consumidores e distribuidores. Suas idéias são largamente admiradas e imitadas no Japão e também se popularizaram nos Estados Unidos e na Europa desde a década de 1980.

Matsushita nasceu na cidade de Wakayama em 27 de novembro de 1894. Seu pai fora um próspero proprietário de terras, mas levou a família à falência em especulações desastrosas no mercado de arroz quando Matsushita ainda tinha cinco anos. Aos nove anos, como a família não tinha mais condições de sustentá-lo, viajou sozinho para Osaka e se empregou com um fabricante de *hibachis* (grelhas a carvão). Posteriormente, trabalhou em uma fábrica de bicicletas, o que lhe deu a primeira experiência de operações com máquinas. Como ele próprio observou mais tarde, o trabalho nessas pequenas empresas lhe deu a compreensão dos negócios e de como funcionam os mercados. Ao longo de sua carreira, Matsushita sempre demonstrou grande compreensão dos problemas enfrentados pelos pequenos fornecedores e varejistas.

A introdução da iluminação pública elétrica e dos bondes em Osaka o fascinou, e aos quinze anos empregou-se na Companhia de Eletricidade e Iluminação de Osaka como eletricista assistente. Aos 23 anos, com conhecimento prático de eletricidade complementado por vários cursos noturnos, foi promovido a inspetor. Tendo a mulher e o cunhado como sócios, Matsushita decidiu fundar sua própria empresa que se chamou inicialmente Matsushita Electric Company, e funcionava em seu apartamento. Produzia nessa ocasião tomadas e *plugs* e obtinha lucro. Mas o sucesso de verdade chegou com o desenvolvimento de um farol de bicicleta operado a pilha, que era fabricado e vendido sob a marca National. O sucesso foi instantâneo, e Matsushita prosperou durante a década de 1920. Diversificou a produção com outros artigos elétricos, como ferros de engomar e rádios. O impacto inicial da Grande Depressão foi duro para a companhia, dada a queda da demanda de seus produtos, mas Matsushita convenceu seus empregados a aceitar uma redução de salário – como alternativa à demissão forçada – e redobrou seus esforços de marketing. A companhia logo se recuperou, e se converteu em sociedade anônima em 1935.

Durante a Segunda Guerra Mundial, Matsushita, bem como outros fabricantes de produtos eletrônicos e elétricos, foi forçado a se envolver na produção de guerra. Após a derrota do Japão e a ocupação do país pelas forças aliadas, houve a proscrição de Matsushita pela administração aliada de ocupação comandada pelo general Douglas MacArthur. O próprio Matsushita foi afastado do cargo de presidente da companhia e foram feitos planos para liquidá-la. O sindicato de trabalhadores da companhia, então envolvido nas negociações com a administração visando ao aumento de salários, interrompeu a campanha para apresentar uma petição – com mais de 15 mil assinaturas – às autoridades em nome dos trabalhadores da Matsushita, pedindo a volta do fundador. Impressionados com a novidade de empregados pedirem a manutenção do dono, e não a sua remoção, as autoridades cederam e permitiram que Matsushita permanecesse. Entretanto, suas atividades foram submetidas a restrições legais até 1951, quando o início da Guerra da Coréia indicou que os Estados Unidos tinham necessidade urgente de seus aliados japoneses e de seus produtos eletrônicos. Só então foram levantadas as restrições à empresa.

Matsushita respondeu com um aumento imediato de produção e com a procura de novos mercados, em especial nos Estados Unidos. Proibido de fazer alianças com outras empresas japonesas, as fez no exterior, acertando acordos de licenciamento e marketing com a empresa holandesa de eletrônica Philips, em 1952. Já envolvido na fabricação de rádios, Matsushita expandiu para toda a gama de produtos elétricos de consumo, como lavadoras, geladeiras, aspiradores, fornos e ferros elétricos, aquecedores de água e, pouco depois, televisores. No pincípio, os baixos custos da mão-de-obra japonesa garantiram vantagem competitiva à Matsushita nos mercados mundiais. Quando os salários começaram a subir, ele foi um dos primeiros empresários japoneses a identificar as vantagens competitivas de instalar fábricas no Sudeste da Ásia. Com o alívio das restrições financeiras, a corporação começou a diversificar ainda mais, comprando ou incorporando participações acionárias em muitas empresas japonesas em outros setores industriais.

Uma das últimas decisões estratégicas de Matsushita foi a de superar seu rival **Ibuka** Masaru da Sony no caso da introdução do gravador de videocassete. A Sony, como sempre, estava à frente do mercado em termos de desenvolvimento de novos produtos, e lançou o sistema Betamax antes de seus concorrentes. A subsidiária da Matsushita, JVC, estava desenvolvendo um sistema rival, o VHS. Matsushita convenceu a administração da JVC a atrasar o lançamento do VHS, eliminar todos os defeitos do produto e torná-lo tão próximo quanto possível dos padrões Betamax, e então lançá-lo como um bem de consumo produzido e comercializado em massa. A estratégia funcionou: um produto supostamente inferior ao Betamax, o VHS, apoiado pelas condições superiores de produção, marketing e distribuição da Matsushita, terminou por dominar o mercado, passando a ser o padrão da indústria.

Matsushita Konosuke afastou-se da empresa em 1973, apesar de continuar na diretoria como "consultor especial", mantendo sua influência. Grande parte de seu trabalho posterior foi dedicado a uma fundação de caridade, o Instituto pela Paz e Felicidade pela Prosperidade, que havia fundado em 1946. Na década de 1960, criou uma segunda fundação, cujo objetivo era educar e treinar os futuros líderes empresariais e políticos do Japão. Envolveu-se também com instituições acadêmicas no exterior, patrocinando uma cadeira de administração na Escola Sloan de Administração do Instituto de Tecnologia de Massachusetts. Morreu em Osaka no dia 27 de março de 1989.

Como administrador, Matsushita era muito observador e absorvia generosamente as boas idéias administrativas que encontrasse em outras empresas. Admirador desde cedo de Henry **Ford**, leu os livros de Ford e aplicou muitas de suas idéias sobre a produção em massa. Com o Modelo T, Ford acreditava que a produção em massa poderia oferecer bens a um custo muito inferior, por conseguinte a um preço muito mais baixo, colocando ao alcance de milhões o que antes era um item de luxo. Matsushita adotou uma abordagem semelhante e foi um dos primeiros japoneses convertidos à idéia da produção em massa. Adotou a forma multidivisional, ou forma-M, usada na Du Pont e na General Motors, para facilitar sua expansão durante a década de 1930. Era também um grande admirador do sistema Toyota de produção desenvolvido por **Toyoda** Kiichiro e seus administradores, particularmente do método *just-in-time*, de que foi um dos primeiros a adotar.

Ainda assim, tinha sua própria filosofia de administração. Logo depois de se aposentar, Matsushita escreveu vários livros para difundir sua filosofia. Esta se compunha de dois elementos principais: a noção de paz e felicidade pela prosperidade, e a idéia de relações amigas e harmoniosas entre todos os interessados, inclusive trabalhadores, clientes e fornecedores.

Como já foi dito, Matsushita cresceu na pobreza e seu início de vida foi muito duro. Nisso não estava sozinho. A ocidentalização e a industrialização do Japão, que se seguiram à restauração Meiji de 1868, aumentaram vigorosamente a prosperidade japonesa, embora desigualmente distribuída. Na juventude de Matsushita, a miséria urbana e os baixos padrões de vida eram a norma. Embora em seus livros estabeleça ligação explícita entre pobreza e o militarismo japonês do início do século XX, é possível vinculá-los. A expansão japonesa na Ásia foi desencadeada pelos governantes militares do país em parte para desviar a atenção dos japoneses para a situação interna e em parte para criar novos mercados nas regiões ocupadas para os produtos japoneses, o que levaria a uma grande prosperidade no país. Durante algum tempo, na década de 1930, Matsushita de fato se beneficiou dessa política, e isso foi um dos fatores que justificaram sua proscrição em 1946.

A guerra mostrou a inutilidade de aumentar a prosperidade pela expansão militar. Pelo contrário, dizia Matsushita, o Japão deveria tentar voltar à prosperidade pela produção de bens de alta qualidade a baixo custo, e estes aumentariam o padrão de vida do japonês comum. Essa filosofia pode ser vista na enorme gama de artigos produzidos pela Matsushita: aparelhos domésticos, rádios, televisões etc. Essa é a filosofia conhecida como a "filosofia da água da bica", a crença de que bens de consumo devam ser tão baratos e acessíveis como a água que sai da bica. Chega-se mais facilmente à prosperidade pelo espírito de harmonia e de cooperação mútuas, disse Matsushita, e nessa busca pela prosperidade, cabia aos homens de negócios e às empresas mostrar o caminho. Outros industriais concordaram e o resultado foi que já na década de 1980 o Japão era uma economia em franca expansão, em que os cidadãos japoneses tinham um dos mais altos padrões de vida do mundo.

O segundo elemento de sua filosofia constituía-se na harmonia e na cooperação. Matsushita desenvolveu desde cedo boas relações com seus empregados, tratando-os como a uma família, convocando a todos para se juntarem no esforço comum pelo bem da companhia. O senso de solidariedade corporativa, tão comentado por observadores ocidentais nas empresas japonesas entre as décadas de 1960 e 1980, teve em parte origem na Matsushita, que, por exemplo, foi uma das primeiras a ter seu próprio hino corporativo. Pedia lealdade a seus empregados, mas dava em troca sua própria lealdade. Pagava altos salários e oferecia bons benefícios para os empregados, e (o que não chega a ser surpreendente, dados os acontecimentos de 1946) apoiou e incentivou o sindicato dos empregados da empresa, que via não como um adversário, mas como meio de fomentar a cooperação entre trabalhadores e administradores.

Essa visão se estendeu também às relações fora da companhia. Incentivado pela experiência da Toyota, Matsushtia começou a desenvolver seu próprio sistema *just-in-time* na década de 1950. Como sempre, isso foi feito pelo estreitamento dos laços com os fornecedores e, em vez de baixar regras, solicitou a colaboração deles para que se pudesse chegar à prosperidade mútua. Seu forte sentido de orientação para o consumidor se estendeu também a distribuidores e varejistas, bem como a consumidores finais, e já na década de 1930 começava a lançar os alicerces de uma rede de distribuição complexa mas altamente eficiente que envolvia milhares de pequenos varejistas em todo o país. Esse sistema eficaz de distribuição foi uma das grandes forças competitivas da companhia – como sentiram na própria pele os sucessores da Matsushita ao tentarem desmantelá-la.

Matsushita teve muitas virtudes como administrador, entre elas a inovação, a flexibilidade, a grande capacidade de gerência de relacionamentos e um excelente senso estratégico. O que mais impressionava, entretanto, era a capacidade de pensar a administração em termos realmente holísticos, não como uma série de funções, mas como uma atividade única e integrada dotada de uma proposta orientadora abrangente e objetivo social. Foi um dos poucos pensadores em administração cujas idéias podem ser consideradas realmente constituintes de uma filosofia. No início da carreira, Matsushita definiu *para* que serve a administração, e usou esses princípios para orientá-lo à destinação de paz e de prosperidade.

Veja também

Bat'a, Fukuzawa, Heinz, Ibuka, Lever, Mooney, Ohmae, Toyoda.

Para ler Matsushita Konosuke

O Instituto Paz e Felicidade pela Prosperidade, de Tóquio, publicou muitas traduções de vários de seus textos. Os volumes a seguir são quase todos seleções de trabalhos originais e não traduções completas dos originais. São difíceis de encontrar, mas vale a pena serem lidos.

Not for Bread Alone, Tóquio: PHP Institute, 1984.

Quest for Prosperity: The Life of a Japanese Industrialist, Tóquio: PHP Institute, 1988.

As I See It, Tóquio: PHP Institute, 1989.

People before Products, Tóquio: PHP Institute, 1992.

Para saber mais

Gould e Rafferty são recomendados. Pascale e Athos ajudaram a trazer para o Ocidente os fundamentos da filosofia de Matsushita: Pascale, ex-consultor da McKinsey & Co. e hoje um acadêmico, é um admirador.

Gould, R., *The Matsushita Phenomenon*, Tóquio: Diamond Sha, 1970.

Pascale, R. T e Athos, A. G., *The Art of Japanese Management*, Harmondsworth: Penguin, 1982.

Rafferty, K., *Inside Japan's Power Houses: The Culture, Mystique and Future of Japan's Greatest Corporations*, Londres: Weidenfeld and Nicolson.

Cosimo di Medici (1389-1464)

Cosimo di Medici criou uma companhia multinacional diversificada e inventou a forma multidivisional ou forma-M de organização empresarial quatrocentos anos antes de ela ser definida por Alfred **Chandler**. Em uma época em que a tecnologia de comunicações era limitada pela velocidade do cavalo ou do navio mais rápido, Cosimo controlava uma organização com ativos por toda a Europa ocidental e Oriente Médio e com ligações comerciais a pontos tão distantes como a China e a Islândia. E o fez criando uma organização descentralizada com administração profissional e um sistema de acertos contratuais que tornaram fácil e adaptável à mudança das circunstâncias a reestruturação das unidades empresariais. Muitos dos métodos de organização e controle usados por empresas ainda no século XX foram criados e desenvolvidos no Banco Medici.

Cosimo di Medici nasceu em Florença em 27 de setembro de 1389, filho de Giovanni de Bicci di Medici, um rico mercador e cidadão importante da cidade. Foi educado na escola do mosteiro de Santa Maria degli Angeli onde, além do currículo básico, estudou línguas, como alemão, francês, grego e árabe. A educação no mosteiro tinha uma natureza fortemente humanista, imbuída dos ideais da Renascença Italiana, tendo Cosimo desenvolvido o interesse por filosofia e artes, o qual manteria por toda a vida.

Giovanni de Bicci di Medici havia assumido a pequena casa bancária e de câmbio de seu pai e a transformou em um dos principais bancos da Itália. Também diversificou para a produção de tecidos. Em 1414, Cosimo passou a ocupar-se da empresa em tempo integral, tendo sido enviado em visita a várias agências bancárias na Itália para aprender a profissão, e depois ao norte da Europa para estudar as oportunidades de expansão dos negócios. Depois de dois anos de uma espécie de estágio informal, em 1416 foi nomeado gerente-geral da filial do banco em Roma, que tratava dos empréstimos à Cúria Papal e a outras importantes personalidades da cidade. Em 1419, foi chamado novamente a Florença e nomeado um dos *maggiori*, os sócios que controlavam o Banco Medici e suas subsidiárias. No início dos anos 1420 passou a administrador geral quando seu pai se retirou de vários negócios e começou a preparar sua aposentadoria (Giovanni di Medici morreu em 1429).

Sob a direção de Cosimo, o Banco Medici tornou-se uma empresa verdadeiramente internacional. Além das quatro filiais na Itália – Roma, Milão, Pisa e Veneza –, foram abertas filiais em Genebra (depois transferida para Lyon), Avignon, Brugges e Londres, e criados representantes em Barcelona, Valência e em vários portos do Mediterrâneo oriental, principalmente Alexandria. Agentes de Medici operavam na Escandinávia e na Islândia, comprando peles, peixes e sebo. Sua rede de relações era também muito forte no Oriente Médio, expandindo-se ao longo do caminho das especiarias até o Oriente, com agentes em mercados importantes, como Aleppo, Tobriz e Ormuz. O nome Medici ficou conhecido dos banqueiros na Índia e na China.

A empresa Medici diversificou-se ainda mais, entrando na fabricação de tecidos de lã e seda e, em especial, na produção de alúmen, um mineral raro, usado como fixador de cores nos tecidos e também como ingrediente de vários produtos farmacêuticos. Em meados do século XV os Medici haviam organizado um cartel, dono do monopólio virtual da mineração e da produção de alúmen na Europa. Também diversificaram suas operações bancárias para incluir não só o câmbio de divisas, mas também investimentos e seguros. Sua enorme rede geográfica lhes permitia envolver-se no comércio internacional, embora habitualmente como financiadores de embarques, e não como transportadores. Constituíam-se em um importante elemento no crescimento do comércio internacional entre a Europa do norte e a do sul durante o século XV, particularmente na importação de lã de alta qualidade da Inglaterra para a Itália e na exportação de seda para o norte.

No início da década de 1430, à medida que os negócios cresciam e se tornavam mais complexos, Cosimo reestruturou a empresa de forma tal que Raymond de Roover considerou o protótipo da companhia holding, mas que também tinha forte semelhança com a forma multidivisional (forma-M) adotada pelas primeiras corporações americanas do século XX.[1] A principal companhia *holding* era o Banco Medici, dirigido por Cosimo e por seus gerentes-gerais. Abaixo dele estavam três divisões semi-independentes. A tecelagem de seda e a tecelagem de lã, que usavam processos diferentes e compunham estruturas diferentes, tinham, cada qual, sua própria estrutura divisional, contadores, instalações de produção, distribuição e compradores e agentes de venda baseados nas agências estrangeiras do Banco Medici. Banco e comércio internacional formavam a terceira divisão, que consistia da Tavola, a sede do banco em Florença, das oito filiais estrangeiras e as várias agências. As divisões mantinham certo grau de interação (como foi dito, quase todas as agências incorporavam entre seu pessoal agentes de compra e venda a serviço das divisões industriais), mas eram financeira e estruturalmente independentes.

O principal instrumento de controle dessas divisões e filiais era a parceria. O uso de parcerias como instrumento de administração e organização de empresas vinha de uma longa história na Itália medieval. É possível conhecer muito sobre a forma como operavam essas sociedades graças à existência de numerosos registros de negócios do período, não só os de Medici, mas também de muitas outras empresas. O arquivo mais notável é o de Francesco Datini (*c.* 1335-1410), comerciante de médio porte em Florença, cujos registros e contas sobreviveram praticamente intactos.[2] Em geral, cada nova empresa se estabelecia como uma sociedade separada, método que permitia flexibilidade e limitava o risco (se uma sociedade falisse, as outras não seriam afetadas). Geralmente o mesmo grupo de sócios fundava várias sociedades, por vezes admitindo pessoas de fora que tivessem capital ou conhecimentos a aportar. As sociedades vigiam por pouco tempo, em regra apenas dois anos, quando eram renovadas, renegociadas ou liquidadas conforme a vontade dos sócios. Nem todos os sócios entravam com capital: cada sociedade tinha um ou mais homens recrutados por sua capacidade técnica ou conhecimento do mercado, que recebiam participação na sociedade em troca dessa capacidade ou conhecimento. Vistas desse ângulo, as grandes empresas da Itália medieval e da Renascença não se pareciam tanto com as corporações de estrutura fortemente verticalizada do século XX, mas com as organizações em rede e consórcios de vida limitada, mais flexíveis, que começaram a surgir no final do século.

Em meados do século XV, o Banco Medici foi estruturado como uma cascata de sociedades. No alto estavam os *maggiori*, os sócios da "companhia *holding*" que funcionavam como uma espécie de diretoria executiva. Quase todos eram membros da família Medici. Abaixo deles estava a sede central, em que o próprio Cosimo atuava como o moderno diretor-geral, mais um profissional, inicialmente Antonio Salutati e mais tarde o talentoso Giovanni d'Amerigo Benci, como gerente-geral supervisionando todas as operações. Vinham em seguida as várias divisões operacionais. Havia nessa época treze sociedades diferentes: uma com os diretores da divisão de tecelagem de seda, Berlinghieri Berlinghieri e Jacopo Tanaglia. Duas sociedades distintas com os diretores da divisão de lã, Antonio di Taddeo e Andrea Giuntini. Uma com Giovanni Ingherhami, diretor da Tavola; uma com cada um dos diretores das oito filiais estrangeiras. Finalmente uma com Benci, o gerente-geral da sede. As sociedades geralmente incluíam apenas o diretor de cada divisão, embora às vezes sócios minoritários fossem convidados, em especial no caso da importante filial de Bruges, onde Angelo Tani e seu vice, Tomasso Portinari, tinham participação na sociedade. Os sócios geralmente recebiam entre um oitavo e um sexto dos lucros de suas próprias unidades. O caso de Benci era especial, pois percebia um oitavo dos lucros de todo o Banco Medici. Abaixo desses, as unidades operacionais podiam formar outras sociedades, na maioria das vezes de prazo limitado, para executar projetos específicos.

Às vezes os sócios compreendiam membros mais jovens da família Medici ou de famílias clientes, como a Portinari, mas na maioria dos casos era de pessoas como Benci e Ingherami, homens que trabalharam duro, passando de contínuo a funcionário, a feitor assalariado e finalmente à condição de sócio por seus próprios méritos e talentos. Parte da força do sistema de Medici, tal como era dirigido por Cosimo, vinha de sua capacidade de encontrar e recompensar o talento administrativo. A carreira de Giovanni de Benci foi um exemplo. Cinco anos mais novo que Cosimo, Benci nasceu em 1394 em uma família florentina de classe média. Em 1409, aos quinze anos, foi contratado pela empresa como contínuo e admitido na filial de Roma. Demonstrando bons conhecimentos de contabilidade por partida dobrada, chegou em 1420 a contador-chefe da filial. Em 1424, quando a família Medici fez sua primeira expansão ao norte dos Alpes, Benci foi enviado a Genebra para ajudar a fundar a filial de lá, e pela primeira vez foi aceito com uma pequena participação societária. Em 1433, fundou uma agência temporária em Basiléia a fim de oferecer serviços financeiros para os dignitários reunidos para o Conselho de Basiléia. O sucesso da empresa atraiu sobre si a atenção da alta administração. Cosimo di Medici o trouxe de volta para Roma, e mais tarde para a sede, onde se tornou o substituto eventual do gerente-geral Salutati e, posteriormente, quando da morte deste, em 1443, passou a gerente-geral. "Um negociante muito eficiente, com uma mente sistemática e ordeira",[3] ajudou a preparar a extraordinária expansão e crescimento do banco por toda a Europa e Oriente Médio. Teve participação particularmente importante no estabelecimento de relações na Ásia e na expansão das operações diversificadas de tecelagem e mineração de alúmen. Foi finalmente indicado como um dos *maggiori*. À época de sua morte, em 1455, era um dos homens mais ricos de Florença. Pode-se avaliar o quanto Cosimo di Medici deveu a esse profissional duro e dedicado pela rapidez da decadência do banco quando seus sucessores não se mostraram tão capazes.

Havia muitos outros profissionais no sistema. Tomasso Portinari, em Bruges, não foi um caso comum, pois sua família tinha relações íntimas com a família Médici. Muitos outros gerentes e sócios foram promovidos apenas com base no mérito. Os irmãos Giovanni e Francesco Ingherami são outro exemplo. Nascido por volta de 1412, Giovanni di Baldino Ingherami foi treinado numa *scuola d'abaco*, ou escola de contabilidade (literalmente "escola de ábaco") e foi admitido no Banco Medici em cerca de 1430. Por volta de 1435, já havia chegado ao posto de *fatori* da agência de Roma, e seu salário havia aumentado de 5 ducados por ano, como aprendiz, para 80 ducados anuais. Em 1440, foi convocado de volta a Florença, onde lhe ofereceram a gerência-geral da Tavola, que Cosimo estava então descentralizando. Altamente confiável, foi outorgado a Ingherami o poder de emitir notas de câmbio em nome da Tavola, um poder que só Cosimo e seus gerentes-gerais detinham. Apesar de tudo isso, só foi feito sócio em 1445. Seu irmão mais novo, Francesco, foi admitido na Tavola pouco depois de 1440 como contador, merecendo a mesma confiança e promoções, assumindo a gerência da Tavola após a morte de Giovanni em 1454. Os irmãos constituíram-se em belo exemplo de como homens educados da classe média baixa tinham condições de ascender na escala profissional apenas por seus próprios méritos.

Descentralizar os negócios e distribuir responsabilidades a seus administradores profissionais permitiu a Cosimo concentrar-se em outra tarefa vital, a administração da política italiana e florentina. A volátil situação política italiana no século XV significava para as grandes empresas que ignorar a política implicava aumento de riscos. Somente colaborando na garantia da estabilidade política, conquistariam a correspondente estabilidade econômica necessária à prosperidade. Nos primeiros anos, Cosimo forçou a mão e o resultado foi um breve exílio da cidade em 1433. Desde então, exerceu sua influência de maneira discreta e, pelo menos em público, obedecia às instituições republicanas da cidade e apoiava a democracia. Mas por baixo do pano era reconhecido como o verdadeiro governante de Florença. A ênfase que deu à estabilidade e à prosperidade conferiram-lhe grande popularidade. Foi também um patrono das artes, fundador da Academia Platônica de Florença para abrigar os intelectuais refugiados de Constantinopla, cujo patronato foi importante para as carreiras de grandes humanistas, como Poggio Bracciolini e Leonardo Bruni. Apoiou igualmente artistas como Luca della Robbia, Donatello, Bruneleschi e Ghiberti, cujas obras públicas ainda adornam a Florença de hoje. Quando morreu, em 1464, a população florentina votou para que lhe fosse dado o título de *Pater Patria* (Pai da Pátria). Seu filho, Piero di Medici, administrou eficientemente a empresa até sua própria morte em 1469. Daí em diante, a família Medici se afastou gradualmente da administração da companhia e o controle passou às mãos de gerentes-gerais incapazes. O banco faliu em 1494, o que gerou uma revolta urbana e a tomada do poder pelo governo fundamentalista de Savonarola.

Cosimo di Medici não estava sozinho na criação de grandes empresas multinacionais. No final do século XIII e início do XIV, a Sociedade dos Bardi mantinha ligações bancárias e comerciais por toda a Europa ocidental, e no século XIII, o empreendedor genovês Benedetto Zaccaria tinha interesses comerciais em Espanha, França, Itália, Grécia, Império Bizantino e oriente Médio. Durante os últimos anos de Cosimo, o Banco di San Giorgio, com sede em Gênova, já o desafiava em relação ao domínio dos mercados financeiros europeus. Mas estes eram organizações familiares com rígido controle pessoal, ao passo que Cosimo conseguiu usar o sistema de sociedades aliado a uma estrutura multidivisional inovadora para efetivamente descentralizar e tornar mais flexível sua companhia. Esse modelo de empresa duraria séculos: as muitas sociedades de Richard **Arkwright** na Revolução Industrial eram versões menos sofisticadas do mesmo princípio. Apenas com o advento da sociedade anônima no final do século XIX, esse modelo passou a perder sua atração. Hoje, redes de sociedades entre instituições e corporações estão se tornando uma forma cada vez mais comum de fazer negócios.

Notas

[1] R. de Roover, *The Rise and Decline of the Medici Bank*, Cambridge: Harvard University Press, 1962. Compare os organogramas do Banco Medici que De Roover apresenta com os da forma-M mostrados em *The Visible Hand* (1977), de Chandler.

[2] A Coleção Datini é um entre muitos conjuntos notáveis de registros de negócios de todas as épocas. Preservada em Prato, próximo a Florença, ela inclui 150 mil cartas, 500 livros de contabilidade, 300 contratos de sociedade, 400 apólices de seguro e milhares de outros documentos, inclusive notas de embarque, notas de câmbio e cheques.

[3] De Roover, *op. cit.*, p. 57.

Veja também

Arkwright, Chandler, Du Pont, Maquiavel.

Para ler Cosimo di Medici

As obras escritas de Cosimo consistem em cartas tratando de transações comerciais e alguns artigos sobre filosofia e artes, quase todos em latim ou em italiano-toscano. Muito pouco foi traduzido.

Para saber mais

De Roover oferece um relato notável de como o Banco Medici foi estruturado e operado. Origo faz um relato semelhante de Datini, especialmente na segunda metade do livro. Meus próprios ensaios sobre Benci e Ingherami foram em grande parte extraídos de De Roover.

De Roover, R., *The Rise and Decline of the Medici Bank*, Cambridge: Harvard University Press, 1962.

Origo, I., *The Merchant of Prato*, Londres: Jonathan Cape, 1957.

Witzel, M., "Benci, Giovanni d'Amerigo", em M. Wizel (ed.), *Biographical Dicitionary of Management*, Bristol: Thoemmes Press, 2001, v. 1, pp. 71-2.

________. "Ingherami, Giovanni di Baldino", em M. Wizel (ed.), *Biographical Dicitionary of Management*, Bristol: Thoemmes Press, 2001, v. 1, pp. 474-5.

Henry Mintzberg (1939-)

Henry Mintzberg é mais conhecido como um dos principais autores mundiais sobre estratégia. Deliberadamente controverso, lançou dúvidas sobre muitos dos enfoques mais mecanicistas da estratégia e da administração em geral, que nas últimas décadas entraram em moda nos meios acadêmicos e empresariais. Para Mintzberg, estratégia, e na verdade grande parte da administração, é *ad hoc* e instintiva, não estruturada nem planejada. Sua abordagem privilegia a simplicidade à complexidade e o bom senso aos princípios rígidos. Ainda assim, diferentemente de outros polemistas, como Tom **Peters**, Mintzberg não recomenda a mudança radical nem a revolução: enquanto Peters exige o caos e o fluxo deliberado, Mintzberg pede a criatividade e a criação de padrões. Seu conceito mais famoso é talvez a idéia de "estratégia emergente", a criação de estratégias sempre em andamento, como um processo meio deliberado, meio subconsciente, que se ajusta à forma das necessidades e dos ambientes em mudança.

Mintzberg nasceu em Montreal no dia 2 de setembro de 1939. Depois de estudar engenharia na Universidade McGill e se formar em 1961, empregou-se nas Ferrovias Nacionais Canadenses, tendo trabalhado no Departamento de Pesquisa Operacional durante vários anos, antes de se transferir para o Instituto de Tecnologia de Massachusetts, onde recebeu o título de mestre em 1965 e o de doutor em 1968. Retornou então à Universidade McGill, em Montreal, passando a trabalhar em sua escola de administração, e lá ficou desde então, chegando em 1978 ao topo da carreira de professor. Autor prolífico, recebeu muitos prêmios, foi presidente da Sociedade de Administração Estratégica do Canadá e eleito membro da Royal Society of Canada, o primeiro acadêmico de administração a receber tal reconhecimento.

Segundo Stephen Rudman, Mintzberg foi para o MIT com a idéia de escrever um livro que definisse exatamente o que fazem os administradores em termos de política. Em vez disso, seus estudos e pesquisa lhe mostraram que a natureza da tarefa administrativa não era nem de longe tão estruturada e ordenada quanto faz crer a maioria dos estudos, e sua verdadeira natureza é na verdade muito difícil de definir. Mintzberg descobriu o que mais tarde denominaria "folclore" administrativo, um corpo de literatura sobre administração que considerava os administradores apenas seres racionais, cuja ocupação diária era tomada por tarefas administrativas "clássicas", como planejamento, coordenação e controle. As decisões eram tomadas racionalmente, com base em informações cuidadosamente reunidas e analisadas. Mintzberg descobriu que esse folclore não era um reflexo preciso da realidade. Suas próprias observações de administradores em ação lhe mostraram que, longe de serem praticantes reflexivos, em geral respondiam *ad hoc* a situações imprevistas. As decisões eram tomadas rapidamente, usualmente nos intervalos e baseados, na maioria das vezes, mais na intuição e na experiência do que em uma análise ponderada. A ação era mais importante que a reflexão. Das várias tarefas executadas por CEOs examinados por ele, a metade tomava menos de dez minutos, e meros 10% tomavam mais de uma hora.

Os resultados do estudo de Mintzberg foram publicados em *The Nature of Managerial Work* (1973), que ainda é considerado um de seus melhores livros. A apresentação do retrato do administrador e de sua tarefa seria imediatamente reconhecido por muitos profissionais da administração como muito próximo de si mesmos e de seu trabalho: sempre sob pressão do tempo, sempre "apagando incêndios", sempre tentando encontrar não necessariamente a melhor solução, mas aquela que pode ser implementada no tempo e com os recursos disponíveis. Mintzberg mostra grande simpatia pelos administradores e critica de forma dura aqueles que acreditam que o trabalho administrativo possa ser classificado e tipificado. Ataca particularmente a noção, derivada de **Drucker** (embora não totalmente apoiada pela sua obra), de que o trabalho administrativo tem muitas semelhanças nas diferentes organizações. Não é verdade, diz Mintzberg: cada organização é tão peculiar quanto um organismo humano, com suas próprias características, ambiente, necessidades e recursos.

Apoiando-se na metáfora biológica da organização, propõe uma tipologia de "espécies" organizacionais, classificando as organizações não por coisas como tamanho ou setor industrial, mas pelos mecanismos de coordenação, estrutura interna e natureza do poder organizacional. Em seu importante livro seguinte, *The Structuring of Organizations* (1979), refere-se às organizações como "configurações", que lembram de alguma forma a definição muito anterior de Ronald Coase da organização como um nexo de contratos. As organizações, diz, têm seis partes componentes. As primeiras três são partes do modelo clássico de "administração em linha": o núcleo operativo, ou linha de produção, a administração média e a alta administração, o "ápice" da hierarquia. Os dois elementos seguintes são as assessorias que ficam fora da hierarquia: assessorias de análise técnica e de apoio (como os departamentos de relações públicas, e outros). O sexto elemento é intangível: Mintzberg dá a ele o nome "ideologia" da organização, as tradições e as crenças que a tornam única e lhe dão vida, ou, em outras palavras, sua cultura. Mintzberg passa então a definir os seis métodos de coordenação usados para dirigir e administrar as organizações: ajustamento mútuo, supervisão direta, padronização de processos de trabalho, padronização de resultados, padronização de habilidades e conhecimentos e padronização de normas (ou seja, a implementação das crenças e dos valores comuns aceitos por toda a organização).

A forma como a organização é configurada e a natureza dos mecanismos de coordenação usados determinam, por sua vez, as "tensões" a que os administradores respondem. Mintzberg define seis "espécies" de organização, cada qual dominada por um dos seis elementos, e descreve as tensões correspondentes a cada uma:

- Organizações empreendedoristas: tensão produzida por um líder forte no topo da organização.

- Organizações mecânicas: tensão produzida pela equipe técnica, tendo como principal objetivo a racionalização.
- Organizações profissionais: tensão produzida pelo núcleo operativo, tendo como principal objetivo a melhoria dos processos técnicos do núcleo.
- Organizações diversificadas: tensão produzida pelo nível médio de administração, com a liderança conferida pelas chefias de divisão, e não pela administração central, que tem apenas um modesto papel coordenador.
- *Adhocracias* [de *ad hoc* – organização formada somente porque dada situação não prevista a tornou necessária]: tensão produzida pela equipe de apoio, que desempenha um papel na coordenação e na colaboração dos elementos organizacionais na ausência de burocracia formal.
- Organizações missionárias: tensão produzida por ideologias e crenças comuns.

Há também um sétimo tipo de organização, a "organização política", em que *nenhum* elemento organizacional é dominante, e a coordenação não existe ou é exercida por meio de uma série de alianças à medida que os elementos buscam o poder sobre os outros elementos.

Portanto, o que os administradores fazem, e da maneira como o fazem, depende muito do tipo de organização em que estão, da natureza de seus fatores de "tensão" e das fontes do poder organizacional. Isto é particularmente importante quando se trata de estratégia, um tema que passou a interessar Mintzberg cedo ainda em sua carreira. Na concepção clássica de trabalho administrativo, a criação da estratégia era tarefa da alta administração. Contudo, Mintzberg não via fundamento na realidade para a idéia da alta administração poder existir em uma espécie de isolamento olímpico, que tornasse possível o planejamento estratégico analítico. Em um texto provocativo, compara a teoria "formal" de estratégia com o criacionismo e sua própria visão de estratégia "emergente" com as teorias darwinianas de evolução:

> O início do homem é descrito na Bíblia em termos de planejamento consciente e de grandiosa estratégia. A teoria oposta desenvolvida por Darwin sugeria que não existia esse grande projeto, mas que as forças ambientais gradualmente deram forma à evolução humana.[1]

Mintzberg propõe a idéia de "estratégia emergente", uma estratégia formulada como uma espécie de processo contínuo de que participam muitas pessoas, em oposição à de "estratégia deliberada" ou "grande projeto" formulada por equipes remotas de estrategistas de elite. A estratégia emergente pode ser vista como uma espécie de "avançar em meio a uma forte neblina" (que é, segundo Mintzgerg, o que a maioria dos administradores, de uma forma ou de outra, fazem), mas pode também ser vista em termos mais profundos. Em outro texto, Mintzberg fala sobre uma "estratégia artesanal", uma espécie de projeto intuitivo em resposta aos materiais com que o administrador tem de trabalhar, em que a criação e a implementação da estratégia não são coisas separadas, mas um processo contínuo. Compara a arte de criação da estratégia à cerâmica, ao ceramista sentado diante da roda moldando a argila e deixando que a forma evolua sob suas mãos. A metáfora da roda do ceramista para o ato de criação é antiga, aparecendo de modo admirável no *Rubayat* de Omar Khayyam, e Mintzberg a usa com grande efeito para mostrar como o projeto e a execução não deveriam ser vistos como componentes separados, nem mesmo como as duas metades do mesmo todo, mas, ao contrário, como dois fios entrelaçados.

Em seu enfoque da administração como arte e não como ciência, e na promoção do papel do conhecimento tácito, Mintzberg lembra **Nonaka**, ou mesmo Mary Parker **Follett**. Os dois talvez sejam mais interessados em sistemas formais que Mintzberg, que foi muito criticado com o argumento de que existe um grande afastamento entre as realidades e as conceituações da tarefa administrativa, e especialmente da formulação da estratégia. Mintzberg é capaz de descrever muito bem o que a administração *não* é, dizem os críticos, mas não descreve tão bem o que ela *é*. Mas seria errado perguntar o que a administração *é*? Mais uma vez, Mintzberg argumenta que o que fazem os administradores e o que é a administração constituem a mesma coisa e é impossível separá-los.

A crítica também não é justa. Mintzberg não oferece receitas porque considera a administração uma arte, não ciência, e arte não admite receitas. Entretanto, não sabe o que os administradores devem fazer nem que capacidades são necessárias. O conhecimento de seu próprio negócio em todos os aspectos e de todas as potencialidades e restrições é um requisito essencial, mais importante que habilidades administrativas "genéricas". Tal princípio vale também para a capacidade de administrar em meio à descontinuidade, ser capaz de detectar mudanças, mas também de reconhecer padrões e se concentrar nas coisas que *não* mudam. Raramente a mudança é totalmente abrangente. Tal como na natureza, alguns elementos do ambiente mudam, enquanto outros são estáticos ou inertes, e elementos diferentes mudam em momentos distintos. Uma visão emergente da estratégia – e na verdade da administração – é capaz de detectar descontinuidades e administrar, levando-as em consideração, e por meio delas, como processo contínuo, tornar evidente a necessidade de voltar, "desescolher" a estratégia e recomeçar de novo toda vez que surge nova circunstância.

A abordagem de Mintzberg da estratégia é considerada radical, e realmente o é em termos dos modelos empresariais ocidentais, porém outros enfoques da estratégia parecem confirmar suas idéias. As idéias orientais de estratégia tendem a ser mais fluidas. As empresas chinesas, por exemplo, não têm equipes formais de estratégia e seus líderes raramente falam de criação de estratégias em termos abstratos. Para eles, estratégia é algo a se cumprir todos os dias. Também a estratégia militar é cheia de referências a mudança e fluxo. O grande pensador prussiano do século XIX, Karl von Clausewitz, cuja obra ainda hoje é lida por militares em todo o mundo, afirmava que, apesar dos princípios da estratégia serem simples, colocá-los em prática era quase impossível: líderes que tentam executar uma estratégia, sustenta, são constantemente tolhidos pelo "atrito", uma concatenação de imprevistos eventos e influências capazes de desviar do rumo a estratégia mais cuidadosamente planejada. O bom estrategista, dizia Claussewitz, recria constantemente sua estratégia ao longo da campanha, em resposta a eventos imprevistos. Diz ele que "em estratégia tudo é muito simples, mas isso não quer dizer que tudo seja fácil"; um ponto de vista com que Henry Mintzberg certamente concordaria.

Nota

[1] H. Mintzberg, *Mintzberg on Management*, Nova York: Free Press, 1989, p. 189.

Veja também

Argyris, Chandler, Follett, Maquiavel, Morgan, Ohmae, Porter, Simon, Sunzi.

Para ler Henry Mintzberg

The Nature of Managerial Work é uma base importante para a obra posterior de Mintzberg. *Mintzberg and Management* é uma excelente coletânea de artigos, deliberadamente controversos e muito estimulantes.

Em inglês

The Nature of Managerial Work, Nova York: Harper & Row, 1973.

The Structuring of Organizations, Englewood Cliffs: Prentice-Hall, 1979.

Power in and around Organizations, Englewood Cliffs: Pretice-Hall, 1983.

Mintzberg on Management, Nova York: Free Press, 1989.

The Rise and Fall of Strategic Planning, Nova York: Free Press, 1993.

Em português

(com Bruce Ahlstrand e Joseph Lampel). *Safari de estratégia*: um roteiro pela selva do planejamento. Porto Alegre: Bookman, 1999.

O processo da estratégia. 3. ed. Porto Alegre: Bookman, 2001.

Criando organizações eficazes: estruturas em cinco configurações. 2. ed. São Paulo: Atlas, 2003.

Ascensão e queda do planejamento estratégico. Porto Alegre: Bookman, 2004.

Para saber mais

Pugh e Hickson e Moore, oferecem introduções úteis a vários aspectos do pensamento de Mintzberg. Rudman oferece uma boa introdução geral.

MOORE, J. I., (1992) *Writers on Strategy and Strategy Management*, Londres: Penguin, 1992.

PUGH, D. S. e HICKSON, D. J., *Writers on Organization*, 5. ed., Londres: Penguin, 1996.

RUDMAN, S. T., "Mintzberg, Henry", em M. Witzel (ed.), *Biographical Dictionary of Management*, Bristol: Thoemmes Press, 2001, pp. 684-93.

James D. Mooney (1884-1957)

James D. Mooney começou a carreira como engenheiro e empresário e mais tarde passou a ser um dos elementos-chave da alta administração da General Motors, sob o comando de Pierre du Pont e de Alfred P. Sloan. Responsável pelas operações da GM no exterior, ajudou a fazer da companhia o maior fabricante de automóveis do mundo, expandindo de uma base doméstica para torná-la uma corporação global. Considerado o principal intelectual da diretoria da GM, foi um pensador respeitado nas áreas de organização e estratégia. Seu livro *Onward Industry!* (1931), mais tarde relançado com o título *Principles of Organization* (1937), firmou sua fama de estimado guru da administração. Sua obra sobre a natureza e as origens históricas das organizações empresariais torna-se a cada dia mais relevante na moderna era da globalização.

Mooney nasceu em Cleveland, Ohio, em 18 de fevereiro de 1884. Estudou ciência na Universidade de Nova York e depois mineração e metalurgia no Instituto de Tecnologia Case, indo em seguida trabalhar em empresas mineradoras na Califórnia e no México. Abandonando a mineração, assumiu diversos empregos como engenheiro em companhias, como Westinghouse, B. F. Goodrich e Hyatt Roller Bearing Company. É possível perceber uma certa insatisfação, porquanto Mooney, então ainda com menos de trinta anos, saltava de emprego em emprego procurando algo que lhe oferecesse satisfação no trabalho e lhe permitisse explorar inteiramente seus muitos talentos. Na Hyatt, se deu particularmente bem, tendo sido promovido a um cargo administrativo na época em que estourou a Primeira Guerra Mundial.

Quando os Estados Unidos entraram na guerra, em 1917, Mooney alistou-se no Exército e foi enviado para a França como membro de regimento de artilharia, chegando ao posto de capitão no final do conflito. De regresso aos Estados Unidos no início de 1919, foi desmobilizado, mas logo se empregou como presidente e CEO da Remy Electric Company, uma pequena subsidiária da General Motors. No ano seguinte, o fundador e presidente da GM, o inteligente mas errático William C. Durant, foi afastado da diretoria e seu posto assumido pelo acionista majoritário, Pierre **du Pont**. Na rápida reorganização da companhia, Du Pont buscou talentos administrativos em suas fileiras. Mooney, já conhecido como homem arguto e observador, além de pensador original, foi rapidamente promovido. Em 1922, com 38 anos, foi nomeado vice-presidente da GM e presidente da GM Overseas, responsável por todas as operações fora dos Estados Unidos. Ao longo dos quinze anos seguintes, Mooney expandiu enormemente sua divisão, estabelecendo operações em mais de cem países, ajudando a GM a se tornar a maior multinacional do planeta. Sempre consciente das sensibilidades culturais locais, Mooney adaptou as práticas e as idéias de trabalho americanas onde fosse necessário para se ajustar aos mercados locais. Como executivo responsável por todas as fábricas e concessionárias da GM fora da América do Norte, Mooney viajou muito e conheceu muitos chefes de Estado e funcionários graduados de governo, e parece não haver dúvida de que foi seu trabalho de embaixador em prol da companhia que tornou possível à GM expandir de forma tão dramática suas operações no exterior nas décadas de 1920 e 1930.

Mooney passou a ser uma figura importante na General Motors: Pierre du Pont o respeitava, e seu sucessor, Alfred P. Sloan se valia muito dele. Mooney era por vezes considerado a eminência parda de Sloan, o profundo pensador da diretoria da General Motors, cujas idéias sobre estratégia e organização tiveram importância fundamental para o desenvolvimento da corporação. Suas idéias sobre administração e especialmente sobre teoria da organização, eram as mais avançadas de sua época. Do mesmo modo como era respeitado pelos chefes de Estado e de governo, também o era pelos principais quadros da *intelligentsia* da administração, entre eles Luther Gulick, Lyndall **Urwick** e Mary Parker **Follett**.

Um dos mercados mais importantes da GM na década de 1930 era a Alemanha, e a companhia tinha lá várias subsidiárias. Mooney visitou esse país muitas vezes e era amigo de vários altos funcionários do governo alemão. Acompanhou a deflagração da Segunda Guerra Mundial pessoalmente aflito e estava convencido de que a guerra poderia ser interrompida se uma terceira parte neutra estivesse pronta a mediar o conflito entre os beligerantes na Europa. Não acreditava que a guerra pudesse ser solucionada diplomaticamente, pois julgava que os diplomatas tratavam-na como uma controvérsia estratégica dando pouca atenção à vida dos envolvidos nos dois lados. Quixotescamente, apresentou-se como voluntário para assumir ele próprio essa tarefa, usando o conhecimento pessoal com os líderes dos dois lados para ter acesso. Em dezembro de 1939 e janeiro de 1940, Mooney se reuniu com o presidente Franklin D. Roosevelt e se ofereceu para atuar como mediador. Roosevelt deu-lhe permissão para manter conversações exploratórias com os governos alemão e italiano. Mooney voou para a Alemanha. Seus contatos nos círculos industriais alemães e na equipe do Reichsmarshal Hermann Goering lhe possibilitaram algumas reuniões. Ele se encontrou com Adolf Hitler no dia 4 de março de 1940 e com Goering alguns dias depois. Em seguida partiu para a Itália a fim de manter conversações com Benito Mussolini. No entanto, apesar de ser bem recebido e de poder apresentar suas idéias, não recebeu permissão para novos encontros.

Olhando em retrospecto, a missão de Mooney parece incrivelmente ingênua. É impressionante que, estando tão próximo da conjuntura na Alemanha, desconhecesse a real natureza do regime nazista. Todavia, parece que aconteceu isso mesmo. Seus esforços, ainda que executados de boa-fé, de início foram mantidos em segredo, porém afinal vazaram, e no verão de 1940 a revista americana *PM* publicou uma série de reportagens acusando Mooney de simpatia pelos nazistas, associando seu encontro com Hitler à Ordem do Mérito Alemão que recebeu em 1938 por serviços prestados à indústria. Mooney processou a revista e ganhou, entretanto nunca mais tentou intervir em questões de Estado. Resignado à inevitabilidade da guerra, deixou a GM Overseas e, com um grupo de diretores, começou a planejar a conversão das fábricas da corporação para a produção de guerra. Era então oficial da reserva naval, tendo sido convocado quando os Estados Unidos entraram na guerra em 1941. Serviu no Departamento da Aeronáutica, e depois em cargos de assessoria na Europa, e finalmente na equipe do Chefe de Operações Navais, terminando a guerra no posto de capitão da Marinha. Depois do conflito, retornou brevemente à General Motors, que deixou em 1946 para presidir a Willys Overland.[1] Mais tarde renunciou e fundou sua firma de consultoria, J. D. Mooney Associates, em Nova York, ali trabalhando até o fim da vida.

Mooney escreveu muitos artigos e ensaios, mas é *Onward Industry!* (1931) que melhor resume suas idéias e filosofia administrativa. Começa declarando que vê a organização como uma constante: "A organização é tão antiga quanto a própria sociedade humana".[2] Não era uma visão inteiramente original: o acadêmico Edward D. Jones havia usado praticamente as mesmas palavras quinze anos antes. Mooney foi influenciado em particular nesse caso pelo advogado e historiador John Davis, cujo livro *Corporations* (1905) tinha descrito a organização como parte essencial da atividade humana. Davis acreditava que as corporações eram primariamente instrumentos sociais, criados pela sociedade com vistas a executar uma tarefa particular. As corporações eclesiásticas (a Igreja Católica e as ordens monásticas) foram criadas para expandir e regular a adoração religiosa, as guildas medievais e as corporações das cidades foram criadas para apoiar a produção artesanal, as corporações educacionais (universidades) vieram para proporcionar educação e, finalmente, as sociedades anônimas chegaram em uma época em que havia a necessidade de financiar e expandir a produção industrial e o comércio.

Mooney concorda com Davis que "a organização é a forma de toda associação humana visando à conquista de um objetivo comum".[3] Isso não quer dizer que todas as organizações sejam idênticas: de fato, há tantos tipos diferentes de organizações quanto objetivos a serem atingidos. Contudo, subjacentes a todos os tipos de organização, há princípios básicos, ou primeiros princípios, conceitos a que aderem todas as organizações bem-sucedidas, e são estes que ele se propõe a identificar.

De novo, a exemplo de Davis, a visão de Mooney acerca da organização era histórica. Percebia raízes da empresa moderna em dois tipos organizacionais anteriores: as ordens monásticas medievais e as organizações militares profissionais dos séculos XVIII e XIX, como os exércitos permanentes. Descrevia com algum detalhe como e porque essas duas formas organizacionais surgiram e os princípios em que se basearam. Com essas descrições, enfatizava muitas semelhanças com as modernas organizações empresariais, sobretudo a necessidade simultânea de coordenação e controle e as ligações entre o sucesso na conquista de um objetivo, a liderança forte e a boa estrutura organizacional.

Mooney também tinha uma visão holística da organização, tendo feito referência à metáfora biológica desenvolvida anteriormente por Harrington **Emerson**, Herbert **Casson**, Charles Knoeppel e outros. Critica alguns escritores (mas não os cita) que vêem a organização como uma simples estrutura ou esqueleto de uma empresa. Isso, dizia,

> implica que a organização se refere apenas à diferenciação e à definição de deveres individuais, como é usualmente estabelecido nos organogramas. Mas deveres devem se relacionar com procedimentos, e é aqui que encontramos a verdadeira dinâmica da organização, a força motriz pela qual se move em direção aos objetivos determinados. A organização, portanto, vai além da estrutura ou do esqueleto do edifício industrial. Diz respeito ao corpo completo, com todas as suas funções correlatas. E se refere a essas funções à medida que surgem em ação, o pulso, a circulação, a respiração, o movimento vital, por assim dizer, da unidade organizacional.[4]

Ele continuava a estabelecer distinção entre os termos "organização" e "administração". Se a organização é o corpo humano, como descrito, administração seria então a "faísca vital" que a anima e move. Identificava administração como uma "força psíquica":

> A técnica de administração, em termos de relações humanas, pode ser mais bem descrita como a técnica de administrar pessoas, que deveria se basear em uma compreensão humana profunda e esclarecida. A técnica da organização pode ser descrita como a que relaciona deveres e funções específicos em um esquema totalmente coordenado. Essa afirmação das diferenças entre administração e

> organização mostra claramente suas relações íntimas. Mostra também, e esse é o objetivo presente, que a técnica de organização é inferior, em uma ordem lógica, à da administração. É verdade que um bom organizador pode, por falhas temperamentais, ser um mau administrador, mas, por outro lado, é inconcebível que um mau organizador possa vir a ser um bom administrador [...]. A necessidade primordial em todas as organizações são as relações harmoniosas baseadas nos interesses integrados e para tanto é fundamental uma relação integrada e harmoniosa entre os deveres, em si considerados.[5]

Mooney defende o princípio da linha e assessoria inicialmente desenvolvido por Harrington Emerson. Em sua visão, uma organização eficaz exige tanto a "linha", ou departamentos funcionais envolvidos com a produção, fornecimento, marketing e outros quanto uma assessoria, um corpo de gerentes assessores engajados no planejamento, na análise, no monitoramento e na coordenação das atividades, e em geral prestando apoio à diretoria. Administração de linha trata de realizar objetivos; assessoria trata da decisão de quais serão os objetivos e defini-los. No entanto, Mooney não cai na armadilha, comum a outros autores do período, de pensar que a assessoria de alguma forma governa ou controla a linha. Pelo contrário:

> [...] a linha não somente domina, mas também inclui e contém a assessoria [...]. Os dois não devem ser vistos como funções segregadas. A idéia de que a assessoria apenas recomenda, ou de que a linha simplesmente faz o que a assessoria recomenda seria absurda em uma organização.[6]

Gerentes de linha não são apenas mais importantes que os de assessoria, pois é sobre seus ombros que se apóia a produtividade e a lucratividade da empresa, como inclusive detêm mais conhecimentos: em seus departamentos especializados, sabem muito mais e são mais bem treinados que os da assessoria. O propósito último da assessoria é o de *transmitir conhecimento*, é assegurar que o conhecimento especializado que se acumula nos departamentos seja distribuído por toda a organização e, ainda mais importante, chegue aos mais altos níveis da organização, onde possa ser usado para ajudar na análise e na tomada de decisão.

Coordenação é um problema sempre presente nas organizações, e nesse caso as opiniões de Mooney lembram as de Mary Parker Follett. O controle deve ser tanto quanto possível descentralizado, pois o controle rigidamente centralizado não é eficiente. Porém, ao mesmo tempo, descentralização e independência excessivas levam à dispersão das divisões e fazem que se deixe de trabalhar pela conquista do objetivo geral. Em sua vida profissional, Mooney sempre viu isso ocorrer na prática, pois a General Motors, uma coalizão às vezes instável de fabricantes concorrentes de automóveis, tinha habitualmente dificuldades em convencer chefes de divisão mais refratários a colaborar com o esforço geral. Apenas a forte liderança de Alfred P. Sloan e de seus sucessores foi capaz de consegui-lo. Mooney dedica muita atenção em *Onward Industry!* à necessidade de liderança para superar os problemas de coordenação. Em um artigo posterior, ele afirmou que a boa liderança estabelece sua autoridade sem impô-la:

> Aqui chegamos ao que eu imagino ser uma distinção vital: a que existe entre a autoridade em si e a forma de autoridade que se projeta por meio da liderança. A diferença pode ser vista em suas relações com a própria organização. É necessária uma suprema autoridade coordenadora para criar uma organização. A liderança, por sua vez, sempre pressupõe a organização. Eu definiria liderança como a forma na organização por meio da qual a autoridade entra no processo, o que significa, evidentemente, que deve haver liderança como diretiva necessária de todo movimento organizado.
>
> Sabemos como funciona a liderança na direção desse movimento, e também conhecemos a forma estrutural pela qual opera. Chamamos a isso delegação de deveres, mas poucos percebem quanto é necessária a boa aplicação desse princípio de delegação para um procedimento ordeiro e eficiente.[7]

Há, porém, um princípio organizacional mais importante que todos os outros. Toda organização tem um objetivo e o propósito único de toda empresa é conquistar esse objetivo. É imperativo, dizia Mooney, concentrar-se no objetivo, e não confundir o próprio objetivo com os meios exigidos para chegar a ele. Apesar de apoiar a administração científica e o movimento pela eficiência, Mooney expressava alguma preocupação com o que considerava ser uma tendência crescente a vê-los como fins em si mesmos. De acordo com o autor, a eficiência nunca passa de um meio de chegar a um objetivo:

> Na esfera industrial, o valor só pode referir-se a uma única coisa, ou seja, à contribuição da indústria para o bem-estar humano resultante. Somente sobre essa base se pode julgar a indústria e suas obras [...]. As lições da história nos ensinam que nenhum procedimento que vise à eficiência é capaz de salvar da extinção as organizações que perseguem objetivos falsos. Por outro lado, sem esses procedimentos eficientes, todo esforço humano conjunto se torna relativamente inútil.[8]

Muito popular em sua época, Mooney hoje só é lido pelos historiadores da administração, entre os quais sua reputação continua alta. Na teoria da organização, foi um popularizador e sintetizador, e não um pensador absolutamente original, porém merece respeito pela posição que ocupou e pelas formas por meio das quais ele e sua organização tentaram, de maneira tão evidente, colocar em prática esses princípios – e com tão grande sucesso. Os novos desenvolvimentos na teoria e na prática da organização se afastaram das organizações hierárquicas, mas nesse processo demonstraram ainda mais a validade das idéias de Mooney. A necessidade de manter o foco nos objetivos da organização e ver na organização uma meta a se alcançar foi confirmada pela teoria de Chandler de que a estrutura segue a estratégia. A necessidade de coordenação a partir do centro, em lugar do controle imposto de cima, ainda que derivada da obra de Follett, é muito adequada à administração moderna, assim como a necessidade de liderança eficaz caso se espere que as organizações operem eficiente e eficazmente. Por fim, a ênfase nas corporações empresariais como construções sociais que existem porque a sociedade exige que elas atendam às suas necessidades é uma idéia que tem importantes ressonâncias para a ética empresarial e a governança corporativa, especialmente após o desastre da Enron em 2001.

NOTAS

[1] Ele assumiu esse posto pelas mãos de Charles Sorensen, que havia sido chefe de produção da Ford antes da guerra.

[2] J. D. Mooney e A. C. Reilley, *Onward Industry!*, Nova York: Harper and Bros, 1931, p. XIII.

[3] *Ibid.*, p. 10.

[4] *Ibid.*, pp. 12-3.

[5] *Ibid.*, pp. 14-5.

[6] *Ibid.*, p. 494.

[7] J. D. Mooney, "The Principles of Organization", em L. H. Gulick e L. F. Urwick (eds.), *Papers on the Science of Administration*, Nova York: Institute of Public Administration, 1937, p. 93.

[8] *Ibid.*, pp. 97-8.

VEJA TAMBÉM

Chandler, Du Pont, Emerson, Follett, Ford, Maquiavel, Urwick.

PARA LER JAMES D. MOONEY

Onward Industry! ainda é a obra-prima de Mooney. *Principles of Organization* é uma edição revista sem grandes alterações. O ensaio de 1937 é uma versão abreviada e acessível de suas idéias.

(com A. C. Reilley) *Onward Industry! The Principles of Organizations and Their Significance to Modern Industry*, Nova York: Harper & Bros, 1931.

"The Principles of Organization", em L. F. Urwick e L. H. Gulick (eds.), *Papers on the Science of Administration*, Nova York: Institute of Public Administration, 1937.

Principles of Organization, Nova York: Harper & Bros, 1941.

PARA SABER MAIS

Sloan e Drucker são as principais autoridades em General Motors durante o período de Mooney. Davis é leitura essencial para qualquer um que se interesse pela história da teoria da organização e da governança corporativa, assim como o artigo de Jones na revista *Engineering Magazine*.

Em inglês

DAVIS, J. P., *Corporations*, Nova York: G. P. Putnam's Sons, 1905, 2 vols.

DRUCKER, P., *Concept of the Corporation*, Nova York: The John Day Company, 1946.

JONES, E. D., "Military History and the Science of Administration", *Engineering Magazine*, n. 44 , 1912, pp. 1-6; 185-90; 321-6.

SLOAN, A. P., *My Years with General Motors*, Nova York: Doubleday, 1964.

Em português

SLOAN Jr., Alfred P. *Meus anos com a General Motors*. São Paulo: Negócio Editora, 2001.

GARETH MORGAN (1943-)

Gareth Morgan é mais conhecido como o criador do conceito de "metáforas organizacionais" como instrumento de gestão. Sua idéia mais importante foi determinar que, apesar de não haver um modelo de organização capaz de captar inteiramente a essência da organização, é possível, com o uso de metáforas, olhar a organização de diferentes ângulos e observar suas distintas facetas. Da mesma maneira, já que nenhuma metáfora única é capaz de explicar a natureza e o comportamento das organizações, é necessário usar múltiplas metáforas combinadas para se aproximar da realidade. As oito metáforas das organizações, lançadas em 1986 em seu livro *Images of Organization*, são um dos conceitos mais poderosos na moderna teoria da organização. Afirmou também que os administradores deveriam se prender menos à metodologia e às regras de procedimentos e tentar ser mais reflexivos, criativos e intuitivos em seu pensamento.

Morgan nasceu no País de Gales no dia 22 de dezembro de 1943. Recebeu o título de bacharel em economia da London School of Economics em 1965, passando em seguida a trabalhar durante alguns anos no governo local. Freqüentou a Universidade do Texas, recebendo o mestrado em administração pública em 1970. De regresso à Grã-Bretanha, passou a dar aulas na Universidade de Lancaster, tendo recebido o doutorado em teoria da organização em 1980. Vive hoje em Toronto, onde é professor de estudos administrativos da Universidade York.

De acordo com Charles Hampden-Turner (1998), autor de uma das melhores análises sobre a carreira de Morgan, ele começou a se interessar pelos problemas de organização e administração ainda em Lancaster. Durante a pesquisa para o doutorado, chegou à idéia de que não existe acordo quanto ao que seja administração, nem na literatura administrativa, nem em lugar algum. Ao longo dos anos, autores diferentes usaram métodos ou metáforas distintas para descrever a organização, mas todos dependeram, de alguma forma, da história de vida, da formação e de projetos pessoais de cada autor. Em outras palavras, as idéias sobre a definição de organização são fortemente condicionadas pela história de vida pessoal e profissional dos autores. Esse tema é tratado em *Sociological Paradigms and Organizational Analyses* (1979), de que Morgan foi co-autor. No livro posterior, *Beyond Method* (1983), Morgan afirmou que as organizações têm uma imagem enormemente variada de si próprias e de suas funções. Como resume Hampden-Turner: "Contabilidade, por exemplo, pode ser a história das transações, um ramo da economia, uma forma de informação, um controle disciplinado ou uma metodologia".[1]

O problema se fará aqui prontamente evidente. Morgan descobriu que não há essa coisa chamada teoria da organização, e sim muitas teorias diferentes de organização lutando para se afirmar. Teorias mecanicistas, humanistas, biológicas ou econômicas de administração sempre existiram simultaneamente e, apesar de concordarem em muitos pontos, havia também muitos outros pontos de discordância. Isso se deveu em parte à natureza diversificada das origens da administração como disciplina. Os teóricos da administração do início do século XX, tanto os que se ligaram à administração científica quanto a outros campos, se valeram de empréstimos tomados de inúmeras atividades intelectuais, entre elas economia, psicologia, engenharia, matemática e estatística, ciência militar, sociologia, direito, política, filosofia, biologia e outras ciências naturais, literatura e artes plásticas. Muitos conceitos diferentes foram introduzidos na máquina conceitual durante um período relativamente curto de tempo. Embora seja tão antiga quanto a prática, a administração é jovem como disciplina e não teve tempo de se assentar e ajustar alguns princípios básicos.

E, como corretamente observa Morgan, todo aquele que examina a administração é condicionado por sua própria história, formação e perspectiva pessoal (na verdade, em *Beyond Method*, ele deixa claro que isso se aplica a todas as ciências sociais). Isso pode ser facilmente demonstrado neste livro. Frederick **Taylor** via a organização como máquina por ser engenheiro. **Emerson** ficou impressionado com as experiências da juventude durante a Guerra Franco-prussiana e adotou um modelo militar. **Maslow**, psicólogo, usou as teorias psicológicas para desenvolver suas idéias de motivação na organização. **Follett**, cientista política e socióloga, desenvolveu uma teoria relacional do comportamento organizacional; e assim por diante.

No livro seguinte, *Images of Organization* (1986), um grande sucesso de vendas, Morgan tentou juntar todas essas idéias, além de muitas outras, e criar não uma síntese – acredita que isso seja impossível, pelo menos em nossos dias –, mas um modelo pelo qual cada metáfora ou modelo possa ser aplicado, individualmente ou em combinação para ajudar a explicar o que acontece nas organizações. Ao contrário de muitos outros teóricos da organização, que tentam explicar o comportamento paradoxal – por exemplo, por que as organizações às vezes se comportam de uma forma que não atende aos seus melhores interesses ou aos de seus membros –, Morgan aceita o paradoxo como componente natural da vida humana. É possível formar duas imagens aparentemente contraditórias de um tema como a organização, e as duas serem lógicas. Como comenta Hampden-Turner, "Metáforas são contingentes a circunstâncias particulares: quanto mais imagens tivermos, mais versáteis serão as nossas formas de entender a organização e a ação. A tensão entre metáforas cria fluxo, transformação, renovação, elos e auto-renovação".[2]

O cerne da obra de Morgan contempla oito metáforas da organização, resumidas em *Images of Organization*. Ao descrevê-las, Morgan, tal como seus antecessores, sai freqüentemente da literatura administrativa para tomar emprestados conceitos de outros campos. As metáforas são:

- organizações como máquinas;
- organizações como organismos biológicos;
- organizações como cérebros;
- organizações como culturas;
- organizações como sistemas políticos;
- organizações como prisões psíquicas;
- organizações como fluxo e transformação;
- organizações como instrumentos de dominação.

A metáfora das organizações como máquinas é talvez uma conseqüência natural da industrialização e da mecanização. O sociólogo alemão Max Weber foi o primeiro a notar que industrialização e burocratização pareciam seguir de mãos dadas. A expansão do processo de produção levou ao aumento da hierarquia e da administração funcional. Isso se torna evidente nas idéias sobre a cadeia de comando e hierarquia salarial defendidas na teoria da administração de Henri **Fayol**, mas principalmente nas de escritores e praticantes da administração científica, em que a metáfora da máquina é conscientemente adotada como meio de tornar as organizações mais semelhantes às máquinas e mais eficientes. A metáfora da máquina vê uma organização como um aglomerado de componentes, todos preparados para trabalhar juntos para um objetivo comum. É uma imagem forte e popular, mas tem seus problemas: as máquinas tendem a ser rígidas, inflexíveis e lentas para se adaptar, o que também vale para a organização mecanicista.

Uma visão alternativa é ver as organizações compostas primariamente de seres vivos e compará-las com organismos biológicos. Emerson, e depois **Casson**, estiveram entre os primeiros a articular essa visão, comparando a organização ao corpo humano. Essa idéia também teve proponentes na escola de relações humanas das décadas de 1920 e 1930. Posteriormente, os psicólogos organizacionais, como Douglas McGregor, enfatizariam a relação entre personalidade e organização, e Henry **Mintzberg** desenvolveu a idéia de organização como "espécies" que existem em um ambiente e dele dependem para sobreviver. A metáfora da organização acentua a interdependência das partes – os indivíduos – e o todo – a organização – e conclui que o todo é de alguma forma maior que a soma das partes. Ela tende a dar ênfase a sistemas fluidos e à coordenação de preferência, a sistemas rígidos e controle. A capacidade de ligar organizações ao seu ambiente é uma característica poderosa dessa metáfora, mas em compensação tende a dar muita ênfase ao todo em detrimento das partes, envolvendo a personalidade e as necessidades individuais no abraço da organização.

A metáfora do cérebro teve origem na teoria cibernética, em especial na obra de Norbert Wiener e de Herbert **Simon**, e hoje é muito popular em teorias como a organização que aprende. Essa metáfora tem forte concentração na informação e no conhecimento, e vê a organização como um único cérebro trabalhando constantemente para processar a informação que passa por ela. Os laços de realimentação e de administração do conhecimento são vistos como elementos-chave: a "organização hipertexto" de **Nonaka** é outro exemplo desse tipo. Embora semelhante à metáfora do organismo, esse modelo se concentra na capacidade da organização ser consciente, auto-organizadora e, particularmente, na maneira pela qual elas processam a informação e usam o conhecimento. Entretanto, pode haver problemas na excessiva ênfase no valor da aprendizagem: se desejam ser lucrativas, as organizações devem usar pelo menos uma parte do tempo produzindo e vendendo, bem como aprendendo.

A metáfora da cultura concentra-se nas organizações vistas como sistemas sociais, examinando não somente como são estruturadas e como se servem do conhecimento, mas também os diversos costumes e rituais que todas as organizações parecem conter em si, mesmo depois de um período curto de tempo. Valores, e não o conhecimento, constituem a característica dominante. Nesse caso, a idéia de cultura é importante por ajudar a explicar as diferenças entre organizações, tanto em termos de influências culturais externas quanto de padrões internos de comportamento, rituais etc. que se formam ao longo do tempo. Mas a metáfora da cultura não se sustenta sozinha, pois não leva em conta características como a distribuição do poder na organização, caráter que não está ligado de forma alguma à cultura.

Isso nos leva à organização como sistema político. Nessa metáfora, as organizações são como Estados ou exércitos, competindo pelo controle dos recursos e mercados e do conhecimento. O poder, entretanto, tomou o lugar do conhecimento e dos valores como característica dominante. Essa competição acontece também no interior da organização. **Maquiavel** é um importante pensador nessa tradição, bem como os primeiros escritores que se valeram da ciência militar para criar suas teorias de organização.

Uma das metáforas mais poderosas é a da organização como prisão psíquica, que tem foco no processo subconsciente em ação nas organizações. A imagem vem da *República* de Platão:

> A alegoria é representada por uma caverna subterrânea cuja entrada está voltada para a luz de um fogo brilhante. Dentro da caverna há pessoas acorrentadas que não podem se mover. Só conseguem ver a parede da caverna diretamente à sua frente. Esta é iluminada pela luz do fogo, que lança sombras das pessoas e dos objetos sobre a parede. Os habitantes da caverna identificam as sombras com a realidade [...]. A verdade e a realidade para os prisioneiros estão nesse mundo de sombras, porque não têm conhecimento de outro.[3]

Morgan sugere que as pessoas respondam à prisão psíquica de uma de duas formas:

> As pessoas em sua vida diária se prendem a ilusões, e portanto a sua forma de compreensão da realidade é limitada e deficiente. Avaliando esse efeito e fazendo um esforço determinado para ver além da superfície, as pessoas têm a capacidade de se libertar das formas imperfeitas de ver. Mas, como sugere a alegoria, muitos de nós resistem aos esforços de esclarecimento, ou zombam deles, preferindo continuar no escuro a se arriscar à exposição a um novo mundo e à ameaça aos velhos costumes.[4]

A metáfora da organização como fluxo e transformação foi extraída também da filosofia grega, dessa vez de Heráclito, que afirmava que o universo é autogerador e em estado de constante transformação. Morgan usa essa metáfora para mostrar a natureza dinâmica das organizações e para descrever a constante, às vezes aparentemente aleatória, transformação e mudança (tentativas mais recentes de entender a organização em termos da teoria do caos e da física das partículas estão também nessa categoria). O modo pelo qual as empresas decidem enfrentar a mudança afeta a maneira como funcionam. Morgan propõe que sua capacidade de administrar a mudança e o fluxo se relaciona com a capacidade interna de enfrentar o paradoxo e administrar em meio a ele: a mudança aleatória sempre cria situações paradoxais, em que as idéias anteriormente aceitas deixam de ser válidas. Compare isso com a noção de Andrew **Grove** de mudança que surge nos pontos de inflexão estratégica.

Finalmente, há a metáfora da organização como instrumento de dominação, em que as organizações buscam o poder não em razão de objetivos particulares, mas simplesmente por ele mesmo. Ele descreve as organizações que às vezes se perdem, pois a visão original dos fundadores desaparece e deixa de ser válida e a única alternativa à busca e à tomada do poder é a dissolução e o declínio. Até mesmo objetivos como o crescimento porcentual ou o aumento do preço da ação podem ser incluídos nessa categoria, já que as organizações que definem esses objetivos nada mais querem que o aumento de seu próprio poder e dominação. Não se sabe se elas servem aos objetivos de seus acionistas: é possível que não sirvam.

Como comenta Hampden-Turner, "A idéia de Morgan é que não existe uma única metáfora correta. Todas as organizações são, em certo grau, representadas por todas essa metáforas e todas permitem uma compreensão maior das organizações e de como funcionam."[5]

Cada metáfora oferece-nos a visão de uma faceta de um tema complexo, uma visão difícil de captar no todo. Como diz Morgan: "usamos metáforas sempre que tentamos compreender um elemento de experiência em termos de outro". E continua:

> Organizações são fenômenos complexos e paradoxais que podem ser compreendidos de numerosas maneiras. Muitas de nossa idéias aceitas sobre as organizações são metafóricas, ainda que não as reconheçamos como tal. Por exemplo, falamos freqüentemente sobre as organizações *como se* fossem máquinas projetadas para atingir objetivos predeterminados, as quais deveriam operar suave e eficientemente. E o resultado dessa forma de pensar é que geralmente tentamos organizá-las e administrá-las de forma mecanicista, relegando suas qualidades humanas a um papel menor. Ao usar metáforas diferentes para entender o caráter complexo e paradoxal da vida organizacional, somos capazes de administrar e projetar organizações de modo que não teríamos considerado possíveis.[6]

É possível usar construtivamente as metáforas para reconceituar a nós mesmos e nosso ambiente. Morgan dá a esse processo o nome de "imaginização" e diz que, ao usar as metáforas como instrumentos de entendimento, podemos fugir de nossas prisões psíquicas e libertar nossa mente para desenvolver novas formas de pensar e de fazer as coisas. Mas, utilizar dessa forma a metáfora significa que temos de nos familiarizar com a administração do paradoxo. Precisamos entender que as contradições aparentes entre metáforas são de fato nada mais que manifestações diferentes da mesma entidade. Grande parte da obra posterior de Morgan, principalmente *Creative Organization Theory* (1989) e *Imaginization* (1993), é dedicada a fazer avançar o conceito de imaginização e ensinar as habilidades da administração por metáfora.

As teorias de Morgan são evidentemente importantes para a teoria das organizações, mas têm também relevantes implicações para as teorias gerais de administração. A administração do paradoxo em especial é um tema que se torna cada dia mais importante. E ela não está muito distante de uma discussão de metáforas múltiplas da organização e da capacidade que estas têm de gerar conhecimento adicional às teorias da administração do conhecimento que enfatizam a necessidade de adquirir uma rica diversidade de conhecimentos de múltiplas fontes.

Os argumentos de Morgan são certamente um dobre de finados para a escola da "única melhor forma" de administração que se iniciou com a administração científica e continuou com tendências posteriores, como a reengenharia. O uso que ele faz da metáfora mostra que pode haver múltiplos finalidades para o mesmo objetivo. E lembra-nos que administração como disciplina e conjunto de práticas está ainda na primeira infância e existem muitas escolas de pensamento em competição. É possível que no futuro essa disciplina se sedimente e seja então possível apresentar uma teoria consensual da organização que realmente funcione, mas esse tempo ainda não chegou. Ainda há muitas coisas desconhecidas. Pode ser que, como observaram Peter **Drucker** e Charles **Handy**, a organização não passe de instrumento, evoluindo e mudando constantemente diante das necessidades organizacionais e das pressões sociais. Nesse caso, a capacidade de administrar por metáfora se tornar-se-á mais importante do que nunca.

Notas

1 C. Hampden-Turner, "Morgan, Gareth", em M. Warner (ed.), *Handbook of Management Thinking*, Londres: International Thomson Business Press, 1998, p. 471.

2 *Ibid.*

3 G. Morgan, *Images of Organization*, Newbury Park: Sage, 1986, p. 199.

4 *Ibid.*, p. 200.

5 Hampden-Turner, "Morgan, Gareth", p. 474.

6 Morgan, *Images of Organization*, p. 13.

Veja também

Argyris, Burnham, Chandler, Drucker, Emerson, Fayol, Follett, Forrester, Grove, Handy, Hofstede, Maquiavel, Mintzberg, Mooney, Nonaka, Simon.

Para ler Gareth Morgan

Images of Organization é a grande obra de Morgan. *Imaginization* é um desenvolvimento posterior de suas idéias que mostra a quem as pratica como "administrar por metáforas".

Em inglês

(com G. Burrell) *Sociological Paradigms and Organizational Analyses*, Londres: Heinemann, 1979.

Beyond Method: Strategies for Social Research, Newbury Park: Sage, 1983.

Images of Organization, Newbury Park: Sage, 1986.

Creative Organization Theory, Newbury Park: Sage, 1989.

Imaginization: The Art of Creative Management, Newbury Park: Sage 1993.

Em português

Imagens da organização. São Paulo: Atlas, 1996.

Para saber mais

O ensaio de Hampden-Turner é um exame profundo do tema por uma autoridade respeitada em culturas organizacionais.

Hampden-Turner, C., "Morgan, Gareth", em M. Warner (ed.), *Handbook of Management Thinking*, Londres: International Thomson Business Press, 1998, pp. 470-5.

J. P. Morgan (1837-1913)

J. P. Morgan foi um banqueiro e financista que, atormentado pelo caos que via ao seu redor nos Estados Unidos do final do século XIX, impôs-se a tarefa de regular e consolidar várias indústrias importantes, entre elas as ferrovias e a indústria do aço. Morgan detestava a idéia de competição, que considerava perdulária e ruinosa, e afinal resultaria em prejuízo para o interesse público. Para evitá-la, valeu-se de sua enorme capacidade financeira para fundir indústrias inteiras em corporações gigantescas, os chamados trustes. Isso provocou a reação popular, quando o público americano, que antes apoiava as grandes empresas, passou a acreditar que Morgan e outros grandes industriais eram uma ameaça à democracia. O debate, que durou várias décadas, foi importante para conformar as atitudes modernas com relação à governança corporativa, à ética nos negócios, à responsabilidade administrativa e à regulação e à competição no mercado. O ambiente em que os negócios são hoje realizados foi formado por Morgan e seus opositores em praticamente igual medida.

John Pierpoint Morgan veio ao mundo no dia 17 de abril de 1837 em Hartford, no estado de Connecticut. Nasceu, como se dizia à época, com uma colher de prata na boca: seu pai, Junius Morgan, era um comerciante próspero que mais tarde transferiu a família para Boston. Em 1854, Junius associou-se à empresa bancária londrina George Peabody and Company, e a família emigrou para o Reino Unido. J. P. Morgan completou sua educação em uma escola suíça e depois na Universidade de Göttingen. Em 1857, empregou-se na filial de Nova York do banco de Peabody, regressando aos Estados Unidos para começar sua própria carreira bancária.

Após concluir o treinamento com agentes do banco em Nova York, Morgan, mais uma vez com o apoio do pai, fundou em 1860 seu próprio banco, J. P. Morgan & Company, tocando seus próprios negócios e atuando como agente do pai nos Estados Unidos (a parceria transatlântica com Junius Morgan durou até a década de 1890). A Guerra Civil fez a fortuna de J. P. Morgan, pois atuou como financiador de negócios com *commodities* e diretamente como comerciante de grãos, madeira e carvão. Há relatos de que ele teve papel significativo na vitória do Norte, estimulando sua economia e assegurando o fluxo de materiais para sua máquina de guerra. Mas a verdadeira ascensão de Morgan ao poder veio com o *boom* ferroviário das décadas de 1870 e 1880. Foi a era dos "barões assaltantes", Jay Gould, Jim Fisk, Daniel Drew e Cornelius Vanderbilt, quando a feroz competição entre as ferrovias se fez acompanhar de especulação igualmente feroz no mercado de ações. O corretor W. W. Fowler, em seu livro *Twenty Years inside Life in Wall Street* (1880), descreve algumas das práticas da época: informações privilegiadas, diluição de ações, conluios, fixação de taxas e muito mais. Foi um período em que havia poucas regras para controlar a conduta no mundo dos negócios, e as regras existentes não eram impostas.

Quando o mercado ferroviário atingiu a saturação, a indústria mergulhou em uma série desastrosa de guerras de tarifas que em certos momentos chegou a ameaçá-la por inteiro. Morgan, cujo novo banco havia se fundido com outras empresas e agora se chamava Drexel, Morgan and Company, se aliou a um dos maiores barões das ferrovias, William Vanderbilt, filho de Cornelius. Ao contrário do pai, William Vanderbilt considerava danosas as guerras de tarifas, tanto em termos de prosperidade quanto de publicidade. Tendo Vanderbilt como aliado e assento na diretoria de sua empresa, a New York Central, Morgan passou a intervir maciçamente na indústria. As ferrovias em dificuldades foram compradas, seus diretores substituídos por gente indicada por Morgan e as finanças recuperadas. Os barões das ferrovias que prosseguiam com a guerra de tarifas foram chamados à ordem. Em 1889, criou a Western Traffic Association (Associação Ocidental de Tráfego), na verdade um cartel em que os operadores das ferrovias concordavam em fixar as tarifas em um nível razoável e abandonar a competição sem limites. Se algum deles se recusasse a assinar o acordo, Morgan e seus aliados da comunidade bancária ameaçavam cortar-lhes o apoio financeiro. O governo federal, alarmado com essa concentração de poder, dissolveu a Associação em 1897. No entanto,

Morgan e seus aliados, Edward Harriman e Jim Hill, já haviam consolidado a propriedade das principais linhas ferroviárias, encampando os concorrentes e assegurando que a indústria seria dominada por poucas grandes empresas.

Seguiram-se outras consolidações. Nos setores de carne, mineração e fundição, petróleo, destilarias, fumo, serviços públicos e muitos outros, Morgan e seus aliados criaram pacotes financeiros que reuniam sob o mesmo teto as maiores empresas de cada setor. O primeiro instrumento usado foi o truste, uma entidade legal por meio da qual os acionistas transferiam o controle de suas ações a um conselho de curadores. Os organizadores dos trustes persuadiam – às vezes intimidavam – os grandes acionistas a se juntar a eles, e compravam as participações dos acionistas minoritários no mercado aberto. Dessa forma, em um período relativamente curto, concentrava-se em poucas mãos o controle sobre indústrias inteiras.

Mais uma vez, o governo dos Estados Unidos ficou alarmado diante da ameaça representada pelos trustes, inclusive a seu próprio poder, tendo finalmente a Lei Sherman-Antitruste obrigado à divisão de vários dos maiores trustes. Sem se abater, Morgan converteu a maioria deles em sociedades anônimas, mantendo ainda o controle em mãos do mesmo pequeno círculo por meio da distribuição de ações ordinárias (com direito a voto) e preferenciais (sem direito a voto). Em um caso famoso, a Industrial Rayon Corporation lançou 500 mil ações; 498 mil eram preferenciais e foram oferecidas ao público, e as duas mil ordinárias restantes foram reservadas aos diretores.

Morgan também continuou sua campanha de consolidação. O caso mais famoso foi o da United States Steel Corporation, criada pela fusão da siderúrgica de Andrew Carnegie com vários outros produtores para formar a maior corporação de aço do mundo. Daniel Guggenheim concordou em vender seus interesses em mineração e metalurgia com a condição de ser ele o presidente do monopólio resultante, Asarco, e nele tivesse participação significativa. A IMM foi criada como monopólio da indústria de telefone e telégrafo que então surgia. A American Tobacco Company sucedeu, sem nenhuma agitação aparente nessa indústria, ao Tobacco Trust que existia anteriormente. Morgan também interessou-se pela indústria de navegação, convencendo armadores britânicos e americanos a formar um combinado transatlântico, a International Mercantile Marine (IMM). Nesse caso não teve tanto sucesso, pois as duas principais linhas britânicas, Cunard e Furness Withy, se recusaram a participar. Como estas controlavam cerca de um terço do tráfego transatlântico de passageiros e de frete, a IMM nunca chegou a ser um sucesso real e acabou sendo liquidada.

Houve também aqueles que se rebelaram. Alguns desafiaram abertamente os trustes e monopólios, como Charles M. Schwab na indústria do aço, que continuou a trabalhar de modo independente da US Steel. Outros aderiram com relutância e mais tarde tentaram sabotar o sistema por dentro, como se deu entre a R. J. Reynolds e a American Tobacco. Outros mais tentaram salvar a própria independência, mas fracassaram.

Morgan foi, e ainda é, considerado um homem que agia movido pela glorificação pessoal. Foi o homem mais rico do mundo. Em 1894, salvou pessoalmente o governo americano da falência. Tinha capacidade financeira para intervir onde quisesse e fazer o que desejasse. Não há dúvida de que julgava a aquisição e a centralização do poder como um objetivo fundamental. Mas os motivos foram mais complexos. Sua biógrafa, Jean Strouse, admite francamente ter iniciado a pesquisa sobre seu personagem com um forte sentimento de antipatia, mas se convenceu de que Morgan agia em grande parte por um sentimento de dever. Em termos americanos, foi um aristocrata com responsabilidades perante a sociedade. Acreditava que a concorrência era inerentemente perdulária e a concorrência, irrestrita, ruinosa. Competição significava que as companhias teriam de gastar dinheiro concorrendo umas com as outras, quando poderiam gastá-lo para melhorar a qualidade ou oferecer bens e serviços a preços mais baixos. A eliminação da competição, segundo Morgan, significaria que os bens poderiam ser produzidos a menor custo e com menos desperdício. Significava também que a produção de bens poderia ser ajustada à demanda, eliminando a necessidade de competição. Se a oferta pudesse ser perfeitamente ajustada à demanda, haveria bastante para todos e seria eliminada a necessidade de competição. É importante notar que em quase todos os cartéis, trustes e corporações criados por Morgan e seus aliados, a restrição à produção era uma característica importante.

Antes da franca condenação a essa visão, vale a pena observar que essa maneira de ver ainda prevalece em algumas indústrias. Na do petróleo, os cartéis sempre foram onipresentes. O acordo de Achnacarry na década de 1930, entre os três gigantes mundiais, Shell, British Petroleum e Standard Oil, estabeleceu o padrão das futuras negociações. Hoje, a Organização de Países Produtores e Exportadores de Petróleo (Opep), um dos cartéis mais fortes que o mundo já viu, ainda justifica sua existência exatamente por esses motivos. A superprodução na indústria do petróleo, alegam os participantes do cartel, não atende aos interesses de ninguém: a queda de preços seria lesiva aos produtores, levaria à concorrência perdulária e, possivelmente, ao conflito armado entre Estados produtores, além do baixo preço do petróleo levar ao excesso de consumo, ao aumento da poluição ambiental e ao rápido esgotamento de um recurso não renovável. Ainda hoje, com a forte ética de liberdade de mercado no Ocidente, em alguns casos, somos levados a aceitar a necessidade dos cartéis.

À época havia muita gente que se perfilava com Morgan. Os industriais concordavam com ele porque, ao contrário da crença comum, as empresas não entram em competição pela competição, mas o fazem para assegurar sua própria posição e seus mercados. Se isso puder ser feito sem concorrência acirrada, seria a opção que atende melhor aos seus interesses. Atualmente, a idéia de alianças e cooperação no mercado entre empresas visando à vantagem mútua, em especial nos complexos mercados globais, volta à baila e causa um alarme previsível entre os reguladores. Muitos economistas concordavam com Morgan, ainda que em geral condenassem seus métodos. Acreditavam, em particular, que os custos da competição, especialmente os de propaganda e marketing, eram perdulários e provocavam o aumento dos preços dos produtos vendidos ao público. Embora preferissem o acordo voluntário entre as empresas à consolidação forçada, ainda assim havia muita simpatia pelo ponto de vista de Morgan.

Contudo, surgia uma revolta em formação. Em 1905, o advogado e historiador John Davis publicou o livro *Corporations* em que argumentava que as corporações empresariais estavam de fato a serviço do bem público, porém quando já não pudessem mais atender a esse bem, teriam ultrapassado sua vida útil e mereceriam ser substituídas. Os economistas que defendiam a liberdade de mercado, sustentando que o sistema de regulação da produção não estava funcionando e os preços ao consumidor estavam se elevando, reforçaram esse ponto de vista. O bombástico economista de Harvard, William Zabina Ripley apontava nessa direção, e seu livro *Trusts, Pools and Corporations* (1902)foi um ataque aos métodos e às motivações das grandes corporações. Mas o grande foco de discussão era de natureza distinta, apesar de possivelmente mais previsível: os trustes e as corporações concentravam tamanho poder em tão poucas mãos que o potencial de corrupção e abusos se tornava escandalosamente óbvio. Em janeiro de 1903, a revista *McClure's* publicou um editorial de autoria de seu proprietário e editor convocando o povo americano às armas contra a corrupção das grandes empresas e do governo central nos seguintes termos:

> Capitalistas, trabalhadores, políticos, cidadãos – todos violam a lei, ou permitem que ela seja violada. A quem cabe defendê-la? Os advogados? Alguns dos melhores advogados do país são contratados não para defender casos nos tribunais, mas para aconselhar as corporações e às empresas sobre como contornar a lei sem grande risco de punição. Os juízes? Muitos deles respeitam tanto a lei que por qualquer "erro" ou sofisma devolvem às funções ou à liberdade pessoas condenadas com base em provas esmagadoramente convincentes para o homem comum. As igrejas? Conhecemos uma, um estabelecimento antigo e rico, que teve de ser coagido por um funcionário da saúde de Tammany a colocar em boas condições sanitárias as moradias que oferecia. As universidades? Elas não entendem nada.
>
> Não há mais ninguém; ninguém além de todos nós. O capital está aprendendo (indignado diante dos atos ilegais dos sindicatos) que o desprezo de seu rival pela lei é uma ameaça à propriedade. Os sindicatos estão bradando sua crença de que a força ilegal do capital é uma ameaça aos trabalhadores. Os dois agora estão se aproximando. Em novembro último, quando houve a ameaça de greve lançada pelos ferroviários de todas as linhas que convergem para Chicago, os homens se

> reuniram e acertaram um aumento de salários e também as tarifas de frete. Os dois forçaram o público a pagar a conta. Fazemos o pior e o público paga. O público são as pessoas. Esquecemos que nós todos formamos o povo, que enquanto cada um de nós no seu grupo é capaz de transferir para os outros a conta atual, a dívida só é adiada. Outros irão passá-la para nós. E, no final, o valor total da dívida será a nossa liberdade.[1]

Naquela edição da *McClure's* três artigos foram publicados: "The Right to Work", de Ray Stannard Baker, que tratava dos dissídios trabalhistas nas minas de carvão da Pensilvânia; "The Shame of Minneapolis", de Lincoln Steffens, sobre a corrupção municipal; e "The Oil War of 1872", de Ida Minerva Tarbell, o primeiro de uma série de ataques ao maior e mais poderoso monopólio de todos, a Standard Oil de John D. Rockefeller. Este foi o início de um movimento conhecido como os "reviradores de esterco", uma cruzada dos jornalistas que atacavam a corrupção nos negócios e na vida política, além das instituições que, como já vimos, geravam a corrupção. Tarbell, cujo monumental livro *History of the Standard Oil Company* foi publicado no ano seguinte, 1904, atacou não só a companhia, mas também a sociedade que havia tornado possível a sua existência, e fez eco ao pedido de mudanças de McClure:

> Para os que acreditam que o comércio deveria ser uma atividade pacífica, e a lei moral é válida em toda a gama de relações humanas, há algo de alarmante no fato de tantos jovens estarem, consciente ou inconscientemente, sendo educados com a idéia de que negócios são guerra e a moral nada tem a ver com sua prática.
>
> E o que vamos fazer? Pois isso é *da nossa conta*. Nós, o povo dos Estados Unidos e ninguém mais, temos de sanar o que há de errado com a situação industrial, tipificado por essa narrativa do crescimento da Standard Oil Company.[2]

Em 1906, o presidente Theodore Roosevelt deu início a um processo antitruste contra a Standard Oil, que foi dividida em 1909. Seguiram-se diversos processos contra outras companhias. Algumas mais se dividiram por sua própria iniciativa, dada a rebelião de membros individualmente considerados: R. J. Reynolds, julgando que a American Tobacco não teria coragem de levá-la aos tribunais no clima reinante, simplesmente rompeu o contrato e passou a agir com independência. Aprovaram-se novos regulamentos e leis. A opinião pública, que antes havia admirado Morgan e outros iguais a ele como brilhantes líderes empresariais, mudou de repente de opinião, e a suspeita contra as grandes corporações se tornou um traço importante e duradouro em muitos setores da sociedade americana. Em 1912, o próprio Morgan foi convocado a comparecer diante de uma Comissão do Congresso dos Estados Unidos que investigava abusos de poder corporativo. Pouco depois, deixou os Estados Unidos, vindo a falecer em Roma no dia 31 de março de 1913.

O legado de J. P. Morgan para a administração é o clima em que operavam as empresas e a reação popular em relação à gestão empresarial. Ao longo de século XIX, a grande questão enfrentada pelas empresas foi a relação entre capital e trabalho. Quando Morgan completou a remodelação da economia americana, essa questão, apesar de ainda importante, já não era tão proeminente. A nova dialética era a relação entre empresa e sociedade. Qual o papel a ser desempenhado pelas empresas? Qual a responsabilidade delas com a sociedade, e vice-versa? Morgan e as pessoas de seu círculo acreditavam que o governo era fraco e as empresas teriam de desempenhar o papel de liderança. E elas desempenhariam melhor esse papel controlando seus próprios abusos decorrentes da concentração e do monopólio, eliminando a concorrência e a produção predatórias e usando os recursos com eficácia. Seus opositores afirmavam que uma empresa *não* é um regulador eficiente, bem como que a regulação devia ser imposta de fora, em parte pelo governo, mas também pela sociedade e as pessoas. Com freqüência omite-se que os "reviradores de esterco" pediam à população como um todo que pensasse sobre valores e ética nos negócios e qual seu real objetivo. Nas palavras de Ripley, ao seguir cegamente a liderança das empresas ou dos governos, as pessoas na verdade estavam vendendo um direito natural em troca de um prato de comida.

A discussão ainda está longe de terminar. Durante algum tempo, nas décadas de 1920 e 1930, os que apoiavam a regulamentação nos Estados Unidos deram as cartas, mas na de 1950 o pêndulo voltou a privilegiar as empresas. O fim de Bretton Woods e da regulação internacional das moedas foi um grande passo nessa direção. Assim também o aumento da força e do poder da economia global, descrita por **Ohmae** Keniichi nos anos 1980, os quais tiveram um grande impulso com os avanços da tecnologia de informação na de 1990. Fusões internacionais, como a da Daimler com a Chrysler ou a da Renault com a Nissan aumentam a expectativa de concentração de muitas indústrias, como a de automóveis, nas mãos de poucas companhias. Afirma-se que a concentração permite economias de escala e é a única forma de as empresas continuarem vivas diante do aumento da concorrência. A alternativa é a falência das empresas com enorme perda de empregos e prejuízos à prosperidade nacional. Os oponentes ainda argumentam que a concentração é danosa para os interesses dos consumidores e uma ameaça à liberdade individual. Com o aumento do ritmo atual da globalização e da taxa de concentração em grandes indústrias, o debate tende a se intensificar.

A carreira de Morgan levanta questões não apenas de economia, mas também de governança corporativa e de ética empresarial. Ele nos faz pensar sobre o que é a administração, para que serve e a qual propósito serve. Seria ela apenas um instrumento de maximização dos lucros, ou sua função principal seria a produção de bens e serviços de que a comunidade carece? Estamos ainda hoje estudando o quebra-cabeças que Morgan colocou diante de nós.

Notas

[1] *Apud* D. M. Chalmers, *The Muck Rake Years*, Nova York: Van Nostrand, 1974, pp. 82-3.

[2] I. M. Tarbell, *The History of the Standard Oil Company*, Nova York: McClure, Phillips and Co., vol. 2, p. 292.

Veja também

Burnham, Fukuzawa, Handy, Maquiavel, Mooney, Ohmae.

Para ler J. P. Morgan

Morgan escreveu pouco e destruiu seus documentos pessoais antes de morrer.

Para saber mais

Morgan é uma das figuras mais controvertidas da história dos Estados Unidos, e as opiniões sobre ele tendem a ser extremas. As biografias listadas a seguir são comparativamente objetivas, em especial a de Strouse, e todas oferecem detalhes úteis sobre as idéias de Morgan acerca da economia e do papel da administração. Tarbell é o melhor e o mais inteligente de todos os escritores que se opuseram a Morgan e aos industriais. Ripley é uma leitura atraente e teve muita influência.

Chernow, R., *The House of Morgan*, Nova York: Atlantic Monthly Press, 1990.

Fowler, W. W., *Twenty Years inside Life in Wall Street*, Nova York: Orange Judd, 1880.

Ripley, W. Z., *Trusts, Pools and* Corporations, Boston: Ginn & Co., 1902.

Sinclair, A., *Corsair: The Life of J. Pierpoint Morgan*, Boston: Little, Brown and Company, 1981.

Strouse, J., *Morgan, American Financier*, Nova York: Random House, 1999.

Tarbell, I. M., *The History or the Standard Oil Company*, Nova York: McClure, Phillips and Co., 1904, 2v.

Nonaka Ikujiro (1935-)

Nonaka Ikujiro ganhou reputação mundial por sua obra dedicada à administração do conhecimento e da criação. Seu livro *The Knowledge-Creating Company* (1995) (publicado no Japão como *Chishiki Sozo Kigyo*), em co-autoria com Takeuchi Hirotaka, foi um sucesso internacional de vendas e recebeu vários prêmios. Embora sua obra só tenha chegado ao conhecimento do Ocidente com essa publicação em 1995, Nonaka já vinha há vários anos estudando como as empresas japonesas de sucesso criam e usam o conhecimento como fonte de vantagem competitiva. Seu conceito de "organização hipertexto" foi considerado um importante modelo, comparável à "organização que aprende" de Arie **de Geus** e Peter Senge. É um dos principais intelectuais da administração japonesa e, ao lado de **Ohmae** Kenichi, um dos autores japoneses sobre administração mais lidos no Ocidente.

Nonaka nasceu em Tóquio em 19 de maio de 1935. Depois de se formar em economia e política na Universidade Waseda, passou dez anos trabalhando na Fuji Electric Company. De 1967 a 1972, estudou na Universidade da Califórnia em Berkeley, recebendo o mestrado em 1968 e, em seguida, o doutorado. Retornando ao Japão, foi contratado para lecionar na faculdade de administração da Universidade Nanzan, em Nagoya, chegando ao topo da carreira de professor em 1978. Desde 1982, é professor no Instituto de Pesquisa Empresarial da Universidade Hitosubashi. É também professor em Berkeley. Entre 1991 e 1995, foi diretor de pesquisa do Instituto Nacional de Ciências e Política Tecnológica, sediado em Tóquio.

Pitkethly, no resumo da obra de Nonaka (1998), divide sua carreira acadêmica em três fases: 1) a dedicada ao estudo de estratégia e de organização, na década de 1970 e início da de 1980; 2) a dedicada ao estudo da auto-renovação empresarial e organização no final dos anos 1980; e 3) a fase dedicada ao estudo do conhecimento organizacional, que vai de 1990 aos nossos dias. Esse esquema é útil, mas deve-se ter claro que Nonaka vê uma ligação íntima entre os três temas. Adotando a idéia padrão de que a estrutura segue a estratégia, Nonaka vislumbra a forma organizacional da corporação sendo definida por suas necessidades estratégicas. Estratégia, por sua vez, é uma proposição de longo prazo em que a capacidade de inovar é fundamental para a sustentação da competitividade. Inovação, por sua vez, exige a geração e o uso de conhecimento organizacional que, por sua vez, tem implicações para a organização, pois as companhias precisam se estruturar de forma a gerar e usar o conhecimento de modo eficaz. Esse processo circular é um tema que aparece repetidamente na obra posterior de Nonaka e contribui para uma visão equilibrada da organização, e não de uma dominada por uma função ou um processo particular.

No final dos anos 1980, Nonaka desenvolveu a teoria de que a inovação e a auto-renovação organizacional estão interligadas. As organizações que não mudam estagnam e morrem, as que sobrevivem estão em evolução e mudança constantes, recrutando novos talentos, reunindo novas equipes e atraindo novos conhecimentos. Essa teoria tem ecos de Tom **Peters**, mas lembra ainda mais o empresário japonês **Ibuka** Masaru, fundador da Sony, que acreditava ser a renovação constante necessária não somente para manter uma companhia na liderança, mas para sustentar a vitalidade organizacional interna.

O fator comum fundamental da renovação e da inovação era o conhecimento: aquisição de conhecimento é o objetivo da primeira atividade, e o uso desse conhecimento a função da segunda.

Nonaka propôs-se a construir uma teoria do conhecimento organizacional nas empresas japonesas. Nos capítulos iniciais de *The Knowledge-Creating Company*, se dá o trabalho de demonstrar que o sistema japonês é diferente do que existe no Ocidente, e propõe uma descrição do modelo japonês de conhecimento organizacional como fator explicativo do rápido crescimento do Japão em direção à prosperidade e ao sucesso contra os concorrentes ocidentais nos mercados mundiais. As diferenças estendem-se a conceitos fundamentais como a própria definição de conhecimento: segundo ele, na filosofia ocidental em geral aceita-se que conhecimento é a "crença justificada na verdade", verdades eternas que existem primariamente como construções mentais. A filosofia japonesa, por sua vez, encara o conhecimento como inerente não em todas as circunstâncias e sim à interação entre o corpo e a mente, e entre nós e as outras coisas: "[...] a realidade última para os japoneses está no processo delicado e transacional de fluxo permanente e na matéria visível concreta, e não numa entidade abstrata, eterna, imutável e invisível".[1]

Aceitar que o conhecimento no Japão seja concreto e relacional, em vez de abstrato e estático representa o primeiro passo para a compreensão da teoria do conhecimento organizacional de Nonaka. O segundo é a divisão do conhecimento em duas classes, tácito e explícito. É interessante observar que essa divisão deriva de um filósofo ocidental, Michael Polanyi, cujo livro *Personal Knowledge* (1958), exerceu grande influência no pensamento de Nonaka sobre o tema. O conhecimento explícito é formal, facilmente codificável e fácil de transmitir e entender; o conhecimento tácito é implícito, difícil de entender e difícil de expressar. Afirma que as culturas ocidentais tendem a privilegiar o conhecimento explícito ao tácito. No Japão dá-se o contrário, e o conhecimento tácito é considerado mais valioso.

Segundo Nonaka, há dois tipos importantes de conhecimento tácito: a dimensão técnica, "que abrange as habilidades informais e difíceis de definir que estão compreendidas na expressão *know-how*", e a dimensão cognitiva, que consiste em "esquemas, modelos mentais, crenças e percepções tão arraigadas que nós as aceitamos sem discussão".[2] Nonaka é um crítico rigoroso do enfoque ocidental da administração, a administração científica de Frederick W. **Taylor** e seus colegas. Nonaka afirma que Taylor ignorou ou desconheceu a dimensão cognitiva. Com efeito, nas obras de muitos autores da administração científica é evidente uma forte argumentação contrária a qualquer modelo mental que não seja apoiado por provas científicas. Ao mesmo tempo, tomaram a dimensão técnica e tentaram torná-la explícita pela análise dos elementos das habilidades e tarefas, codificando-os para tornar mais fácil sua compreensão. Ao fazê-lo, destruíram grande parte do valor intrínseco daquele conhecimento. Nonaka chega ao ponto de questionar a crença ocidental de que o conhecimento é mais bem transmitido pela educação e pelo treinamento. Cita o exemplo de um famoso jogador japonês de beisebol que, apesar de ser um ás no jogo, era incapaz de expressar visual ou verbalmente os fundamentos de suas habilidades. Nonaka, ressoando Mary **Follett,** acredita que o conhecimento mais importante, o conhecimento tácito, vem da experiência. Daí a ênfase japonesa na importância de aprender com o fracasso: o fracasso constitui experiência, tanto quanto o sucesso, e pode ser ainda mais importante como fonte de aprendizagem. O conhecimento tácito é muito pessoal e não pode ser passado em bloco, tem de ser formulado lenta e cuidadosamente.

Nonaka afirma que esse é o segredo da visão japonesa do conhecimento. O conhecimento mais importante não resulta do estudo e da aprendizagem; não vem em sessões de *brainstorming* inventadas para "criar" o conhecimento, nem da comparação com outros. O conhecimento mais importante é aquele que desenvolvemos por nós mesmos e, portanto, é único e valioso:

> Quando se percebe a importância do conhecimento tácito, começa-se a pensar a inovação de uma forma inteiramente nova. Não se trata apenas de reunir pedaços diferentes de dados e informações. É um processo altamente individual de autorenovação pessoal e organizacional. O compromisso pessoal dos empregados e sua identidade com a companhia e sua missão torna-se indispensável. Sob esse aspecto, a criação do conhecimento novo tem tanto a ver com ideais quanto com idéias. E esse fato alimenta a inovação. A essência da inovação é recriar o mundo de acordo com um ideal ou uma visão particular.[3]

Tal trecho poderia facilmente descrever a visão de inovação de muitas das principais empresas japonesas, como a Sony e a Matsushita (e Nonaka dedica todo um capítulo à criação de conhecimento na Matsushita, que tem forte filosofia e ideal orientadores). E em seguida afirma que o conhecimento e a inovação "não são responsabilidade de uns poucos eleitos – um especialista em pesquisa e desenvolvimento, planejamento estratégico ou marketing – mas de todos na organização".[4] Nonaka volta insistentemente a essa idéia de ser a inovação e a criação do conhecimento responsabilidade de todos na organização. Critica muito as táticas americanas de reorganização, como a redução de níveis, muito popular nas décadas de 1980 e 1990, atendendo ao conselho de Tom Peters de jogar no lixo a "madeira morta" da administração média para tornar a organização mais flexível e criativa. Para Nonaka isso é o mesmo que arrancar o coração da organização: os gerentes médios têm um papel vital na criação do conhecimento e também na manutenção da harmonia da organização e na transmissão do conhecimento pelas várias unidades e equipes.

A maior parte de *The Knowledge-Creating Company* é dedicada a demonstrar como esse sistema funciona na prática. Nonaka serve-se, com grande efeito, de estudos de caso, não apenas da Matsushita, mas também dos da Honda, Canon, Nec e Fuji-Xerox, entre outras. Segundo ele, o livro demonstra aos gerentes ocidentais pelo menos algumas das chaves do sucesso competitivo japonês. Entretanto, quando propõe uma síntese, buscando o melhor de dois mundos, entra em terreno mais incerto. Defende, por exemplo, que a distinção entre o conhecimento tácito e o explícito é uma falsa dicotomia, o que de imediato levanta um problema lógico: se os conhecimentos tácito e explícito têm realmente valores iguais, por que deveriam as empresas ocidentais desistir de sua longa ligação com o explícito? De fato, Nonaka prossegue deixando clara a idéia de que o conhecimento tácito é a forma superior. Propõe um modelo de organização matricial a que dá o nome de "organização hipertexto" que usa a tecnologia para tornar possível a rápida transmissão das duas formas de conhecimento entre os elementos da organização. Uma das forças da organização hipertexto é o fato de permitir a todas as pessoas, equipes e departamentos da organização fazer uso da rede de TI (Tecnologia da Informação) para "negociar" com a organização em igual nível. O conhecimento de todos é igualmente valorizado e tem impacto igual sobre a aprendizagem organizacional.

Diferentemente de outros conceitos da organização que aprende, Nonaka enfatiza a aprendizagem gerada internamente, conhecimento tácito adquirido pela experiência e pela prática, e não procurado no ambiente e aprendido por meios formais. Torna explícita a ligação entre conhecimento, inovação, organização e renovação de um modo que poucos autores conseguiram realizar. Insta que as empresas ocidentais sigam as japonesas nesse campo. De fato, algumas o fizeram. No início do século XX, a empresa Cadbury Brothers adotou na Grã-Bretanha uma espécie de organização hipertexto sem a tecnologia, usando sistemas de comitês e esquemas de sugestões dos empregados para gerar conhecimento interno, com tanto sucesso que um observador, Herbert **Casson**, comentou: "Na Cadbury todos pensam". Mas esses exemplos são raros, e é necessário perguntar: serão as empresas ocidentais capazes de superar a idéia de que treinamento e educação, e não a experiência e a reflexão, são as melhores formas de gerar conhecimento? Existem, evidentemente, importantes razões epistemológicas, sociais e até institucionais para que isso não ocorra rapidamente. É difícil imaginar que as escolas ocidentais de administração se proponham a fechar as portas por deixar de existir a necessidade do conhecimento explícito.

É dupla a importância de Nonaka para a administração moderna. Primeiro, é um dos principais pensadores e autores que se dedicam à administração do conhecimento e sua obra aborda quase todos os aspectos dessa disciplina emergente. Segundo, é um dos principais intérpretes dos métodos e das técnicas japoneses de administração para audiências ocidentais. A exemplo de Ohmae, vem lutando para aproximar os administradores ocidentais e orientais, tendo proporcionado muito material sobre o que pensar das lições a serem aprendidas na comparação de culturas administrativas.

Notas

[1] I. Nonaka e H. Takeuchi, *The Knowledge-Creating Company*, Nova York: Oxford University Press, 1995, pp. 31-2.

[2] *Ibid.*, p. 8.

[3] *Ibid.* p. 10.

[4] *Ibid.*

Veja também

Argyris, Boisot, Drucker, Follett, Fukuzawa, Hofstede, Ibuka, Ohmae, Peters, Toyoda.

Para ler Nonaka Ikujiro

Em inglês

Somente dois dos principais livros de Nonaka foram publicados em inglês. Seus primeiros livros ainda não foram traduzidos. Mas ele escreveu em inglês, só ou em co-autoria, vários artigos importantes em revistas.

(com H. Takeuchi) *The Knowledge-Creating Company*, Nova York: Oxford University Press, 1995; publicado no Japão sob o título *Chishiki Sozo Kigyo*.

(ed.) *Strategic vs. Evolutionary Management: A us-Japan Comparison of Strategy and Organization*, Amsterdam: North Holland, 1995.

Em japonês

Soshiki to Shijyo: Shijyo no Kankyou Tekigou Riron (Organização e Mercado: Uma teoria de contingência), Tóquio: Chikurus Shobo, 1974.

Shippai no Honshitsu (Fundamentos do fracasso), Tóquio: Diamond Sha, 1984.

Chishiki Sozo no Keiei (A administração da criação do conhecimento), Tóquio: Nihon Keizai Shinbun Sha, 1990.

Em português

(com Hirotaka Takeuchi). *Criação de conhecimento na empresa*: como as empresas japonesas geram a dinâmica. Campus: São Paulo, 1997.

(com John K. Johansson). *Determinação*: a fórmula japonesa de fazer marketing. São Paulo: Campus, 2001.

(com Kazuo Ichijo e George von Krogh). George von. *Facilitando a criação de conhecimento*: reinventando a empresa com o poder da inovação. São Paulo: Campus, 2001.

PARA SABER MAIS

O pequeno ensaio de Pitkethly é uma introdução útil ao pensamento de Nonaka, particularmente por mapear a evolução de suas idéias. Polanyi, como já foi dito, é uma influência importante e uma obra seminal para a administração do conhecimento.

PITKETHLY, R., "Nonaka, Ikujiro", em M. Warner (ed.), *Handbook of Management Thinking*, Londres: International Thomson Business Press, 1998, pp. 482-7.

POLANYI, M., *Personal Knowledge*, Chicago: University of Chicago Press, 1958.

OHMAE KENICHI (1943-)

Ohmae Kenichi é um dos mais proeminentes autores e consultores do Japão, conhecido naquele país como "Mr. Strategy". Passou a atrair a atenção do Ocidente, em 1982, com seu livro *The Mind of the Strategist*. Sua obra foi inicialmente considerada uma descrição de como as empresas japonesas trabalham a estratégia, mas suas idéias vêm tendo aceitação crescente também entre as empresas ocidentais. Sua obra posterior sobre a globalização definiu muitos dos parâmetros do debate atual. Na década de 1980, Ohmae era visto como o apóstolo de uma visão da administração considerada por muitos a melhor do mundo, o sistema japonês, com ênfase no conhecimento, na inovação, na qualidade e no marketing. Hoje é visto mais como uma figura mundial, que prevê a ascensão e o triunfo de uma globalização de base tecnológica.

Ohmae nasceu em 21 de fevereiro de 1943 na cidade de Kita-Kyushu, no sul do Japão. Freqüentou a Universidade Waseda, formando-se em química em 1966, recebendo o título de mestre em física nuclear em 1966. Partiu então para os Estados Unidos, onde recebeu o doutorado em física nuclear do Instituto de Tecnologia de Massachusetts em 1988. Também estudou música no Japão, tendo sido durante algum tempo flautista de uma orquestra sinfônica. Entre 1970-72, trabalhou na Hitachi Nuclear Power como engenheiro do programa de desenvolvimento do reator regenerador rápido da empresa. De lá passou para a consultora McKinsey & Co., e, em 1979, foi nomeado gerente-geral da filial japonesa da companhia. Em 1989, foi nomeado presidente e gerente-geral da McKinsey Japan. Assumiu também muitas outras funções, inclusive a de consultor de vários primeiros-ministros japoneses e, em 1993, inaugurou o Instituto de Pesquisa Política Heisei, de estudos de planejamento político, tendo fundado seu próprio partido político em 1992, visando a reformar a política japonesa. Foi candidato a prefeito de Tóquio e a uma cadeira na Câmara de Representantes – sem sucesso nos dois casos. É escritor e colunista prolífico e seus trabalhos já foram publicados em jornais e revistas no Japão, nos Estados Unidos e na Europa. Mora em Yokohama.

O interesse de Ohmae pela estratégia começou no início de sua carreira na McKinsey. Ainda antes de *The Mind of the Strategist* atrair sobre si a atenção mundial, já havia publicado artigos sobre o tema. Ohmae foi incentivado a escrever o livro pelas freqüentes consultas que recebia de gerentes e consultores ocidentais sobre o segredo do sucesso empresarial japonês. A maioria de seus contatos ocidentais acreditava que a receita japonesa de sucesso não poderia se limitar à "tomada de decisão por consenso, hinos da companhia e círculos de qualidade".[1] Ohmae concorda, e diz que o principal ingrediente da história do sucesso japonês a partir dos anos 1950 até os 1980 foi a capacidade dos altos administradores japoneses de pensar de modo estratégico. Diferentemente das ocidentais, as empresas japonesas geralmente não têm departamentos de estratégia, nem processos formais de criação de estratégia. Em lugar deles, há, na maioria das vezes, uma pessoa (ou às vezes um grupo) com uma compreensão parcialmente intuitiva da estratégia, a qual constantemente se engaja no processo de criação da estratégia.

Tal como Henry **Mintzberg**, Ohmae não vê a estratégia como um conjunto de passos e processos formais, mas tende a vê-la como arte, não ciência:

> [...] o sucesso das estratégias empresariais não é resultado de análise rigorosa, mas de um estado de espírito específico. No que eu chamo de a mente do estrategista, uma idéia e o conseqüente impulso de realização, em geral equivalente a um senso de missão, alimentam o processo de pensamento que é basicamente criativo e intuitivo, e não racional. Os estrategistas não rejeitam a análise. Na verdade não podem passar sem ela. Mas eles a usam apenas para estimular o processo criativo, para testar as idéias que surgem, para desenvolver suas implicações estratégicas e para assegurar a execução bem-sucedida das idéias "loucas" e de alto potencial que de outra forma nunca seriam implementadas corretamente. Grandes estratégias, tal como as grandes obras de arte ou grandes descobertas científicas, exigem o domínio técnico do desenvolvimento, mas se originam em idéias que estão além do alcance da análise consciente.[2]

Durante o processo de ascensão do Japão corporativo, o papel do brilhante estrategista intuitivo era desempenhado primariamente pelo fundador e pelo CEO (Chief Executive Officer – diretor-presidente). Mas na década de 1970 a maioria das grandes corporações japonesas já estava bem estabelecida e firmemente institucionalizada, com fortes hierarquias e sistemas de promoção por tempo de serviço. Como, então, foi possível florescer a estratégia?

Ohmae diz que, à medida que as companhias japonesas amadurecem, a criação de estratégias passa a ser o terreno de ação de grupos talentosos e criativos de jovens administradores – a quem ele chama de *samurais* – que, apesar de hierarquicamente não ocuparem altos níveis administrativos, têm liberdade para criar, literalmente quase sonhar, o futuro da companhia. Dessa forma, há um processo constante de renovação de idéias e valores que vêm de baixo.

Esse tema da renovação está sempre presente na obra de Ohmae e também no centro de sua atividade política. O primeiro estágio de renovação é determinar os fatores críticos que exigem análise. Afirma ele que é nesse ponto que muitas empresas se equivocam ao identificar os fatores críticos errados. Por exemplo, em uma companhia em que as horas extras estão crescendo e aumentando o valor da folha de pagamento, é possível ver o problema de várias formas. Os trabalhadores estão trabalhando o suficiente durante as horas normais? Estão se dando períodos muito longos de repouso, ou usando as horas normais para tratar de assuntos particulares? É necessário um salto criativo para ir além dessas idéias, que focalizam apenas os sintomas do problema e examinar as causas: a força de trabalho da empresa é suficientemente grande para se encarregar das tarefas que lhe são confiadas? Outro pré-requisito importante é a identificação dos fatores críticos de sucesso (FCS) de uma dada indústria. Estes são variáveis, e não imediatamente evidentes. Na indústria do aço, por exemplo, o fator crítico de sucesso pode ser a capacidade de produzir um aço de alta qualidade a baixo custo. Nas cervejarias o fator crítico pode estar na distribuição, que atinge o número máximo de clientes de alto volume.

A exemplo de Michael **Porter**, Ohmae propõe quatro caminhos estratégicos genéricos, que podem ser seguidos por qualquer companhia. Uma opção que ele descarta de plano é a concorrência direta, no mesmo mercado com os mesmos produtos: isso só pode resultar em uma guerra de preços, que é ruinosa para todos. Suas quatro recomendações são:

- Concorrer no mesmo mercado, mas concentrar-se no fortalecimento dos FCS para criar vantagem diferencial.
- Enfatizar os produtos e os serviços para os quais não há concorrência direta de forma a criar superioridade relativa no mercado.
- Procurar mudar as regras do jogo, colocando os concorrentes em desvantagem e competindo com base em "iniciativas agressivas".
- Inovar e criar novos produtos e serviços que seus concorrentes não consigam igualar, e competir com base nos "graus de liberdade estratégica".

Trata-se de um difícil enfoque da estratégia, muito mais difícil que as quatro tipologias relativamente simples de Porter, que exigem apenas duas decisões básicas. O modelo de Ohmae não pode ser abordado de pronto a menos que o administrador, ou sua equipe, tenha suficiente visão e coragem para considerar todas as quatro opções e os riscos que envolvem. É por isso que Ohmae enfatiza repetidamente a idéia da mente do estrategista. Os que têm a prática do pensamento estratégico dominam esses conceitos e vêem claramente e de forma criativa as alternativas. Acima de tudo, são capazes de evitar as armadilhas mais óbvias:

> O pensamento estratégico nas empresas deve romper o limitado alcance da visão de caçar o veado atraído para a estrada. Deve ser apoiado no uso diário da imaginação e no treinamento constante dos processos lógicos de pensamento. O sucesso tem de ser buscado: ele não virá se não for procurado e planejado [...]. Tornar-se um estrategista de sucesso exige a prática constante do pensamento estratégico. É uma disciplina diária, não um recurso que pode ser deixado inativo em épocas normais e deliberadamente acionado nas emergências.[3]

Diz Ohmae que todo pensamento estratégico opera dentro de três limitações. E ele as relaciona – com o gosto típico pela aliteração tão caro aos consultores da McKinsey* – realidade, maturidade e recursos. *Realidade* refere-se à necessidade de se concentrar em conceitos que sejam realmente relevantes para as necessidades da empresa. Criar novos produtos que prejudiquem os mercados existentes da companhia sem criar novos mercados são um exemplo da necessidade de realismo. *Maturidade*, ou a noção da hora certa, refere-se a determinar se a estratégia é correta para o momento. Muitas opções estratégicas são adotadas prematuramente: ele cita a introdução das lavadoras de louça no Japão durante os anos 1970, uma época em que as cozinhas eram pequenas demais para acomodá-las. Finalmente, *recursos* reflete a condição dos recursos da companhia serem adequados à implementação da estratégia. Para Ohmae, esse é um aspecto que muitos estrategistas geralmente negligenciam, e essa é a razão por que tantas diversificações fracassam: a destilaria Suntory, por exemplo, desenvolveu um bom produto, a cerveja Kirin, mas carecia da experiência e dos recursos para distribuí-la de modo eficiente, tendo enfrentado dificuldades no mercado. Reconhecer esses constrangimentos e administrá-los é um atributo crucial dos pensadores estratégicos bem-sucedidos.

No final da década de 1980, Ohmae voltou a atenção para o início da globalização. *Triad Power*, publicado em 1985, observou a crescente concentração do poder econômico em três áreas: Europa ocidental, Estados Unidos e Japão. Observou também a forma como essas três regiões se tornavam cada vez mais interdependentes economicamente. Considerado com freqüência como uma previsão do futuro, *Triad Power* era uma descrição do que estava ocorrendo em meados dos anos 1980. Ohmae acreditava que o poder econômico dos três elementos da tríade lhes permitiria defender sua supremacia econômica contra o restante do mundo em um futuro previsível. Nisso talvez tenha sido prematuro,

* N.T.: Em inglês *reality, ripeness, resources.*

deixando de reconhecer em particular a força da ascensão da China como uma nascente superpotência econômica. *Triad Power* provocou uma pequena sensação entre políticos e grupos de esquerda em todo o mundo, que não se conformavam exatamente com essa concentração de poder econômico.

Mais recentemente, *The Borderless World* (1990) enfatizou o tema da interdependência e observou como hoje praticamente toda companhia, sabendo ou não, concorre no mercado global. Ainda que seu mercado primário seja local e doméstico, ela é vulnerável à competição estrangeira. Ohmae argumentou que o comércio internacional estava derrubando não só barreiras econômicas, mas também as políticas, bem como que as nações-estados se tornavam rapidamente irrelevantes. A globalização era não apenas uma força econômica, mas também tecnológica e cultural, e acreditava que a emergência das redes globais de telecomunicações, como a internet, criaria novas realidades econômicas, políticas e culturais. Instou as empresas que começassem a planejar tendo em vista a nova economia e ajudar a concretizá-la. Mais uma vez, volta ao tema da renovação: Ohmae acreditava que a velha ordem mundial estava estagnada e defasada, e uma nova ordem se preparava para entrar em cena.

O colapso das empresas pontocom em 2001 e a conseqüente onda de ceticismo com relação à nova economia fez muitos considerarem que as idéias de Ohmae estavam, no mínimo, adiante de seu tempo. Mais grave, o trabalho de **Hofstede** e de seus seguidores sobre a administração em diferentes culturas mostrou a permanência e a resiliência das barreiras culturais. Também a nação-estado se recusa a cair sem luta diante das forças da globalização. Ainda é muito cedo para dizer se a visão de Ohmae vai ou não se realizar. Mas suas idéias sobre globalização e sobre estratégia são poderosas demais para serem ignoradas.

Notas

[1] K. Ohmae, *The Mind of the Strategist*, Nova York: McGraw-Hill, 1982, p. 1.

[2] *Ibid.*, p. 4.

[3] *Ibid.*, p. 78.

Veja também

Chandler, Fukuzawa, Hofstede, Maquiavel, Mintzberg, Nonaka, Porter.

Para ler Ohmae Kenichi

Em inglês

The Mind of the Strategist, Nova York: McGraw-Hill, 1982.

Triad Power: The Coming Shape of Global Competition, Nova York: The Free Press, 1985.

The Borderless World: Power and Strategy in the Interlinked Economy, Nova York: Collins, 1990.

Em português

Além das fronteiras nacionais. São Paulo: Thomsom Pioneira, 1989.

O estrategista em ação: a arte japonesa de negociar. 2. ed. São Paulo: Thomsom Pioneira, 1988. (Coleção Novos Umbrais).

Poder da tríade: a emergência da concorrência global. São Paulo: Thomsom Pioneira, 1989. (Coleção Novos Umbrais).

O continente invisível. São Paulo: Campus, 2001.

Para saber mais

A abordagem de Ohmae sobre estratégia deve ser comparada com a de Nonaka sobre a administração do conhecimento: há muitos pontos comuns. A visão de Porter de estratégia é diferente da ocidental, ao passo que Mintzberg tem muito das duas, mas não concorda com nenhuma delas.

Em inglês

Mintzberg, H., *The Rise and Fall of Strategic Planning*, Nova York: The Free Press, 1993.

Nonaka, I e Takeuchi, H., *The Knowledge-Creating Company*, Nova York: Oxford University Press, 1995.

Porter, M., *Competitive Strategy: Techniques for Analyzing Industries and Competition*, Nova York: The Free Press, 1980.

Em português

Nonaka, Ikujiro; Takeuchi, Hirotaka. *Criação de conhecimento na empresa*: como as empresas japonesas geram a dinâmica. São Paulo: Campus, 1997.

Porter, Michael. *Estratégia competitiva*. São Paulo: Campus, 2005.

Robert Owen (1771-1858)

Robert Owen era um empresário que se tornou um dos líderes do mundo dos negócios mais bem-sucedidos da Grã-Bretanha durante a Revolução Industrial. Paradoxalmente, foi também uma das principais figuras do socialismo moderno, tendo ajudado a fundar os movimentos sindical e cooperativista. Sua visão utópica da economia e da sociedade já estavam caindo em descrédito durante sua vida, mas seus sucessos como administrador ainda hoje são notáveis. Os métodos de administração de pessoal estavam quase um século adiante de seu tempo e no início do século XX administradores britânicos e americanos o consideravam uma importante influência e um modelo de liderança. Sua visão da ética empresarial, tanto no que se refere às relações entre empregados e empregadores quanto às relações entre empresa e sociedade, continua tendo importância primordial.

Owen nasceu em Newtown, Montgomeryshire, no País de Gales, no dia 14 de maio de 1771 em uma família humilde. Seu pai era comerciante de ferragens e fabricante de selas. O mais jovem de sete filhos foi, em grande parte, um autodidata, mas se valeu de uma boa e penetrante memória e do amor pela leitura. Mais tarde, descreveria como suas principais influências o romance *Robinson Crusoe*, de Daniel Defoe, que lhe ensinou a depender apenas de si mesmo e a recitação das escrituras pelas senhoras locais que o fizeram ateu aos dez anos. Em 1781, saiu de casa para viver e trabalhar com o irmão mais velho em Londres. Um ano depois, aos onze anos, passou a trabalhar como aprendiz de cortineiro em Stamford, Lincolnshire. Ali aprendeu, entre outras coisas, a avaliar a qualidade do tecido e continuou a auto-educação, lendo vorazmente antes e depois do trabalho.

Owen completou seu aprendizado aos quinze anos e regressou a Londres, onde se empregou como assistente de oficina. Por não gostar desse trabalho, partiu para Manchester, ao norte, para trabalhar como assistente em um armarinho. Foi essa a mais importante mudança em sua vida até então. Manchester progredia, novas fábricas eram erguidas e a Revolução Industrial corria a pleno vapor. Richard **Arkwright** estava então no ápice de seu sucesso e outros empresários, como Samuel Oldknow e David Dale, também estavam em ascensão. Reconhecendo rapidamente onde estavam as oportunidades, Owen abandonou o emprego e fundou uma sociedade com um mecânico chamado John Jones a fim de fabricar e vender fiadeiras automáticas, uma peça de tecnologia relativamente nova, inventada por Samuel Crompton em 1779. Jones fabricava as máquinas e Owen as vendia e administrava as finanças e os quarenta homens empregados na fábrica. Sua quase total falta de conhecimento técnico no início do negócio nunca chegou a ser um problema e a parceria prosperou. No entanto, o relacionamento entre ele e Jones logo terminou e Owen vendeu a sua parte, tendo utilizado os recursos para comprar três fiadeiras, com as quais fundou uma pequena oficina e começou a fabricar e vender fios de alta qualidade. Por volta de 1790, já auferia lucros da ordem de 6 libras por semana.

O marco seguinte em sua vida veio quando um proprietário de fábrica, Peter Drinkwater, publicou um anúncio pedindo um gerente de fábrica. Owen candidatou-se. Quando lhe perguntaram que salário esperava receber, pediu 300 libras por ano. Drinkwater observou que isso era o dobro do que havia sido pedido por todos os outros candidatos. Respondeu que já ganhava essa quantia por ano e não se interessaria em trabalhar por menos. Quando mostrou seus livros e sua oficina a Drinkwater, este ficou tão impressionado que lhe ofereceu o cargo de gerente de uma fábrica moderna com mais de quinhentos empregados. Owen tinha dezenove anos.

Sua contratação foi recebida com descrença pela comunidade tecelã de Manchester, convencida de que Drinkwater havia perdido o juízo. Mas Owen, ainda carente de capacidade técnica, revelou-se um administrador nato de pessoas. Introduziu novos métodos de trabalho e encontrou novos fornecedores de algodão de alta qualidade, além de quase triplicar a produtividade durante os dois primeiros anos. Drinkwater, que acreditava firmemente na separação entre propriedade e controle – Owen dizia que ele só esteve três vezes na fábrica em quatro anos – premiou Owen com uma participação na sociedade e carta branca na gerência da empresa. Mas a sociedade logo chegou ao fim quando um proprietário de tecelagem ambicioso e jovem, Samuel Oldknow, genro de Drinkwater, persuadiu o sogro a dissolver a sociedade e lhe transferir a fábrica. Owen foi convidado a permanecer como gerente com o salário que desejasse, mas parecia não ter simpatizado com Oldknow, e de qualquer forma desejava tornar-se independente.

Em 1795, já com 24 anos, fundou em Manchester a Chorlton Twist Company, supervisionando a construção da nova fábrica e quando esta estivesse concluída passaria a administrar a empresa. Era então um próspero homem de negócios em Manchester. Associou-se à Sociedade Literária e Filosófica de Manchester, onde apresentou vários trabalhos, tendo conquistado a amizade de muitos intelectuais e cientistas, como Robert Fulton, cujos planos de construção de canais Owen incentivou. A nova empresa de Owen levava-o freqüentemente a Glasgow, onde conheceu David Dale, proprietário de New Lanark, uma das maiores e mais prósperas tecelagens da Escócia. Também conheceu e se apaixonou por Caroline, filha de Dale. Contudo, havia um grande obstáculo ao casamento: a família de Dale era profundamente religiosa e Owen, ateu. Para facilitar o romance, Owen fez uma oferta colossal de 60 mil libras, pagáveis em prestações mensais, para comprar New Lanark. Dale concordou e a compra e o casamento se realizaram.

Owen assumiu o controle de New Lanark em 1800, e administrou a fábrica durante os 28 anos seguintes. Sob seu comando, New Lanark não era apenas enormemente lucrativa, mas também um modelo de capitalismo esclarecido. A paciência, a atenção ao detalhe e a habilidade de administrar pessoas que havia desenvolvido em Manchester agora desabrocharam. New Lanark era um estabelecimento muito maior que a fábrica de Drinkwater e a sua própria Chorlton Twist Company. Além disso, estava localizada a uma certa distância de Glasgow e a maioria dos trabalhadores morava lá. Os problemas administrativos eram correspondentemente mais complexos.

Alguns industriais da Revolução Industrial fizeram tentativas de cuidar de seus empregados tanto dentro da fábrica como fora dela. Outros não se importavam, e muitas delas eram locais perigosos, insalubres onde acidentes e doenças provocavam grandes baixas entre os trabalhadores, muitos dos quais mulheres e crianças. Owen opôs-se desde o início ao trabalho infantil, e mais tarde apoiou energicamente a legislação que proibia essa prática. Em sua própria fábrica aumentou de imediato a idade mínima de dez para doze anos, e depois para catorze. Aboliu, inclusive, a prática de abrigar crianças de rua para levá-las a trabalhar. Em vez de trabalhar, recebiam educação na escola da fábrica. Para todos os trabalhadores, Owen reduziu a jornada diária de trabalho de catorze para 10 horas e 45 minutos – ainda muito pelos padrões modernos, mas à época uma medida radical – e ofereceu refeições e intervalos de descanso. Owen mantinha sua fábrica tão limpa e segura quanto lhe permitia a tecnologia utilizada, tendo mandado aumentar o número de instalações sanitárias adequadas.

Em vez de comandar seus empregados, Owen preferia motivá-los. Contrariamente às crenças socialistas utópicas posteriores dele próprio, a disciplina e o controle eram fortes em New Lanark e havia uma hierarquia de supervisão. A embriaguez não era tolerada e os trabalhadores cuja conduta fosse persistentemente ineficiente corriam forte risco de demissão. Um dos itens mais interessantes de psicologia motivacional usados por Owen era o "vigilante silencioso", um símbolo colorido que era colocado acima da estação de trabalho do operário para indicar seu desempenho do dia anterior. Se o desempenho no trabalho não fosse satisfatório, o símbolo era preto, se apenas razoável, azul. Um bom desempenho era recompensado por um símbolo amarelo, e um excelente, indicado pela cor branca. Mantinham-se registros dos símbolos atribuídos ao longo do tempo, de forma semelhante, segundo Owen, ao anjo que anota as boas e más ações do caráter humano. A tarefa de distribuir os símbolos era dos superintendentes, mas qualquer trabalhador que se julgasse mal avaliado poderia apelar diretamente a Owen em pessoa.

O direito de apelação era, na verdade, um elemento importante no sistema de disciplina implantado. Owen mantinha uma vigilância cuidadosa sobre seus superintendentes e gerentes, assegurando que não abusassem do poder que detinham sobre os operários. Percebeu que a chave da boa disciplina eram a eqüidade e a justiça. Em um sistema em que todos se considerassem tratados com justiça e de acordo com o mérito, ninguém poderia se queixar da punição recebida por uma transgressão verdadeira (e mesmo que se queixassem, não teriam o apoio dos colegas).

Owen acreditava que melhorando a qualidade de vida e as condições físicas do trabalho para seus operários e suas famílias, não apenas contribuiria para o bem da sociedade, como os trabalhadores mais felizes e saudáveis seriam mais eficientes, com o conseqüente aumento da produtividade e da qualidade. Já havia tentado algumas experiências limitadas desse tipo ainda em Manchester e ao chegar a New Lanark resolveu tentar reformas generalizadas. Mais tarde escreveu:

> Minha intenção não era ser um mero gerente de tecelagem da forma como se gerenciavam na época essas fábricas – mas introduzir princípios na conduta das pessoas. Era o que eu havia começado com os operários da fábrica do sr. Drinkwater: mudar as condições das pessoas que, eu sentia, estavam cercadas de circunstâncias que tinham uma influência danosa sobre o caráter de toda a população de New Lanark. Agora tinha, pelo desenrolar dos acontecimentos, sob meu controle o terreno sobre o qual tentar os experimentos há tanto desejados, mas que nunca acreditara ser capaz de executar.[1]

As casas dos operários de New Lanark foram limpas e ampliadas, construiram-se novas acomodações, instalaram-se sistemas sanitários e de drenagem adequados. Desde o início foi oferecida assistência médica gratuita. Os comerciantes privados que cobravam altos preços dos operários tiveram suas concessões canceladas, tendo Owen criado um comércio de propriedade da fábrica que oferecia produtos de boa qualidade a preço justo. Interessante notar que, enquanto muitas outras comunidades-modelo do século XIX eram totalmente abstêmias, as lojas de Owen vendiam cerveja e destilados a preço de custo.

Outro aspecto importante da comunidade-modelo de New Lanark foi a educação. Já havia educação em New Lanark sob o comando de Dale, mas era de natureza fundamentalmente religiosa. Owen aboliu esse sistema e instituiu um programa de educação secular, primeiro para as crianças e depois também para os adultos. No passado debateu-se muito se as reformas de Owen eram motivadas por uma genuína preocupação social ou se eram devidas ao interesse no aumento do lucro de sua empresa. Com efeito, pelo menos durante o período de New Lanark, é difícil separar as duas motivações. O economista G. D. H. Cole diria mais tarde que:

> A base do owenismo foi a sua teoria da educação como meio de formação do caráter e de posse da felicidade. Owen acreditava principalmente no poder da educação bem orientada de desviar as condições do mundo para um curso mais próspero [...]. Sem ela, o erro e a desunião persistiriam, com ela as vastas forças produtivas conhecidas da ciência seriam dominadas para o bem comum de todos.[2]

O sucesso das reformas administrativas e da comunidade-modelo foi tamanho que New Lanark prosperou: Owen antecipou o pagamento da dívida com o sogro e se tornou um homem rico. Por vota de 1820, era um herói para muita gente na Grã-Bretanha, e seu nome começava a ser conhecido também no exterior. Cerca de 2 mil visitantes iam a New Lanark, entre eles personalidades tão variadas como os abolicionistas William Wilberforce, futuro presidente dos Estados Unidos, John Quincy Adams, e o grão-duque Nicolai da Rússia, que viria mais tarde ser o czar Nicolau I. Economistas e filósofos, como Jeremy Bentham, James Mill e Thomas Malthus estavam entre os visitantes, e Bentham ficou tão impressionado que comprou uma participação de um sexto no negócio. Owen, acreditando que o sistema poderia facilmente ser copiado, apelou a outros industriais que o seguissem:

> Ele passou a dizer que todo industrial era capaz de entender a necessidade de ter o melhor maquinário e de cuidar dele da melhor forma possível. "Portanto, se o cuidado com a condição de suas máquinas inanimadas é capaz de produzir resultados tão benéficos, o que não se poderia esperar se se dedicasse igual cuidado de suas máquinas mais vitais, que são tão mais maravilhosamente construídas?" Mostrou que em New Lanark havia feito o máximo para cuidar da mente e do corpo dos operários, e "o tempo e dinheiro assim gastos, mesmo quando essas melhorias estavam ainda em implantação, e só se obtinha a metade dos resultados esperados, estão agora oferecendo um retorno que excede os 50 %, e logo hão de criar lucros de cem por cento sobre o capital gasto nesses melhoramentos mentais".[3]

Ainda assim, há evidências de que o próprio Owen estava cada vez mais desencantado com o sistema de que era parte. Em 1815, em seu livro *Observations on the Effect of the Manufacturing System*, reafirmou sua crença de que quem administra apenas por razões pecuniárias estava destruindo a felicidade da Nação e da sociedade. Começou a imaginar como propagar mais diretamente o modelo de New Lanark, tendo se envolvido com várias outras comunidades que tentavam se organizar de acordo com seu modelo, chegando a dar apoio financeiro a algumas. Infelizmente, muitas dessas comunidades eram administradas por utopistas visionários ou simplesmente maníacos, e a maioria fracassou. Em um caso famoso, Owen tentou fundar uma comunidade nos Estados Unidos, em New Harmony, Indiana, entre 1825 e 1828, mas desistiu depois de descobrir ser impossível convencer a comunidade a aceitar os seus princípios. Esse fracasso é comumente atribuído ao individualismo ianque, que não se adaptava à vida comunitária, mas é mais provável que seja devido ao fato de Owen ter tentado administrar essa comunidade a distância, de New Lanark, só tendo visitado a colônia em poucas ocasiões.

Realizações mais práticas e a disseminação de suas idéias vieram de duas outras direções. Ao perceber que os proprietários não aceitariam a idéia de que o tratamento apropriado de seus operários era bom não somente para a sociedade, mas também para eles próprios, Owen decidiu que os trabalhadores teriam de se organizar para ter condições de pressionar por seus direitos, passando a reorganizar o nascente movimento sindical. Em 1833-34, criou o Grande Sindicato Nacional Consolidado com mais de meio milhão de associados. A organização não durou muito, mas foi a semente do movimento cartista e depois de grupos de operários organizados, tal como o Congresso Sindical na Grã-Bretanha. Owen também apoiou o movimento cooperativista, que via como a corporificação de muitos dos seus princípios de trabalho comunitário, solidariedade e melhoria da prosperidade e das condições de vida para todos. Nesse projeto, Owen, um ateu convicto, encontrou aliados entre as igrejas, em particular as protestantes. Por volta de 1830, o movimento cooperativista já contava com mais de trezentas sociedades em todo o Reino Unido e começava a se estender para o continente europeu. Owen percebeu rapidamente a oportunidade que o movimento oferecia para a administração de operários, que acreditava poder dar a eles maior controle sobre sua vida e maior prosperidade.

A influência de Owen se espalhou. No Reino Unido tornou-se o arquétipo do capitalista social, um homem a demonstrar que uma empresa bem-sucedida poderia ser eticamente sólida: Titus Salt, George e Edward **Cadbury**, Benjamin Seebhom Rowntree e William **Lever** conheciam suas idéias. As comunidades-modelo de Saltaire, Bourneville e Port Sunlight foram herdeiras de sua obra. Em meados do século XX, houve um interesse renovado por seus métodos de administração de pessoal e ele já foi considerado um dos fundadores da administração moderna por autoridades do porte de Lyndall **Urwick** e Edward Brech.

Às vezes tenta-se comparar Owen com um dos fundadores do comunismo moderno, Friedrich Engels. Tendo herdado do pai a propriedade de uma fábrica em Manchester, Engels, enquanto colaborava com Marx, era ao mesmo tempo um homem de negócios de sucesso, dono de considerável riqueza pessoal e duas amantes (as duas eram irmãs) e um praticante entusiástico da caça à raposa. O argumento de Engels era pragmático: a revolução dos operários um dia derrubaria o sistema capitalista, mas o dia ainda não tinha chegado, e nesse ínterim ele era responsável pelos seus empregados e por suas famílias e teria de administrar uma empresa eficiente e manter seus empregos (a necessidade de prover recursos para manter seu indigente colega Karl Marx pode ter também justificado essa decisão). Owen tinha uma visão diferente. Para ele, administrar eficientemente uma empresa e os princípios igualitários do socialismo não eram incompatíveis nem mutuamente exclusivos. Pelo contrário, a empresa era necessária para criar a prosperidade, ao passo que um sistema socialista era indispensável para sua justa distribuição.

Ian Donnachie, autor da melhor biografia recente de Owen, diz que seu pensamento era no mínimo confuso. Como economista de segunda classe, ficou tão impressionado pelo potencial demonstrado em New Lanark e em algumas outras comunidades de sucesso com as quais teve contato que acreditava que esse potencial brotava inteiramente do caráter das pessoas que ali viviam e trabalhavam. Não chegou a compreender que grande parte do sucesso dessas comunidades se devia a ele mesmo, à sua visão e à liderança e à capacidade de administrar pessoas. Foi isso, dizem Urwick e Brech, que explica o sucesso de Drinkwater, Chorlton e New Lanark.

> [...]o sucesso adveio de uma fonte distinta, uma capacidade executiva intrínseca, uma compreensão intuitiva dos princípios da boa administração e dos métodos para aplicá-los eficazmente. Acima de tudo, sabia como tratar seus operários, como juntá-los em uma equipe e tirar deles um grau de cooperação e realização a que só um verdadeiro líder pode aspirar.[4]

Notas

[1] *Apud* L. F. Urwick e E. F. L. Brech, *The Making of Scientific Management*, v. 2, *Management in British Industry*, Londres: Management Publications Trust, 1949, p. 49.

[2] G. D. H. Cole, *The Life of Robert Owen*, Londres: Macmillan, 1930, p. 126.

[3] *Ibid.*, p. 138.

[4] Urwick e Brech, *op. cit.*, p. 55.

Veja também

Arkwright, Cadbury, Handy, Heinz, Lever, Urwick.

Para ler Robert Owen

Owen foi um escritor prolífico, especialmente nos últimos anos de vida, mas a maioria de seus livros é socialista ou de alguma outra orientação política. *A Statement Regarding the New Lanark Establishment* foi seu apelo a outros industriais para que seguissem sua orientação. *Observations on the Effect of the Manufacturing System* foi escrito para apoiar o movimento de reforma das condições de trabalho nas fábricas e uma condenação muito citada das práticas de muitos de seus colegas proprietários de fábricas.

A Statement Regarding the New Lanark Establishment, Edinburgo, 1812.

Observations on the Effect of the Manufacturing System, Londres, 1815.

Two Memorials on Behalf of the Working Classes, Londres, 1818.

Para saber mais

A carreira e as idéias de Owen ainda são altamente controversas. Em geral enfoca-se sua economia e suas crenças utopistas. Urwick e Brech proporcionam o melhor resumo de seus métodos administrativos, e Pollard ajuda a situá-lo no contexto. Cole é uma boa avaliação geral de sua vida e obra. Donnachie é a biografia mais recente e também dedica alguma atenção ao estilo administrativo de Owen.

Cole, G. D. H., *The Life of Robert Owen*, Londres: Macmillan, 1930.

Donnachie, I., *Robert Owen*, East Linton: Tuckwell Press, 2000.

Pollard, S., *The Genesis of Modern Management*, Londres: Edward Arnold, 1965.

Uewick, L. F. e Brech, E. F. L., *The Making of Scientific Management*, v. 2, *Management in British Industry*, Londres: Management Publications Trust, 1949.

Tom Peters (1942-)

Tom Peters foi um dos mais populares e lidos gurus da administração dos anos 1980 e 1990. Consultor por formação, não-acadêmico, valeu-se de sua experiência profissional e da compreensão das causas ocultas por trás do sucesso e do fracasso empresarial para apresentar um quadro convincente das empresas e da cultura empresarial americanas, a fim de propor mudanças revolucionárias nessa cultura. Ele acredita que muitos dos princípios fundamentais sobre os quais se baseia a administração americana estão superados e errados. Nos livros mais recentes fala sobre a necessidade da "libertação" dos valores do passado, em especial da visão excessivamente mecanicista da administração e da organização que se desenvolveu com base nas raízes da administração científica, e uma mudança em direção das hierarquias mais baixas, descentralização, criatividade e liberdade de ação para administradores bem como para operários.

Thomas J. Peters nasceu em Baltimore, Maryland, em 7 de novembro de 1942. Depois de se formar na Universidade Cornell, serviu na Marinha americana de 1966 a 1970, tendo entrado em ação na Guerra do Vietnã. Ao deixar a Marinha, empregou-se na empresa de consultoria Peate Marwick Mitchell, e ao mesmo tempo conquistou o título de mestre da Universidade Stanford em 1972. Em 1973, foi nomeado para o Departamento de Administração e Orçamento do governo americano em Washington, primeiro como diretor de uma comissão sobre o controle internacional de narcóticos e depois como assistente do diretor para a política federal contra o abuso de drogas. Em 1974, mudou-se para San Francisco, contratado pela empresa internacional de consultoria McKinsey & Co.

Nessa empresa, Peters passou a se interessar pelos conceitos de eficácia e excelência organizacionais. Ele já havia trabalhado em duas organizações altamente ineficientes, as Forças Armadas americanas, tentando, sem conseguir, ganhar a Guerra no Vietnã, e a administração federal americana tentando, sem conseguir, vencer a guerra contra as drogas. O enfoque altamente racionalista e burocrático das duas organizações parecia ser um fator dos fracassos, tendo Peters começado a desenvolver idéias para uma forma alternativa. Passou a ser conhecido como consultor, autor e orador altamente eficiente. Por volta de 1976 já tinha se tornado o principal líder de prática de eficácia organizacional da McKinsey, trabalhando com outros astros da empresa na década de 1970, como Richard Pascale e Robert Waterman, com quem desenvolveu o hoje famoso modelo 7s de variáveis organizacionais: estrutura, estratégia, sistemas, capacidade técnica, assessoria, estilo e valores comuns.

Foi também com Bob Waterman que Peters produziu seu livro mais famoso e mais lido até hoje, *In Search of Excellence*, em 1982, que vendeu mais de um milhão de exemplares em todo o mundo e se tornou um dos livros de administração mais populares de todos os tempos. Pouco antes da publicação, Peters deixou a McKinsey para fundar sua própria consultoria, o Tom Peters Group, por meio da qual continua a oferecer programas de consultoria e a organizar seminários. Tornou-se conhecido como autoridade: entre seus principais créditos estão uma coluna semanal distribuída em jornais nos Estados Unidos e outros países e uma série na rede de televisão pública, a PBS. Seus livros subseqüentes, especialmente *Thriving on Chaos* (1987) e *Liberation Management* (1992), também tiveram enorme sucesso popular.

Em *In Search of Excellence*, Peters pergunta o que as companhias fazem para chegar à excelência. Decidiu examinar o assunto sem usar modelos acadêmicos, preferindo valer-se de suas próprias experiências e das de seus colegas, selecionando casos reais de companhias que chegaram à excelência, procurando em seguida os fatores comuns. Desse modo, desenvolveu o modelo 7s já mencionado, deixando claro que dos sete elementos, é o último, valores comuns, o mais importante. Vê na excelência um fator cultural, e as companhias se esforçam para convencer seus empregados a aceitar essa cultura. Cita o psicólogo Ernest Becker para afirmar que as pessoas são motivadas por dois fatores aparentemente contraditórios: a necessidade de se ajustar e a necessidade simultânea de ser visto como indivíduo (uma explicação mais detalhada pode ser encontrada no conceito de hierarquia das necessidades de Abraham **Maslow**). As companhias que conquistam excelência têm de atender a essas necessidades. Peters admite que isso é um paradoxo e prossegue: "Se existe uma característica notável das companhias excelentes, é essa capacidade de administrar a ambigüidade e o paradoxo. Aquilo que nossos amigos racionais, os economistas, dizem não ser possível, é o que as companhias excelentes fazem rotineiramente".[1]

Peters então apresenta o que ele denomina de oito atributos de uma companhia "excelente". São eles:

- O viés para a ação (tomar a iniciativa).
- Proximidade com o cliente.
- Autonomia e empreendedorismo.
- Produtividade por meio das pessoas.

- Liderança motivada por valores e com a mão na massa.
- Cuidar do que é seu (não se afastar do negócio que você conhece bem).
- Forma simples, equipe pequena.
- Propriedades simultaneamente rígidas e frouxas (valores centrais e organização descentralizada).[2]

A qualidade e a orientação para o cliente são também marcos importantes, mas Peters coloca forte ênfase na simplificação e na racionalização das organizações. Em *In Search of Excellence* declarou que companhias excelentes eram "brilhantes nos fundamentos": "Ferramentas não substituem o pensamento [...] essas companhias trabalharam muito para manter as coisas simples num mundo complexo".[3] Seus livros seguintes retomam esse tema ainda com mais força. Em *Thriving on Chaos*, por exemplo, ataca o culto ao gigantismo e, por implicação, o taylorismo e todo o conceito da divisão do trabalho, pedindo maior autonomia para os empregados e menos controles. Em *Liberation Management* cita o sistema alemão *mittelsand*, que incentiva muitas companhias pequenas e médias a se fixar em um nicho de mercado, limitando o crescimento, mas administrando a inovação e os serviços ao consumidor usando unidades pequenas mas focadas. Sempre criticou as organizações grandes e inflexíveis e insistiu na redução de camadas e cortes na hierarquia para aproximar a administração à força de trabalho: em *Liberation Management*, em um ataque evidente à visão de **Chandler** de ser a administração profissional a espinha dorsal do sistema industrial americano, afirmou que "os níveis médios da administração, como os conhecemos desde que as ferrovias os inventaram logo após a Guerra Civil, estão mortos".[4]

A idéia por parte da administração de uma "revolução" na previsão, que se tornou tema recorrente nos livros posteriores de Peters, está presente aqui também. Ele pondera que a noção de administração como ciência chegou quase a eclipsar a noção de administração como arte e:

> [...]profissionalismo na administração é geralmente identificado com a racionalidade obstinada. [...]. A visão numérica, racionalista da administração domina as escolas de administração. Ela nos ensina que administradores profissionais competentes são capazes de administrar qualquer coisa. Procura justificativas distantes e analíticas para todas as decisões. Estar perigosamente errado pode estar certo, e provavelmente isso já nos levou a graves enganos.[5]

Ele ataca conceitos como o de economia de escala e produção a baixo custo vistos como o único caminho para o sucesso: "O componente numérico e analítico tem embutido um viés conservador. A redução de custos passa a ser a prioridade número um e o aumento da receita se acomoda no banco de trás".[6] Incentiva o "gasto excessivo" no desenvolvimento de produtos, no controle de qualidade e nos serviços ao consumidor, argumentando que mesmo que essas atividades não ofereçam, no sentido clássico, valor em troca do dinheiro aplicado, incentivar a inovação e focar os consumidores são poderosos instrumentos de marketing e ajudam a companhia a atingir a excelência.

Há ao longo de *In Search of Exellence* um senso de urgência: a menos que a indústria americana comece a adaptar seu pensamento e idéias, ela não será capaz de competir com seus concorrentes mais eficientes, mais flexíveis e mais centrados no cliente que estão vindo do exterior, em especial os japoneses. O início da década de 1980 foi um período em que as empresas americanas, bem como outros segmentos da sociedade, finalmente acordaram para a ameaça competitiva apresentada pelo Japão. Em alguns círculos a reação foi quase paranóica, com a insinuação exposta no romance *Rising Sun*, de Michael Crichton, de que o assalto competitivo dos japoneses representava uma ameaça ao estilo de vida americano. Houve pesquisas frenéticas em busca dos segredos do sucesso japonês e um renascimento repentino do interesse pela obra de gurus americanos da qualidade, como W. Edwards **Deming**. Peters rendeu todas as homenagens ao sucesso das empresas japonesas, especialmente à capacidade de administrar o conhecimento – nesse caso serve-se do conceito de "organização que aprende" – porém a exemplo de outro guru americano, Rosabeth Moss Kanter, também acredita que as companhias americanas têm de usar suas próprias forças culturais internas: liberdade, democracia, criatividade e inovação, ou seja, coisas que tornaram grande os Estados Unidos.

As idéias expostas em *In Search of Excellence* foram desenvolvidas e ampliadas no livro seguinte, por vezes com excessiva extensão. Em *Thriving on Chaos*, avisou que as recomendações propostas em *In Search of Excellence* já não eram "aconselháveis" e sim agora conceitos "imperiosos". Em *Liberation Management*, descreve em detalhe seu conceito de uma revolução administrativa, cujos princípios consistem na reavaliação completa da escala e do controle organizacionais, com grande ênfase em unidades descentralizadas e flexibilidade. O conceito de ambigüidade administrativa, que ele discute como principal característica da excelência administrativa em *In Search of Excellence*, é agora um tema fundamental que perpassa toda a sua obra. Persiste no ataque à burocracia, levando o tema a extremos e insistindo que as organizações se livrem de toda hierarquia. O controle é o inimigo do empreendedorismo e este deve ser promovido a qualquer custo. No mundo da globalização e da rápida evolução tecnológica, Peters vê a mudança avançando a tal velocidade que chega a ser quase o caos. Entretanto, em vez de tentar se defender contra a mudança, as organizações deveriam abraçá-la e mesmo criá-la. Manifesta-se favorável a "agitar o caldeirão", sacudindo as organizações e as pessoas de forma a estimulá-las, incentivando idéias novas. Ataca a noção de que sistemas bem-sucedidos deveriam ser deixados em paz, como exemplificado no velho ditado americano "se não estiver quebrado não precisa de conserto". A resposta de

Peters é: se não está quebrado, é porque você não examinou direito; conserte assim mesmo". Jamais deve-se permitir que as organizações se acomodem nem lhes dar tempo de construir rotinas defensivas. Apenas por um processo contínuo de mudança e de regeneração uma empresa sobrevive.

As idéias de Peters atraíram muitas críticas. O conceito de gerência do caos é conflitante com a necessidade humana básica de estabilidade, comum à maioria dos trabalhadores e gerentes em grande parte das organizações. A feroz hostilidade contra a onda de *downsizing* corporativo [redução do tamanho das empresas] nos Estados Unidos, que foi em parte inspirada por Peters, mostrou graficamente como, na prática, foram poucas as empresas capazes de se colocar à altura de suas idéias revolucionárias. As primeiras receitas para o sucesso também foram ironicamente criticadas pelo fato de muitas das empresas consideradas excelentes em 1982 não terem conseguido sobreviver na década de 1990. O tom crescentemente radical de seus livros ofendeu a muitos acadêmicos e suas críticas às escolas de administração e sua aparente dedicação à racionalidade excessiva também não o ajudaram a fazer amigos. Uma das críticas à obra de Peters é ser muito superficial, concentrando-se em um punhado de exemplos e carecer de rigor acadêmico. No entanto, o próprio Peters foi fortemente influenciado pelo pensamento acadêmico. Seu comentário de que a organização "sai da estratégia" foi extraído de Chandler e as teorias de cultura organizacional são devedoras da obra de Mayo e Barnard da Harvard Business School durante a década de 1930. Em *Liberation Management* Peters reconhece a influência de Charles **Handy**.

Suas idéias têm fraquezas reconhecidas, contudo Peters conseguiu gerar uma espécie de revolução: sacudiu a administração americana de volta à vida. Em meados de 1980, deprimida por dois choques de preço do petróleo e vacilando diante da agressiva concorrência estrangeira, a administração americana estava praticamente falida de idéias novas. Peters deixou claro que a mudança não era apenas possível, mas desejável, e ao fazê-lo abriu a porta para outros gurus, como Rosabeth Moss Kanter, Warren Bennis e, em especial, Gary Hamel. Graças à imensa aceitação e ao texto agradável, sua obras se tornaram imensamente populares. Peters ainda tem um número impressionante de seguidores, que às vezes se assemelha a um culto. Paradoxalmente, dadas as suas opiniões sobre os gerentes médios, o grosso de seu público está exatamente entre os gerentes médios. Perplexo, escreveu em 1992: "Serei eu o carrasco da gerência média? Sou. A maioria das pessoas que comparece a meus seminários são gerentes intermediários? São. Por que eles vêm? Não sei".[7]

Os gerentes intermediários seguem Peters porque, em uma época em que o papel e o valor do gerente médio são cada vez mais incertos, ele lhes oferece uma oportunidade de pelo menos discutir como poderiam dar uma contribuição maior. Seus livros e idéias proporcionaram a muitos gerentes mais entusiasmo e interesse por complexidades e ambigüidades de seu emprego e tornou-os mais interessados nos fundamentos da excelência. Acima de tudo, Peters ajudou a derrubar a noção da forma única, ótima e "racionalista" de administração, criando nos administradores a consciência de que administrar em um mundo de paradoxos e ambigüidades oferece não apenas problemas dinâmicos, mas também soluções dinâmicas.

NOTAS

[1] T. J. Peters e R.H. Waterman, *In Search of Excellence: Lessons from America's Best-Run Companies*, Nova York: Harper & Row, 1982, p. XXIV. Nesse capítulo, faço referência às idéias de Peters em *In Search of Excellence*. Com isso não estou querendo negar a importância da contribuição de Waterman, mas como muitas delas reaparecem em outros livros de Peters, parece não haver problema em atribuí-las a ele também neste caso. São idéias de Peters; talvez não sejam exclusivamente suas.

[2] *Ibid.*, p. 13-6.

[3] *Ibid.*, p. 13.

[4] T. J. Peters, *Liberation Management: Necessary Disorganization for the Nanosecond Nineties*, Nova York: Knopf, 1992, p. 758.

[5] Peters e Waterman, *op. cit.*, p. 29.

[6] *Ibid.*, p. 44.

[7] Peters, *op. cit.*, p. 715.

VEJA TAMBÉM

Casson, Drucker, Handy, Ibuka, Mintzberg, Porter, Simon.

PARA LER TOM PETERS

In Search of Excellence é ainda hoje o livro mais importante de Peters, mas *Triving on Chaos* e *Liberation Management* são bons guias para suas idéias mais recentes.

Em inglês

(com R. H. Waterman) *In Search of Excellence: Lessons from America's Best-Run Companies*, Nova York: Harper & Row, 1982.

(com N. Austin) *A Passion for Excellence: the Leadership Difference*, Nova York: Random House, 1985.

Thriving on Chaos: Handbook for a Management Revolution, Nova York: Knopf, 1987.

Liberation Management: Necessary Disorganization for the Nanosecond Nineties, Nova York: Knopf, 1992.

The Pursuit of Wow? Every Person's Guide to Topsy-Turvy Times, Nova York: Vintage, 1994.

Em português

Prosperando no caos. São Paulo: Harbra, 1989.

Rompendo as barreiras da administração. São Paulo: Harbra, 1993.

Tempos loucos exigem organizações malucas. São Paulo: Harbra, 1995.

O círculo da inovação: você não deve evitar o caminho para o seu sucesso. São Paulo: Harbra, 1998.

Reinventando o trabalho. São Paulo: Campus, 2000, 3v.

Reimagine! Excelência nos negócios numa era de desordem. São Paulo: Futura, 2004.

PARA SABER MAIS

É interessante comparar Peters com vários outros gurus americanos, cujas obras estão relacionadas a seguir.

Em inglês

BENNIS, W. G. e NANUS, B., *Leaders*, Reading: Addison-Wesley, 1985.

HAMEL, G. e PRAHALAD, C. K., *Competing for the Future*, Boston: Harvard Business School Press, 1994.

KANTER, R. M., *The Change Masters: Innovation for Productivity in the American Corporation*, Nova York: Simon & Schuster, 1983.

PORTER, M., *Competitive Advantage: Creating and Sustaining Superior Performance*, Nova York: The Free Press, 1985.

Em português

KANTER, Rosabeth Moss. *Quando os gigantes aprendem a dançar*: dominando os desafios de estratégia, gestão e Carr. São Paulo: Campus, 1997.

____________. KAO, John; WIERSEMA, Frederik D. (orgs.). *Inovação*: pensamento inovador na 3M, Dupont, GE, Pfizer. São Paulo: Negócio, 1998.

PORTER, Michael. *Estratégia competitiva*. São Paulo: Campus, 2005.

PRAHALAD, C. K.; HAMEL, Gary. *Competindo pelo futuro*. 19. ed. São Paulo: Campus, 2005.

MICHAEL PORTER (1947-)

Michael Porter é um dos principais autores que tratam de estratégia. Sua abordagem é descrever os blocos componentes da estratégia, sobretudo os que determinam a vantagem competitiva sobre os quais se construirão estratégias de sucesso. Seu conceito de estratégia baseia-se em alguns poucos instrumentos simples mas eficazes, principalmente o modelo das "cinco forças", a cadeia de valor, e a tipologia quádrupla de estratégias genéricas. Todos eles são amplamente usados em pensamento estratégico por empresas em todo o mundo. Mais recentemente, passou a examinar questões mais amplas, por exemplo: Como Nações e regiões podem buscar e manter vantagem competitiva na economia global.

Porter nasceu em Ann Arbor, Michigan, em 23 de maio de 1947, filho de um oficial do Exército. Depois de se formar em Princeton, obteve o mestrado e o doutorado em Harvard, conquistando honras e distinções em todas as etapas. Pouco depois de completar o doutorado, recebeu a oferta de um posto acadêmico em Harvard. Em 1981, aos 34 anos, chegou ao topo da carreira de professor. Continuou em Harvard desde então. É também um importante e respeitado consultor, que já trabalhou com muitas das maiores companhias do mundo, como a Royal Dutch/Shell, Procter & Gamble e Du Pont. Em 1983, foi convidado pelo presidente Ronald Reagan para participar da Comissão Presidencial sobre Competitividade Industrial, e continua ainda hoje a prestar assessoria ao governo federal em muitas especialidades. Também já trabalhou para o estado de Massachusetts, fundando e presidindo o Conselho sobre Crescimento Econômico e Tecnologia. Serviu como conselheiro sobre competitividade nacional para os governos da Suécia, do Canadá e da Nova Zelândia. Um de seus livros mais recentes, *Can Japan Compete?* (2000), foi visto como sua contribuição para a recuperação da castigada economia japonesa.

A grande realização de Porter foi relacionar estratégia empresarial com microeconomia aplicada, dois campos que havia estudado em separado, e construir um conjunto de modelos e instrumentos de análise. Seu principal livro, *Competitive Strategy* (1980), revolucionou as visões da estratégia empresarial. O segundo, *Competitve Advantage* (1985), ampliou sua reflexão sobre a análise da competição para a criação de vantagem criativa sustentável. Mais recentemente, Porter concentrou-se nas aplicações globais de seus princípios estratégicos, inclusive a natureza da competição global e os determinantes nacionais da força competitiva. Sua principal obra nesse campo, *The Competitive Advantage of Nations* (1990), é um sucesso internacional de vendas, lido por empresários, economistas e políticos.

Competitive Strategy adota essa ligação entre microeconomia e pensamento estratégico para mostrar que há princípios genéricos de estratégia que podem ser aplicados não só em empresas individuais, mas também em setores industriais inteiros. Ao examinar os requisitos estratégicos de diferentes setores, Porter detectou muitas características comuns. Isso o levou ao desenvolvimento de sua primeira série de modelos importantes, as cinco forças, que são: 1) a ameaça da entrada de novos participantes e o surgimento de novos competidores; 2) o grau de rivalidade entre os competidores existentes no mercado; 3) o poder de barganha dos compradores; 4) o poder de barganha dos fornecedores; e 5) a ameaça de produtos ou de serviços substitutos, que poderiam provocar a redução do mercado. O poder de cada uma dessas forças varia de indústria para indústria, mas tomadas em conjunto determinam a lucratividade a longo prazo. Também ajudam a definir os preços que podem ser cobrados, os custos a serem cobertos pelos recursos e o nível de investimentos necessários para competir. A ameaça da entrada de novos participantes limita a fatia de mercado e o lucro; compradores ou fornecedores poderosos, usando seu superior poder de barganha, podem levar os preços para baixo e os custos para cima, erodindo as margens, e assim por diante. O poder de cada uma das cinco forças é função do que Porter chama de "estrutura da indústria", e também pode ser chamado de "as características técnicas e econômicas ocultas de uma indústria".[1]

Em seguida, Porter desenvolve o que ele chama de "estratégias gerais" para reagir à pressão das cinco forças. Em qualquer situação dada, as companhias têm quatro opções estratégicas principais. A fim de determinar qual delas será adotada, têm de fazer duas escolhas. Primeiro, devem determinar o alcance competitivo: precisarão buscar um mercado amplo, ou nichos específicos? Segundo, têm de determinar em que elemento se apoiarão para buscar a vantagem competitiva: vantagens de custo sobre os competidores, ou diferenciação de produtos e serviços. Dependendo do resultado dessas duas divisões, a companhia deverá, então, adotar uma das opções estratégicas seguintes:

- Liderança de custo, baseada na busca do custo mais baixo em um amplo mercado-alvo.
- Diferenciação, baseada em produtos ou serviços diferenciados em um amplo mercado alvo.
- Foco no custo, baseado em custos baixos e tendo como alvo nichos ou segmentos específicos de mercado.
- Foco na diferenciação, baseada em produtos e serviços diferenciados destinados a nichos e segmentos específicos.

Porter deixa claro que essas são opções estratégicas: não há uma estratégia ótima para cada companhia ou indústria, e as necessidades estratégicas mudarão ao longo do tempo à medida que se altera o equilíbrio entre as cinco forças.

Finalmente, Porter apresenta o conceito de cadeia de valor. Quando produzem um bem e o entregam ao consumidor, as firmas acrescentam valor ao produto original por meio de uma série de atividades de apoio, além da função básica de produção e distribuição. Essas atividades de apoio podem agregar valor diretamente (por exemplo, pelo desenvolvimento e pela adição de novas características tecnológicas ao produto), ou indiretamente, por medidas que permitam à companhia tornar-se mais eficiente. Porter afirma que a cadeia de valor é crucial por demonstrar que a empresa é mais que apenas a soma de suas partes e atividades. Todas as atividades estão conectadas por ligações e o produto usa essas vinculações para seguir um caminho crítico na companhia desde o início até a entrega como produto acabado. A empresa precisa examinar todas as suas atividades geradoras de valor e decidir quais deverão ser otimizadas para atender às pressões competitivas da indústria e atingir as metas competitivas. A influência desse conceito pode ser vista em muitos conceitos empresariais posteriores, sobretudo a reengenharia de processos na empresa, uma das grandes modas dos anos 90.

Porter desenvolveu as idéias de *Competitive Strategies* no livro *Competitive Advantage* em 1985, explorando ainda mais o conceito da criação de uma vantagem competitiva sustentável. Outros também empreendiam essa busca de vantagem sustentável, o que levou à famosa declaração de Arie **de Geus,** em 1989, de que a única vantagem sustentável de uma companhia talvez fosse sua capacidade de aprender. Entretanto, Porter começou a ampliar seus horizontes e a examinar a competição como questão global. Em *Competition in Global Industries* (1986), aplicou seus princípios de estratégia competitiva aos mercados globais. Mais uma vez, usando a análise industrial como base, Porter definiu dois tipos de competição internacional: 1) indústrias multidomésticas, em que a competição acontece em cada país onde a empresa opera (caso dos bancos de varejo); e 2) indústrias globais, que ele define como indústrias "em que a posição competitiva da empresa em um país é significativamente afetada por sua posição em outros países".[2] A indústria automobilística é um exemplo de indústria global. A diferença entre as indústrias multidomésticas e as globais é que a competição internacional é discricionária: as empresas podem escolher entre competir e retirar-se do mercado naquele país. Mas nas indústrias globais a competição é compulsória, pois o que acontece em um país afeta outros.

Na competição global, a cadeia de valor espalha-se por vários países diferentes: na indústria automobilística, por exemplo, fabricantes e fornecedores de autopeças podem estar em muitos outros países que não aquele onde ocorre a montagem final e a própria montagem pode ter lugar em vários países. Portanto, além de escolher o alcance da competição e a vantagem competitiva, como no modelo das estratégias genéricas, as empresas podem adotar opções estratégicas baseadas na *configuração* das atividades da cadeia de valor (determinar, pela concentração geográfica, onde essas atividades serão executadas) e *coordenação* das atividades da cadeia de valor (o quanto elas se ligam umas às outras). Também nesse caso Porter oferece quatro opções:

- Alta concentração, alta coordenação: uma estratégia global simples em que as atividades da cadeia de valor se baseiam em uma região ou país e são centralizadas.
- Alta concentração, baixa coordenação: uma estratégia de exportação em que as atividades de produção são concentradas, mas o marketing é descentralizado.

- Baixa concentração, alta coordeanção: uma estratégia de investimento externo, em que as operações são geograficamente dispersas, mas rigidamente coordenadas do centro.
- Baixa concentração, baixa coordenação: uma estratégia concentrada por país em que as subsidiárias são descentralizadas e liberadas para se concentrar em seus próprios mercados com pouca orientação do centro.

Também nesse caso, diz Porter, não há uma estratégia ótima única. Todas essas opções são aplicáveis, dependendo do momento e das circunstâncias. As pressões das cinco forças serão os principais determinantes na escolha da estratégia correta para o momento e o lugar. Porém, com a alteração das circunstâncias, também mudam as opções estratégicas. Ele adverte para o excesso de concentração em um local geográfico, afirmando ser mais importante focalizar *como* são executadas as atividades da cadeia de valor, e não *onde*.

Em seu livro mais conhecido, *The Competitive Advantage of Nations*, Porter examina os determinantes da competição nacional, em vez da industrial, e aplica os mesmos princípios à orientação da política econômica nacional. Acreditando que "as nações são bem-sucedidas em certas indústrias porque o ambiente doméstico é o mais dinâmico e desafiador, estimula e força as empresas a melhorar e ampliar sua vantagem ao longo do tempo",[3] procura definir os determinantes fundamentais das forças competitivas dos países, e relaciona os quatro determinantes principais que se aplicam a cada indústria em cada país:

- Condições fatoriais: a disponibilidade de insumos, como mão-de-obra ou infra-estrutura.
- Condições da demanda: a natureza da demanda do mercado para os produtos e os serviços da empresa.
- A presença de indústrias relacionadas ou de apoio, como fornecedores e distribuidores.
- A natureza das estruturas corporativas e da concorrência, bem como das culturas organizacionais e administrativas.

Esses determinantes servem como pano de fundo para as forças competitivas em cada indústria. Porter observa como a natureza diversa da vantagem competitiva entre nações leva, em geral, à concentração, seja em indústrias (como mecânica pesada na Alemanha, ou eletrônica no Japão), ou geográfica em uma região, como a concentração da indústria alemã no Vale do Reno e na Baviera, ou a da indústria italiana no Vale do Pó. Em alguns casos, há concentrações industriais e geográficas, como é o caso do Vale do Silício, a concentração da indústria aeronáutica francesa em torno de Toulouse, ou da indústria automobilística alemã em torno de Munique.

Ao discutir a competitividade individual das empresas, ou a competitividade nacional dos Estados, Porter insiste em afirmar que não existe opção estratégica "ótima". A opção adotada deve sempre refletir as circunstâncias, e é por isso que enfatiza reiteradamente os fatores ambientais, como as cinco forças e os determinantes da vantagem competitiva nacional já relacionado, além das capacidades internas da empresa representada pela cadeia de valor. Visões anteriores da estratégia tenderam a apresentar as opções como escolhas entre preto ou branco, do tipo "ou ... ou". A abordagem de Porter resultou na definição de uma gama muito mais ampla de opções estratégicas, dando mais liberdade de manobra aos tomadores de decisão.

O sistema de Porter foi criticado por ser excessivamente simplista. Seus esquemas quádruplos são, às vezes, considerados muito limitadores, dando pouco espaço para opções. Também considera-se que as fronteiras entre classificações são rígidas demais. A criação de estratégias na vida real, como bem observou Henry **Mintzberg**, contemporâneo de Porter, é em geral nebulosa e usa elementos que não podem ser facilmente classificados. Em compensação a simplicidade dos modelos de Porter significa que eles são fáceis de entender e usar. Se forem encarados como instrumentos que tornam possível o pensamento estratégico, e não um livro de receitas para o sucesso estratégico, então seu valor pode ser compreendido pelo que são: instrumentos altamente flexíveis de análise que esclarecem situações e ajudam a definir a direção estratégica, em especial da estratégia internacional.

Notas

[1] M. E. Porter, *Competitive Strategy: Techniques for Analyzing Industries and Competitors*, Nova York: The Free Press, 1980, p. 35.

[2] M. E. Porter (ed.), *Competition in Global Industries*, Boston: Harvard Business School Press, 1986.

[3] M. E. Porter, *The Competitive Advantage of Nations*, Nova York: Macmillan, 1990, p. 71.

Veja também

Chandler, Drucker, Mintzberg, Ohnmae.

Para ler Michael Porter

Competitive Strategy define os fundamentos do sistema de Porter, ao passo que *Competitive Advantage* os amplia. *The Competitive Advantage of Nations* é um texto importante para as modernas teorias da globalização.

Em inglês

Competitive Strategy: Techniques for Analyzing Industries and Competitors, Nova York: The Free Press, 1980.

Competitive Advantage: Creating and Sustaining Superior Performance, Nova York: The Free Press, 1985.

(ed.) *Competition in Global Industries*, Boston: Harvard Business School Press, 1986.

The Competitive Advantage of Nations, Nova York: Macmillan, 1990.

(com H. Takeuchi e M. Sakakibara) *Can Japan Compete?*, Tóquio: Diamond e Nova York: Basic Books, 2000.

(com S. Stern e J. L. Freeman) *The Determinants of National Innovative Capacity*, Nova York: National Bureau of Economic Research, 2000.

Em português

Vantagem competitiva: criando e sustentando um desempenho superior. 27. ed. São Paulo: Campus, 1990.

(com Cynthia Montgomery). *Estratégia*: a busca da vantagem competitiva. São Paulo: Campus, 1998.

Competição: estratégias competitivas essenciais. 10. ed. São Paulo: Campus, 1999.

Estratégia competitiva. São Paulo: Campus, 2005.

Para saber mais

O artigo de Rohani é um dos poucos tratamentos detalhados sobre as idéias de Porter e seu impacto.

Rohani, K., "Porter, Michael E.", em M. Witzel (ed.), *Biographical Dictionary of Management*, Bristol: Thoemmes Press, vol. 2, 2001, pp. 821-5.

Herbert Simon (1916-2001)

Economista, psicólogo e cientista da computação, Herbert Simon demoliu o conceito da organização empresarial como entidade racional e introduziu a teoria comportamentalista da empresa que colocou o elemento humano no centro de temas como pensamento estratégico, tomada de decisões e relações organizacionais. Introduziu o conceito de "racionalidade limitada", sustentando que os administradores raramente têm, quando têm, acesso a conjuntos completos de informação e, portanto, se engajam no que ele chamou de *satisficing*, a busca não da melhor decisão *per se*, mas a melhor decisão possível com as informações limitadas disponíveis. Sua obra está na base das idéias mais modernas sobre organização e comportamento administrativo. Recebeu muitas láureas, entre elas o Prêmio Turing, em 1975, por seu trabalho sobre modelos computacionais e o Prêmio Nobel de Economia em 1978.

Simon nasceu em Milwaukee no dia 15 de junho de 1916. Recebeu em 1936 o título de bacharel em ciência política da Universidade de Chicago, onde também estudou psicologia, economia e matemática, além da filosofia positivista de Rudolf Carnap. Transferiu-se em seguida para o Departamento de Administração Pública da Universidade da Califórnia em Berkeley, onde, de 1939 a 1942, trabalhou na pesquisa sobre administração municipal. Isso lhe deu a oportunidade de colocar em prática seus conhecimentos, desenvolver e testar muitas de suas primeiras idéias. Ao mesmo tempo que exercia atividades em Berkeley, Simon concluiu em 1942 o doutorado na Universidade de Chicago. Sua dissertação sobre tomada de decisão nas organizações foi depois publicada sob o título *Administrative Behaviour* (1947), o primeiro e, provavelmente, o mais importante livro de sua autoria.

De 1943 a 1949, Simon ensinou ciência política no Instituto de Tecnologia de Illinois em Chicago, tendo sido inclusive membro da Comissão Cowles para a Pesquisa Econômica, quando passou a se interessar pela teoria dos jogos e outros modelos de tomada de decisão por escolha racional. Apesar de inicialmente considerar esses modelos interessantes, de pronto reagiu contra suas premissas fundamentais de como os humanos tomam decisões, em particular a noção de que as pessoas tomam decisões com base na posse e na análise de todas as informações relevantes. Na prática, dizia, isso quase nunca acontece. Foi durante esse período que desenvolveu pela primeira vez suas idéias sobre racionalidade limitada.

Em 1949, Simon mudou-se para Pittsburgh a fim de trabalhar na Escola de Pós-graduação em Administração Industrial do Instituto Carnegie de Tecnologia, que mais tarde se transformou na Universidade Carnegie-Mellon. Ali passou a fazer parte de um importante grupo de economistas e teóricos da organização, entre os quais Franco Modigliani, James March e Richard Cyert, que fundaram juntos o que é hoje conhecido como a teoria comportamentalista da empresa ou, por vezes, a teoria Carnegie. Simon conheceu e começou a trabalhar com Allen Newell, então na Rand Corporation, passando a explorar as possibilidades de uso das simulações computacionais para modelar a tomada de decisão humana em ambientes dinâmicos. Newell mudou-se mais tarde para Carnegie, onde ele e Simon trabalharam juntos em tomada de decisão e solução de problemas até o início da década de 1960. Em 1965, Simon foi indicado para o cargo de professor de ciência da computação e psicologia, um posto único que refletia a ampla gama de seus interesses e a combinação que fazia dos problemas e das questões técnicos e humanos. Escreveu sozinho ou em co-autoria quinze livros e mais de quinhentos artigos. Morreu em Pittsburgh em 8 de fevereiro de 2001.

Grande parte da carreira de Simon e a maioria de suas publicações foram dedicadas às questões de tomada de decisão e solução de problemas, examinando a forma pela qual a mente humana processa a informação e chega às conclusões. Essa tentativa de aplicação da tecnologia da computação à solução de problemas foi revolucionária para a época. Trabalhando com Allen Newell, Simon tentou criar modelos computacionais capazes de simular a atividade mental humana, em particular na solução de problemas. Tratando a mente basicamente como uma máquina de processamento de informações, Simon e Newell efetivamente reescreveram o livro que trata de como adquirimos, avaliamos e usamos a informação em situações complexas. *Human Problem Solving* (1972), o mais importante trabalho dos dois, tornou-se a base de grande parte da pesquisa posterior nesse campo, feita por Simon e muitos outros, e levou diretamente à sua indicação ao Prêmio Turing.

Comparado à sua pesquisa e a resultados em solução de problemas, o interesse de Simon em organização e administração durou pouco. Nesse período, entretanto, criou dois dos conceitos mais importantes da moderna teoria da organização, o da racionalidade limitada e o de *satisficing*, e lançou as bases da teoria comportamentalista da empresa.

Administrative Behaviour parte do apelo de Chester Barnard para que o estudo de administração e gerência se concentrasse menos em estruturas e conceitos formais e mais nas relações interpessoais e coordenação. O livro anterior do próprio Barnard, *The Functions of the Executive* (1938) havia avançado em direção a esse objetivo e resultou no reexame, pelo menos nos círculos acadêmicos, da visão clássica da administração encontrada na obra de Henri **Fayol** e Lyndall **Urwick**. Este havia tentado descobrir os "princípios" fundamentais da administração e da gerência que pudessem ser aplicados de modo uniforme a todas as empresas. Simon acreditava que esses princípios não passavam de meros provérbios ou atos de fé: careciam de rigor científico e sua eficácia não podia ser cientificamente provada. Sua crítica talvez tenha sido excessivamente severa – provérbios de bom senso são às vezes orientações muito boas para a vida diária – mas foi justo ao criticar o enfoque cada vez mais racionalista e mecanicista – e burocrático – da administração que começava a surgir. Essa visão ficou muito fortalecida durante a Segunda Guerra Mundial, quando as "máquinas" militar e industrial dos Estados Unidos provaram sua capacidade de criar um exército de milhões de homens, fornecer-lhes armas avançadas de guerra, transportá-los até os campos de batalha em todo o mundo. Luther Gulick, diretor do Instituto de Administração Pública em Nova York e figura de proa da teoria da administração, ficou particularmente impressionado com esse feito e propôs uma teoria de administração altamente compartimentalizada, com planejamento, pesquisa e operações fortemente formalizados.

A reação de Simon baseou-se na consciência de que a teoria da administração da época era por demais racionalista. Em particular, presumia uma quase onisciência por parte dos líderes e tomadores de decisão, postulando que os administradores estavam de posse de todas as informações relevantes e eram capazes de analisá-las adequadamente e chegar à decisão "ótima", aquela que maximizava a utilidade para todos os interessados. Na prática, afirmou, isso quase nunca acontecia. Os cientistas em seu laboratório ou *thinktank* podiam se dar ao luxo de captar todas as informações e avaliá-las antes de chegar às conclusões. Essa circunstância não estava ao alcance dos administradores no dia-a-dia. A exemplo de Henry Mintzberg algumas décadas depois, suas observações sugeriam que os gerentes quase sempre trabalham em situações em que a informação disponível é incompleta ou enganosa, raramente há tempo suficiente para analisá-la ou buscar novas informações para completar o conjunto. Simon deu a essa condição o nome de "racionalidade limitada".

A fim de tomar decisões, os gerentes adotam uma visão pragmática. Estabelecem, o mais das vezes informalmente, um patamar mínimo de informação, procurando adquirir e analisar não "toda" a informação, mas a informação "suficiente". O resultado é, em vez de buscar a utilidade máxima, busca-se uma utilidade que seja adequada à situação e leve a um resultado que, mesmo imperfeito, ainda seja satisfatório. Para esse comportamento, Simon criou o termo *satisficing*, e mostrou como os administradores se valem dele no trabalho diário para chegar a resultados que sejam "suficientemente bons", por oposição a "absolutamente bons". Mais tarde, pesquisadores em marketing também observaram que os consumidores usam o *satisficing* quando fazem compras, geralmente procurando produtos que sejam "suficientemente bons" para satisfazer à maioria das necessidades, em vez do produto perfeito que satisfaça a todas elas.

Simon propõe então que a natureza da organização serve como limite de racionalidade. A informação na organização é de dois tipos: fatos, verificáveis por dados, e valores, que são enfoques mentais e estados de espírito embutidos na cultura da organização e na forma pela qual ela concretiza coisas. Fazemos concesssões não só para enfrentar a falta de informações, mas também para nos "ajustarmos" às culturas das organizações a que pertencemos. Em seus livros posteriores, em co-autoria com James March, Simon afirma que essa característica das organizações como limite da racionalidade é de fato importante e necessária. As organizações servem para canalizar pensamentos e tomadas de decisão ao longo de linhas predefinidas que ajudam a concentrar e focar o pensamento e a ação sobre seus próprios objetivos. Uma organização em que todos os gerentes parassem para avaliar todas as opções, em todas as situações, seria inviável. No início da vida da organização, tomam-se decisões relativas a seus fins, seus objetivos, seu mercado-alvo etc. É aceitável que os resultados dessas decisões sejam avaliados de tempos em tempos, mas, por exemplo, parar para levar em conta a opção "deveríamos nos dispersar e fechar a empresa" em toda reunião de diretoria é ridículo.

Essa idéia de que as organizações servem para limitar, ou canalizar, o pensamento enfrentou certa hostilidade, tal como se deu com a distinção dualista de Simon entre fatos e valores: já se observou corretamente que algumas informações pertencem às duas categorias. Simon, porém, conseguiu ajudar a orientar o pensamento sobre a organização e suas funções dos modelos racionalistas em direção a outros mais centrados no homem. A transformação, que começou alguns anos antes com a escola de relações humanas da administração de pessoal, se completou, nas décadas de 1980 e 1990, com o exame do papel do conhecimento nas organizações, que passou de um recurso periférico à condição de função organizacional central própria. A idéia de que as organizações exibem "comportamentos" que podem ser observados e nem sempre são racionais é hoje parte fundamental do pensamento administrativo. A contribuição mais importante de Simon foi trazer para o centro da ciência da administração a importância da motivação e do comportamento humano e aproximar essa ciência da prática administrativa real.

Veja também

Argyris, De Geus, Forrester, Maslow, Mintzberg.

Para ler Herbert Simon

Nem todos os livros posteriores de Simon sobre solução de problemas foram incluídos nessa lista. *Administrative Behaviour* é uma importante obra de fundamentação, ao passo que *Organizations* é provavelmente o texto central da teoria comportamentalista da empresa, ao lado do obra de Cyert e March relacionadas a seguir.

Administrative Behaviour, Nova York: Macmillan, 1947.

(com J. G.March e H. Guetzkow) *Organizations*, Nova York: Wilew, 1958.

The New Science of Management Decision, Evanston: Harper & Row, 1960.

(com A. Newell) *Human Problem Solving*, Englewood Cliffs: Prentice-Hall, 1972.

Para saber mais

Barnard exerceu importante influência sobre Simon. Cyert e March é outro texto clássico sobre a teoria comportamental da empresa. O ensaio de Crowther-Heyck baseia-se em sua tese de doutorado sobre Simon e é um resumo conciso da carreira e das idéias de Simon; a maior parte dos detalhes sobre a vida e a carreira de Simon foi extraída dessa fonte.

BARNARD,, C. A., *The Functions of the Executive*, Cambridge: Harvard University Press, 1938.

CROWTHER-HEYCK, H., "Simon, Herbert Alexander", em M. Wtizel (ed.), *Biographical Dictionary of Management*, Bristol: Thoemmes Press, 2001, v. 2, pp. 917-23.

CYERT, R. M. e MARCH, J. G., *A Behavioral Theory of the Firm*, Nova York: Prentice-Hall, 1963.

SUNZI [SUN TZU] (C. SÉCULO IV A.C.)

Sunzi, ou Sun Tzu,[1] é o autor a quem se atribui o livro conhecido como *A arte da guerra*, um dos mais famosos livros sobre estratégia de todos os tempos. Embora tratasse de estratégia militar, a obra já foi lida por líderes empresariais e administradores do Oriente bem como do Ocidente. Na China e no Japão, o livro vem sendo estudado como fonte de pensamento estratégico. No Ocidente, com freqüência é lido como meio de entender o modo de pensar dos orientais, mas a cada dia mais ocidentais têm usado *A arte da guerra* como fonte de inspiração pessoal. A influência de Sunzi ultrapassou a fronteira da administração: em 2001, a equipe de cricket da Austrália recebeu trechos de *A arte da guerra* para ler antes de um jogo contra a Inglaterra.

A identidade de Sunzi continua incerta. Fontes tradicionais chinesas o identificam com Sum Wu, que foi primeiro-ministro e general do estado de Wu no norte da China no século VI a.C., perto do final do período da Primavera e Outono. No entanto, o historiador militar americano general Samuel B. Griffiths, em seu estudo do livro, detectou vários anacronismos: por exemplo, ele faz referência ao uso de bestas, que só foram introduzidas durante o Período da Guerra dos Estados, cerca de dois séculos mais tarde. Portanto, Sunzi (Senhor Sol) deve ter vivido durante esse período. Outros estudos sugerem que o livro não foi uma produção de apenas um autor, mas, como era comum na China à época, uma construção sincrética de materiais durante um período longo, possivelmente vários séculos. A versão que conhecemos foi editada e parcialmente reescrita no período dos Três Reinos, durante os séculos II e III d.C., pelo general Cao Cao que parece tê-lo usado como manual de estratégia, incentivando seus oficiais a lê-lo.

Ao lado de outras obras, como *Os trinta e seis estratagemas* e o bem mais tardio *Romance dos três reinos*, *A arte da guerra* tornou-se um dos textos fundamentais do pensamento estratégico chinês. No século XX foi estudado por Chiang Kai-shek e por Mao Zedong. Sunzi foi também amplamente estudado pelos líderes militares japoneses e traduzido para várias línguas ocidentais, além de ser ensinado na maioria das academias militares. Ao lado do *Livro dos cinco anéis* de Miyamoto Musashi, um estudo dos métodos do guerreiro samurai, e *Da guerra* de Karl von Clausewitz, oficial prussiano que serviu nas guerras contra Napoleão, também fez a travessia para a estratégia empresarial e se produziram várias versões populares para orientação dos líderes empresariais na Ásia e no Ocidente.

Uma das mais duradouras qualidades desse livro é que ele reduz a guerra a um conjunto de princípios gerais que podem ser facilmente aprendidos e aplicados. Sunzi começa com cinco fundamentos:

> A arte da guerra, portanto, é governada por cinco fatores constantes, a serem levados em conta nas deliberações, quando se buscam as condições que prevalecem no campo. 1) A Lei Moral; 2) O Céu; 3) A Terra; 4) O Comandante; e 5) Método e Disciplina. A Lei Moral faz que as pessoas estejam em completo acordo com seu governante, para segui-lo sem se preocupar com suas próprias vidas, sem temer nenhum perigo. O Céu significa a noite e o dia, o frio e o calor, as épocas e as estações. A Terra inclui distâncias grandes e pequenas; o perigo e a segurança; campo aberto e passagens estreitas; as chances de vida e de morte. O Comandante representa as virtudes da sabedoria, da sinceridade, da benevolência, da coragem e do rigor. Por método e disciplina se entendem o conhecimento do exército em suas subdivisões, as graduações de posto entre os oficiais, a manutenção das estradas pelas quais os suprimentos chegarão ao exército e o controle dos gastos militares. Todo general deve se familiarizar com esses quatro princípios; quem os conhecer bem será vitorioso; quem não os conhecer será derrotado.[2]

Toda guerra exige, primeira e principalmente, preparação e análise cuidadosa:

> Ora, o general que vence a batalha faz muitos cálculos em seu templo antes de lutar. O general que perde uma batalha faz poucos cálculos prévios. Assim, fazer muitos cálculos leva à vitória, e poucos cálculos, à derrota: tanto mais quando não se faz nenhum cálculo! É pela atenção a essa questão que sou capaz de prever quem provavelmente será o vencedor ou o perdedor.[3]

Em outro trecho, Sunzi sustentava que a decisão de ir à guerra exige extrema cautela e grande contemplação. Não se deve competir com um inimigo a menos que a necessidade seja extremamente alta e a menos que se esteja completamente preparado para tanto. Mas uma vez completada a preparação, o general deve atacar rapidamente e com força. Nada se tem a ganhar com a demora. Em todos os momentos, o comandante deve manter o foco no objetivo último, a vitória sobre o inimigo, e não se deixar desviar para outras atividades. Segundo Sunzi, também é importante se manter flexível e adaptável e mudar os planos de acordo com a necessidade em face da mudança das circunstâncias. O objetivo da guerra é a vitória, e a melhor forma de chegar a ela é atacar rapidamente e superar o inimigo. Guerras prolongadas raramente são bem-sucedidas.

Sunzi defendia o uso de estratagemas e trapaças sempre que possível. Ele enfatizava que o objetivo da guerra não é lutar batalhas: é impor ao inimigo a sua vontade

> dessa maneira, a mais alta forma de comando é vencer os planos do inimigo; a segunda maior é evitar a união das forças inimigas; a terceira é atacar o exército do inimigo no campo de batalha; e a pior política é cercar cidades protegidas por muralhas.[4]

Mais adiante comentava que "o combatente inteligente impõe sua vontade ao inimigo, mas não permite que a vontade do inimigo seja imposta a si próprio".[5] E em seguida passava a descrever o que, a seu ver, eram os cinco elementos essenciais da vitória:

> Sabemos assim que são cinco os elementos essenciais da vitória: 1) Vence aquele que sabe quando lutar e quando não lutar. 2) Vence aquele que sabe como tratar tanto as forças superiores quanto as inferiores. 3) Vence aquele cujo exército é animado pelo mesmo espírito em todas as suas fileiras. 4) Vence aquele que tendo-se preparado, espera para atacar um inimigo despreparado. 5) Vence aquele que tem a capacidade militar e não sofre interferência do soberano. Daí o ditado: Quem conhece o inimigo e a si próprio não precisa temer o resultado de cem batalhas. Quem se conhece, mas não o inimigo, para cada vitória conquistada também há de sofrer uma derrota. Quem não conhece nem o inimigo nem si próprio deverá sucumbir em toda batalha.[6]

Qual a importância de Sunzi para o leitor moderno? Grande parte do livro é naturalmente dedicado de modo específico aos sistemas militares da época. As passagens sobre a utilização de arqueiros e sobre a velocidade de marcha de exércitos montados em bigas, apesar de provavelmente ser uma leitura interessante, têm no máximo utilidade limitada para a administração moderna. No entanto, as passagens em que Sunzi discute os elementos da estratégia, em particular nos capítulos iniciais, continuam incrivelmente atuais para o olhar moderno.

Muitos vêem nele apenas a expressão de simples bom senso e o fato de sua visão da estratégia não ser muito diferente da de **Maquiavel**, Clausewitz ou Von Moltke parece confirmar essa opinião. Todavia, esse é por certo um argumento que confirma sua utilidade. Henry **Mintzberg** demonstrou que grande parte da teoria da estratégia na empresa moderna é excessivamente formal e irrelevante para o que se passa na vida diária da empresa. Uma dose de bom senso poderia ser útil.

Passa amiúde despercebida nas leituras de Sunzi a ênfase nos princípios e no estado de espírito, ressaltados nos trechos citados. A ênfase que conferia à análise e aos preparativos já prenunciava ênfase semelhante na análise dos fundamentos proposta pelos fundadores da administração científica. A insistência na necessidade de conhecer as próprias capacidades, e não apenas as do opositor ou competidor, tem implicações não só para a estratégia, mas também para a administração e a organização em geral. Porém, acima de tudo, nos dá uma idéia da arte do pensamento estratégico. **Ohmae** Kenichi afirma que a melhor estratégia vem das idéias que são desenvolvidas em uma mente treinada a pensar estrategicamente e não nos sistemas e princípios formais. Sunzi nos dá uma visão dessa mente (ou mentes) e de seus padrões e processos mentais. Seu legado mais duradouro não reside tanto nos princípios de estratégia, e sim em nos ensinar como pensar estrategicamente.

Notas

[1] Sun Tzu é a apresentação do nome na romanização Wade-Giles, mais antiga do chinês. Aqui deu-se preferência à versão moderna *pinyin*, Sunzi.

[2] Giles, *The Art of War*, capítulo 1, § 3-11.

[3] *Ibid.*, § 26.

[4] *Ibid.*, capítulo 3, § 3.

[5] *Ibid.*, capítulo 6, § 2.

[6] *Ibid.*, capítulo 3, § 17.

Veja também

Chandler, Laozi, Maquiavel, Mintzberg, Ohmae, Porter.

Para ler Sunzi (Sun Tzu)

Em inglês

Sunzu Bingfa (Os métodos militares do Mestre Sun), ed. e trad. L. Giles, *Sun Tzu on the Art of War*, Londres, 1910; ed. S. B. Griffiths, *The Art of War*, Oxford: Oxford University Press, 1963.

Em português

A arte da guerra. 33. ed. Rio de Janeiro: Record, 2004.

Para saber mais

Wee *et al.* ainda é provavelmente a melhor análise sobre a relevância de Sunzi para a administração moderna. Clausewitz e Miyamoto são duas outras obras sobre estratégia de grande difusão entre os círculos administrativos.

Clausewitz, K. von, *Vom Kriege*, ed. e trad. M. Howard e P. Paret, *On War*, Princeton: Princeton University Press, 1984.

Miyamoto, M., *Gorin-no-Sho* (Livro dos cinco círculos), revisto e anotado por Watanabe, Ichiro, *Miyamoto, Musashi*, Tóquio: Iwanami Shoten, 1977.

Wee, C. H. Lee, K. S. e Hidajat, B. W., *Sun Tzu: War and Management*, Singapura: Addison-Wesley, 1991.

FREDERICK WINSLOW TAYLOR (1856-1915)

Frederick Winslow Taylor é mais conhecido como o fundador da administração científica. Em sua época, e por muitos anos após sua morte, foi o mais famoso guru da administração, e suas idéias foram discutidas e implementadas não apenas nos Estados Unidos e na Europa Ocidental, como também em diversas partes do mundo. Sua visão da administração foi ao mesmo tempo violentamente criticada como desumanizadora e incapacitante. Por essa razão os economistas políticos dos anos 1950 e seguintes virtualmente o demonizaram. Mais recentemente teve início uma reavaliação que acentua os elementos humanos da administração científica, transferindo parte da culpa pelos defeitos de seu sistema para aqueles que o implementaram. Embora tenha sido desacreditado como sistema total, muitos elementos da administração científica ainda hoje são observados na prática.

Taylor nasceu em Germanstown, Pensilvânia, no dia 20 de março de 1856. Seu pai era advogado que vinha de uma antiga e próspera família quacre daquele estado, tendo Taylor sido educado nas melhores escolas, inclusive um período de três anos de estudo na Europa. Foi um excelente atleta, que se notabilizou particularmente no tênis. Em 1881, ele e um cunhado venceram o primeiro campeonato de duplas da Associação Americana de Tênis em quadra de grama. Inventou também modelos aperfeiçoados de raquetes de tênis e de um taco de golfe. Ainda adolescente, Taylor começou a ter problemas de saúde, enxaqueca e visão deficiente, e esse fato não lhe permitiu matricular-se em Harvard. Foi então ser aprendiz na Enterprise Hydraulic Works, na Filadélfia, entre 1874 e 1878. Ao completar o período de aprendizagem, empregou-se na Midvale Steel Company, também na Filadélfia. Tendo começado como maquinista, Taylor foi em seguida promovido a contramestre e depois a engenheiro-chefe. Formou-se em engenharia mecânica no Instituto de Tecnologia Stevens em 1883, e em meados daquela década era um engenheiro altamente qualificado e com considerável experiência administrativa. Foi na Midvale que Taylor desenvolveu os princípios do que mais tarde seria conhecido como administração científica, que adiante se descreve com mais detalhes.

Taylor esperava ser promovido à alta administração, mas em 1886 a Midvale era vendida a novos proprietários que assumiram a maioria dos postos de comando. Demitiu-se da empresa e se mudou para o Maine, onde foi durante vários anos gerente-geral de uma companhia de celulose e papel. Esse emprego também mostrou-se insatisfatório, tendo Taylor regressado à Filadélfia, dessa vez para fundar uma empresa independente de engenharia, com o objetivo de refinar e desenvolver as técnicas que experimentara em Midvale. Em 1895, Taylor apresentou à Sociedade Americana de Engenheiros Mecânicos um artigo tratando da remuneração por tarefa, que atraiu muita atenção.

Em 1898, ele foi contratado pela Bethlehem Steel Company, que usou seus serviços durante os três anos seguintes. Durante esse período, completou o desenvolvimento de seu sistema. Esse trabalho continua sendo um marco da história industrial americana. Também nesse período, Taylor reuniu em torno de si muitos membros da equipe que prosseguiria no desenvolvimento e na propagação de suas idéias, entre eles o engenheiro Henry L. Gantt e o matemático norueguês Carl Barth. O trabalho na Bethlehem foi uma das bases do livro de Taylor, *Shop Management*, publicado em 1903. No entanto, se desligou da empresa em 1901, quando se desentendeu com os proprietários. No mesmo ano a fábrica foi vendida ao empresário Charles M. Schwab, e Gantt e a maioria outros dos sócios de Taylor também se demitiram.

Shop Management teve enorme sucesso, ajudando a propagar as doutrinas de Taylor nos Estados Unidos e no mundo. As empresas de consultoria de Taylor e de seus associados, entre os quais nomes notáveis, como os de Morris Cooke, Sanford Thompson e Horace Hathaway, implementaram o sistema em cerca de 180 fábricas nos Estados Unidos e outro tanto na Europa. Engenheiros japoneses, como Takeo Toshisuke e Araki Toichiro, levaram elementos do sistema para o Japão. Na França, Henri Le Chatelier leu *Shop Management* e se converteu, assim como Charles de Fréminville. Mais tarde, durante a Primeira Guerra Mundial, as idéias de Taylor chamaram a atenção de Lyndall **Urwick**, que ajudou a introduzir uma versão modificada do taylorismo no Reino Unido. No Brasil, o engenheiro Roberto Simonsen adotou os métodos tayloristas em suas empresas, exortando outros engenheiros e industriais a fazê-lo. Na Polônia e na Rússia, o engenheiro de minas Karel Adamiecki, que havia desenvolvido independentemente sua própria "teoria da harmonização", valendo-se de muitas das técnicas de medida e de controle estatístico utilizadas no sistema de Taylor, ajudou a disseminar o sistema ainda mais.

O termo "administração científica", usado para descrever todo o sistema de análise, controle e reengenharia desenvolvido por Taylor, foi cunhado em 1911 durante uma reunião dos principais membros do círculo no apartamento de Henry Gantt em Nova York. O próprio Taylor não estava presente, mas não colocou objeções ao termo e o adotou como título de seu livro seguinte, lançado no mesmo ano. *The Principles of Scientific Management* (1911) foi o resumo mais completo das idéias de Taylor, apresentando-as não apenas como técnicas de controle e de produção, mas também como uma filosofia unificada de administração. Porém, para o próprio Taylor, esse foi praticamente o último capítulo de seu envolvimento com o movimento que havia criado. Nunca foi um homem de fácil trato, Sua saúde estava se deteriorando gravemente e ele acabou rompendo com vários de seus aliados, inclusive os **Gilbreth** e Henry Gantt. Houve desavenças entre seus seguidores e os dos Gilbeth quanto à atribuição de créditos por certos elementos do sistema. A saúde da mulher de Taylor também estava piorando o que o fez desligar-se dos negócios para passar os três últimos anos de vida cuidando dela. Morreu de pneumonia na Filadélfia no dia 21 de março de 1915.

Para entender plenamente o sistema de Taylor é necessário levar em consideração o cenário em que ele trabalhava e sua própria visão mental. A indústria americana nas décadas de 1880 e 1890 estava longe de ser eficiente. Como comentou David Sicilia em prefácio de uma edição recente (1993) de *Principles of Scientific Management*, os gerentes de fábrica nos Estados Unidos "lutavam para ajustar o ritmo frenético da fiação e da tecelagem aos padrões irregulares comuns entre os operários".[1] Não somente eram poucas as fábricas que conseguiam eficiência ótima, como raramente se encontravam sistemas de medições para determinar o que seria uma eficiência ótima, muito menos saber se estava sendo obtida. A maioria dos proprietários de fábrica só percebiam as ineficiências quando os lucros começavam a cair. A resposta comum nesses casos era simplesmente cortar salários em vez de investigar as causas ocultas do problema. Essas práticas, em especial em uma economia de "progredir ou morrer" do final do século XIX nos Estados Unidos, provocaram grave agitação operária, com muitas greves violentas e sangrentas.

As cabeças mais sábias sentiram que devia haver uma solução para os problemas da eficiência industrial e a agitação sindical e a procuraram em novos métodos administrativos. Em 1886, o engenheiro Henry Towne apresentou um artigo à Sociedade Americana de Engenheiros Mecânicos pedindo novas formas de administração da engenharia e, em particular, novas formas de administrar operários. Três anos depois, na presidência da sociedade, Towne ofereceu à apreciação um trabalho sobre "distribuição de ganhos" (efetivamente uma forma de participação nos lucros tal como era então praticada no Reino Unido e na Europa) como plano motivacional para aumentar a produção por operário. Seguiu-se o plano de premiação de Frederick Halsey, uma forma modificada de trabalho por tarefa. Os dois sistemas atraíram muita atenção, tendo o sistema de Halsey sido implementado com algum sucesso. No entanto, os dois planos tinham problemas. Ao examinar a situação, Taylor, ainda empregado na Midvale, desenvolveu um sistema de remuneração por tarefa, ou "sistema de remuneração diferenciada", um sistema de bônus que oferecia salários mais altos aos homens que excediam suas cotas de trabalho completado em dado período de tempo. Em seu artigo apresentado à Sociedade em 1895, Taylor explicou desse modo o sistema:

> O sistema de remuneração diferencial de trabalho por tarefa consiste resumidamente em oferecer duas remunerações diferentes pelo mesmo trabalho: uma remuneração alta por tarefa, caso o trabalho seja terminado no menor prazo possível e em perfeitas condições, e uma remuneração baixa, se o trabalho se completar em mais tempo ou se há imperfeições nele (a remuneração alta deveria ser tal que o operário pudesse receber mais por dia do que geralmente se pagava em estabelecimentos similares). Isso é exatamente o contrário do plano usual de pagamento por tarefa, em que a remuneração dos operários é reduzida quando eles aumentam a produtividade.[2]

Taylor acreditava que o plano de remuneração diferencial aumentaria a produtividade por dar aos operários um incentivo para aumentar a produção, eliminando também outras práticas pelas quais os operários simulavam estar em atividade, reduzindo de forma deliberada o ritmo de trabalho para um nível que lhes aprouvesse. Julgava que, tendo a opção de escolher entre a morosidade e a conseqüente remuneração média e o trabalho duro e uma remuneração mais compensadora, a maioria dos bons trabalhadores escolheria este. Taylor desenvolveu quase uma obsessão com as simulações de trabalho dos operários que encontrara na Midvale que considerava um problema a ser eliminado em muitas empresas industriais.

Na sessão de perguntas e respostas que se seguiu à apresentação pública do artigo, Taylor admitiu que, para ser eficiente, o sistema de remuneração diferencial proposto exigia trabalhadores altamente qualificados, treinados e motivados. Admitiu também que atingir os níveis de produtividade considerados satisfatórios estava além da capacidade do operário médio de baixa qualificação. Talvez o comentário mais inteligente da platéia tenha sido o de Henry Gantt, segundo o qual, para o sistema funcionar, o homem encarregado de definir a remuneração por tarefa deveria ser um administrador de excepcional habilidade e discernimento.[3]

O que era um problema trabalhista passou então a ser uma questão administrativa: como criar condições para que a força de trabalho operasse com máxima eficiência. Entre 1895 e 1903, sobretudo nos três anos cruciais na Bethlehem, Taylor trabalhou para encontrar uma solução. Seu enfoque foi segmentar ao máximo o trabalho, dividindo todas as funções em suas menores partes divisíveis. A concentração na função-tarefa está no coração da filosofia de Taylor. No trecho a seguir, de *The Principles of Scientific Management*, descreve esse ponto de vista:

> Talvez o elemento mais importante da moderna administração científica seja a idéia da tarefa. O trabalho de cada operário é detalhadamente planejado pela administração com pelo menos um dia de antecedência e cada um deles recebe instruções escritas por completo, descrevendo em detalhe a tarefa que deverá realizar, bem como os meios necessários para executar o trabalho. O trabalho assim planejado antecipadamente constitui a tarefa a ser solucionada, como já explicado, não pelo operário sozinho, mas geralmente pelo esforço conjunto dos operários e da administração. Essa tarefa especifica não somente o que deve ser feito, mas também como deve ser feito e o tempo exato para fazê-lo. Sempre que o operário consegue executar corretamente sua tarefa, no limite de tempo previsto, ganha um adicional entre 30 e 100 % da remuneração normal. Essas tarefas são cuidadosamente planejadas para que se possa exigir um trabalho bom e cuidadoso, mas é necessário que se entenda que não se pode exigir do operário que execute uma tarefa em um ritmo que seja danoso à sua saúde. A tarefa deve sempre ser ajustada de forma que o homem bem adaptado ao trabalho possa progredir no trabalhar a esse ritmo durante um longo período, e se torna mais feliz e mais próspero, sem se estafar. A administração científica consiste em grande parte na preparação para essas tarefas e sua execução.[4]

Para implementar um sistema de administração científica três estágios eram necessários. Primeiro, estudar intensamente o processo de produção e dividir cada processo em suas tarefas componentes. Em processos mais complexos poderia haver centenas de tarefas. Em seguida, observava-se a execução de cada tarefa, em geral repetidas vezes, cronometrando-se a duração. Esse elemento era conhecido como "estudo de tempo". Dados os tempos observados, Taylor e seus engenheiros calculavam então o tempo ótimo necessário para executar a tarefa. A remuneração dessa tarefa era então fixada usando esses tempos ótimos como padrão a ser atingido por todos os operários. Mais uma vez, citando Sicilia, "a tarefa era redefinida em seus mínimos detalhes, inclusive o número, o intervalo e a duração dos períodos de repouso, para máxima eficiência".[5]

Esse sistema, nos casos em que foi implementado com sucesso, produziu resultados. A produtividade aumentou, bem como a renda dos empregados. Ainda assim, houve muitos problemas na prática. Taylor admitiu desde o início que esse sistema só poderia funcionar se os operários se dispusessem a cooperar. Em *Shop Management*, afirmou que os melhores sistemas administrativos são aqueles em que os interesses de empregado e empregador estão de tal forma entrelaçados que não podem ser separados. A administração científica exigia treinamento intensivo, caso se quisesse cobrar dos empregados desempenho a níveis ótimos de eficiência, e apenas uma força de trabalho de elite teria condições de fazer o sistema funcionar. Havia dois pontos cegos. Primeiro, para ele, os benefícios do sistema eram tão evidentes que não conseguia entender por que não eram igualmente evidentes para os operários. Segundo, por ser quacre e homem altamente moral, não conseguiu perceber que um dos elementos-chave do sistema, a definição de remunerações justas, era uma porta aberta para abusos.

Esses dois problemas prejudicaram desde o início a administração científica. Em Midvale, e em especial na Bethlehem, houve resistência esporádica às equipes de medição e objeções às remunerações fixadas. Os sindicatos viam na administração científica uma arapuca para forçar os operários a produzir mais pelo mesmo salário, sem remuneração justa pelo trabalho extra. E na realidade era habitualmente isso que empregadores menos esclarecidos faziam. Depois de trazer a produção ao nível desejado, passavam a cortar a remuneração por tarefa, fazendo que os operários tivessem de trabalhar mais para ganhar a mesma renda. Os operários retaliaram de várias formas, falsificando dados e boicotando o sistema. O engenheiro britânico de eficiência Frank Watts descreveu casos em que, durante a década de 1920, os operários trabalhavam mais lentamente sempre que eram observados pelos engenheiros de tempo para dar uma impressão falsa do tempo necessário para executar uma tarefa, e casos de roubo de equipamentos, cronômetros, por exemplo, e até mesmo de intimidação dos engenheiros para que falsificassem os registros.

O próprio Taylor nem sempre fez justiça às suas idéias. *The Principles of Scientific Management*, seu último grande livro, foi escrito em uma época em que já estava bastante doente e em meio a duras disputas com os colegas. Seu estado de ânimo era sem dúvida mais sombrio. Enquanto em *Shop Management* afirmava que seu sistema daria aos trabalhadores uma remuneração justa por um dia justo de trabalho, oito anos depois sua atitude com relação aos operários era na melhor das hipóteses condescendente. Em um exemplo famoso, citado tanto pelos críticos quanto pelos seguidores de Taylor, descreve o trabalho de um operário chamado Schulz (o nome verdadeiro era Henry Knoll) que carregava uma média de 12,5 toneladas de ferro-gusa por dia. Depois dos engenheiros de Taylor terem redefinido seu trabalho, passou a carregar 47 toneladas por dia. Em 1911, Taylor considerava que o aumento da produtividade era o que importava: o impacto do trabalho extra sobre Schulz não tinha importância. Taylor sempre acreditou que os trabalhadores deveriam ser incentivados a trabalhar duro: criado em uma rígida ética do trabalho, acreditava que todos deveriam se conformar às mesmas regras e não tinha paciência com os que não se conformavam.

O caso de Schulz demonstra que o sistema de Taylor poderia ser desumano. Os métodos de Taylor, tal como os de Henry **Ford**, foram extensamente copiados na União Soviética, onde em 1935 um mineiro de carvão chamado Alexei Stakhanov e seu grupo, usando os métodos de Taylor, supostamente produziram 105 toneladas de carvão durante um turno de seis horas, 14 vezes a produção normal. Esse resultado fenomenal resultou na criação do movimento stakhanovista, que afirmava que se adequadamente motivados e treinados, todos os trabalhadores poderiam aumentar a produção muito acima dos níveis correntes, que se espalhou por toda a indústria soviética e se tornou um fenômeno administrativo importante no final da década de 1930 e a de 1940. De fato, o movimento transformou-se em um cruel engodo. Raramente dispunha-se de equipamento e treinamento, isso só ocorria, em geral, em alguns locais designados como vitrines. Dos operários esperava-se que atingissem essas metas sobre-humanas de desempenho com as ferramentas mais precárias. Mineiros de carvão equipados apenas com pás e picaretas deveriam atingir as mesmas metas que o grupo de Stakhanov, sob ameaça de exílio em *gulags** para si e suas famílias, ou algo ainda pior se fracassassem.[6] De um sistema criado para aumentar a eficiência e a prosperidade, o taylorismo acabou se transformando na crua fixação de cotas apoiada no terror.

Entretanto, apesar de todos os seus defeitos, a administração científica também teve muitos pontos positivos. O estudo metódico de como se executavam as tarefas, e a que ritmo, ensinou aos administradores – e aos operários – muitas coisas que eles não sabiam sobre a natureza do trabalho. Os estudos de tempo de Taylor, aliados ao sistema de estudos de movimentos desenvolvido pelo casal Gilbreth, tornou-se ao longo das décadas o estudo de tempos e movimentos, um instrumento de planejamento de trabalho que ainda hoje é amplamente adotado. A relação entre trabalho, motivação e recompensa também passou pela primeira vez a ser examinada com mais cuidado e, com o passar do tempo, desenvolveram-se métodos de administração de pessoal mais centrados no homem. Mas, acima de tudo, surgiu pela primeira vez a idéia de que a administração poderia ser tratada como disciplina, com seu próprio conjunto de princípios baseados na ciência e no estudo exato, e não o resultado de regras simples e adivinhação. Sessenta anos antes de Taylor apresentar seu trabalho perante a Sociedade de Engenheiros Mecânicos, o matemático inglês Charles **Babbage** havia proposto justamente essa aplicação dos princípios da ciência às empresas.

Não há dúvida de que, quando adequadamente implementada, a administração científica tem condições de aumentar e com freqüência multiplicar a eficiência. O defeito do sistema de Taylor foi não ter conseguido embutir mecanismos que combinassem eficiência com humanidade. Coube aos teóricos da administração

* N.T.: Campos de trabalhos forçados para onde eram enviadas pessoas consideradas inimigas do regime stanilista.

tentar solucionar esse defeito. Enquanto isso, grandes empresas continuam a usar os métodos tayloristas para manter produção e serviços eficientes com base na produção em massa. Talvez a mais famosa instituição taylorista da nossa época seja aquela que melhor representa o modo de vida americano: o McDonald's.[7]

Notas

[1] D. B. Sicilia, "Foreword", em F. W. Taylor, *The Principles of Scientific Management*, Norwalk: The Easton Press, 1993, p. viii.

[2] F. W. Taylor, *A Piece Rate System*, Nova York: American Society of Mechanical Engineers, 1895, p. 35.

[3] *Ibid.* O texto completo da sessão de perguntas e respostas foi editado segundo o artigo original.

[4] F. W. Taylor, *The Principles of Scientific Management*, Nova York: Harper & Row, 1911, p. 39.

[5] Sicilia, "Foreword", p. 9.

[6] Em 1998, uma pesquisa feita por jornalistas russos revelou que o movimento baseou-se em uma fraude: Stakhanov juntou a produção de vários grupos para chegar a seu resultado "fenomenal".

[7] Pelo menos é o que afirma George Ritzer em *The Mcdonaldization of Society* (Newbury Park: Sage, 1996). Ritzer associa o taylorismo ao conceito de burocracia mecânica de Max Weber e afirma que o McDonald's é o exemplo acabado dos dois. Se isso é bom ou ruim depende, em última análise, do ponto de vista de cada um.

Veja também

Babbage, Emerson, Follett, Ford, Gilbreth, Simon.

Para ler Frederick Winslow Taylor

Shop Management é uma obra inicial que enfatiza os benefícios humanos do sistema. *The Principles of Scientific Management* é posterior, mais racionalista e sombrio.

A Piece Rate System, Nova York: American Society of Mechanical Engineers, 1895; reimpr. Bristol: Thoemmes Press, 2000.

Shop Management, Nova York: Harper & Row, 1903.

The Principles of Scienific Management, Nova York: Harper & Row, 1911; reimpr. Norwalk: The Easton Press, 1993, com prefácio de D. B. Sicilia.

PARA SABER MAIS

Drury e Hoxie são avaliações contemporâneas do sistema de Taylor e seus impactos. Kanigel é um bom exemplo de um crítico moderno. Warner, e Wrege e Greenwood são menos apaixonados, apontando as virtudes e os defeitos do sistema.

DRURY, H. B., *Scientific Management*, Nova York: Longmans Green, 1915.

HOXIE, R. F., *Scientific Management and Labor*, Nova York: D. Appleton & Co., 1915.

KANIGEL, R., *The One Best Way*, Nova York: Viking, 1997.

WARNER, M., "Taylor, Frederick Winslow", em M. Warner (ed.), *Handbook of Management Thinking*, Londres: International Thomson Business Press, 1998, pp. 656-60.

WREGE. C. D. e GREENWOOD, R., *Frederick W. Taylor, the Father of Scientific Management: Myth and Reality*, Homewood: Business One Irwin, 1991.

TOYODA KIICHIRO (1894-1952)

Toyoda Kiichiro foi o fundador da Toyota Motor Company em 1937. Sua curta carreira na empresa foi suficiente para lançar as fundações de seu crescimento posterior até se tornar um dos gigantes da indústria automobilística mundial. Toyoda introduziu em especial dois dos elementos mais importantes do que passou a ser conhecido como Sistema de Produção Toyota: produção *just-in-time* e *kaizen*, ou aperfeiçoamento contínuo. Sua influência sobre a administração da produção e da cadeia de suprimentos nos anos que se seguiram à sua morte foi imensa. Provavelmente nenhum outro administrador desde Henry **Ford** revolucionou tanto os conceitos e processos da administração da fabricação.

Toyoda nasceu no dia 11 de junho de 1894 em Kosei, próximo a Shizuoka, no sul do Japão. Seu pai, Toyoda Sakichi, fundou a Toyota Spinning and Weaving Company, uma companhia têxtil de grande sucesso no Japão entre as guerras. O jovem Toyoda estudou engenharia mecânica na Universidade Imperial de Tóquio, formando-se em 1929 e se empregando na empresa do pai. Pai e filho achavam que havia uma abertura no mercado para um fabricante doméstico de automóveis e estavam determinados a diversificar. No final dos anos 1920, o mercado de automóveis no Japão era dominado por fabricantes estrangeiros, sobretudo Ford e General Motors, que tinham unidades de montagem e grandes redes de distribuição no país.

Os gigantes americanos não só pareciam dominar o mercado, mas a Toyota não tinha nenhuma experiência na fabricação de automóveis. Entretanto, com o gênio antiintuitivo que caracterizava os dois homens, ambos acreditavam poder enfrentar os americanos e vencer. Toyoda Kiichiro encarregou-se do projeto e começou a trabalhar em um canto da fábrica cercado por cordas, inicialmente projetando e construindo seu próprio motor e, em seguida, em 1935, passando ao protótipo de um automóvel, o A1. Seguiu-se, no mesmo ano, o protótipo de um caminhão. Toyoda passava grande parte do tempo recrutando engenheiros japoneses com experiência na indústria automobilística, trazendo-os para formar seu banco de talentos. Recrutou, inclusive, um experiente marqueteiro, Kamiya Shotaro, que aceitou se demitir da GM Japão com uma redução salarial de 80% por acreditar na necessidade de o Japão ter uma forte indústria nacional de automóveis. Muitos dos outros empregados da companhia, inclusive o próprio Toyoda, partilhavam dessa crença, e ela foi a filosofia orientadora da Toyota durante muitos anos.

A diversificação dos têxteis para automóveis foi considerada grande demais para a companhia existente; por conseguinte, em 1937, uma nova companhia foi fundada. Toyoda Kiichiro foi nomeado vice-presidente da Toyota Motor Company encarregado da produção. Em 1941 foi promovido à presidência. A companhia obteve sucesso desde o início. O G1, um caminhão de 1,5 toneladas o primeiro produto comercial da companhia, vendeu bem tanto nos mercados comerciais quanto para o Exército. Quando a empresa lançou seu primeiro automóvel de passageiros, Kamiya empregou uma política predatória de preços, vendendo abaixo do custo de produção para concorrer com a Ford e a GM. A tática, que então não era ilegal, funcionou. As vendas aumentaram rapidamente e a Toyota pôde valer-se da economia de escala para reduzir custos e começar a vender com lucro.

Durante a Segunda Guerra Mundial, a Toyota converteu-se inteiramente para a produção de guerra, fabricando caminhões para o Exército Imperial Japonês. Após a derrota do Japão, Toyoda Kiichiro deu início à tarefa de recuperar as fábricas e os escritórios danificados nos bombardeios, preparando-se para retomar a produção de automóveis. No entanto, em 1946, as autoridades aliadas de ocupação proibiram as empresas japonesas de produzir automóveis, tendo a companhia permanecido praticamente moribunda até 1949, quando a proibição foi cancelada. Usando o *slogan* "alcançar a América", Toyoda recomeçou a preparação para retomar a produção, porém a companhia foi castigada por graves problemas trabalhistas que forçaram Toyoda a renunciar à presidência em 1950. Em 1952, estando a Toyota pronta para retomar a produção normal de carros, foi convidado a reassumir a presidência. Uma hemorragia cerebral o matou no dia 27 de março de 1952, antes que pudesse voltar ao cargo. Seu primo, Toyoda Eiji, que viera para a companhia na fundação em 1937, assumiu a presidência. Eiji e o filho de Kiichiro, Toyoda Shoichiro, transformaram a empresa em um dos maiores fabricantes mundiais de automóveis, com presença global. Grande parte do sucesso baseou-se na visão inovadora da produção de que Kiichiro foi pioneiro.

A prática da produção *just-in-time*, em que cada componente é produzido na medida da necessidade, e não se mantêm estoques, surgiu originalmente da simples falta de recursos. Antes da fundação da Toyota Motor Company, para poder tocar seu projeto Kiichiro estava literalmente tomando espaço e recursos emprestados da empresa-mãe que não tinha condições de lhe oferecer grandes investimentos. Não havia dinheiro nem para comprar espaço suficiente para grandes estoques de componentes. Diz a lenda que Kiichiro mandou pendurar uma grande bandeira com as palavras *just in time* sobre o chão-da-fábrica, para lembrar aos operários que eles não deviam produzir componentes enquanto as equipes de montagem não os pedissem. Um sistema de cartões, conhecido como *kanban*, foi inventado para sinalizar a necessidade de determinadas peças na linha de montagem. Então, evidentemente, os componentes tinham de ser produzidos e entregues rapidamente para evitar que as equipes de montagem fossem obrigadas a esperar.

Essa, em essência, continua sendo até hoje a filosofia que informa a administração *just-in-time*. O sistema ajuda a eliminar desperdícios e a reduzir custos por manter estoques zero. A exemplo de outros elementos do sistema Toyota de produção, *just-in-time* foi "descoberto" pelo Ocidente na década de 1980, causando considerável agitação. Às vezes conhecido pelo nome de "produção sem gorduras", nome dado por Daniel Jones e James Womack em seu livro de 1990, *just-in-time* (JIT) é hoje extensamente praticado. É um método administrativo que requer grande habilidade, e há fortes elementos de risco que raramente são discutidos na literatura ocidental. Em particular, a falta de estoque de componentes significa que *qualquer* interrupção da cadeia de suprimentos tem efeitos desastrosos e muito rápidos. Em 1998, por exemplo, uma greve em duas fábricas de componentes da General Motors em Michigan conseguiu fechar quase todas as linhas de montagem norte-americanas, com exceção de duas, causando a demissão de mais de 200 mil trabalhadores em fábricas de todo o mundo e atrasando a produção de mais de meio milhão de carros, tudo em menos de uma semana. Para funcionar, o JIT exige que o produtor mantenha laços muito fortes, imperecíveis, com seus fornecedores, um fato que Toyoda Kiichiro compreendia muito bem. No Sistema de Produção Toyota, os fornecedores eram tratados com a mesma deferência dada aos consumidores.

O segundo elemento foi o *kaizen*, em geral traduzido como aperfeiçoamento contínuo. A filosofia central desse conceito foi expressa pela primeira vez pelo pai de Kiichiro, Toyoda Sakichi, ao afirmar que nenhum processo poderia ser declarado perfeito e sempre havia espaço para melhorias. Sakichi foi influenciado não só pela filosofia budista, mas também pela *Auto-Ajuda*, o manual de auto-aperfeiçoamento escrito pelo empresário vitoriano Samuel Smiles, enormemente popular em todo o mundo. Essas duas influências fizeram Sakichi entender que, apesar da perfeição estar sempre fora do nosso alcance, o processo de lutar por ela traria como resultado um bem considerável.

Kaizen também foi parte importante da filosofia do próprio Kiichiro. Dois fatores ajudaram a sustentar o conceito. Primeiro, havia a necessidade de inovar em termos de processo de produção. Como já foi observado, os fabricantes de automóveis japoneses, como a Toyota, não podiam se valer das economias de escala que tinham seus grandes concorrentes americanos, a Ford e a General Motors. Para compensar essa limitação, voltaram-se para processos mais flexíveis de fabricação a fim de reduzir custos (na verdade, o *just-in-time* pode ser visto como uma inovação nessa tradição). Segundo, e ainda mais importante, quando a Toyota começou a levar em conta os mercados mundiais, os produtos japoneses eram considerados mal acabados e de qualidade inferior. Para poder competir, era necessário aprimorar a qualidade.

Destarte, o *kaizen* foi introduzido como a filosofia a apoiar os aperfeiçoamentos de produtos e processos, finalmente incluído no conceito maior de Administração da Qualidade Total. Um dos principais expoentes do *kaizen* foi o engenheiro Ohno Taiichi, que foi para a Toyota em 1932, tornando-se o responsável por várias inovações de produção, inclusive o sistema de cartão *kanban* descrito. Depois da guerra, Ohno trabalhou com gurus da qualidade e do porte do engenheiro japonês Ishikawa Kaoru e do consultor americano W. Edwards **Deming**. O conceito de Qualidade Total começou a se desenvolver amplamente, chegando ao apogeu na gestão do filho de Kiichiro, Toyoda Shoichiro, na década de 1960.

Nos anos 80, *kaizen* e Qualidade Total explodiram no cenário mundial, sendo hoje conceitos de produção amplamente discutidos (ainda que nem sempre bem compreendidos). Em notável exposição, Tom **Peters** e Robert Waterman discutiram em seu livro *In Search of Excellence*, de 1982, o conceito de aperfeiçoamento contínuo como fonte de vantagem competitiva, associando-o diretamente à administração do conhecimento e ao conceito de organização que aprende. *O kaizen* tornou-se um elemento importante, ainda que indireto, das modernas teorias de administração do conhecimento. Atualmente, já com mais de sessenta anos, o conceito continua na moda.

Em apenas uma década, entre 1930 e o início da Segunda Guerra Mundial, Toyoda Kiichiro construiu a primeira fábrica nacional de automóveis do Japão, e provou ser possível desafiar concorrentes globais bem fortificados, valendo-se da preocupação com a qualidade e do marketing agressivo. Apresentou também dois conceitos administrativos importantes ainda hoje e discutidos como fontes importantes de vantagem competitiva. Finalmente, lançou as bases do Sistema de Produção Toyota, que rivalizou em importância com o da Ford. Nas décadas de 1950 e 1960, o sistema Toyota foi extensamente copiado no Japão por empresas como a Matsushita. Nos anos 1980, sua influência espalhou-se pelo mundo. Hoje, poucos administradores da produção deixam de usar os instrumentos e os conceitos criados e implementados por Toyoda Kiichiro.

Veja também

Bat'a, Deming, Ford, Fukuzawa, Matsushita, Nonaka, Peters.

Para ler Toyoda Kiichiro

Toyoda Kiichiro não escreveu livros importantes.

Para saber mais

Em inglês

A autobiografia de Toyoda Eiji é cheia de detalhes sobre o trabalho do primo, e a de Kamiya Shotaro também é muito importante. Kimoto inclui vários textos pequenos de Kiichiro e de seu pai. Womack *et al.* é o livro que trouxe o sistema Toyota para o Ocidente.

COSUMANO, M. A., *The Japanese Automobile Industry*, Cambridge: Harvard University Press, 1985.

KAMIYA, S., *My Life with Toyota*, Nagoya: Toyota Motor Sales, 1976.

KIMOTO, S., *Quest for Dawn*, Milwaukee: Dougherty, 1991.

TOYODA, E., *Toyota: Fifty Years in Motion*, Nova York: Kodansha International, 1987.

WOMACI, J. P., JONES, D. T. e ROOS, D., *The Machine that Changed the World*, Nova York: Macmillan, 1990.

Em português

WOMACK, James P.; JONES, Daniel T. *A máquina que mudou o mundo*. São Paulo: Campus, 2004.

Lyndall Fownes Urwick (1891-1983)

Lyndall Urwick é a mais importante figura no desenvolvimento das modernas práticas e pensamentos administrativos. Pensador original, serviu-se também de muitas outras influências, entre elas a administração científica de

Frederick **Taylor** e Henry Gantt, os métodos de eficiência e a organização em linha e assessoria de Harrington **Emerson**, a escola de gerência administrativa da qual Henri **Fayol** foi pioneiro, as abordagens sociológica e psicológica de Mary Parker **Follett** e Henry Dennison e a visão moral e ética de empresas britânicas, como a Cadbury Brothers e a Rowntree. Ao longo de sua carreira, lutou por maior profissionalismo na administração e pela melhoria da educação para a administração. Sua empresa de consultoria, Urwick, Orr and Partners, exerceu enorme influência e foi durante muitos anos a principal consultora inglesa. Com seu colega mais jovem, Edward Brech, deu início inclusive ao processo de registro da história do moderno movimento administrativo, sendo considerado um pioneiro da história da administração.[1]

Urwick nasceu no dia 3 de março de 1891 em Malvern, Worcestershire. Formou-se no New College, em Oxford em 1912, trabalhando em seguida, durante breve período, na empresa da família, Fownes & Co. em Worcester. Foi convocado em 1914 como oficial de infantaria do Exército, servindo durante a maior parte da guerra na frente ocidental, primeiro como comandante de uma companhia de infantaria, quando recebeu a Cruz Militar por bravura, e depois em uma série de postos administrativos que lhe renderam a OBE (Order of British Empire). Terminou a guerra no posto de major (foi depois promovido a tenente-coronel e há muitas referências ao "Coronel Urwick" em muitos registros).

Retornando à Fownes & Co., Urwick tentou aplicar no ambiente empresarial algumas das lições sobre organização que havia aprendido durante a guerra. Durante o conflito, teve contato com os textos de Frederick Winslow Taylor e se filiou à administração científica. Ao longo da carreira, Urwick continuou admirando Taylor, não tanto pelos detalhes da administração científica, mas pelo enfoque metódico e disciplina científica com que ele abordava a tarefa. Foi provavelmente também durante a guerra que Urwick teve acesso às idéias de Emerson, tendo mais tarde desenvolvido com maior precisão o modelo de organização em linha e assessoria em seu próprio trabalho. Entre 1919 e 1921, Urwick desenvolveu paulatinamentee sua própria filosofia de administração, usando a administração científica como base, mas também adaptando e desenvolvendo seus conceitos para se ajustarem ao que considerava serem as necessidades específicas da Grã-Bretanha.

Por volta de 1921, as idéias de Urwick atraíram a atenção de Benjamin Seebohm Rowntree, presidente da fábrica de chocolates Rowntree, também convertido à administração científica, tendo sido Urwick convidado a apresentar um trabalho na Oxford Management Conference daquele ano. O tema, "Seria a administração uma ciência?", foi eletrizante para muitas pessoas da platéia, a maioria das quais tinha só uma noção vaga do que fosse a administração científica. Rowntree, impressionado pelas idéias do jovem Urwick, então com trinta anos, ofereceu-lhe um emprego na Companhia Rowntree em York, com a oportunidade de implementar suas idéias enquanto reorganizava os departamentos administrativos e de vendas. Urwick foi para a companhia, onde conheceu e foi grandemente influenciado por Oliver Sheldon, uma figura notável (ainda que hoje esquecida), cujo livro *The Philosophy of Management*, de 1923, tornou-se um grande sucesso, atraindo ainda hoje a admiração dos historiadores da administração. Trabalhando de modo quase independente, Sheldon havia desenvolvido a definição e um sistema de gerência e administração que aceitava os princípios da eficiência e oferecia uma ética humanista que colocava em primeiro plano a motivação humana e as relações pessoais na organização. Sheldon foi um dos primeiros céticos quanto ao valor da administração científica, pois considerava de fundamental importância os aspectos humanos:

> A indústria não é uma máquina; é uma forma complexa de associação humana. A verdadeira leitura de seu passado e presente se dá em termos de seres humanos – seus pensamentos, objetivos e ideais –, não em termos de sistemas ou de maquinário. A verdadeira compreensão da indústria é entender o pensamento dos que nela estão engajados. O avanço da ciência e o culto da eficiência tenderam a obscurecer a humanidade fundamental da indústria. Temos lançado generosamente a nosso crédito pela aplicação da ciência industrial, porém estamos em bancarrota na compreensão humana.[2]

Nos quatro anos que passou na Rowntree, Urwick incorporou muito ao seu *ethos*. Foi também durante esse período que conheceu Mary Parker Follett, que também exerceu grande influência sobre ele, continuando a admirar suas idéias muitos anos depois da morte desta. Passou ainda a se interessar pelos problemas de marketing, tendo oportunidade de aprender muito com a evolução recente dos Estados Unidos nesse campo. Urwick recebeu também crédito pela reorganização do departamento de vendas da Rowntree, de grande valia para a empresa em sua permanente competição com a Cadbury Brothers. A influência das idéias de Urwick pode ser vista na subseqüente "revolução de marketing" que ocorreu na Rowntree durante a década de 1930.

Entre 1926 e 1928, Urwick envolveu-se na fundação dos Grupos de Pesquisa Administrativa. Criação de Rowntree, que havia visto conceitos semelhantes nos Estados Unidos, eram grupos informais de administradores e diretores que se reuniam periodicamente para discutir assuntos de interesse comum e trocar experiências nos campos de marketing, produção, controle financeiro e outras áreas de desenvolvimento. A tarefa de lhes dar uma base científica foi confiada a Urwick, com recursos do Fundo de Pesquisa Social criado por Joseph Rowntree, pai de Benjamin. Por volta de 1927, quatro grupos haviam sido criados, cada qual de oito a dez empresas participantes. No final de 1928, o movimento era um sucesso absoluto, com a criação de novos grupos. Embora a idéia inicial tenha sido de Rowntree, foi o trabalho de Urwick e sua competência administrativa que tornaram possível o efetivo funcionamento do esquema.

A partir do êxito do empreendimento, Urwick passou aos círculos administrativos internacionais. Em 1927, foi membro da delegação britânica à Conferência Econômica Mundial e, no final, de 1928, nomeado diretor do Instituto Internacional de Administração em Genebra, onde serviu até 1933. Durante esse período deu o melhor de si para oferecer aos administradores ingleses melhor noção dos acontecimentos internacionais. Nesse mister teve sucesso apenas parcial. Embora conseguisse levar para Londres o Congresso Internacional de Administração em 1935, a participação das companhias e instituições inglesas foi morna.

Em 1934, Urwick fundou uma empresa de consultoria em Londres em sociedade com o engenheiro industrial John L. Orr, que antes havia sido diretor da British Bedaux Company, criada com a finalidade de importar para a Grã-Bretanha as técnicas do consultor Charles Bedaux, baseadas em uma forma corrigida de administração científica.[3] Urwick, Orr and Partners, a primeira empresa britânica de consultoria, enfrentou a dificuldade de convencer os tradicionalistas da indústria do Reino Unido a aceitar esse novo serviço. Contudo, a companhia teve bom início e a clientela cresceu. Antes de transcorrer cinco anos já empregava trinta consultores. Todos tinham substancial experiência prévia em administração e receberam treinamento aprofundado dos dois sócios. A companhia descrevia seus serviços como "especialistas consultores em organização e administração", indicando uma ampla diversidade de serviços oferecidos. Durante esses cinco anos, criaram-se equipes específicas para oferecer serviços em rotinas administrativas e administração, em processo efetivo de delegação em administração de vendas e marketing, para o aumento da produtividade industrial e no planejamento e controle financeiro.

Além das atividades de consultoria, Urwick trabalhou continuamente para profissionalizar a administração e fixar a disciplina sobre alicerces mais sólidos. Mais uma vez teve de enfrentar resistências em muitos setores do *establishment* industrial britânico, em que continuava a prevalecer a visão tradicional da administração como uma capacidade inata e não uma capacidade profissional que podia ser aprendida. Em 1946, Sir Charles Renold, presidente do Instituto Britânico de Administração, renunciou ao cargo em protesto contra as providências tomadas pelo IBA em reconhecer a administração como profissão. Ainda assim Urwick continuou a avançar. Em 1937, foi a principal força de apoio à fundação do Conselho Britânico de Administração, tendo em 1938 acompanhado a delegação britânica ao Congresso Internacional de Administração em Washington. Colaborou com Luther Gulick na edição de *Papers on the Science of Administration*, um marco na literatura administrativa da década de 1930 que trazia colaborações dos dois editores e mais Henri Fayol, Mary Parker Follett, James **Mooney** e John Lee, entre outros. Durante a Segunda Guerra Mundial passou ao serviço do governo e trabalhou no desenvolvimento e na aplicação de melhorias operacionais nos departamentos e organizações engajadas no esforço de guerra.

Educação e treinamento de gerentes foi outro interesse permanente de Urwick. Seus esforços levaram-no em 1945 à indicação pelo Departamento de Educação para presidir uma comissão departamental para tratar da educação para a administração. Diante da forte oposição por parte do *establishment*, Urwick conseguiu ainda assim criar consenso sobre as recomendações finais da comissão. Entre estas havia uma política nacional que favorecesse e oferecesse instalações para estudos administrativos e exames que cobrissem todos os aspectos e todas as regiões do país e um padrão integrado de textos que cobrissem todos os aspectos comuns a diferentes funções e seções do processo administrativo. As duas recomendações foram aprovadas e as providências de Urwick resultaram na fundação das duas primeiras escolas modernas de administração da Grã-Bretanha, a Manchester Business School e a London Business School, na década de 1960.

Outro aspecto da profissionalização da administração proposta por Urwick consistia em seu interesse pela história da disciplina. Mais uma vez, foi possível ver a influência de Oliver Sheldon, que havia afirmado em 1923 que:

> A história da indústria [...] é necessária para colocar o presente sob foco correto. A história nunca pode ser considerada um guia infalível para o presente. A analogia histórica não é prova. Todo problema tem características peculiares que exigem tratamento baseado em seus próprios méritos. Mas a história oferece o pano de fundo e coloca os acontecimentos em sua verdadeira perspectiva. Dá proporção e um senso dos valores relativos. Mostra as forças que favoreceram o crescimento do que hoje são considerados problemas [...]. Administração sem um amplo conhecimento da história industrial só terá a impressão das cores vívidas do presente.[4]

Urwick também estava convencido de que, como profissão, a administração deveria ter consciência das suas tradições e heróis. Acreditava em particular que os administradores britânicos deveriam se orgulhar das realizações e idéias de homens como Robert **Owen** e Charles **Babbage**, que de várias maneiras anteciparam em décadas as idéias do movimento americano da administração científica. Seu parceiro nesse trabalho foi Edward Brech que se havia empregado na Urwick Orr pouco antes da guerra. Juntos, Urwick e Brech escreveram os três volumes de *The Making of Scientific Management* (1947-49). O volume I consistia de biografias curtas do principais nomes do pensamento internacional da administração, o volume II tinha como foco o desenvolvimento da administração inglesa desde a Revolução Industrial. O volume III era um relato das experiências de Hawthorne nos anos 1920 e 1930 sobre motivação no local de trabalho, nos quais Urwick atuara como observador. Em 1956, Urwick editou *The Golden Book of Management*, uma coletânea de biografias dos pioneiros da administração científica que incluía não somente figuras dos movimentos americano e britânico, mas também algumas outras desconhecidas, como o polonês Karel Adamiecki e o brasileiro Roberto Simonsen.

Os textos de Urwick que tratam de administração cobriam uma ampla gama de temas, desde os princípios de organização até os mais recentes desenvolvimentos em marketing. Grande parte deles consistem em explicações de princípios e técnicas básicos. Sua melhor obra genérica é *Management of Tomorrow*, escrito no momento mais agudo da Grande Depressão e publicado em 1933. Em parte expressão de uma filosofia pessoal, em parte descrição de um sistema, em parte convocação à administração britânica para se harmonizar com o novo mundo dos negócios:

> Os métodos científicos de administração são na prática os mais econômicos e os mais eficazes. Por conseguinte, vem ocorrendo uma preparação de mentes em que tal preparação é mais importante e, a longo prazo, terá maior influência.
>
> A necessidade dessa evolução é esmagadora. O paradoxo apresentado pela condição atual das questões econômicas do mundo não tem precedentes e é intolerável. Não tem precedentes porque, pela primeira vez, a comunidade mundial tem condições de atender a seus requisitos. Disso não resta a menor dúvida. Intolerável porque homens e mulheres mudaram. Há um aumento do conhecimento geral e expectativas mais abertas de vida que o cinismo pode facilmente fermentar em desespero e desordem. Em termos gerais, grandes populações se tornaram ao mesmo tempo e pela primeira vez intercomunicantes e economicamente conscientes.[5]

Também neste trecho oferece sua própria definição de administração científica, lembrando mais intensamente **Casson** e Emerson e, em menor medida, Taylor: "é a substituição, até o extremo que nosso conhecimento nos permite, de uma opinião por uma análise e uma base factual".[6] O *pensamento* científico, segundo ele, tem de se transformar no modo dominante de pensamento para os administradores. Um capítulo inteiro é dedicado à pesquisa, e mais dois à organização: não chega a ser surpreendente que Urwick, ex-oficial do Exército, defenda o princípio de organização em "linha e assessoria" inicialmente descrito por Emerson e trazido para a Inglaterra por Casson. Em um capítulo notável, bem adiante de seu tempo, descrevia como as empresas têm de aplicar o "ponto de vista do marketing",[7] antecipando a exortação posterior de escritores americanos, como Theodore Levitt e Philip Kotler, aos administradores e empresas a fim de se orientarem mais para o mercado. Marketing, diz Urwick, é muito mais que apenas distribuição: trata-se de descobrir o que os consumidores querem e necessitam para então proporcionar-lhes. Reitera a proposta de mais treinamento de melhor qualidade. No último capítulo do livro, Urwick fala sobre a administração científica como aquela que leva a uma revolução na forma como se organizam e governam as empresas:

> Ainda é muito cedo para saber que novas formas serão criadas pela cooperação entre empresas e ciência. O conhecimento dos fatos é insuficiente. Pensamento e experiência são também prejudicados por convenções ultrapassadas e práticas tradicionais. Uma coisa é certa: elas terão pouca semelhança com as formas do passado ou com as estruturas imaginárias que os teóricos tentaram impor ao mundo. Serão sadias e duradouras, dependendo apenas de duas condições: devem ser intelectualmente coerentes com os princípios subjacentes às realizações da produção mecânica e devem ser válidas na prática, combinadas no cadinho dos fatos e fundidas no molde da ação efetiva.[8]

Urwick continuou sua atividade incansável de consultoria, literatura, treinamento e educação até 1965, quando se aposentou e se mudou para a Austrália. Lá faleceu no dia 5 de dezembro de 1983. Ainda hoje é um dos nomes mais importantes da história da administração inglesa. Intuiu como desenvolver e expandir as novas idéias que chegavam dos Estados Unidos e as adaptou à cultura inglesa. Jamais concentrou-se nos aspectos técnicos da administração científica, procurando, ao contrário, os princípios básicos que percebia ocultos atrás de *toda* boa administração. Em uma era que vê a administração sempre "nova", Urwick teve a coragem de olhar para trás em busca de inspiração no passado, descobrindo a confirmação de suas próprias idéias sobre administração na prática e nas idéias de homens como Owen e Babbage.

Notas

[1] Sou grato a Edward Brech por grande parte do material deste capítulo. É possível encontrar mais detalhes sobre as realizações de Urwick na obra monumental do dr. Brech, *The Evolution of Modern Management*, Bristol: Thoemmes Press, 2002, 5 vols.

[2] O. Sheldon, *The Philosophy of Management*, Londres: Pitman, 1923, p. 27.

[3] Nascido na França, Bedaux passou grande parte de sua vida profissional nos Estados Unidos, onde desenvolveu uma versão corrigida do sistema de estudos de tempo de Taylor que também refletia melhor a fadiga do trabalhador e a necessidade de repouso. Durante algum tempo, o

sistema foi muito popular na Grã-Bretanha. Bedaux ganhou milhões com seu sistema e voltou à França. Homem de direita, colaborou com o regime de Vichy e com os nazistas durante a Segunda Guerra Mundial. Morreu na prisão, aguardando julgamento por traição, em 1944.

[4] Sheldon, *op. cit.*, p. 259.

[5] L. F. Urwick, *Management of Tomorrow*, Londres: Nisbet, 1993, p. XV.

[6] *Ibid.*, p. 21.

[7] *Ibid.*, p. 80.

[8] *Ibid.*, p. 201.

VEJA TAMBÉM

Babbage, Casson, Emerson, Fayol, Follett, Lever, Mooney, Owen, Taylor.

PARA LER LYNDALL FOWNES URWICK

Urwick foi um escritor prolífico e a relação a seguir contém apenas uma pequena seleção de suas principais obras. *Management of Tomorrow* talvez seja a mais importante delas, mas *Patterns of Organization* e *Elements of Administration* são considerados obras de reflexão. Como já observado, seus livros sobre a história da administração despertam hoje grande interesse.

The Meaning of Rationalization, Londres: Nisbet, 1929.

Management of Tomorrow, Londres: Nisbet, 1933.

(com L. H. Gulick) (eds.), (1937) *Papers on the Science of Administration*, Nova York: Institute for Public administration, 1937.

The Elements of Administration, Londres: Nisbet, 1944.

Patterns of Organization, Londres: Nisbet, 1946.

(com E. F. L. Brech) *The Making of Management*, Londres: Management Publications Trust, 1947-9, 3v.; reimpr., Bristol: Thoemmes Press, 2002.

(ed.) *The Golden Book of Management*, Londres: Newman Neame, 1956.

Is Management a Profession?, Londres: Urwick Orr, 1958.

PARA SABER MAIS

O livro de Brech, em cinco volumes, tem referências freqüentes a Urwick e às suas realizações, bem como às de outros pioneiros da administração inglesa no início do século XX.

BRECH, E. F. L. *The Evolution of Modern Management*, Bristol: Thoemmes Press, 2002, 5v.

JACK WELCH (1935-)

Jack Welch, que se aposentou como presidente da General Electric no final de 2001, foi um dos líderes empresariais mais admirados da década de 1990. Pesquisas de opinião entre empresários geralmente o apontavam como o diretor-presidente de maior sucesso nos Estados Unidos, ou mesmo do mundo. A GE era, ela própria, uma das companhias mais admiradas. Implacável, talentoso, ambicioso e pragmático, Welch parecia ser o arquétipo do industrial americano. Seus sucessos ao longo de quase 35 anos na empresa podem ser atribuídos não a um talento inovador ou ao gênio estratégico – ele não tem nenhuma dessas duas virtudes segundo voz geral – nem a um estilo próprio de liderança, mas, ao contrário, à simples competência administrativa. O que ele fazia, fazia bem, geralmente melhor que seus concorrentes. Sua carreira mostra que a capacidade de se concentrar nos fundamentos e trabalhar duro pode ser uma fonte poderosa de vantagem competitiva em um mundo empresarial dominado pela confusão e pelo modismo.

John Welch Jr. nasceu em Salem, Massachusetts, em 1935, filho de um condutor de trem. Foi a primeira pessoa da família a freqüentar uma universidade, e se formado em engenharia química na Universidade de Massachusetts, e obtido o doutorado na Universidade de Illinois. Empregou-se então em uma subsidiária da GE, a GE Plastics, como engenheiro, porém depois de um ano já ameaçava se demitir por não ver perspectiva de promoção na corporação gigantesca e fortemente hierarquizada. No entanto, foi convencido a desistir pelo chefe, que compartilhava das frustrações de Welch com a burocracia da GE e convenceu a corporação a dar a Welch mais espaço para suas idéias empreendedoristas. Welch ficou e por volta de 1977 era presidente da GE Plastics, que ajudou a transformar em uma empresa de grande porte, com receitas de mais de 1 bilhão de dólares anuais. Reconhecido como estrela em ascensão, foi nomeado vice-presidente da GE, assumindo a responsabilidade pela divisão de crédito ao consumidor. Em 1981, aos 46 anos, foi indicado presidente e diretor-presidente da GE depois de uma feroz batalha interna para definir quem deveria assumir o posto.

Welch continuou como havia começado. Ao assumir a GE, ela já era uma das maiores corporações dos Estados Unidos, com lucros de cerca de 1,7 bilhão de dólares. Passou então a expandir a companhia por meio de aquisições e expansão interna, levando a GE ao topo da tabela das corporações. Em 2000, os lucros ultrapassaram os 12 bilhões de dólares e o valor de mercado da GE passou de 12 bilhões para mais de 200 bilhões de dólares em vinte anos. Para alguns observadores, Welch parecia ter o toque de Midas: algumas revistas o saudaram como o maior diretor-presidente de todos os tempos. Tudo o que fazia tinha sucesso. Somente no final da carreira ocorreu uma nota amarga: a proposta de compra da empresa eletrônica européia Honeywell fracassou quando a operação foi vetada pela Comissão Européia. Welch havia dirigido as negociações e, quando fracassaram, muitos o culparam pessoalmente. Na verdade, pressões políticas internas da União Européia foram as causas prováveis do veto. De qualquer forma, isso marcou o final de sua carreira e Welch se aposentou pouco depois da data planejada, no final de 2001.

Os ingredientes de sucesso de Welch são poucos e simples: flexibilidade organizacional, produtos de qualidade, pessoas bem treinadas e motivadas e forte liderança vinda de cima. Quando ele assumiu a GE, ela era um pesadelo burocrático, com uma burocracia labiríntica que obrigava os gerentes a seguir enormes manuais de procedimentos, os Livros Azuis, até mesmo para as tarefas mais simples. Em poucos anos, Welch desmontou grande parte dessa estrutura, removendo várias camadas gerenciais e tornando redundante cerca de um quarto de toda a força de trabalho. Subsidiárias que não davam lucro foram vendidas ou fechadas. Welch recebeu o apelido de "Neutron Jack", em uma referência à bomba de nêutrons que supostamente matava apenas as pessoas deixando intactos os edifícios. Entretanto, Welch conseguiu o que queria: uma organização muito mais flexível e enxuta que se concentrava em suas potencialidades e principais mercados e respondia rapidamente aos novos acontecimentos. Welch demonstrou que não havia contradição intrínseca entre tamanho e flexibilidade; grandes organizações não têm forçosamente de ser burocráticas e isso ele demonstrou pela rápida expansão dos mercados da companhia durante os anos 1980, quando houve mais de quinhentas aquisições ou investimentos em novas instalações no espaço de uma década.

Welch foi um dos primeiros a se converter ao movimento da qualidade. Era admirador dos gurus da qualidade, como W. Edwards **Deming** e Joseph Juran. Recebeu também influência de outro diretor-presidente e concorrente muito bem-sucedido, Robert Galvin, da Motorola, que na década de 1980 implantou o programa de qualidade "seis sigma" que se propunha atingir a qualidade total (ou seja, nenhum item defeituoso) na produção. Em 1995, Welch implantou seu próprio programa "seis sigma", uma das primeiras companhias americanas, depois da Motorola, a fazê-lo, com o objetivo de atingir uma taxa de refugo inferior a 3 por milhão em todas as unidades produtivas da companhia. Em 1997, o programa já havia gerado reduções de custo superiores a 300 milhões de dólares e era um dos principais fatores da crescente lucratividade da GE.

Os investimentos em treinamento da GE foram uma das características mais notáveis da corporação. Em 1998, o centro havia treinado mais de 15 mil gerentes. Welch implantou um centro interno de treinamento administrativo no norte do estado de Nova York e supervisionava pessoalmente seu desenvolvimento. Fazia questão de estar presente em quase todos os programas e conversava com os gerentes em treinamento. De acordo com algumas estimativas, a GE gastou mais de meio bilhão de dólares por ano em treinamento, o que fazia dela um dos maiores investidores americanos em treinamento gerencial.

Talvez a coisa mais notável em relação a Welch seja sua visão de liderança. Diferentemente de muitas companhias que reduzem os níveis gerenciais e desmontam sua hierarquia administrativa, Welch percebeu desde o início que esse desmonte teria de ser compensado e seria necessário um novo centro de gravidade organizacional. Acreditava na transferência de responsabilidades para os níveis inferiores da hierarquia e incentivava trabalhadores e gerentes a formar equipes e apresentar novas idéias. Porém, sabia também desde o início que em uma organização do tamanho e da complexidade da GE não se poderia permitir que departamentos e divisões manobrassem à vontade. Algum tipo de mecanismo de coordenação era necessário. Durante vinte anos, o próprio Welch foi esse mecanismo. Grande parte de sua vida profissional foi passada em viagens de visita às operações extremamente diversificadas da GE, reunindo-se com gerentes e trabalhadores, tomando conhecimento e dando soluções para os problemas, tentando transmitir-lhes entusiasmo com sua visão da meta em direção à qual se movia a companhia. Toda essa atividade era complementada pela capacidade de recrutar e colocar gerentes jovens e talentosos nas principais subsidiárias – por exemplo, quando assumiu a NBC, então perto da falência, Welch conseguiu reviver a empresa substituindo os principais administradores por outros de sua escolha, gente jovem e cheia de energia que em poucos anos transformou a NBC. Na GE todos os gerentes sabiam que o problema sempre morria na mesa do próprio Welch.

O historiador da administração David Lewis observa que a filosofia de Welch pode ser resumida em poucas frases importantes:

- investir nas pessoas;
- ser o número um;
- a mudança é constante;
- a velocidade é tudo;
- os serviços são o futuro;
- um administrador não é um ditador;
- a comunicação deve ser franca;
- estrangular a burocracia, ou ela o estrangula;
- uma companhia pode ser tocada como o botequim da esquina.

Os pontos fundamentais, diz Lewis, "são simplicidade, flexibilidade e foco".[1] Em outras palavras, nada disso é ciência astronáutica da administração. Welch não fez nada radicalmente novo na GE. Na verdade, de muitas formas, nunca chegou até onde os gurus e os teóricos gostariam que ele fosse. Homem acima de tudo pragmático, foi capaz de distinguir o que funciona do que não dá resultados. Mantinha uns poucos valores básicos – respeito, flexibilidade, franqueza e trabalho duro – e esses ele implementou. Dessa forma, comenta Lewis com justiça, Welch "realizou algo realmente notável".[2]

São justificados todos os encômios a Welch? Seria ele realmente o maior administrador de todos os tempos? Ou seus resultados só aparecem quando comparados à baixa qualidade da liderança corporativa no mundo à sua volta? Se Welch realizou milagres limitando-se a fazer corretamente o básico, o que fizeram seus concorrentes e rivais? Há um interesse muito grande quanto ao desempenho do sucessor escolhido a dedo por Welch, para a presidência da GE, Jeffrey Immelt. Se tiver sucesso comparável ao de Welch, pode-se afirmar que o sistema de comando implantado na GE é duradouro e haverá grande movimento para copiar seus métodos. Mas se a sorte da GE mudar, poderá se imaginar que os sucessos de Welch se deveram à sua liderança e ele foi mais um líder "fogo de palha" incapaz de construir um edifício permanente. No momento em que escrevemos estas linhas é muito cedo para se comprovar o vaticínio correto.

Quem espera encontrar na carreira de Welch a centelha de uma percepção ou o momento decisivo que pudesse marcá-lo como grande inovador, como se deu com **Ford** e sua visão do Modelo T ou a filosofia da bica de água de **Matsushita**, vai procurar em vão. Welch não tratava a administração como arte nem como ciência e sim como profissão. O que fazia, fazia bem-feito, em verdade, muitíssimo bem. Se existe uma palavra que melhor resuma o que ele foi, será provavelmente "competente".

Em certo sentido, perguntar se Welch foi o maior administrador que já existiu é fazer a pergunta errada. Grandeza é um termo relativo em qualquer campo, mas muito mais no campo da administração, em que o sucesso depende não só das qualidades pessoais, mas também das forças econômicas e de mercado, fora do controle individual. O que se pode dizer de Welch é que ele fez o que todos os administradores deveriam fazer e isso ele fez muito melhor que seus competidores. Pode ser que, afinal de contas, sucesso empresarial seja exatamente isso.

Notas

[1] D. C. Lewis, "The Legacy: How Will General Electric Fare without Jack Welch?", *Mastering Management Online*, agosto de 2001, disponível em www.ftmastering.com/mmo.

[2] *Ibid.*

Veja também

Arkwright, Bat'a, Ford, Gates, Matsushita, Medici, Toyoda.

Para ler Jack Welch

Em português

(com John A. Byrbe). *Jack definitivo*: segredos do executivo do século. 12. ed. São Paulo: Campus, 2001.

(com Susy Welch). *Paixão por vencer*: a bíblia do sucesso. São Paulo: Campus, 2005.

Para saber mais

Tal como acontece com Bill Gates, os americanos tendem a amar Jack Welch ou a odiá-lo. O'Boyle é um duro crítico; Lowe e Slater abordam o personagem com mais reverência.

Em inglês

LOWE, J., *Jack Welch Speaks: Wisdom from the World's Greatest Business Leader*, Nova York: John Wiley & Sons, 1998.

O'BOYLE, T. F., *At Any Cost: Jack Welch, General Electric and the Pursuit of Profit*, Nova York: Knopf, 1998.

SLATER, R., *Jack Welch and the GE Way: Management Insights and Leadership Secrets of the Legendary CEO*, Nova York: McGraw-Hill, 1999.

Em português

HELLER, Robert. *Jack Welch*. São Paulo: PubliFolha, 2001. (Coleção Sucesso Profisional).

SLATER, Robert. *Jack Welch, o executivo do século*. Os *insights* e segredos que criaram o estilo GE. São Paulo: Negócio, 1999.

_______. *Guia prático do estilo Jack Welch*. Seu plano de batalha para a revolução corporativa. São Paulo: Negócio, 2000.

_______. *29 segredos de Jack Welch*. São Paulo: Campus, 2001.

_______. *Jack Welch*: os segredos da liderança. São Paulo: Campus, 2004.

Leitura complementar

As biografias de administradores e de pensadores da administração podem se constituir em um excelente instrumento de comparação e de avaliação de diferentes técnicas, como se espera que este livro tenha demonstrado. A relação a seguir talvez seja útil para uma exploração mais profunda desse campo.

Em inglês

CRAINER, S.; CLUTTERBUCK, D. *Makers of Management*. Londres: Macmillan, 1990. (Excelente e breve avaliação de várias personalidades modernas.)

DAVIS, W. *The Innovators*: The Essential Guide to Business Thinkers. Londres: Ebury Press, 1987. (Esboços biográficos de excessivo mau gosto, porém inclui várias personalidades importantes que, em geral, não são encontradas em outros livros.)

DRURY, H. B. *Scientific Management*: A History and Criticism. Nova York: Columbia University Press, 1915. (Contém algumas excelentes biografias das principais personalidades da área – Taylor, Gantt, Gilbreth e Emerson, além de outros – extraídas de entrevistas e do conhecimento pessoal.)

GABOR, A. *The Capitalist Philosophers*. Nova York: Times Business, 1999. (Bons perfis de administradores e de outras personalidades influentes no mundo empresarial ao longo do século passado.)

INGHAM, John N.; FELDMAN, Lynne B. *African-American Business Leaders*: A Biographical Dictionary. Westport: Greenwood Press, 1994. (Uma excelente coletânea de estudos de personalidades pouco conhecidas.)

JEREMY, D. J. (ed.). *Dictionary of Business Biography*. Londres: Butterworths, 1984-6, 5v. (Uma proposta extremamente ambiciosa, que cobre muitas centenas de empresários britânicos desde o século XVIII até a década de 1980. É um livro bastante abrangente, que não se limita apenas aos "sucessos": obra de referência indispensável.)

LEAVITT, J. A. *American Women Managers and Administrators*: A Selective Biographical Dictionary of Twentieth-Century Leaders. Westport: Greenwood Press, 1985. (Um estudo muito importante sobre um grupo de líderes e gerentes empresariais em geral negligenciados.)

PIRAMAL, G. *Business Maharajahs*. Nova Delhi: Viking, 1996. (Indispensável para quem se interessa por empresas indianas.)

TSUTSUI, W. M. *Manufacturing Ideology*: Scientific Management in Twentieth-Century Japan. Princeton: Princeton University Press, 1998. (Não são exatamente biografias, mas bons perfis dos líderes e de suas idéias.)

URWICK, L. F. (ed.). *The Golden Book of Management*: A Historical Record of the Life and Work of Seventy Pioneer. Londres: Newman Neame, 1956. (Há muito esgotado, mas bastante útil: retida da obscuridade dezenas de personagens desconhecidos, mas de grande importância.)

Urwick, L. F.; Brech, E. F. L. *The Making of Scientific Management.* Londres: Management Publications Trust, 1947-9, 3v.; reimpr. Bristol: Thoemmes Press, 1994. (O primeiro volume inclui biografias de treze pioneiros, entre eles Taylor, Fayol, Follett e Babbage.)

Warner, M. (ed.). *IEBM Handbook of Management Thinking.* London: International Thomson Business Press, 1998. (Possui cerca de 150 biografias detalhadas com foco principalmente em teóricos e pesquisadores, mas também com uma boa seleção de homens de ação (Ford, Matsushita, Ibuka etc.). Citado, em 2003, em uma relação dos dez livros mais importantes de administração publicada no *Financial Times.*)

Witzel, M. (ed.). *Biographical Dictionary of Management.* Bristol: Thoemmes Press, 2001, 2v. (Mais de seiscentas biografias de pensadores e pessoas de ação da administração, desde o mundo clássico até o presente, editado por este autor. Inclui muitas personalidades importantes da Europa e do Extremo Oriente, que não estão representadas em outras coletâneas, mas omite vários teóricos incluídos em Warner, acima.)

Wren, D.; Greenwood, R. G. *Management Innovators*: The People and Ideas That Have Shaped Modern Business. Nova York: Oxford University Press, 1998. (Estudo muito importante escrito por dois respeitados historiadores da administração: leitura essencial, como todos os livros de Wren.)

Em português

Crainer, S.; Clutterbuck, D. *Grandes administradores*: homens e mulheres que mudaram o mundo dos negócios. Rio de Janeiro: Jorge Zahar, 1993.

Gabor, A. *Os filósofos do capitalismo.* São Paulo: Campus, 2001.

ÍNDICE REMISSIVO E ONOMÁSTICO

Leia também

GLOBALIZAÇÃO E DESEMPREGO
diagnóstico e alternativas
Paul Singer

O QUE É ECONOMIA
Paul Singer

PARA ENTENDER O MUNDO FINANCEIRO
Paul Singer

ECONOMIA BRASILEIRA CONTEMPORÂNEA
Cyro Rezende

DESNACIONALIZAÇÃO
mitos, riscos e desafios
Antônio Corrêa de Lacerda (org.)

A DÉCADA DOS MITOS
o novo modelo econômico e a crise do trabalho no Brasil
Marcio Pochmann

O BRASIL E O COMÉRCIO INTERNACIONAL
transformações e perspectivas
Reinaldo Gonçalves

O TRABALHO SOB FOGO CRUZADO
Marcio Pochmann

A ECONOMIA SOLIDÁRIA NO BRASIL
a autogestão como resposta ao desemprego
Paul Singer e André Ricardo de Souza (orgs.)

ECONOMIA BRASILERIA CONTEMPORÂNEA
Cyro Rezende

HISTÓRIA ECONÔMICA GERAL
Cyro Rezende

APRENDER ECONOMIA
Paul Singer

O BRASIL NA CRISE
perigos e oportunidades
Paul Singer

ECONOMIA POLÍTICA DA URBANIZAÇÃO
Paul Singer

UMA OUTRA ECONOMIA É POSSÍVEL
Paul Singer

Impressão e Acabamento
Bartira
Gráfica
(011) 4123-0255